矛、盾漢武

・盛世下的國強民乏・

王覺仁——著

序　漢武時代的得與失

漢武帝劉徹七歲被立為太子，十六歲登基，在位五十四年，占西漢王朝四分之一的時間，是整個漢朝（西漢和東漢）在位最久的皇帝，也是中國歷史上在位時間排第三的皇帝。

除此之外，漢武帝也是中國歷史上知名度最高、對後世影響最大的皇帝之一。後人慣以「秦皇漢武，唐宗宋祖」並稱，便是明證；且論及歷史上的巔峰王朝，後人也慣以「漢唐」並舉，其中漢朝的主要代表就是漢武帝。

中國歷代數百位皇帝中，論性格的多面性、複雜性，人物本身的話題性，以及後世評價的爭議性，漢武帝恐怕都能名列前茅。

這樣一個人一生的功過得失，絕非三言兩語可以簡單論斷。後世史學家對他的評價更是呈現出典型的兩極分化，以致千古爭訟，至今猶然。

歷史上對漢武帝持高度正面評價的代表性人物，就是《漢書》作者班固。蓋棺論定之際，他給了漢武帝這樣一段讚語：

漢承百王之弊，高祖撥亂反正，文景務在養民，至於稽古禮文之事，猶多闕焉。孝武初立，卓然罷黜百家，表章《六經》，遂疇諮海內，舉其俊茂，與之立功。興太學，修郊祀，改正朔，定曆數，協音律，作詩樂，建封禪，禮百神，紹周後，號令文章，煥焉可述。後嗣得遵洪業，而有三代之風。如武帝之雄才大略，不改文景之恭儉以濟斯民，雖《詩》、《書》所稱何有加焉！（《漢書．武帝紀》）

漢朝承繼歷代君王留下的積弊，由高祖劉邦平定天下，使社會恢復正常秩序；文、景二帝重尚農務本，與民休息；至於古代的禮樂教化之事，仍付諸闕如。直到武帝即位，以卓識遠見罷黜百家，表彰儒家《六經》，徵召四海之內的才俊之士，共同建立功業。而後，設立太學，主持祭祀，改易正朔，確定曆法，調整音律，製詩作樂，封禪泰山，禮敬諸神，繼承周禮，振興文學辭賦，一切成果均煥然顯著，頗可稱道。後人得以遵循如此宏大的事業，才出現夏、商、周三代遺風。像武帝這樣雄才大略之人，若不是改變文、景二帝恭謹勤儉、愛護人民的政策，縱然是《詩經》、《尚書》所稱道的聖主，也無法超過他。

如果單獨看這段讚語會覺得有失片面，似乎只羅列漢武帝的「皇皇文治」，卻未提及他開疆拓土、鷹揚國威的「赫赫武功」。提及後者，就不免涉及漢武帝犯下的許多錯誤。也許是出於「為尊者諱」的立場，專屬武帝的個人傳記《漢書．武帝紀》裡，班固以稱讚和歌頌為主；只在這段讚語的末尾，才用十分委婉的語氣稍微批評武帝的不足，暗示他不夠勤儉愛民。

對漢武帝其他事功的陳述和評價，以及相應的批評，班固則放在《漢書．西域傳》。他列舉漢武帝抗擊匈奴、經略西域、征伐四夷的一系列功績，也提及大興土木、過度巡遊、賞賜太濫、不惜物力等問題；繼而指出，這一切共同導致「用度不足」、「民力屈，財力竭」、「寇盜並起」等嚴重後果，才有武帝末年「遂棄輪臺之地，而下哀痛之詔」的悔過表現。

儘管在《漢書．西域傳》中，班固不諱言漢武帝的種種缺點和錯誤，但最後還是高度稱讚武帝晚年的悔過之舉，稱其為「仁聖之所悔」。也就是說，在班固看來，武帝的文治和武功都堪稱「雄才大略」，雖有過錯，但只要悔過並改正，還是既仁且聖。

說白了，漢武帝所有優點都值得高度肯定——連改正缺點這件事也成為值得表揚的一大優點。可見從總體上，班固對漢武帝的評價非常正面、積極。

與之形成鮮明對照的，則是北宋司馬光在《資治通鑑》對漢武帝的看法：

孝武窮奢極欲，繁刑重斂，內侈宮室，外事四夷，信惑神怪，巡遊無度，使百姓疲敝，起為盜賊，其所以異於秦始皇者無幾矣。然秦以之亡，漢以之興者，孝武能尊先王之道，知所統守，受忠直之言，惡人欺蔽，好賢不倦，誅賞嚴明，晚而改過，顧託得人，此其所以有亡秦之失而免亡秦之禍乎！（《資治通鑑．漢紀十四》）

漢武帝一生窮奢極欲，嚴刑峻法，橫徵暴斂，大興土木，征伐四夷，迷信神仙，巡遊無度，使百姓疲憊困窘，被迫揭竿而起。漢武帝的所作所為，簡直和秦始皇相差無幾。然而，秦朝之所以滅亡，漢朝之所以興盛，其因就在於漢武帝能遵循先王之道，明白治國要領，願意接受忠直諫言，最厭惡被人欺騙，渴求人才，賞罰嚴明。尤其是晚年改過，且託孤得人，這也許就是漢武帝犯了和暴秦一樣的錯誤，卻能避免亡國之禍的原因吧！

顯而易見，司馬光的措辭與班固截然相反——班固是大力讚揚漢武帝的各種功績，最後再捎帶批評；司馬光則是上來就劈頭蓋臉一頓痛罵，幾乎把所有能想到批判暴君的詞都用上了，然後才回頭肯定他的優點。

儘管司馬光對漢武帝的批判猛烈，卻都是實有其事，絲毫沒有冤枉——即使武帝聽了，估計也無法反駁。而且司馬光的評語基本上還是做到一分為二，並不因漢武帝犯了這麼多錯誤就將他全盤否定。總體上看，司馬光對漢武帝的評價應該是準確且客觀。

不過，司馬光的措辭還是偏激烈，整體基調失之嚴苛，且不夠全面，「選擇性忽視」漢武帝許多重大的歷史功績。

綜觀兩代史學家的說法，班固描述的漢武帝，無疑是雄才大略、功勛彪炳且勇於改過的一代明君；而司馬光的描述中，漢武帝的人物形象卻偏負面——即使不是一個暴君，至少也算半個，或者說是暴君與雄猜之主的混合體，總之就是和明君沾不上邊。

時至今日，我們該如何看待漢武帝一生的功過得失呢？

評價一個歷史人物，尤其是漢武帝這樣的一代雄主，必須把他放在所處的時代中，看時代給他提供怎樣的背景和條件，又給了他什麼樣的課題和使命；再看他如何應對，以及應對的結果對他的時代發揮怎樣的作用，並對後來的歷史產生怎樣的影響。

只有在這樣的框架下考察和評判，才不會無的放矢，也才不會被論史者的個人立場左右。

上天給漢武帝安排的，注定是一個極不平凡的大時代。一方面，武帝繼承了歷任漢家天子（尤其是文、景二帝）積累下的雄厚國力；另一方面，又必須面對社會發展帶來的種種問題和弊端。

當時的大漢帝國，至少有四大積弊和隱患亟待消除：

其一，經過六、七十年黃老之學的「無為而治」，漢朝的各項制度和法律漸漸廢弛，權貴階層強勢崛起，土地兼併和貧富懸殊現象日益突出，政治和經濟秩序遭到破壞。

其二，在「郡國並行制」之下，諸侯逐漸坐大，與朝廷離心離德，甚至分庭抗禮、兵戎相見，對中央集權構成極大挑戰。

其三，地方豪強與基層政府相互勾連，形成利益共同體，「武斷鄉曲」，橫行不法，欺壓良善，令基層政權日漸弱化，並在一定程度上黑幫化，破壞了社會安定和國家的統治秩序。

其四，漢朝自立國後，一直對匈奴採取妥協、退讓的「和親」政策，導致匈奴愈發猖獗，連年入寇，燒殺搶掠，嚴重威脅漢朝的國防安全；同時，許多四夷小國名為臣藩，實則陽奉陰違、各自獨立，且經常相互攻伐，令漢朝中央權威受損，四方邊境不寧。

前三是內憂，最後是外患，而無一不是時代交給漢武帝的課題和歷史賦予他的使命。對此，武帝有著清醒的認知，才會對衛青說那段話：「漢家庶事草創，加四夷侵陵中國，朕不變更制度，後世無法；不出師征伐，天下不安。」（《資治通鑑．漢紀十四》）

正是基於這樣的歷史自覺和強烈的使命感，才有了恢弘壯闊、狂飆突進的「漢武帝時代」。

漢武帝一登基，就開啟一場聲勢浩大的改革運動，致力於對國家的意識形態和統治思想進行徹底變革；雖然遭到竇太后阻撓而一度受挫，最終還是以董仲舒提出的「天人三策」為基本藍圖，確立了「罷黜百家，獨尊儒術」的治國思想（嚴格講應該是「尊奉儒術，悉延百家」）。同時，漢武帝又開創性地建立「外儒內法」、「霸王道雜之」的「漢家制度」，即儒家的「德治仁政」與法家的「嚴刑峻法」雜糅互補。這樣一種頗具創造性的治國之道，在實踐中被證明是十分有效的，從此被歷朝歷代統治者繼承，成為古代中國延續二千餘年的政治傳統。

此後，漢武帝為各個學派、不同階層的人才打開仕途大門，唯才是舉，選賢任能。他還以雷霆萬鈞之勢對帝國的各種頑症痼疾開刀：對內，以「推恩令」分化、削弱諸侯，以「遷徙令」打擊豪強遊俠，任用酷吏整治不法權貴和既得利益階層；對外，破格提拔任用衛青、霍去病等不世出的將才，對匈奴展開全面反擊，取得「封狼居胥」等一系列輝煌戰果，重創匈奴，迫使其遠遁漠北，一度銷聲匿跡。

與此同時，漢武帝以超越前人的遠大目光和開拓精神，派遣張騫出使西域，對那片遙遠而陌生的土地進行探險，逐步與西域諸國建立外交關係，締結戰略同盟，做出「鑿空西域」、開闢絲綢之路的歷史性貢獻，從而開闊漢人的國際視野，擴大漢朝在國際社會的政治和文化影響力，並對世界交通史、貿易史和文化交流史產生深遠影響。

漢武帝的開疆拓土是朝各個方向展開的。在北伐匈奴、經略西域外，又南平兩越、東定朝鮮、打通西南，繼而設置郡縣，先後將河套平原、河西走廊、嶺南、閩越、東北、西南等地納入中央直接管轄，使其中大部分地區成為中國的永久性領土，從而極大地拓展並基本奠定古代中國的疆域和版圖。

連年用兵、征伐四夷導致國庫空虛、用度匱乏時，漢武帝又及時制定一系列經濟和財政政策，如貨幣改革、鹽鐵官營、「算緡告緡」、平準均輸等，有效緩解國家的財政危機，保障既定國策的持續推行。這些經濟和財政政策多被後世繼承。

透過上述一系列「外攘夷狄，內修法度」（司馬遷語）的重大舉措，漢武帝成功地鞏固中央集權，強化皇權和國家的統治力，解決困擾漢朝多年的邊患，並擴張領土和勢力範圍，提升漢朝的國際影響力。

這些都可謂「大有為」之政，其中相當一部分足以稱得上是劃時代、開創性的歷史貢獻。這些決策不僅消除當時的各種積弊和隱患，完成時代交給他的課題，而且對後來的歷史產生許多根本性影響，沒有愧對上天交給他的歷史使命。

從這個意義上講，漢武帝的確當得起「雄才大略」、「冠於百王」（東漢應劭語）、「功越百王」

（三國曹植語）等歷史評價。總而言之，漢武帝既擁有高屋建瓴、總攬全域的政治智慧，又擁有雷厲風行、乾綱獨斷的魄力和手腕，還有慧眼如炬、知人善任的領袖才幹，才能締造出震古鑠今、彪炳史冊的文治武功。然而，世間萬事總是利弊相生，有陽光的地方一定有陰影，為一個系統「做功」必然會給另一個系統製造「熵增」。

漢武帝為了完成屬於他的「大考」，付出的代價和產生的副作用，幾乎和他創造的歷史功績一樣巨大，影響同樣深遠。

漢武帝把儒學定於一尊，確立為國家的意識形態和統治思想，在當時肯定有其合理性與必要性，其益處和正面作用參見前文，此不贅述。而其弊端主要有以下三個方面：首先，漢武帝尊奉的儒學，經過董仲舒改造，大量摻雜先秦各家尤其是法家思想，鼓吹君權至上，強化等級尊卑，背離先秦儒學「民貴君輕」、「從道不從君」的民本思想和人格獨立精神。其次，儒學的「法家化」進一步發展，就成為「外儒內法」、「霸王道雜之」的漢家制度，這為漢武帝中年以後施行酷吏統治和嚴刑峻法鋪平了道路，也為此後二千餘年的皇權專制奠定根基。最後，不論漢武帝尊奉的是儒學還是別的學說，只要定其為一尊，必然會禁錮學術自由，妨礙思想的多元化，扼殺士人的獨立思考能力，最終形成「萬馬齊喑」的文化專制，嚴重制約一個國家和民族的思想創造、學術創新和文明進步。

再來看漢武帝打擊豪強和遊俠。其利是在一定程度上遏制了土地兼併與貧富懸殊現象，阻止基層政權的黑幫化，保護弱勢群體的利益，強化國家的統治力，維護正常的法律和社會秩序。而其弊端則在於，國家能力過度膨脹必然導致「社會自治」的嚴重萎縮乃至徹底消亡。事實上，一定程度的社會自治對國家是必要且有益的，是對公權力的合理補充；它可以在政府「不在場」或管理失效時發揮作用，實現自我調節，保護民眾的合法權益。中國自春秋戰國以降，便形成相當程度的社會自治，出現「遊俠」這一民間自組織力量，卻在實行中央集權的秦朝一度遭到嚴重破壞，至漢武帝二度打擊後就消亡了。標誌事件是「郭解之死」。典型表現則是自此之後，以墨家為代表的遊俠組織便不復存在，徹底退出歷史舞臺。

漢武帝為了挽救國家財政，在經濟上實行一系列改革和國有壟斷政策，固然一時增加政府的財政收入，代價卻是沉重打擊了民間經濟。表面上，漢武帝並未給百姓增加賦稅，事實上卻是一方面透過「官營企業」與民爭利，另一方面透過稅收政策對社會各階層進行「財富洗劫」。其實質就是國家對民間社會的過度汲取，結果必然導致國富民窮、國強民弱的局面。武帝末年大面積爆發的民間起義，其主要根源之一正是在此。

而漢武帝的一系列經濟和財政政策，被後世統治者不同程度地繼承後，歷代朝廷對民間的榨取能力就一直很強大。往往只在朝代初年為了醫治戰爭創傷，不得不有所收斂，此後必定朝著過度強化的趨勢發展，最終使民間不堪忍受，揭竿而起；於是王朝崩潰，一切推倒重來。從經濟史的角度看，未嘗不是中國歷代王朝總是無法逃脫「治亂迴圈」的主因之一。漢武帝若非晚年及時悔過並改弦易轍，漢朝恐怕就要在他這一代終結了。

漢武一朝的對外擴張，贊同者譽之為「雄才大略」、「開疆拓土」、「威震百蠻」，反對者批評他「好大喜功」、「窮兵黷武」、「勞民傷財」。這取決於論史者的立場和觀察角度的不同，無所謂誰對誰錯。或者說，這是一枚硬幣的兩面，同時存在，都是事實。從大歷史、國家民族主義、英雄史觀的角度出發，看見的往往是正面；而從當時的百姓、人文人本主義、平民史觀的角度出發，看見的很可能是反面。

在此，或許只能對前者（國家本位者）說，任何共同體，不論是國家的、民族的、文化的，存在的前提都是一個個活生生的人；存在的意義也是為了一個個有血有肉的人。為了共同體的利益，有時或許要犧牲個體的利益乃至生命——但這只是迫不得已，絕非天經地義。永遠要記住：具體的個人一旦被消解，任何抽象而高蹈的宏大敘事都是可疑的；離開了個體，任何共同體都是無源之水、無本之木。

同時也要對後者（個人本位者）說，今天讀歷史當然大可不必為尊者諱，更不必為「肉食者」唱讚歌；但堅持個人本位和平民史觀的同時，卻不能失去家國情懷，畢竟任何人都不可能超然於共同體之外。更何況，這個世界從古至今一直是「戰國」——從國際戰略的角度講，弱肉強食的叢林法則始終是世界亙古不變的底色。沒有共同體的強大與興盛，個人的安全與幸福終究沒有保障。

有關漢武帝功過得失的爭議，主要集中在上述幾方面。至於他中晚年時期的許多作為，如任用酷吏、濫殺大臣、迷信神仙、大興土木、巡遊無度、逼殺太子等，在歷史上幾乎遭到清一色的批判，可謂惡評洶洶，不絕於耳。

當然，他在生命最後幾年的悔過表現和政策轉向，還是得到多數後人的同情、諒解和肯定。

金無足赤，人無完人。我們說過有陽光的地方就有陰影，「做功」的同時一定在製造「熵增」。

但即便有陰影，人總還是要心向光明，朝著有陽光的地方走去；即便宇宙終必死於「熱寂」，人類依舊要頑強地在混沌中尋找出路，從無序中創造有序。

漢武帝的一生所為，不外乎如此；而每個人的一生，乃至整個人類歷史，不也都是在同樣的困境中做著同樣的努力嗎？

目錄

第五章 文臣武將

第六章 狂飆突進

第七章 外揚國威，內固皇權

第八章 開疆拓土

第九章 武帝的另一面

第十章 大時代落幕

第一章
入主東宮

王娡的傳奇人生：一切皆有可能

漢景帝前元元年（前一五六年），劉徹出生於長安的未央宮，關於他的出生，史上一直流傳著兩條「八卦」。

第一條，是劉徹的出生日期。據《漢武故事》記載，劉徹生於這一年七月七日，即傳統的七夕節。若此記載屬實，劉徹的出生似乎就自帶某種浪漫色彩。尤其是聯想到他後來與衛子夫、李夫人、鉤弋夫人的浪漫愛情故事，這個出生日期就更顯得意味深長了。只可惜據學界考證，這很可能是後人附會。《漢武故事》只是託名為班固所著，且筆法類似於筆記，不可做為信史。劉徹生於七夕的說法，於史無徵，不足採信。

第二條，是劉徹的名字。據《漢武帝內傳》記載，某日，景帝劉啟在宮中的崇芳閣小憩，忽然夢見一頭紅毛豬從天而降，徑直落入殿閣之中。醒來後，劉啟即召宮廷卜者姚翁前來解夢。姚翁掐指一算，趕緊眉飛色舞地告訴劉啟，說此閣中將誕生一位偉人，未來當為漢家盛世之主。劉啟大喜，當天就把崇芳閣改名為「猗蘭殿」，並命夫人王娡入住此殿。不久，王娡誕下一子，劉啟便為他取名為「彘」。彘的意思就是豬——文字雖然粗鄙，卻寄託著「盛世之主」的深遠寓意。

關於劉徹初名劉彘的說法是否可信呢？很遺憾，和《漢武故事》一樣，《漢武帝內傳》也是託名班固的偽作，很可能是魏晉時人所撰，可信度較低。且此事在《史記》、《漢書》中皆不見記載，很有可能也是八卦。

事實上，劉徹的出生根本無須這兩條八卦的渲染。正史的記載中，就是一件非常具有傳奇色彩的事情。

劉徹的生母王娡嫁入九重宮闕、成為劉啟的太子妃之前，早已嫁為商人婦，而且是一個女孩的母親了。按常理來說，已經身為人婦、人母的王娡，無論如何都不可能成為皇太子劉啟的嬪妃，也根本不可能生下劉徹。然而，歷史就是經常違背常理、沒有邏輯。如果把上天看成歷史創作者，「他」的腦洞無疑比世上任何一個小說家都大得多。

王娡的命運之所以發生如此戲劇性的轉折，都要歸功於她的母親，即劉徹的外祖母臧兒。

臧兒曾有非常顯赫的家世背景，她的祖父便是秦朝末年聲名赫赫的義軍領袖臧荼。他早年追隨項羽，因戰功卓著被封為燕王，後來受韓信所迫，歸降高祖劉邦。由於臧荼不是高祖的舊班底，始終未獲信任，漢朝建立剛剛半年，他就再次起兵反叛。當時的異姓王中，他是第一個扯起反旗的。高祖御駕親征，僅用兩個月便將其平定。臧荼兵敗被俘，家道從此敗落。他的孫女臧兒自然就從貴族變成平民，成年後只能嫁到槐里（今陝西省興平市東南），丈夫是叫王仲的地位卑下小商人。

臧兒和王仲生有一子二女，兒子王信，長女就是王娡，次女王兒姁。沒過幾年，王仲因病亡故，臧兒便帶著兒女改嫁長陵（今陝西省咸陽市東）田氏，此後又生下兩個兒子：田蚡和田勝。後世許多讀者經常弄不清楚，為什麼武帝劉徹的母親姓王，舅舅卻姓田，緣由正是在此。

王娡長大後嫁給同鄉金王孫，此人名字像個貴族，實際上根本不是王孫公子，而是和王仲一樣沒有社會地位的商人。沒多久，王娡就生下一個女兒。

儘管當時的人都說，嫁出去的女兒就是潑出去的水，但臧兒不認為女兒的命運就此覆水難收。於她而言，童年時代那種肥馬輕裘、鐘鳴鼎食的貴族生活雖已恍如隔世，卻依舊深深烙印在記憶之中。儘管在底層社會生活這麼多年，臧兒始終沒有放棄重返貴族階層的夢想。要實現這一夢想，唯一的辦法就是讓兩個女兒嫁入豪門。

然而，已過適婚年齡的長女王娡迫於世俗的壓力，無可奈何地嫁作商人婦。生米早就做成熟飯，還能怎麼辦？

也許有人會說：反正大女兒就這樣了，你就認命吧，沒必要再瞎折騰，到時候讓小女兒好好嫁個名門望族就行了。

但臧兒不是一個認命的人，對於長女的這樁婚事，她一直心存不甘。臧兒特地找算命先生替兩個女兒都算了一卦，結果讓她大受鼓舞。算命先生說：她的兩個女兒日後將貴不可言！

就在這一刻，臧兒有了一個大膽的想法——讓女兒離婚再嫁，另攀高枝！

說幹就幹，臧兒立刻把王娡強行接回家中，宣布王娡要和金王孫離婚。可憐的金王孫搞不懂這是唱哪齣戲，又驚又怒，死活不同意。但阻止不了臧兒，她施展渾身解數，硬是和長安皇宮中負責選美女的官員搭上線，把王娡精心打扮一番，就這樣奇蹟般地將女兒送進當朝太子劉啟的寢宮。《史記．外戚世家》：「臧兒卜筮之，曰兩女皆當貴。因欲奇兩女，乃奪金氏。金氏怒，不肯予決，乃內之太子宮。」

當然，臧兒隱瞞王娡已嫁人生女的事實。理論上，做為王娡的合法丈夫，金王孫完全有理由和權利戳破謊言，問題是借他十個膽，他也不敢啊！這個世界上，沒有一個平頭百姓敢走進皇宮，對那些高高在上的人說：「嘿，你們好，我來找妻子……」

沒多久臧兒複製這一成功模式，把小女兒王兒姁也送入太子宮。就這樣，臧兒從破落貴族之女、商人之婦，搖身一變成當朝太子的雙料丈母娘。時隔不久，隨著劉啟登基，她又成為皇帝的雙料丈母娘。

王娡進入東宮時，劉啟身邊早已群芳競豔、佳麗如雲。例如薄氏、栗姬、賈氏、程姬等，都是年輕貌美的女子。其中，薄氏是劉啟祖母薄太后的娘家人，最有背景，是太子正妃。可想而知，和這樣一群女人爭寵，絕不是件輕鬆愉快的事。

不過王娡還是迅速脫穎而出，這座爭奇鬥豔的大花園中，她這株半路移栽的花朵順利化解水土不服的風險，博得劉啟的寵愛。

短短幾年，王娡就為劉啟生下三個千金，就是後來的平陽公主、南宮公主和隆慮公主。然而，在「母以子貴」的後宮之中，沒有兒子，後半生的富貴終究沒有保障。

當時的王娡迫切地希望生一個兒子。終於有一天，王娡做了一個夢，夢見一顆光芒四射、熊熊燃燒的火球從天空中直射而下，瞬間沒入她的腹中。醒來後，她驀然發現自己又有身孕。王娡分明知道這個夢意味著什麼，卻故做不經意地和劉啟談起。劉啟聞言大喜，激動地說：「此貴徵也！」此乃顯貴的徵兆啊！

「夢日入懷」的記載出自《史記．外戚世家》，雖然充滿神祕色彩，但還是比《漢武故事》、《漢武帝內傳》中類似的記載可靠一些。

劉徹出生的一個月前，漢文帝劉恆駕崩，享年四十六歲。劉啟繼位，是為漢景帝，這一年是前一五七年。

景帝登基當天便冊立正妃薄氏為皇后，王娡和王兒姁都被封為夫人。漢承秦制，皇后以下諸妃，分為夫人、美人、良人、八子、七子、長使、少使等多個等級，王娡的妃位僅比皇后低一階。隨後，劉徹出生，在景帝的十四個皇子中排行第十。

景帝即位後，雖然第一時間就把皇后和嬪妃們都冊封了，但在此後的幾年卻遲遲沒有冊立太子。究其原因，首先是皇后薄氏沒有生育，缺少一個理所當然的太子人選。儘管憑著優越的出身正位中宮，但薄皇后很不得寵，直到被立為皇后，依舊沒有生下一兒半女。當然有可能是她的身體不佳，但更大的可能則是因為劉啟不喜歡她而很少與之同房。

依照禮制，國之儲君不是「立嫡」，就是「立長」。如今薄皇后無子，立嫡自然無從談起，而景帝的十四個兒子中，栗姬之子劉榮最為年長。做為長子，本來最有資格入主東宮，然而劉榮還是遲遲沒有被立為太子。還有個強大競爭者也一直覬覦儲君之位，就是景帝劉啟的弟弟——梁王劉武。

竇太后生有二子一女，長子是景帝劉啟，女兒是館陶長公主劉嫖，小兒子就是梁王劉武。竇太后最疼愛劉武，而劉武也最會討她歡心：「孝王（劉武）慈孝，每聞太后病，口不能食，居不安寢，常欲留長安侍太后。太后亦愛之。」（《史記．梁孝王世家》）

劉武動不動就往長安跑，而且老想住下來——名義上是為了侍奉太后，其實是惦念儲君之位。對此，景帝當然心知肚明。不過他沒有因此怪罪劉武，不僅是因為劉武深得太后之寵，更因景帝也很喜歡這個弟弟。

據記載，劉武的封地梁國（治所睢陽，今河南省商丘市）占據著天下膏腴之地，下轄四十餘城，府庫的金錢數以億計，擁有的珠寶玉器比景帝還多，甚至還貯藏數十萬副兵器弓弩。除此之外，他還廣為延攬四方豪俊，吳人嚴忌、齊人公孫詭、蜀人司馬相如等，都是他的門客。每次劉武入朝，景帝都會派出使節和御用車隊，遠赴數百里外的函谷關迎接。一到京師，景帝便與劉武入同輦、出同車，給予他無比的寵信。就連隨同劉武入朝的梁國屬官，也擁有與中央官員一樣的出入宮禁之權……

有一個勢傾天下的弟弟，其實是一件危險的事情，但景帝卻不以為意。即位第三年冬天，梁王再次入朝，景帝當即設宴，為他接風洗塵。宴會上，景帝喝多了，一時興起，忽然對梁王說：「千秋萬歲後，傳於王。」這話的意思相當直白，就是等他死後，要把皇位傳給梁王。

此言一出，在場眾人無不錯愕。梁王受寵若驚，連忙起身叩謝，與他同樣驚喜的還有坐在上首的竇太后。當時竇太后患有眼疾，幾乎已經看不見東西，耳朵卻比以前更加靈敏。景帝話音剛落，她老人家臉上就露出無比欣慰的笑容。如果兩個兒子能夠先後登上大漢天子的寶座，她這一生就沒有任何遺憾了。

正當在場大臣們面面相覷時，有個人忽然起身離席，端著一杯酒走到景帝面前，朗聲道：「天下者，高祖之天下，父子相傳，漢之約也；上何以得傳梁王？」（《資治通鑑．漢紀八》）

這個人就是竇太后的堂侄、時任朝廷詹事的竇嬰。竇太后萬萬沒料到，關鍵時刻，居然是侄兒壞了她的好事。此刻，景帝的酒已經全醒了。他心中懊悔不迭，不知該說什麼好，只好強作笑顏，招呼眾人繼續喝酒，以此掩飾內心的尷尬。

當天的酒宴一罷，怒火中燒的竇太后就找藉口免了竇嬰的官職，還把他的「門籍」（出入宮廷的憑證）繳了，命他從此不得朝覲。

景帝劉啟酒後失言，客觀上無疑助長梁王劉武的奪儲之心。正當景帝為此大傷腦筋之際，大漢帝國爆發一場大規模的諸侯叛亂，迫使他不得不暫時擱置立儲之事，全力對付這場突如其來的叛亂……

七國之亂：晁錯成為背鍋俠

這場叛亂以吳王劉濞（高祖之侄）為首，共有吳、楚、趙、濟南、菑川、膠西、膠東七國參加，史稱「七國之亂」。

這七個諸侯國為何會聯手發動叛亂呢？冰凍三尺非一日之寒，一切要從高祖劉邦建立漢朝時的政治制度說起。眾所周知，秦始皇吞併六國、統一天下後，廢除先秦分封諸侯的「分封制」，創立中央集權的「郡縣制」。可惜秦朝並未因此長治久安，反倒二世而亡。劉邦建立漢朝後，很多人認為若無四方諸侯做為屏藩，中央政府很容易孤弱而亡。劉邦便汲取秦朝滅亡的教訓，採取折衷的辦法，京畿及部分地區實行郡縣制，由朝廷統一管轄；其他地方實行分封制，分封宗室子弟為王，讓他們各自建立藩國，如眾星拱月般拱衛中央。這個全新的制度安排被稱為「郡國並行制」。

誠然，分封諸侯的好處顯而易見——一旦國家發生叛亂，諸侯可以幫助中央平定叛亂，避免重蹈秦朝孤弱而亡的覆轍。然而任何制度都不完美，劉邦設計的「郡國並行」二元體制亦然。分封諸侯的最大弊端在於諸侯都是獨立王國，政治、經濟、軍事各方面都擁有自決權。地盤大、人口多、資源豐富的大國，就有可能因勢力膨脹而日漸坐大，最終對中央政府構成嚴重威脅。

例如劉濞的吳國，就是四方諸侯中的老大。吳國地處長江中下游，國內既有銅山又有鹽場，豐腴富饒，經濟發達——按司馬遷的說法是「即山鑄錢，煮海水為鹽」（《史記．吳王濞列傳》），可謂富甲一方，勢可敵國。像這樣的諸侯，漢朝中央當然不能任其坐大，必須想辦法遏制。

漢文帝時，一代名士、著名政論家賈誼向朝廷上一道奏疏，稱為〈治安策〉，核心思想便是「欲天下之治安，莫若眾建諸侯而少其力」——把天下的各大諸侯國分割成若干小諸侯國，透過削除封地的辦法，削弱各諸侯國的實力。

文帝採納這個策略，於前一六四年邁出「削藩」的重大一步，將齊國分割為齊、濟北、菑川、膠東、膠西、濟南六個小國；將淮南國分割為淮南、衡山、廬江三個小國。然而，對於實力強大的吳國，文帝卻不敢貿然採取行動，而是暫時擱置——很可能是想等吳王劉濞死後，再順勢將其封地分割。不過還沒等劉濞「翹辮子」，文帝就先歸天了，這個棘手的難題被留給景帝。巧合的是，景帝劉啟和吳王劉濞之間居然還有一樁私仇。

劉啟當太子時，有一天與吳國太子劉賢弈棋，兩人起了爭執，且劉賢的態度頗為驕慢。劉啟一怒之下，拿起棋盤砸在他的頭上，不料竟然把劉賢砸死了。吳王劉濞平白無故死了兒子，內心的仇恨和怨念可想而知。雖然沒有當即造反，但從此稱病不朝，以示抗議。文帝自知理虧，只好替吳王開脫，說他年紀大了，可以不必入朝覲見；還派人給他送去坐几和拐杖，以表朝廷優容忍讓的態度。

「弈棋事件」雖然表面上就這麼過去了，但吳王劉濞的心裡始終放不下。景帝即位後，開始重用晁錯，銳意削藩，朝廷和吳王之間的新仇舊恨、公憤私怨就攪在一起，最後當然會來個大爆發。

晁錯是潁川（今河南省禹州市）人，自少研習申不害、商鞅的刑名法術之學。稍長，晁錯通過太常寺的考試，進入仕途，擔任太常掌故，此後歷任太子舍人、博士、太子家令等職。晁錯頗受文帝賞識，也備受劉啟（時為太子）倚重，被東宮上下稱為「智囊」。

劉啟即位後，晁錯被擢為內史，不久又升任御史大夫，「幸傾九卿，法令多所更定」。從這時候起，晁錯開始把「削藩」提上議事日程，屢屢向景帝上疏，「請諸侯之罪過，削其地，收其枝郡」

（《史記·袁盎晁錯列傳》）。

景帝採納晁錯的建議，隨即向吳、楚、趙、膠西等諸侯開刀。對此，諸侯當然不會坐以待斃。於是以吳王劉濞為首的七國諸侯，便以「清君側，誅晁錯」為口號，悍然起兵，僅吳國一國就集結二十餘萬大軍。七國反叛的戰報傳到長安，滿朝震恐。

當時漢家天下承平日久，一下子爆發這麼大規模的叛亂，朝野上下都慌了手腳，景帝更憂心如焚。按理說，做為景帝最倚重的大臣，也是「削藩之策」的首倡之人，面對諸侯大舉叛亂的危急形勢，晁錯理應一肩挑起平叛重擔，拿出切實可行的應對策略。然而，此刻的晁錯非但沒有表現出政治家應有的冷靜與從容，反而昏招頻出、一再犯錯，以致一步一步走向身死族滅的悲慘深淵。

晁錯犯的第一個錯誤是有遠謀而無近慮，他力主削藩，目標固然沒錯，卻沒有相應的執行能力，以至於叛亂一起就亂了方寸，竟然向景帝提出兩條匪夷所思的建議。

第一條，「令上自將兵，而身居守」，讓景帝御駕親征，由晁錯坐鎮京師；第二條，「徐、僮之旁吳所未下者可以予吳」，徐縣、僮縣一帶（今江蘇省泗洪縣、安徽省泗縣一帶）尚未被吳國攻下的地方，可以割給吳國。

很顯然，這是兩條荒謬至極的主意。晁錯為何會想出這種餿主意呢？即便用最大的善意揣度，也只能勉強替他找到這樣的理由：

首先，晁錯讓景帝御駕親征，估計是為了提振軍隊士氣，就像當年異姓王叛亂，劉邦親自披掛上陣一樣。可問題在於，景帝是個「生於深宮之中，長於婦人之手」的太平天子，從來沒上過戰場，更沒帶過一兵一卒，豈能與戎馬一生、血染征袍的高祖同日而語？再者，晁錯身為臣子，讓景帝出去打仗，置人君於萬險之地，自己卻在長安躲清閒，並以留守之職統攬朝政——實在顯得居心叵測。

其次，晁錯說要把「徐、僮之地」割讓給吳國，估計是想向吳王投擲煙幕彈，故意示弱以麻痺吳王。但晁錯一方面讓景帝御駕親征，一方面又故意向敵人示弱，不是自相矛盾嗎？假如景帝真的這麼做，只會長他人志氣，滅自己威風，徒令天下人恥笑。因此，景帝斷然否決晁錯的提議。

晁錯犯的第二個錯誤是心胸狹隘，容不下異己。

沒有人能否認晁錯是難得的忠臣，之所以不惜得罪天下諸侯，力排眾議，銳意削藩，根本目的是鞏固中央權威，希望大漢天下長治久安。然而，往往愈是忠直之臣，愈有一個毛病，就是容不下與他政見相悖或性情不合的人。司馬遷評價晁錯的性格時，說他「為人峭直刻深」。說好聽點叫剛正嚴明，難聽點就是執拗、刻薄。

當時晁錯在朝中有個不共戴天的政敵袁盎，原任吳國丞相，與晁錯素來不睦。早在文帝時期，兩人就是水火不容的死對頭。凡是有晁錯在的場合，袁盎立刻拍屁股走人；而只要有袁盎在場，晁錯的反應也如出一轍。景帝即位後，晁錯一升任御史大夫這個糾察百官的職位，便以袁盎收受吳王賄賂為由，欲治袁盎死罪。隨後景帝將袁盎貶為庶人，卻赦免了他的死罪。

晁錯沒能除掉袁盎，一直耿耿於懷。此次吳國帶頭作亂，晁錯便抓住這個把柄，再度指控袁盎與吳王暗中勾結。但晁錯此舉卻遭到朝中同僚反對，他們認為袁盎任吳國丞相已是幾年前的事了，這幾年一直住在京師，應該不會與吳王通謀；此外，就算袁盎有問題，也應該在叛亂爆發之前抓他，這樣或許還能搞到一些有用的情報。如今七國既已反叛，抓袁盎沒有多大的意義。晁錯得不到同僚支持，手中又沒有什麼證據，無法整治袁盎，只好悻悻作罷。

很快，袁盎聽說晁錯要整死他的消息，頓時大為恐懼，意識到再不奮起反擊，遲早會死在晁錯手裡。然而，此時的袁盎只是一介布衣，如何對付手握重權的晁錯呢？乍看和晁錯比起來，袁盎幾乎沒有任何優勢可言；要和晁錯鬥，不亞於螞蟻戰大象，幾乎不可能贏。可是在變幻無常的世界，沒有什麼事是不可能的。尤其政治更是世界上最善變、最不可捉摸的事物。上一秒，也許權傾天下、位極人臣，下一秒，可能就家破人亡、身死族滅了。其中的轉捩點就在於時勢。

時勢這種東西和大自然中的氣流一樣，看不見、摸不著，卻擁有摧枯拉朽、移山填海的巨大能量。深諳時勢並善加利用者，便有如鯤鵬展翅，可扶搖直上九萬里；昧於時勢並與之相悖者，便如同怒海狂濤中的一葉孤舟，隨時會被惡浪一口吞噬。

如今，站在「七國之亂」這個歷史的風口浪尖上，晁錯顯然就是昧於時勢、即將覆沒的一葉孤舟；袁盎則已經看懂時勢，只要順勢而為，必能一舉將晁錯置於死地，從此鹹魚翻身、否極泰來。

心意已決，袁盎隨即找到私交甚篤的竇嬰，請他幫忙向景帝求情，希望面陳平叛之策。竇嬰也是和晁錯不和的人，欣然幫了袁盎的忙。袁盎入宮覲見景帝那天，晁錯剛好在殿上和景帝討論前線軍務。袁盎進來時，看也不看晁錯一眼，徑直走到景帝面前，跪地行禮。景帝問：「如今吳、楚反叛，你有何看法？」袁盎答：「不足為慮。」

景帝對這個回答當然很不滿意：「劉濞有礦山可以鑄錢，有海水可以製鹽，占盡地利，且集結四方豪傑，兼得人望。如今到了白首之年才悍然起事，若事先沒有周密計畫，豈能輕易發動？你居然認為不足為慮？」

袁盎不慌不忙地說：「吳國誠然擁有鑄錢和製鹽的財源，但投靠他的那些人卻稱不上英雄豪傑。若是真英雄，必會輔佐他走上正道，不會慫恿他興兵作亂。那些人充其量不過是一幫地痞流氓、亡命之徒。」

景帝問：「你有何良策？」袁盎說：「請陛下屏退左右。」景帝示意在場的宦官和宮女退下。於是一眾閒雜人等皆退，只有晁錯站著不動。袁盎瞟了紋絲不動的晁錯一眼後說：「臣所言，人臣不得知也。」景帝旋即屏退了晁錯。晁錯無奈，只好退到東邊的偏殿，內心大為惱恨。《史記・吳王濞列傳》：「錯趨避東廂，恨甚。」

此時的晁錯絕對不會想到，他這一生將再也不能邁進大殿一步。晁錯走後，袁盎說出他的平叛良策，毫不遲疑地把晁錯稱為「賊臣」，並把七國之亂的責任全部歸到晁錯頭上。他認為要不是晁錯一意削藩，不斷削奪諸侯封地，七國也不會反叛。而今之計，就是把罪魁禍首晁錯斬了，赦免吳、楚七國，歸還削奪的封地，如此便可兵不血刃地弭平這場叛亂。

袁盎說完，景帝沉默了很久。他不是在思索袁盎的話對不對，而是在最後一次說服自己——為了天下太平，對晁錯痛下殺手是應該的，也是值得的。事實上，早在七國叛亂的戰報傳到長安時，景帝心裡就已經在醞釀「政治解決」的方案。說白了就是把晁錯拋出去，丟車保帥。在景帝看來，解鈴還須繫鈴人。既然力主削藩的人是晁錯，七國叛亂的矛頭也直指他，最簡便化解危機的辦法，當然就是把晁錯拋出去。若能就此令七國罷兵，犧牲晁錯一人以換取天下安寧，就是一筆非常合算的買賣。

說穿了，就是必須讓晁錯來當「背鍋俠」。景帝召見袁盎的目的之一，就是想借他的口來做殺人的刀！換句話說，萬一將來有人為晁錯鳴冤叫屈，景帝就可以拿袁盎當擋箭牌，以免成為眾矢之的。正因景帝已經動了誅殺晁錯的心思，最後他只是輕描淡寫地說了一句：「我不會寵愛一人而愧對天下。」晁錯的悲劇命運就在這句話中一錘定音了。當天，景帝便任命袁盎為太常，要他祕密離京，去吳國和劉濞談這筆政治交易。

晁錯身為政治家，難道從來沒有預料過削藩的不利後果嗎？從來沒有想過一旦得罪天下諸侯，最終很可能招來眾怒、引火焚身嗎？事實上，早在晁錯剛提出削藩之策時，其父便已料定此舉是在玩火，特地從潁川老家趕到京師，對他說：「皇上甫登基，你剛掌握大權，第一件事就是削藩，無異於離間天子骨肉，使天下人的怨恨都集中到你一人身上，你圖的是什麼？」晁錯說：「我固然明白這一點，但倘若不這麼做，天子就沒有尊嚴，社稷也不會安寧。」

由此可見，晁錯不是沒有預料到削藩的後果，而是明知不可為而為之。這就是晁錯犯的第三個錯誤：工於謀國而拙於謀身。

眼看晁錯的態度如此堅決，其父只能悲憤無奈地撂下一句話：「劉氏安矣，而晁氏危！」說完就回潁川，旋即服毒自盡，死前留下遺言：「吾不忍見禍逮身。」誰也沒有想到短短幾個月後，老人家的話就一語成讖了。

當然從國家利益的角度講，晁錯「工於謀國而拙於謀身」非但不是缺點，反而是難能可貴的品行，但「謀國」與「謀身」不必然是衝突的。真正成熟的政治家應該在二者之間取得平衡，不必在非此即彼的兩難境地中抉擇。道理很簡單，要達成任何政治理想，前提都是先保住性命，否則出師未捷身先死，又何談「謀國」呢？

然而，晁錯沒有做這樣的冷靜思考。即便是父親的「死勸」，也無法澆滅他飛蛾撲火般的政治熱情。就在景帝召見袁盎的十幾天後，景帝便授意丞相陶青、中尉陳嘉、廷尉張歐聯名上疏，對晁錯發起彈劾。他們給鼂錯擬定的罪名是：「不稱陛下德信，欲疏群臣百姓，又欲以城邑予吳，亡臣子禮，大逆無道。」建議將鼂錯腰斬，並且其「父母、妻子、同產無少長皆棄市」（《漢書．鼂錯傳》），所有親人只要還沒分家，無論老幼統統砍頭。

景帝看過奏疏，當即批了一個字：「可。」很顯然，這是異常嚴厲、近乎殘忍的處置辦法。很多後世讀史者對此不以為然，認為要殺鼂錯，往脖子上「喀嚓」一刀足矣，何必動用「腰斬」這種極刑呢？這種刑罰的目的不僅是要讓人死，更是要讓人在極端痛苦中死。人們不禁要問：有必要對鼂錯施以如此殘酷的刑罰嗎？此外，要殺就殺他一人好了，何必把一家老小全殺光呢？這不是濫殺無辜嗎？

倘若你也這麼認為，只能說明一件事：你雖然很善良，卻不懂政治。當時景帝殺鼂錯的真正目的是丟車保帥，促使七國罷兵。這個動機，後世的讀者都很清楚，但關鍵問題是——當時大多數老百姓並不知情。鼂錯的官職是御史大夫，位列三公，相當於副丞相。要殺這樣一個高官，如果不給他扣上非常嚴重的罪名，老百姓肯定會胡思亂想。朝廷最怕的事情就是老百姓這樣，景帝必然要給鼂錯扣上「亡臣子禮，大逆無道」的罪名，從而為誅殺鼂錯的行動披上合法的外衣。換言之，只有把事情做絕，對鼂錯施以極刑、滿門抄斬，老百姓才會相信鼂錯真的死有餘辜，不會懷疑景帝的殺人動機。至於這麼做算不算殘忍、是不是濫殺無辜，就不在景帝的考慮範圍之內。

景帝前元三年（前一五四年）正月二十九日，中尉陳嘉奉景帝之命，找到鼂錯，召他即刻入宮覲見。鼂錯以為皇帝要找他商議政務，沒有多想，匆匆穿上朝服就跟著陳嘉走了。行至東市時，陳嘉忽然命左右把鼂錯從車上拽下來，死死摁在地上。很快，一副寒光逼人的鍘刀就擺在當街。驚惶錯愕的鼂錯被七手八腳壓在鍘刀下，然後被「喀嚓」一刀鍘成兩截。同日，鼂錯家裡的老老少少全部被朝廷抄斬，一個不留。

後宮爭奪戰：改寫劉徹命運的女人

晁錯雖然死了，但沒有給景帝帶來希望的那個結果——吳、楚七國並未因晁錯之死而偃旗息鼓、休兵罷戰。當袁盎帶著景帝的密詔去見吳王劉濞，要求他跪地接詔時，劉濞肆無忌憚地狂笑道：「我已經是東方的皇帝，還要向誰跪拜呢？」

很顯然，劉濞起兵的目的根本不是什麼「清君側，誅晁錯」，而是要和景帝分庭抗禮，乃至爭奪天下！遺憾的是，這一點上，景帝太過樂觀，或者說僥倖心理過於嚴重，居然以為犧牲晁錯就能與七國化干戈為玉帛。

如今，一切都明擺著，吳王劉濞「醉翁之意不在酒」。晁錯不僅死得冤，而且死得毫無價值。至於景帝試圖用政治手段化解這場危機的想法，無異於痴人說夢。看來要消滅這場叛亂的唯一辦法，只有戰爭了。

景帝命元勛之後周亞夫為太尉，統率三十六位將軍出征，迎戰吳、楚聯軍；又命曲周侯酈寄、將軍欒布率部出擊趙國和齊國；同時起用剛被竇太后免官的竇嬰，拜其為大將軍，命其率部進駐滎陽（今河南省滎陽市），構築第二道防線。

七國要西進關中，梁國是必經之地。吳、楚聯軍一發動，首要攻擊目標就是劉武的梁國。叛軍兵臨城下後，劉武一邊拚死抵禦，一邊趕緊派人向太尉周亞夫求救。出人意料的是，面對梁國十萬火急的求救信，周亞夫卻視若無睹，始終按兵不動。他不是消極怯戰或見死不救，而是出於戰略考量。周亞夫的計畫是：讓梁國在正面牽制叛軍主力，消耗叛軍的有生力量；他再率領朝廷軍繞到叛軍後方，出其不意地切斷吳、楚聯軍的補給線，然後堅壁清野、固守不戰——待叛軍疲敝渙散、糧盡援絕，再伺機決戰，對叛軍予以致命一擊。

周亞夫的計畫得到景帝的支援，他率領大軍繞到叛軍後方，兵鋒直指昌邑（今山東省鉅野縣城南）；同時派出一支輕騎兵，南下渡過淮河，一舉切斷吳、楚聯軍的補給線。與此同時，梁王劉武正面獨力苦撐，被叛軍打得焦頭爛額，多次求救又不被理睬，遂頻頻遣使向景帝告狀。景帝不忍，命周亞夫發兵救援，他卻拒不從命，始終沒有派出一兵一卒。

此舉分明把梁王往死裡得罪了，但周亞夫卻由此掌握戰場主動權，從而很大程度上保證這場平叛戰爭的勝利。

前元三年二月末，周亞夫與吳、楚聯軍在下邑（今安徽省碭山縣）附近展開決戰，並將其一舉擊潰。吳王劉濞帶著殘部乘夜逃亡，楚王劉戊在絕望中自殺。數日後，劉濞逃至丹徒（今江蘇省鎮江市東），被東越人誘殺，首級旋即傳送長安。參與叛亂的齊王劉將閭、膠西王劉卬相繼自殺；膠東王劉雄渠、菑川王劉賢、濟南王劉辟光全部被逮捕處死。

七國之亂就此平定，前後歷時不過三個月。叛亂平定後，讓景帝苦惱不已的立儲問題自然又回來了。

這一回，問題更惱人了。梁國雖然在戰爭中付出慘重代價，但梁王劉武卻透過戰爭獲得前所未有的功勛和聲望。事後朝廷統計戰果，共斬殺叛軍十餘萬人，其中僅梁國殺死和俘虜的叛軍人數，就占到總數的一半。這不得不說是個驕人的戰績。

面對如此卓越的戰功，景帝當然要論功行賞。不久，景帝賜給梁王一面天子旌旗，並撥給他戰車一千輛、騎兵一萬人，做為警衛之用。這一切無不讓梁王奪儲的野心愈發膨脹。此後，劉武每回出行，總是前呼後擁、千乘萬騎；隊伍前列還高舉那面天子旌旗，氣勢和規格幾與皇帝無異。此情勢下，景帝終於意識到——再不冊立太子，必將引發無窮禍患！

前元四年（前一五三年）四月，景帝正式下詔冊立長子劉榮為皇太子，徹底斷絕梁王和竇太后的希望，同時也斷絕了其他嬪妃和皇子的希望。

景帝冊立太子的同時，也把劉徹封為膠東王。此時劉徹年僅四歲，自然不可能前往封國就任，只是名義上的遙領。在劉徹之前，已有八個皇子封王，名下封國的土地大小、戶口多寡、貧富程度都有不小差距。諸王封地的肥瘠優劣，直接反映景帝對諸位皇子的親疏厚薄。與其他皇子比起來，劉徹的封地雖然不算小，但不是地廣人多的那種。由此可見，諸位皇子中，當時的劉徹並未獨得景帝之寵。

假如沒有後來發生的一系列事情，以及一個強勢人物的積極介入，劉徹絕對不可能在短短幾年後入主東宮，更不可能成為後人眼中的千古一帝。從根本上改變劉徹一生的人，就是他的姑母——館陶長公主劉嫖。

館陶長公主是個心氣很高的女人，雖然早已下嫁堂邑侯陳午，但對娘家的事務始終熱情不衰，景帝的後宮生活，就是她頗為關注的焦點之一。相當長的一段時間裡，館陶長公主總是像一隻辛勤忙碌的蝴蝶，在屬於景帝的百花園裡來回穿梭，還不斷把更加新鮮嬌豔的花朵送進來，生怕沒有她的幫忙，景帝的後宮就不夠熱鬧了。

許多年來，長公主劉嫖就是這樣樂此不疲地充當著景帝的生活顧問。假如你認為長公主這麼做僅是出於女人的特殊癖好，那就錯了。劉嫖真正關心的不是弟弟的私生活，而是自己的富貴、權勢和影響力——說白了，這就是一個女人插手宮廷事務，乃至干預帝國政務的獨特方式。接下來馬上就會看到，館陶長公主是怎樣以非同尋常的影響力，介入當時的后位和儲位之爭。

劉嫖有個獨生女名為阿嬌，被她視為掌上明珠。只要是能讓阿嬌高興的事情，沒有什麼是劉嫖不能做的。為了能讓女兒在未來的歲月中享有別的女人望塵莫及的幸福，她早早就替阿嬌計畫了一切。

在古代，一個女人能擁有的最高幸福是什麼？當然是貴為皇后，母儀天下。

當劉榮被立為太子後，劉嫖第一時間找到劉榮的母親栗姬，主動表示要把阿嬌許配給劉榮。對於這樁婚事，劉嫖自認十拿九穩。一來，對自己在後宮的影響力非常有自信；二來，覺得自己和栗姬的關係不錯——栗姬當初能博得景帝之寵，未嘗沒有長公主的功勞。她認為只要自己開口，這樁親事就成了。

然而，她萬萬沒想到，栗姬竟然一口回絕。栗姬生性善妒，劉嫖這些年給景帝輸送了無數美女，早就讓栗姬懷恨在心。這一回，栗姬終於逮到機會，以拒絕這門親事的方式來發洩鬱積已久的不滿。此時，薄皇后唯一的靠山薄太后已經去世，地位岌岌可危，隨時可能被廢掉。而在栗姬看來，最有資格取代薄皇后繼位中宮的非她莫屬。她的兒子已經貴為帝國儲君，還有誰比她更有資格繼任皇后呢？所以她才敢如此肆無忌憚地打長公主的臉。

然而，栗姬太低估長公主的政治能量和影響力了。她這麼做，等於是把唾手可得的皇后之位一舉葬送，同時葬送的還有她兒子劉榮的太子之位。

誠然，栗姬的不滿情有可原——長公主為了討景帝歡心，不斷把新美女送到他的枕邊，客觀上確實傷害了栗姬和其他嬪妃。但栗姬應該知道，這就是她們的命運。古往今來，每個皇帝的後宮都是佳麗如雲，這就決定了他們喜新厭舊的本性。就算長公主沒有那麼做，景帝照樣會不斷另覓新歡，不可能一輩子專寵一個女人。從這個意義上說，栗姬受到的傷害不單純是長公主造成的，也是她身為嬪妃的命運使然。

遺憾的是，栗姬沒有認知到這一點——或者說，刻薄善妒的性格，使她不願意認清這一點。

被栗姬悍然拒絕，對心高氣傲的長公主而言，無疑是極大羞辱。從被拒的那一刻起，長公主生活中的其他事務統統退居次要。唯獨一件事是非做不可的——重新物色「女婿」，再讓「女婿」入主東宮，扳倒栗姬母子！

那些日子，長公主用她的火眼金睛在所有皇子中逐個掃視一遍。最後選中了劉徹，之所以選中他，或許是以下三個因素發揮作用：

首先，王娡當初那個「日入其懷」的夢，有可能讓長公主相信，劉徹會成為未來的大漢天子。

其次，景帝的所有嬪妃中，王娡雖然沒有獨得其寵，但至少能和栗姬平分秋色——為長公主的易儲之謀提供必要的先決條件，讓她有信心把劉徹推上儲君之位。

最後，可能也是長公主最為看重的一點，劉徹自幼就顯現出超越常人的「聰睿明徹」。

據《漢武帝內傳》說，大約劉徹三歲那年，有一天，景帝把他抱在膝上，逗他說：「兒樂為天子否？」這是個很難回答的問題。要是說「樂意」，以他「非嫡非長」的身分，難免有僭越之嫌；要是說「不樂意」，又顯得太過笨拙，會掃了景帝的興致。此時，聰明的劉徹居然回答：「這種事只能由天意，不由兒胡思亂想。兒只願長居宮廷，每日在陛下膝前承歡，但也不敢放逸驕縱，失去人子之道。」

聽見這番話，景帝頓時開懷大笑。一個乳臭未乾的三歲小兒，居然能把話說得這麼巧妙得體，實在令人驚詫，足以讓景帝感受到劉徹的天賦異稟。這件事當然不一定是史實——不過鑑於武帝後來的雄才大略，說他從小聰慧，應該大致符合事實。隨後，長公主找王娡提出這門婚事。

王娡的頭腦比栗姬清醒得多，當然不會拒絕這種送上門來的富貴，馬上一口答應。從此劉徹與阿嬌的命運，就被這樁政治婚姻緊緊綁在一起。多年以後，發生在他們身上的那一幕情感悲劇，也在此刻埋下伏筆。

當然，兩個母親出於各自的利益包辦這場兒女婚姻時，劉徹和阿嬌都還年幼，根本不懂得男女之情是怎麼回事，更不可能知道這樁姻緣會如何改變他們未來的命運。對他們來說，身邊能夠多出一個年齡相仿的玩伴，就是最開心的事了。

長公主幾乎天天帶著阿嬌和劉徹「培養感情」，兩個小孩很快就玩得形影不離。那時在兩個母親和未央宮所有人的眼中，劉徹和阿嬌肯定是天造地設的一對。也許是為了確認這一點，有一天，長公主忽然把劉徹抱在膝上，煞有介事地問他：「兒欲得婦否？」劉徹點了點頭。長公主笑了笑，指著侍立在側的一群宮女，一一問他喜不喜歡。劉徹自然是大搖其頭，都說不喜歡。最後，長公主才指著阿嬌問他：「阿嬌好否？」劉徹頓時咧嘴一笑，大聲說：「好！若得阿嬌作婦，當作金屋貯之。」（《漢武故事》）這就是「金屋藏嬌」典故的出處。

此刻，眉開眼笑的長公主自以為替女兒找到終身幸福，但萬萬沒料到，她為阿嬌找的這間「金屋」，只是一個黃金打造的高級囚籠。若干年後，阿嬌將在這個囚籠中變成面目可憎的深宮怨婦，最後在難以排遣的嫉妒和憤怒中抑鬱而終。

前元六年（前一五一年）冬，有名無實的薄皇后終於被景帝廢黜，皇后之位空了出來。未央宮中的所有女人頓時眼冒綠光，非常整齊地把目光射向她們垂涎已久的位子。只有栗姬顯得氣定神閒，因為她認為這個位子非她莫屬。

關鍵時刻，館陶長公主終於攘袂登場了。那些日子，她幾乎天天往宮裡跑，不厭其煩地對景帝施加影響，極力貶低栗姬母子，同時不斷稱頌王娡的賢良和劉徹的聰慧。一直以來，長公主的話對景帝都很有影響力，這一次當然也不例外。景帝經不住長公主的一再「轟炸」，逐漸感覺栗姬母子確實有些面目可憎。然而，后位和儲位的廢立畢竟不是小事，景帝一時下不了決心。

最後，有人幫景帝下定了決心，就是栗姬。這個刻薄善妒、愚蠢無比的女人，又一次在接近巔峰的時刻，把自己推向深淵——換言之，如果栗姬母子的墳墓是館陶長公主挖的，最後的縱身一跳，卻是栗姬自己完成的。

那年冬天，景帝有一段時間偶染微恙，情緒有些低落。有一天，景帝用一種略帶傷感的語調，和栗姬談起諸多嬪妃和皇子，然後冷不防冒出一句：「百歲後，善視之。」（《史記．外戚世家》）「我百年以後，希望你能善待他們。」很顯然，這是景帝藉生病之機對栗姬進行試探。傻瓜也聽得出來，景帝這麼說，就是要把皇后之位許給栗姬了。假如栗姬的心胸不那麼狹隘，順水推舟說幾句大度得體的話，說不定景帝就真把她立為皇后了。

只可惜栗姬一句好話也沒說，還用十分怨毒的口氣把其他嬪妃和皇子數落一番——聽她那口氣，哪一天她兒子登基為帝，不把昔日的競爭者趕盡殺絕就算大發慈悲了；要讓他對她們好，那是痴心妄想！

聽完栗姬的話，景帝差點昏過去。這一刻，別說立栗姬為后，恐怕連殺她的心都有了。栗姬卻對此毫無察覺，現在她眼中除了薄皇后曾經擁有的地位和榮耀，似乎再也看不見任何東西。

栗姬的刻薄無情讓景帝對她徹底絕望，皇后之位就此與她擦肩而過，可是景帝遲遲沒有廢掉太子劉榮。這個節骨眼上，王娡毫不猶豫地出手了。

若你以為王娡會跑到景帝面前說栗姬母子的壞話，那就錯了。一直以來，當長公主不遺餘力地攻擊栗姬母子時，王娡都是以淡定的姿態冷眼旁觀——既沒有跟著長公主發飆，也沒有表現出一絲一毫覬覦后位之心。之所以如此，是王娡深知：愈是關乎命運的重大時刻，愈要保持常人莫及的克制和冷靜；別人愈急不可耐、上躥下跳，你愈要韜光養晦、如如不動。只有這樣，才能讓景帝發自內心地認為——這個淡泊自持、氣度雍容的女人，最有資格母儀天下。

「夫唯不爭，故天下莫能與之爭。」老子這句話的本意是勸誡世人無欲無爭，而王娡把它拿來做為高明的偽裝和實用的生存之道，以掩蓋更大的野心。正因王娡在這場白熱化的後宮爭奪戰中始終表現得與人無爭，長公主稱頌王娡賢良的那些話，才能句句說到景帝的心坎裡。換言之，這場後宮爭奪戰中，長公主和王娡一動一靜，一剛一柔，一明一暗，一巧一拙，配合得默契十足！

不過任何事情都要把握好分寸，假如王娡一直示人以拙，什麼都不做，到最後恐怕真的弄巧成拙。當景帝遲遲下不了決心廢黜劉榮的時候，王娡出手了。

當然，王娡沒有親自出面，而是派了一個可靠的人去慫恿朝中的大行令，讓他向景帝進言，勸景帝早立皇后，以安人心。勸景帝立誰呢？若以為王娡是向大行令毛遂自薦，那你又錯了。王娡確實向大行令推薦了一個人，但不是自己，而是栗姬。

王娡為什麼要幫栗姬？她不是幫栗姬，而是要盡快置她於死地。邏輯很簡單：當時景帝正對栗姬極度不滿，大行令偏偏在這時候請立栗姬，只會火上澆油，讓景帝對她更加痛恨。而且景帝很容易認定大行令此舉必是栗姬在背後授意——性質就更嚴重了。後宮與朝臣聯手謀求后位是最犯皇帝忌諱的事情，不管是誰犯了這個天條，都絕對沒有好果子吃。

王娡採取的行動就是對栗姬最後的致命一擊。當時後宮的是非恩怨既微妙又複雜，大行令不知曉具體內情。在他看來，栗姬既然是太子之母，立為皇后也是順理成章的事，沒有多想，隨即向景帝奏稱：「『子以母貴，母以子貴』，今太子母無號，宜立為皇后。」景帝一見奏疏便雷霆大怒：「是而所宜言邪！」（《史記·外戚世家》）

這種事是你可以插嘴的嗎？就在景帝的一聲怒吼中，可憐的大行令糊裡糊塗地丟了腦袋；劉榮頭上那頂太子之冠，也在同一時刻應聲落地。前元七年（前一五〇年）十一月，景帝下詔將太子劉榮廢為臨江王。時任太子太傅的竇嬰極力勸諫，卻絲毫改變不了景帝的決定。隨後，悲憤無比的竇嬰便以生病為由辭去官職。

太子是怎樣「煉」成的

劉榮被廢，對栗姬來講無異於世界末日。很快，她就在這個打擊下一病不起，十幾天後就咽氣了。

不過微妙的是，獲益的母子不只有王娡和劉徹，另一對母子也正為此拊掌而笑，就是竇太后和梁王劉武。

當初劉榮被立為太子，這對母子失望已極。如今儲位再度虛懸，竇太后和梁王的奪儲熱情自然再度高漲。事有湊巧，劉榮被廢的一個月前，朝廷舉行正旦大典（漢初沿用秦曆，以十月為歲首，十月初一稱「正旦」），梁王與其他諸侯王皆依例入朝。大典過後，其他諸侯王都老老實實地打道回國，不敢擅留，唯獨梁王倚仗太后寵愛，賴在長安不走。景帝心裡雖然不舒服，但礙於太后情面，還是不得不和他入同輦、出同車，一副手足情深的樣子。

不久，劉榮被廢，梁王心中竊喜，愈發不想離開長安。竇太后巴不得這個小兒子趕緊成為儲君，便找個機會，和景帝打開天窗說亮話。竇太后在長樂宮設宴，把兩個兒子找來，母子三人舉杯暢飲。一開始，太后談笑風生，興致很高；待酒過三巡，忽然一聲長嘆，稱一家人聚少離多，而她年事漸高，像這種共敘天倫、其樂融融的日子，只會過一天少一天，每思及此，不覺悲從中來。

梁王會意，趕緊紅著眼眶說：「我寧可不當這個藩王，也願意朝夕陪伴在母后身邊。」

太后說：「難得我兒一片孝心，只是人生在世，各有其分。若你不當這個藩王，又能當什麼呢？」

母子二人一唱一和，配合默契，就等著當皇帝的大兒子兼大哥給他們一個滿意的答覆了。景帝只好裝糊塗說：「可讓梁王在長安多住些日子，只要母后高興。」竇太后懶得再繞圈子，索性拋出一句：「吾聞殷道親親，周道尊尊，其義一也。安車大駕，用梁孝王為寄。」（《史記．梁孝王世家》）

這句話的用典實在古奧，就連景帝這種自幼飽受宮廷教育的人，倉促之間也沒聽明白。但他不好意思說沒聽懂，更不便當面駁了太后的面子，只好含糊地應了一聲：「諾。」一回到未央宮，景帝馬上把袁盎等人叫過來，問太后這話是什麼意思。

袁盎一聽臉色就變了，忙道：「殷道親親者，立弟；周道尊尊者，立子。周道，太子死，立嫡孫；

殷道，太子死，立其弟。太后之意，是想讓陛下立梁王為儲。」景帝沉默了。許久，他才有氣無力地說：「依你們看，該怎麼辦？」袁盎等人異口同聲地說：「方今漢家法周，周道不得立弟，當立子。」景帝長嘆：「太后心意甚堅，能奈其何？」

景帝當然不想立弟，但他已經糊裡糊塗地答應太后，若要反悔，實在有些難以啟齒。漢朝以孝治天下，若違背母命，便有不孝之嫌。現在唯一的辦法是要有人出面去勸說太后收回成命。

袁盎馬上明白皇帝的意圖，當即自告奮勇，願往長樂宮勸諫太后。此時的袁盎雖說對景帝忠心耿耿，但顯然沒有考慮到，做為一個臣子，這麼深地介入立儲之爭，絕不是明智的做法，對他而言絕非好事。

一見到太后，袁盎便開門見山道：「聽說太后欲立梁王，微臣有一事不明。」

「你說。」太后鎮定自若。

「梁王百年之後，又該立誰？」

「吾復立帝子。」太后說得自信滿滿，彷彿她可以活三百歲似的。袁盎嘴角掠過一絲不易覺察的笑意。不是因為太后無視自然規律，並且大言不慚、空口許諾而發笑，而是太后無意中已經掉入他的話語陷阱。接下來，袁盎不疾不徐地給太后講了一個故事。

故事發生在春秋時期。宋宣公臨死前，沒有把王位傳給兒子，而是傳給弟弟。弟弟宋穆公在位九年，因感念其兄之德，臨死前便把王位傳給兄長的兒子，而讓自己的兒子避居鄭國。如此一來，穆公之子自然極為不滿，便與大臣聯手刺殺宣公之子，奪回王位。

最後，袁盎對太后說：宋國之所以發生後來的一系列禍亂，就是當初宋宣公「傳弟不傳子」造成的。後世之人當以此為鑑，斷不可重蹈覆轍。

聽完，太后的臉色變得非常難看。當然，她不是被袁盎的故事嚇住了。太后是深諳歷史的人，很清楚當初宋國的禍亂是許多因素共同造成，不能僅歸咎於宋宣公「傳弟不傳子」的決定，袁盎之言未免有些危言聳聽。不過話說回來，正因太后了解歷史，也不得不承認「傳弟不傳子」確實釀成很多手足相殘、兄弟鬩牆的慘禍。從這一點來講，袁盎的警告不無道理。

更讓太后擔心的就是袁盎等人的介入。在她看來，就算景帝心甘情願把皇位傳給梁王，朝中必然會有一幫像袁盎這樣的大臣心存不服。到時候，梁王能不能坐穩皇位，社稷會不會因此爆發動亂，實在是很難說。

經過一番激烈的思想鬥爭，太后的政治理性終於戰勝了愛子之情——或者說，她終於不敢拿漢家江山去冒險，遂無奈地接受袁盎的勸諫。

竇太后最終改弦易轍，讓景帝擺脫兩難處境，同時為王娡、劉徹母子的最終勝出掃清障礙。前元七年四月，王娡終於被景帝冊立為皇后。短短十二天後，年僅七歲的劉徹被立為太子，正式入主東宮。

一場曠日持久的後宮之爭和儲位之爭，至此總算塵埃落定。王娡，這個昔日的平民之女和商人之婦，終於用常人莫及的勇氣和頭腦，做到世人做夢也不敢想的事情，贏得她想要的東西。

曾有人說過，宮廷和妓院是世界上最骯髒的地方。話雖然有些不雅，卻有道理，確實一語道破宮廷中人心的厚黑與險惡。自古以來，所有宮廷鬥爭都是不擇手段、你死我活，最終被淘汰出局的失敗者，幾乎都沒有好下場。栗姬母子的命運便是如此，劉榮被廢後，栗姬立刻抑鬱而終。沒過多久，劉榮也迎來末日。

按理說，劉榮雖然丟了太子位，但還可以做個富貴無憂的逍遙王爺，斷不至於有性命之禍。但王娡絕不可能讓他好好活著，在她看來，雖然太子之位已被自己的兒子取而代之，但世事難料，誰也不敢保證他日後不會捲土重來。想讓劉徹坐穩太子位，並在未來順利繼承大統，就必須斬草除根，杜絕任何被劉榮翻盤的可能性。

自從劉榮被貶臨江（治所在今四川省忠縣）後，王娡派人暗中緊盯著他，準備隨時蒐集他的「黑材料」。中元二年（前一四八年）三月，劉榮擴建王宮，一不留神過了界，稍稍占用到文帝宗廟前的一點空地。王娡立刻抓住機會，授意親信向景帝告御狀。

侵占宗廟土地這種事情，說大也大，說小也小。往大說，可以把當事者抓來砍頭；往小說，可以什麼事都沒有。其中的奧妙就看當事者是誰，以及他和皇帝的關係。例如前元二年（前一五五年），朝中曾發生類似事件，結果不了了之，因當事人是當時正大紅大紫的晁錯。

晁錯當時擔任京兆尹，每天到京兆府上班都要繞遠路，就讓人在自家南牆開了一扇門，修了一條路，大大縮短路程。丞相申屠嘉馬上參他一本，說他破壞高祖宗廟的廟垣，應該斬首。當時晁錯正得寵，丞相申屠嘉大權旁落，一心想整死他。申屠嘉呈上奏章後，景帝卻輕描淡寫地說：「晁錯並未動到高祖的廟牆，只不過占了些空地，沒關係。」申屠嘉惱恨成疾，不久便一病而亡。

如今，劉榮犯的錯雖然和晁錯一樣，但身分是失寵的廢太子，後果就截然不同了。景帝接到彈劾劉榮的奏章後，即刻下旨，讓他回長安中尉府接受審訊。當時的中尉是名聞天下的酷吏郅都，景帝把劉榮交到他手裡，用意不言自明。

劉榮一回長安，馬上被郅都扔進監獄。劉榮自忖凶多吉少，便懇求獄吏給他一副刀筆，打算寫封謝罪書，希望景帝念在父子之情饒他一命。可是郅都卻嚴禁獄吏給劉榮任何東西，後來與劉榮有過師生之誼的竇嬰去探監，和劉榮抱頭痛哭一場，暗中給了他一副刀筆。

在監獄的最後一晚，萬念俱灰的劉榮握緊刀筆，一筆一淚地刻下絕命書。刻完，用盡最後的力氣，把刀筆插進喉嚨，當場斃命。事後，竇嬰肯定懊悔不迭。當他把刀筆送進獄中時，絕對沒有想到這個東西不但是書寫工具，也是絕好的自殺工具。

不過話說回來，就算竇嬰不把刀筆送進去，劉榮肯定也會用別的辦法自殺。換言之，對劉榮來說，要逃離囚禁身體的監獄是不可能的；但要逃離囚禁生命的這個世界，卻很簡單。

劉榮死後，偌大的天下與宮廷，唯一記掛他的人，也許只有祖母竇太后了。雖說不是直接死於酷吏郅都之手，但畢竟死於他掌管的監獄，竇太后找不到洩恨的對象，從此便對郅都恨之入骨。

幾年後，景帝迫於太后的壓力，把郅都外放為雁門太守。匈奴人也恨治軍嚴整的郅都，便設下反間計陷害他。事發後，太后要求將郅都繩之以法。景帝說：「郅都是忠臣。」太后說：「難道你兒子劉榮不是忠臣？」景帝語塞，遂斬郅都。郅都曾經用嚴酷的刑罰扼殺許多生命，但到頭來，自己也無法逃過法網。

奪儲引發的血案：袁盎之死

自從劉徹被立為太子後，遠在封國的梁王就像丟失肉骨頭的餓犬，整日茶飯不思，坐臥不寧。他萬萬沒想到，眼看唾手可得的儲君之位，竟然再次失之交臂。一種強烈的挫敗感將他深深籠罩，但梁王不想就此收手。

不甘失敗的梁王打出一張牌。他向景帝呈上一道奏疏，請求從他的國都睢陽修築一條甬道，直達長安的長樂宮，以便隨時朝見太后，恪盡人子之孝。乍看梁王的這張牌似乎了無新意，還是老套的親情牌，其目的無非是想繼續慫恿太后幫他奪儲。但往深處一想，就會發現其中大有文章。

首先，從睢陽到長安的直線距離是一千二百多里，實際距離更是遠大於這個數字，修築一條這麼長的甬道，其間要跨越許多山脈、河流，需要動用多少人力、財力、物力？儘管梁王聲稱不從中央財政拿一分錢，所有人工和物資都由梁國籌措，可是梁國百姓難道不是大漢子民嗎？梁國從百姓收繳的賦稅，難道不是大漢的民脂民膏嗎？可想而知，如此規模龐大的超級工程，一旦實施，必定耗時費力、勞民傷財。到時候，不但梁國百姓不堪重負，有可能激發民變，而且甬道所經的諸多郡縣必然會與梁國產生利益衝突和矛盾糾紛——如此種種都無異於把朝廷架在火爐上烤。由此可見，梁王的這項提議實在居心叵測。

其次，就算上面列舉的所有問題都不存在，甬道一旦築成，無疑會對帝京長安構成潛在威脅。原因很簡單：梁王想修築的這條甬道，其所承載的運力遠大於一般道路（類似高速公路），固然方便梁王的入京朝覲，關鍵在於，萬一哪天梁王因奪儲夢碎而狗急跳牆，驟然集結大軍揮師西向，這條甬道不就成為他直取長安、篡位奪權的「綠色通道」嗎？

也許正是出於上述顧慮，景帝沒有同意梁王的請求，還把奏疏拿給袁盎等人，表面上是徵求他們的意見，實際上是想藉大臣之口，否決此事。結果不言而喻——袁盎等人極力反對，梁王的如意算盤徹底落空了。一次次失敗，讓梁王的憤怒達到頂點。他決定做點什麼來撫慰屢屢受傷的心靈。當然，他不可能把怒火傾瀉到景帝身上，只能找其他的替罪羊。找誰來洩憤呢？

梁王念頭一動，他豢養的謀士公孫詭、羊勝立刻湊上來，將暗殺計畫放在他的面前。他們列舉一張暗殺名單，第一個人就是袁盎，還有十幾個一貫反對梁王的大臣。隨後梁王拿出重金，讓公孫詭和羊勝招募十幾個身手了得的刺客，命他們即刻前往長安，執行暗殺任務。

第一個刺客進入關中後，開始暗中蒐集袁盎的情報。他沒有料到的是，在百姓中，袁盎的口碑居然很好。刺客猶豫多日，還是不忍下手，遂直接找到袁盎說：「我拿了梁王的錢，本來要取你性命，沒想到老百姓個個都說你好，我不忍殺你。不過在我後面還有十幾個刺客，你要多加小心。」袁盎大為驚訝。

有道是明槍易躲，暗箭難防。朝堂上和政敵對抗，袁盎誰都不怕，但要和一幫職業刺客過招，他心裡實在一點底也沒有。刺客離去後，袁盎在家裡苦思良久，終究沒想出什麼對策，只好叫下人備車，到城外找高人占卜問卦。萬萬沒料到，就在回城時，剛走到安陵門，就被暗中跟蹤的第二名刺客砍掉腦袋。

袁盎遇刺當天，十幾個朝廷大員也遭遇相同命運。當有關部門接二連三地把大臣遇刺的奏報送到景帝的御案上時，景帝震驚得半晌說不出話。竟然有人敢在帝國的首善之區、天子的眼皮底下，取走十幾個朝廷大員的腦袋，在漢朝歷史上絕對是頭一遭！景帝震怒之下，責令有關部門，務必在最短時間內將凶手緝拿歸案，給滿朝文武和京師百姓一個交代。

然而，十幾個刺客早就逃之夭夭。饒是有關部門調動京師的衛戍部隊把長安城翻個乾乾淨淨，還是連刺客的影子都沒見著。不過朝廷的辦案人員不是吃素的，雖然沒抓到凶手，還是找到一些有價值的線索。當所有線索匯總後，景帝很快發現諸多疑點都集中到一人身上——一系列驚天血案的幕後真凶，很可能就是親弟弟梁王劉武。

這個發現不僅讓景帝大為驚愕，更讓他感到深深的無奈和悲涼。如果在此之前，景帝對梁王的手足之情尚未因政治因素而有所減損，經過這次事件，梁王算是徹底把景帝的心傷透了。在景帝看來，梁王此舉不僅砍掉十幾個大臣的腦袋，更是斬斷了兄弟之間的血脈親情。

景帝心痛不已。但國法無情，一切只能公事公辦。隨後派遣兩個特使田叔、呂季主前往梁國，全力偵辦此案。田、呂二人根據已經掌握的線索，一到睢陽就把目標鎖定在案件的策劃者公孫詭和羊勝身上。只要逮捕這兩個人，就不愁把案件弄個水落石出。

然而，公孫詭和羊勝卻好似人間蒸發一樣，從田、呂二人抵達睢陽的那一天，他們就消失得無影無蹤。田叔和呂季主抓不到人，只好據實向皇帝奏報。景帝大怒，一連派出十幾撥特使趕赴睢陽，嚴厲督促梁國官員緝拿公孫詭和羊勝。梁國國相軒丘豹和內史韓安國不敢怠慢，隨即動員所有力量，在梁國全境展開掘地三尺的大搜捕——但整整搜了一個月，仍舊一無所獲。這兩個傢伙能躲到哪裡呢？

內史韓安國一連數日苦思冥想，就在幾乎快放棄時，忽然靈光一現，一個答案躍入腦海——遠在天邊，近在眼前。既然整個梁國，上自丞相及所有二千石官員的府邸，下至老百姓家的老鼠洞，全都翻遍了還是找不到，公孫詭和羊勝的藏匿之所，就只能是唯一沒有被搜過的地方——梁王王宮。

如果梁王真的窩藏這兩個人，無異於自殺。韓安國不敢耽擱，即刻面見梁王，聲淚俱下道：「大王手下無良臣，包括我在內，都是酒囊飯袋，才搞到今天這個地步。古人說主上受辱，臣下就該受死。

如今既然抓不到公孫詭和羊勝，臣只能請求大王將臣免職，然後將臣賜死！」梁王有些意外：「何至於此？」韓安國沒回答，而是反問道：「大王，依您看，您與臨江王劉榮，哪一個和皇帝更親？」梁王道：「他們是父子，我當然不如。」韓安國道：「劉榮貴為太子，只因典客說錯一句話，便遭廢黜，此後更因侵占宗廟土地而被逼自盡。大王是否想過這是為什麼？」梁王默然不語。

韓安國接著道：「原因很簡單，治理天下者絕不會以私害公。皇上與劉榮雖是父子，但特殊情況下，父子情面也沒什麼用。如今大王位列諸侯，卻聽信佞臣之言，冒犯皇上禁令，無視律法尊嚴。皇上因太后之故，不忍問罪於大王。臣聽說，太后為此日夜涕泣，希望您能幡然改過，可惜直到今天，大王還是沒有醒悟。臣斗膽問大王一句，一旦太后晏駕，您還能靠誰？」

最後這句終於驚醒了梁王。他黯然泣下，無奈道：「不必說了，我今天就把他們交出去。」梁王本來還心存僥倖，以為朝廷抓不到證據就不能把他怎麼樣，但韓安國的一席話讓他明白了，自己的所作所為已經突破皇帝的底線，如果不把公孫詭和羊勝交出去，最終只能把自己交出去。

當天，梁王就勒令公孫詭和羊勝自殺，把屍首交給特使田叔等人。田叔也是聰明人，知道這個案子到此就該畫上句號，於是即刻啟程回京。一路上，田叔的腦袋一直在高速運轉，片刻沒有停過。這個案子的牽涉面實在太大，除了要給皇帝、滿朝文武和袁盎等死者家屬交代，還必須考慮皇帝、太后和梁王之間複雜而微妙的關係。究竟該以什麼樣的方式了結，不僅是考驗他的政治智慧，更將決定他後半生的政治命運。

田叔回到長安向景帝覆命時，兩人有如下一場對話。

景帝問：「梁王有罪嗎？」田叔答：「有，死罪。」景帝又問：「證據在哪裡？」田叔卻答非所問道：「臣懇請陛下不要再追究此事。」景帝詫異道：「為何？」田叔答：「今梁王不伏誅，是漢法不行也；如其伏法，而太后食不甘味，臥不安席，此憂在陛下也。」（《史記．田叔列傳》）

田叔的意思是，如果一定要追究梁王做為元凶首惡的罪責，接下來只有兩個選擇：一、饒恕梁王——如此一來，就違背漢朝律法，會嚴重損害朝廷的威信和律法的尊嚴；二、誅殺梁王——會極大地傷害竇太后。最明智的做法就是讓這個案子到此為止，景帝才能避開兩難抉擇。

這就是做下屬的智慧。既要盡力讓老闆得知全部的事實真相，又要主動幫老闆消除由此引發的不良後果。缺了其中哪一環，都不算好下屬。景帝對這個處理方式非常滿意，便把收尾工作交給田叔。所謂收尾工作，當然就是讓竇太后徹底安心。這些日子，太后因梁王的事和景帝鬧起絕食——景帝使盡渾身解數也無法讓她開口吃飯，正急得如同熱鍋上的螞蟻。

田叔下殿之後，直奔長樂宮謁見太后，說：「據臣查實，梁王對這起刺殺案一無所知，整個案子都是佞臣公孫詭和羊勝策劃實施。如今二人均已被處決，梁王安然無恙，請太后寬心。」

太后本來在錦榻上半躺著，臉上一片愁雲慘霧，一聽見田叔的話，猛然從榻上坐起，那雙失明的眼睛彷彿閃動著驚喜的光芒。

袁盎等人遇刺案的圓滿解決，為田叔贏來輝煌的仕途。不久，田叔便連升數級，出任魯國國相。與此同時，景帝、太后和梁王也把一顆懸著的心放了下來。不過梁王的心沒有放得很徹底，他始終擔心景帝會秋後算帳。

為了刺探景帝的真實想法，同時也為了表明真誠悔過的態度，梁王隨即上書請求入朝。這個敏感時期，景帝當然不便拒絕。那年秋天，當梁王帶著一大幫隨從和侍衛快到函谷關時，景帝照例派出天子車駕前去迎接。看上去，一切好像和往常並無不同。然而，當使臣抵達函谷關時，出人意料的事情發生了──浩浩蕩蕩的梁國車隊停在關前休息，而梁王卻已不見蹤影。

使臣大驚失色，立刻回朝稟報。太后聞訊，驀然發出一聲淒厲的哭喊：「帝殺吾子！」聽到梁王失蹤的消息，景帝也驚呆了，慌忙下令搜尋梁王下落。

就在朝廷上下為此亂成一團時，梁王忽然出現了。他獨自一人，身上背著刀斧和砧板，跪伏在未央宮的北闕之下，一副真心懺悔、惶恐待罪的模樣。景帝聞報，趕緊前往北門，親手把梁王扶起。兄弟二人四目對望，相擁而泣，一切盡在不言中。太后得知梁王無恙，也是激動得老淚縱橫。

事後，人們才了解梁王「失蹤」的來龍去脈。他一進函谷關，就換乘一輛不起眼的布車，僅帶兩名騎兵，抄小道進入長安，躲進館陶長公主的府邸，又脫下尊貴的親王服，上演「伏斧質於闕下謝罪」的一幕。

梁王之所以自導自演這場「謝罪秀」，無非是想化被動為主動，以前所未有的低姿態，換取景帝和滿朝文武對他的諒解和寬宥。梁王的目的達到了嗎？

表面上看，好像達到了。隨後的日子裡，景帝對梁王仍然充滿著兄長的慈愛，彷彿震驚朝野的血案從來沒有發生過。而太后、景帝、梁王母子三人，依舊像過去一樣，時常聚宴歡飲，共敘天倫。不過細心的人們不難發現，這一切不過是掩人耳目的表象。事實上，景帝對梁王的態度已然今非昔比。有一件事，足以證明景帝態度的轉變。

梁王回京的次日，景帝邀他一起前往長樂宮謁見太后。車駕備齊後，景帝沒有像往常一樣去拉梁王的手，而是一言不發地邁上天子車輦。梁王很自然地想跟上去，卻被內侍宦官攔下，不得不上另一駕車。那一刻，梁王的心遽然一沉，然後什麼都明白了。

他終於明白，再也不能像過去那樣和景帝「入同輦、出同車」了。這個世界上，有些事情一旦發生就不可能被忘記，有些東西一旦破碎就不可能再恢復原狀。換言之，儘管袁盎等十幾個大臣的鮮血早已在風中飄散，但梁王手上的血腥氣息卻永遠不會消除；儘管景帝和梁王仍然是一母同胞的兄弟，但梁王曾經從景帝那裡得到的某種東西，卻已經永遠失落、無從尋覓了……

隨著時間流逝，景帝對梁王的感情日漸淡薄。四年後的歲末，梁王入京參加正旦朝賀，請求景帝准許他在長安住一段時間，卻被一口回絕。梁王黯然神傷，朝賀一結束便匆匆返回封國。僅過了半年，梁王劉武就在睢陽的王宮裡憂憤成疾、抑鬱而終。

愛子亡故的噩耗傳到長安，太后悲慟欲絕，在長樂宮裡日夜哭喊：「帝果殺吾子，帝果殺吾子！」景帝為此徬徨失措，只好去找館陶長公主商量。在長公主的建議下，景帝將梁王的五個兒子全部封王，並把梁國分封給他們；同時另撥一批食邑賜給梁王的五個女兒。做完這一切，長樂宮中那聲嘶力竭、令人心悸的哭喊才慢慢消歇。梁王之死讓竇太后痛不欲生，卻讓宮中的另一個女人暗自竊喜、如釋重負。這個女人當然就是皇后王娡。

梁王的存在是對劉徹儲君之位的最大威脅，如今他死了，劉徹的地位即便不是穩如泰山，至少很大程度上擺脫了傾覆的危險。這場儲位爭奪戰到此雖然畫上句號，但不意味著朝堂上所有人從此相安無事。當初廢黜劉榮、改立劉徹的事情上，朝中有位重量級人物曾堅決反對，多次和景帝面抗廷爭，搞得景帝頗為不悅。這個人就是平定七國之亂的功臣、時任丞相的周亞夫。

如今，易儲之事雖已塵埃落定，景帝卻一直耿耿於懷。倒不是他小肚雞腸，記恨忤逆他的大臣，而是擔心周亞夫既然反對立劉徹為太子，那自己百年之後，周亞夫恐怕不太可能心甘情願地輔佐劉徹。而以周亞夫的身分、地位，以及在朝野的威望和影響力，萬一想搞什麼事，做為少主的劉徹肯定對付不了。

想讓劉徹將來坐穩漢家天下，景帝就必須未雨綢繆，提前把周亞夫這根刺拔掉……

第二章
君臨天下

無箸之筵：直臣周亞夫的悲劇結局

周亞夫出身於功臣之家，其父是大名鼎鼎的大漢開國元勛周勃。當年呂氏亂政，幾欲傾覆漢室江山。時任太尉的周勃攘袂而起，誅殺諸呂，迎立代王劉恆為帝，為漢室立下不可磨滅的功勛。有道是虎父無犬子，做為元勛之後，周亞夫繼承其父剛毅、勇武的品格，從年輕時起便展現出卓越的治軍才能。有一件事足以證明周亞夫的才幹和性情。

文帝後元六年（前一五八年），匈奴大舉犯邊。時任河內太守的周亞夫奉命進駐細柳（今陝西省咸陽市西南），與屯駐灞上的劉禮、屯駐棘門的徐厲共同拱衛京畿。文帝為了提振士氣，親往三座軍營勞軍。視察灞上和棘門時，劉禮和徐厲都是大開營門，領著所有部將跪迎聖駕，從頭到尾畢恭畢敬，不敢有絲毫怠慢。當文帝一行前往周亞夫的軍營時，情況全然不同。

率先抵達細柳軍營的是天子車隊前導。一到營門前，前導驚得目瞪口呆。只見大門緊閉，營門兩側的門樓上站滿士兵，個個刀出鞘、弓上弦，一副戒備森嚴、如臨大敵的模樣。這幫大頭兵是不是瞎了，連天子旌旗都看不見?!前導連忙扯著嗓子大喊：「天子快到了！」然而，門樓上的士兵卻置若罔聞，始終紋絲不動。片刻後，把守營門的都尉回話道：「將軍有命，軍中只有將軍令，沒有天子令。」

前導氣得差點吐血，只好掉轉馬頭去稟報天子。隨後，文帝車駕抵達，營門照舊緊閉。文帝遂命大臣持節向周亞夫傳令。周亞夫才下令打開大門。文帝好不容易進了軍營，但剛一進門，守門軍官馬上又說：「將軍有令，軍營之中，不允許車馬賓士。」文帝只好命所有車馬放慢速度，按轡徐行。

天子車隊到達中軍大帳時，周亞夫才出來見禮，身上居然還佩帶兵器。見此情景，文帝的隨行大臣們無不驚愕。臣子攜帶武器覲見皇帝，可是嚴重違背禮制的行為。緊接著，更讓大臣們驚訝的事情發生了。周亞夫走到鑾駕前，居然沒有跪地行禮，而是直挺挺地站著說：「甲冑在身，不便跪拜，請允許臣用軍禮參見皇上。」說完輕輕作揖（同輩禮節），就算行完禮了。隨行大臣們再度面面相覷。

勞軍結束後，回京的路上，群臣紛紛表達對周亞夫的不滿，只有文帝不停讚嘆：「嗟乎，此真將軍矣！」（《史記・絳侯周勃世家》）

大臣們驚問何故，文帝說：「你們沒看見嗎？和周亞夫的治軍相比，灞上和棘門兩軍簡直如同兒戲！那樣的軍隊遲早會被敵人偷襲，將軍也得變成俘虜。至於周亞夫，誰有能耐動他？」

一個月後，匈奴退去，拱衛京畿的三軍撤防，劉禮和徐厲回任原職，只有周亞夫被文帝擢升為中尉。從此，文帝對周亞夫剛直不阿的品行和嚴謹治軍的才幹念念不忘。臨終前，文帝特意叮囑景帝：「若有急難，周亞夫是真正可以領兵之將。」文帝駕崩後，景帝旋即任命周亞夫為車騎將軍。

數年後，七國之亂爆發，景帝想起文帝遺訓，果斷起用周亞夫為太尉，統領朝廷兵馬。周亞夫不負眾望，先提出「避敵鋒芒，斷敵糧道」的戰略；繼而親率大軍繞到敵後，採取「堅壁清野，以靜制動」的戰術，從而一舉擊潰吳、楚聯軍。毋庸諱言，假如沒有周亞夫，朝廷或許也能平定七國之亂；但必將曠日持久、勞師糜餉，絕不可能在短短三個月內結束戰爭。

平定七國之亂令周亞夫的功勛和威望迅速達到頂點，不久便擢任丞相，一時間功蓋朝野、位極人臣。然而，世上的事情總是利弊相生。剛直不阿的品行成就周亞夫的功名富貴，卻也給他的悲劇命運埋下伏筆。

易儲之事，周亞夫觸了天子逆鱗；平定七國之亂中，他又因戰略需要，再三拒絕援救梁王，從而把梁王徹底得罪了。事後，梁王每次入朝，都會在太后面前不遺餘力地詆毀周亞夫。久而久之，太后對周亞夫也充滿厭惡。到了中元三年（前一四七年）秋，發生了兩件事，終於讓周亞夫丟掉丞相之位。

第一件是關於外戚王信的封侯問題。王信是王娡之兄，雖然和母儀天下的妹妹一同飛黃騰達、雞犬升天，但美中不足的是始終沒有封侯。自家兄長富而不貴，外戚勢力便會大打折扣。王娡很不滿意，當然要下功夫去處理一下。

王娡並非沒頭腦的人，她很清楚擴充外戚勢力歷來是很敏感的事，稍有不慎就會引發皇帝猜忌，弄巧成拙，自取其禍。王娡沒有選擇向皇帝吹枕邊風，而是拐個彎，在某天侍奉竇太后時，佯裝無意地提起說自家兄長王信尚未封侯。老太后沒想太多，當即主動攬下此事。

很快，竇太后就向景帝提起，讓他把這事辦了。景帝一聽面露難色道：「先帝在時，始終沒有分封竇彭祖和竇廣國，直到兒臣即位，才將他們封侯。故兒臣以為王信封侯之事，也應留待將來。」竇彭祖是太后之兄竇長君之子，竇廣國是太后最小的弟弟。景帝打心底不希望外戚勢力坐大，自然不想封王信，只好拿竇氏隔代封侯的事來當擋箭牌。

太后不悅，道：「一代人有一代人的做法。當初竇長君在世時，沒有封侯，直到死後才由兒子受封。對這件事，我一直引以為憾。如今為王信封侯，也是為了不讓皇后將來和我一樣抱憾。」景帝躊躇良久，最後只好說了一句：「待兒臣與丞相商議之後，再做定奪。」

景帝便把周亞夫找來商議——結果不難猜到，周亞夫明確表示反對。他說：「當初高皇帝曾立下誓約『非劉氏不得王，非有功不得侯，不如約，天下共擊之』。王信雖是皇后之兄，但對國家沒有功勞。若封侯，就是違背高皇帝的誓約。」既然連丞相都強烈反對，景帝便順勢把這件事情擱置了。

很顯然，景帝不想直接違逆太后，就把皮球踢給周亞夫，讓他去當惡人。周亞夫自認是秉公直言，不怕得罪誰——何況他向來不懼權貴，就算明知皇帝有意把他推出去當「背鍋俠」，恐怕也不在乎。於是，王信封侯之事就此不了了之。

之前，周亞夫已經得罪天底下最有權勢的兩個男人——皇帝和梁王；如今，又成功得罪天底下最有權勢的兩個女人——太后和皇后。做直臣做到這份上，官帽注定保不住了，甚至連腦袋也隨時可能搬家。然而，他卻對此毫無察覺。

導致周亞夫罷相的第二件事是關於匈奴降王徐盧等人的封侯問題。當時以徐盧為首的六個匈奴酋長歸降大漢，景帝打算全部封侯，以此做為政治號召，促使更多匈奴人前來歸附。但此事再次遭到周亞夫反對，他說：「徐盧等人背叛其主，陛下卻將他們封侯，將給國人樹立什麼榜樣？日後又如何要求人臣為陛下盡忠守節？」

景帝聞言，頓時拉下臉：「丞相此議未免迂闊，不可用！」隨即下詔，把徐盧等六人全封為列侯。周亞夫見狀，才意識到已經失去皇帝信任，頓覺心灰意冷，索性稱病不朝。景帝一看，正中下懷。既然是你放下擔子，就別怪朕不念君臣之義。很快，景帝便順水推舟，罷免周亞夫的相職。

周亞夫被罷相，成為無職無權的閒人，按說對未來的少主劉徹應該沒有威脅了吧？不，景帝不這麼看。做為名震朝野的功臣元勛，即使已經下臺，政治威望和影響力依然不容小覷。倘若他心存怨恨，對大漢社稷和未來的天子始終是個潛在威脅。可是如何才能證明周亞夫真的心存怨恨呢？辦法很簡單，景帝從帝王權術的「工具箱」裡隨便拿一個，略施小計，就足以刺探出周亞夫的真實內心。

後元元年（前一四三年）秋，周亞夫被罷相的整整四年後，一直在家中閒居的周亞夫忽然接到宮中使者的傳召，讓他入宮去赴筵。

周亞夫很清楚，筵無好筵。明知如此，他還是得去。當心中忐忑的周亞夫跟隨使者上殿後，眼前的情景令他頗感詫異。這場酒筵只有兩席，皇帝端坐上席，下席正空著。帶著疑慮，周亞夫行禮入座。景帝笑容可掬地看著他，命侍者傳膳。說是傳膳，但周亞夫愈發疑惑的是，侍者只給他端上一盤肉，然後什麼都沒有了。而且肉還不是切成片的，是圓滾滾的一大塊。此外，更莫名其妙的是——侍者居然沒給他上筷子。

難不成讓我當著皇帝的面，用手去撕肉?!周亞夫頓時發怒，對身旁的侍者沒好氣道：「給我拿雙筷子。」但侍者卻紋絲不動，彷彿根本沒聽見，連眼皮都沒抬一下。就在這時，景帝忽然大笑說了一句：「此不足君所乎？」（《史記・絳侯周勃世家》）「這還不能滿足你的需要嗎？」

做為天子，我有權賜給你肉；但你別忘了，就算肉已經到了嘴邊，我也有辦法讓你吃不成。換言之，我可以賜給你權力和富貴，也可以隨時將其剝奪。做為臣子，你應該時刻牢記這個道理。如果你忘了，我只能讓你「吃不完兜著走」了。

景帝設計這場意味深長的「無箸之筵」，目的就是敲打周亞夫並觀察他的反應。而不出景帝所料，周亞夫表現出憤憤不平之色，說明心裡有很大的怨氣。雖然那一天，周亞夫很快就意識到失態，趕緊免冠謝罪——可是一切都已無從挽回。看著伏地謝罪的周亞夫，景帝只淡淡地說了一個字：「起。」周亞夫才驚魂未定地躬身退出。

據《史記・絳侯周勃世家》記載，景帝那天目送周亞夫遠去，最後說了一句：「此怏怏者非少主臣也。」這個怏怏不悅的傢伙不是少主的臣子。這句話已經宣判周亞夫的死刑。

自從「無箸之筵」後，景帝便決心剷除周亞夫。不過誅殺功高望重的名將，絕對需要夠分量的把柄。雖說皇帝要殺人，從來不愁找不到把柄，但如果周亞夫及其家人始終謹言慎行、低調做人，景帝一時半刻也找不到殺他的藉口。

沒想到，很快就有人自動送把柄上門了，這個人就是周亞夫的兒子。事情源於周亞夫之子想要為老爹預備死後的殉葬品。周亞夫做為一代名將，他的墓葬當然少不了兵器之類的東西。根據漢代律法，官府允許民間持有刀劍等一般兵器，不算犯禁。問題在於周亞夫之子偏偏孝心爆發，不僅想要陪葬兵器，還想陪葬甲冑。於是便不顧後果，暗中向朝廷的營造署（工官）購買五百副盔甲和盾牌。

這就自尋死路了。漢代雖不禁百姓持有刀劍，但嚴禁民間私藏甲冑！為何會有如此奇葩的規定呢？其實並不奇怪。這在古代稱為「禁甲不禁兵」，原因是甲冑造價比一般兵器昂貴得多，可以給士兵提供極高的防禦保護，因而屬於軍方的特殊裝備，絕不允許民間買賣或私藏。

營造署的官員明知此事違法，還是礙於周亞夫的面子，把東西賣給他兒子。當然，這筆交易是祕密進行，只要當事人不把自己捅出去，朝廷也無從得知。偏偏周亞夫之子不知哪根筋不對，雇用民工搬運這批甲冑之後，竟然想苛扣這些民工的血汗錢。

民工多次討薪未果，便把這個賴帳的官二代告到官府，藉此指控周家人私藏甲冑，企圖謀反。有關部門一見此案牽涉周亞夫，趕緊上報景帝。景帝正愁找不到把柄，即命司法部門立案調查。有關官員找到周亞夫，他仍舊端著高官的架子，拒絕回答任何問題。官員無奈，只好據實回報。

景帝勃然大怒，說：「算了，朕不要他的口供了！」旋即下詔，命廷尉將周亞夫逮捕入獄。把案件交到廷尉手裡，周亞夫就難逃一死。廷尉是中央的最高司法長官，若非大案，無須動用；一旦廷尉出馬，表明事情已無可轉圜。

周亞夫對此心知肚明，當廷尉派人去抓他時，第一反應就是自行了斷，以免受辱。不過他的妻子仍抱有一絲幻想，便苦苦勸阻，打消了他自殺的念頭。周亞夫入獄後，廷尉問他：「你想造反嗎？」周亞夫說：「我買的器物都是殉葬品，豈能說是造反？」廷尉看著周亞夫，冷冷道：「君侯縱不反地上，即欲反地下耳。」（《史記．絳侯周勃世家》）你縱然不在活著時造反，也會在死後造反。對於這樣的流氓邏輯，周亞夫還有什麼話好說呢？人為刀俎，我為魚肉啊！

只能怪自己太過耿直，這些年把不該得罪的人全得罪光了；還有怪兒子太坑人，辦個陪葬品都可以把老爹提前送進陰曹地府。

為了免遭獄卒的凌辱，周亞夫從入獄第一天就開始絕食。此後，他一連五日水米未進。到了第六天，形銷骨立、氣息奄奄的周亞夫突然口吐鮮血，一頭栽倒在地，從此再也沒有聲息。一代名將、帝國功臣，就這麼淒涼地結束生命。

許多年前，周亞夫尚未發跡時，有個叫許負的相士曾為他看相，說：「三年後，你將封侯；又過八年，你會出將入相，位極人臣；再過九年，你將餓死。」周亞夫聞言大笑說：「我的兄長已經繼承家父的爵位，就算他死後，也有兒子襲爵，怎麼可能輪到我呢？還有，就算託您吉言，我有朝一日功名蓋世、富貴絕頂，又怎麼可能餓死？請先生指教。」許負盯著他的臉看了許久說：「你的嘴邊有豎紋入口，這是餓死之相。」

此後，周亞夫的人生果然一步步印證許負的預言：先是其兄絳侯周勝之因罪除爵，由周亞夫承襲爵位，被封為條侯；幾年後，周亞夫又由河內太守、車騎將軍升至太尉，進而成為一人之下、萬人之上的丞相；如今，周亞夫的結局果然又被許負不幸言中。不知道臨終之前，周亞夫會不會想起許負的預言。

拋開相士精準的預言不論，其實周亞夫的悲劇從一開始就注定了。理由很簡單——性格決定命運。周亞夫不畏權貴、剛直敢言的性格，很不適合混官場。假如他終其一生只是帶兵打仗的將軍，不要太深地介入朝堂政治，或許結局會好一些，但他卻偏偏功名蓋世，出將入相。他的性格和處世之道注定會帶來災難。

太子登基：劉徹開啟帝王生涯

周亞夫被逼自殺的這一年，劉徹十四歲，已經在太子的位子上坐了七年。七年來，景帝給他提供最好的宮廷教育，為劉徹選定的第一任太傅名叫衛綰，是當時朝野知名的忠厚長者。早在文帝時期，時任中郎將的衛綰便因敦厚質樸而頗受文帝賞識，文帝臨終前，特意叮囑景帝：「綰長者，善遇之。」（《漢書・衛綰傳》）

然而，景帝登基後，好像忘了文帝的囑咐，很長一段時間都把衛綰晾在一邊。其實，景帝並不健忘。之所以這麼做，其因有三。

首先，早在景帝還是太子時，衛綰曾在無意中得罪過他，景帝始終沒有解開這個心結。事情源於一次宴會。當時景帝為了和文帝左右的大臣增進感情，時常邀請他們到東宮赴宴。有一次，衛綰也在受邀之列。那一次，其他客人都到了，唯獨衛綰以生病為由，婉拒景帝的邀請。對此，景帝極為不悅。當然，景帝也知道衛綰不來是避免「私交太子」之嫌——而這一點，恰恰是他生性忠謹的表現。即便了解衛綰的苦衷，景帝心裡還是生出芥蒂。

其次，景帝之所以遲遲不重用衛綰，是有意透過一段時間「冷藏」，進一步考驗衛綰的「品質」。衛綰在當時雖以純樸、忠厚著稱，但很難說不是為了沽名釣譽而刻意進行的道德偽裝。歷史上，為博取清譽而上演道德秀的人並不少見。要了解衛綰是否真的配得上他享有的名譽，就有必要讓他坐坐冷板凳，看看他的表現。

景帝登基後，對文帝一朝的大臣幾乎都有重用，唯獨對衛綰不聞不問。可是衛綰卻毫無怨言，仍舊在本職崗位上表現得兢兢業業。身為朝中資格最老的中郎將，他非但沒有倚老賣老，反而比一些後進更為謙遜。凡是和同僚一起做事，出錯就攬在自己身上，有功勞則全部讓給別人，其敦厚、恭謹之狀一如既往。

景帝把一切都看在眼裡。終於有一天，他到上林苑狩獵，特意召衛綰前來「參乘」，即隨駕同行，這可是天子近臣才有的榮寵。

「你知道朕為何召你參乘嗎？」景帝問。「臣不知。」衛綰答。「當初，朕在東宮，請你赴宴，為何不來？」景帝舊事重提，不僅是想解開當初的心結，也想試探一下，看時至今日，他會不會有什麼新的說辭替自己辯解。

「臣當時抱病在身，不便赴宴，請陛下治臣不敬之罪。」衛綰仍舊堅持當時的說法，既無辯白之意，更無阿諛之容。景帝一聽，表面上沒說什麼，心裡卻已對衛綰平添了幾分敬重和信任。既然衛綰明知景帝對他一直心存芥蒂，卻仍舊不改當年說辭，就足以說明他不認為當初那麼做是錯的——足以見出他不是見機行事、沒有原則的人。進而言之，既然當初衛綰能夠絕對忠於文帝、不與太子私下結交，現在以他始終如一、其介如石的品格與操守，無疑也會把同樣的忠誠毫無保留地獻給景帝。這樣的人當然值得信賴。

儘管景帝已經在心裡原諒衛綰，但還是沒有立即委以重任，而是給他河間王太傅的職位。從官階上說是升遷；但論實權，藩王太傅顯然不如京官。這樣的安排對衛綰而言，無異於明升暗降。

既然景帝已經認可衛綰，為何還不重用他？這就要談到第三點——帝王的用人之術。

自古以來，帝王的用人之術皆離不開「恩、威、刑、賞」四個字。要獲得臣子的忠誠和擁戴，就得「恩、威、刑、賞皆自天子出」。衛綰雖為忠良，但畢竟是前朝舊臣，功名、富貴皆文帝所賜，並非來自景帝。景帝重用衛綰之前，必然先揮舞恩威的大棒，才能真正收服其心。換言之，不論皇帝從前任繼承多少人才資源，都必須花心思進行收攬人心的工作，否則權力的基礎終究不穩固。

從這個意義上說，皇帝不像世人想像的那麼好當——固然可以從上一任天子那裡繼承權力和人才資源，但如何使用權力、如何駕馭人才，只能看你的本事了。自古以來，很多帝王守不住祖宗的江山，原因固然很多，但最重要的恐怕就是缺乏帝王之術和馭人之才。

景帝故意把衛綰外放為藩王太傅，就是想樹立恩威。這麼做等於告訴衛綰：不論你在前朝有過怎樣的資歷和貢獻，從此一切歸零；往後，如果你幹得好，朕可以給你更大的權力（恩），要是幹得不好，朕也可以隨時讓你回家抱孩子（威）。

所幸衛綰最終沒有回家抱孩子，他的運氣不錯，剛調任河間，大顯身手的機會便不期而至——七國之亂爆發了。衛綰臨危受命，被景帝封為將軍，組織河間軍隊抗擊叛軍，立下不小的戰功。平定叛亂後，衛綰終於迎來仕途輝煌，被景帝擢升為中尉（首都衛戍司令），不久又封為建陵侯。

劉徹當上太子後，衛綰旋即被景帝選定為太子太傅。在衛綰的言傳身教之下，劉徹的學業和品行都得到很好的教導和薰陶，逐漸成長為景帝心目中合格的儲君。與此同時，衛綰也得到景帝極大的寵信。「天子以為（衛綰）敦厚，可相少主，尊寵之，賞賜甚多。」（《漢書．衛綰傳》）

衛綰在東宮教了劉徹三年，隨後升任御史大夫；幾年後終於位極人臣，官拜丞相。從衛綰手中接過東宮教鞭的人，是劉徹的第二任老師、太子少傅王臧。和衛綰比起來，王臧任職東宮的時間比較短；但他傳授的某些東西卻對劉徹產生極為深遠的影響，同時也對此後的中國歷史產生無與倫比的決定性影響。王臧傳授的正是儒學。

眾所周知，大漢自開國以來，一直以黃老之學為最高的統治思想。黃老之學就是奉黃帝、老子為鼻祖，以道家思想為主體，結合法家、陰陽家、墨家等諸家學說而成的哲學思想。

秦亡漢興之際，天下凋敝，財竭民窮，亟須恢復並發展社會經濟，黃老思想所宣導「與民休息，無為而治」的治國理念，正好順應當時的形勢，因而被漢家君臣奉為圭臬。到了景帝一朝，黃老思想依然占據統治地位。尤其是竇太后，更將其視為治國安民的無上法寶，要求皇族成員和竇氏族人都要讀其書、尊其術。

唯黃老思想獨尊的環境之下，儒者王臧居然陰錯陽差地成為劉徹的第二任老師。當然，王臧給劉徹開的課，表面上還是以黃老之學為主；但傳道授業的過程中，仍有意無意地在劉徹的精神土壤中植入儒家思想的種子。當竇太后和景帝驀然發現這個錯誤，想趕緊撤掉王臧時，儒學的種子早已在劉徹心中悄然發芽。

除了給劉徹提供最好的宮廷教育外，景帝還特意安排了許多參與朝政的機會，以此考察並鍛鍊他的能力。自幼就「聰明睿徹」的劉徹，當然不會令景帝失望。有一次，廷尉呈報一樁凶殺案，凶手名叫防年，被害人是他的繼母。該案案情不複雜：起因是防年的繼母陳氏與人私通，被防年之父發現；陳氏惱羞成怒，將其父毒死；防年得知後，憤而殺死陳氏，為父親報仇——按照漢律，殺母是大逆之罪，應處極刑，廷尉便據此判防年大逆之罪。

景帝看完卷宗，沒做任何表態，把案子轉給劉徹，讓他談談看法。劉徹翻開卷宗，迅速掃了一眼，馬上就有結論。他告訴景帝：「世人常說『繼母如母』，可見繼母其實不如生母；只因父親對繼母之愛，才將其比作生母。如今防年的繼母不守婦道，又親手殺害其夫，她下手那一刻，防年與繼母的親情便已斷絕。防年殺她，就和殺普通人一樣，不宜以大逆之罪論處。」

景帝聽完，立刻露出欣慰的笑容。很顯然，太子的看法與他不謀而合。景帝便以一般殺人罪判處這樁案子，滿朝文武聽說後都認為此案斷得公允，並對太子的表現讚不絕口。

後元三年（前一四一年）正月，景帝劉啟突然患病，且病勢沉重。他自知不久於人世，遂於彌留之際做了一件意義重大的事情——為劉徹舉行「冠禮」。這是古代貴族子弟的成人儀式，按照周朝傳下來的禮制，男子必須年滿二十才能加冠。加冠之後，才算正式邁入成人的行列；若是君王，也必須加冠之後才能親政。景帝為劉徹加冠這一年，劉徹只有十六歲。很顯然，景帝要搶在辭世之前，為劉徹的登基和順利行使皇權鋪下最後一塊不可或缺的磚石。同時，也是景帝對朝野上下的公開表態——皇太子劉徹雖然年僅十六，但智慧和能力卻遠超同齡人，足以和成人比肩，因而完全有資格親自執掌朝政，統治這個廣土眾民的帝國。

景帝做出這樣的表態，絕非可有可無。劉徹的祖母竇太后和母后王娡都不是簡單的女人，都有干預朝政的能量。何況漢初的「呂氏之亂」殷鑑不遠，景帝不能不對此予以防範。為劉徹舉行冠禮，耗盡景帝的最後一點心力。

後元三年正月十七日，行冠禮；正月二十七日，景帝在未央宮駕崩，享年四十八歲。同日，劉徹在景帝的靈柩前登上大漢天子的寶座，是為「漢孝武皇帝」。

一個全新的時代，一個深刻影響此後中國歷史二千年的「漢武帝時代」，就在這一天拉開序幕。

武帝劉徹之前，中國歷史一直沒有帝王年號，上自先秦，下迄漢高祖，都是直接以君王在位的年數紀年；哪怕到了文帝和景帝，仍然是採用「前元」、「中元」、「後元」這種模糊的紀年方式。劉徹甫登基做的第一件事，就是為帝國創建年號。從此，中國歷史才開始以帝王年號進行紀年。

劉徹使用的第一個年號是「建元」，此後陸續使用「元光」、「元朔」、「元狩」、「元鼎」、「元封」、「太初」等，一生在位五十四年，總共用了十一個年號，平均大約五年更換一個。

登基後做的第二件事，就是對身邊最親近的人進行冊封：祖母竇太后受封太皇太后，母親王娡受封皇太后，太子妃陳嬌受封皇后，外祖母臧兒受封平原君，舅舅田蚡受封武安侯、田勝受封周陽侯（另一個舅舅王信已於周亞夫死後受封蓋侯）。

做完這一切，劉徹該好好審視景帝留給他的這座江山了。

大漢立國之初，承秦末之亂，天下蕭然，民生凋敝。據班固《漢書．食貨志》記載，連高祖劉邦的御駕想要湊齊四匹毛色相同的馬都找不到，最後只好隨便拉幾匹湊合。滿朝文武的代步工具大多是牛車，根本坐不起馬車；普通百姓更是家徒四壁，窮得沒有隔夜糧。

自高祖以下的歷代漢家天子才會尊崇黃老無為而治的思想，實行輕傜薄賦、與民休息的治國之策。到了文帝和景帝的時代，更是以「清靜恭儉，安養天下」著稱，才有備受後世史家稱頌的「文景之治」。

到了劉徹即位這一年，大漢立國已六十五年，昔日財竭民窮的天下，早已變得物阜民豐、繁榮富庶。司馬遷《史記》中，就以飽蘸熱情的筆墨，記載當時（武帝即位數年後）的社會盛況：

漢興七十餘年之間，國家無事，非遇水旱之災，民則人給家足，都鄙廩庾皆滿，而府庫餘貨財。京師之錢累巨萬，貫朽而不可校。太倉之粟陳陳相因，充溢露積於外，至腐敗不可食。眾庶街巷有馬，阡陌之間成群，而乘字牝者儐而不得聚會。守閭閻者食粱肉，為吏者長子孫，居官者以為姓號。故人人自愛而重犯法，先行義而後絀恥辱焉。

大漢立國七十餘年間，國家大多數時候太平無事，如果不遇到水災、旱災，百姓一般能夠豐衣足食。城鄉倉廩都裝滿糧食，郡縣府庫財貨充盈；中央金庫裡的錢更是多達數百千萬，很多穿錢的繩子都朽斷了，銅錢散亂得無法統計。國家儲備糧一年一年地反覆堆積，以至倉庫都放不下，只好露天存放，最後發霉腐爛而不能食用。城郭閭巷的百姓家家有馬，鄉村阡陌之間更是馬匹成群；偶爾有人騎母馬或小馬就會被人笑話，聚會都不叫他。在「街道居委會」上班的，三餐都有好酒好肉；基層的小公務員對福利待遇很滿意，一做就是大半輩子，連子孫都已長大成人也無意升遷；至於那些大一點的官就更加熱愛本職崗位，有些人愛到連原本的姓都不要了——例如糧食局長改姓「倉」，財政局長改姓「庫」（《漢書・貨殖傳》）。這樣繁榮富庶、安定團結的社會裡，人人都很自愛，很少犯法，凡事都以仁義為先，不屑做恥辱的勾當。這就是漢武帝即位之初，大漢天下呈現出的太平景象。

然而，任何事物都有兩面性。不論一個時代看上去多麼光明，肯定會有陰暗面。司馬遷讚頌這個時代的繁榮與富足時，沒有忘記揭露問題和隱患。寫完上面那段話後，筆鋒一轉，接著寫道：

> 當此之時，網疏而民富，役財驕溢，或至兼併豪黨之徒，以武斷於鄉曲。宗室有土公卿大夫以下，爭於奢侈，室廬與服僭於上，無限度。物盛而衰，固其變也。

正當漢家天下在經濟上一派繁榮時，法律制度卻逐漸變得寬鬆和廢弛。社會上先富起來的那些人，大多揮金如土、驕奢淫逸；最嚴重的問題是，財富和土地都集中到少數人手裡。於是，既得利益階層倚仗手中的權勢和財富，與黑惡勢力勾結，在社會上橫行霸道，肆意欺壓弱勢群體。由於皇族和宗室成員都享有分封的土地，而那些朝廷高官，如公、卿、大夫們都享有制度賦予的特權，就在財富積累和生活享受方面競相攀比，奢侈無度。很多皇親國戚和政府高官住的房子、坐的車子、穿的衣服等，都大大超過其身分和等級規定的限度。有道是盛極而衰、物極必反，當一個社會的上層普遍陷入奢靡腐敗之時，巨變的時刻就悄然到來了。

劉徹登基之時，面對的就是這樣的歷史格局：一方面，他繼承了歷任漢家天子積累下的雄厚國力；另一方面，又面對著社會發展帶來的種種問題和弊端。剛登上天子大位，劉徹便強烈地意識到——清靜無為、缺乏進取精神的黃老之學，已經不足以應對新時代的新問題，因而不再適合做為漢家天下的統治思想，改弦更張勢在必行。

這個帝國急需一種新的意識形態，急需一場靈魂上的變革。

帝國靈魂的變革：儒學登場

建元元年（前一四〇年）十月（此時仍用秦曆，以十月為歲首），劉徹頒布即位後的第一道詔書，在全國範圍內選舉「賢良方正、直言極諫之士」；且親自主持策試，策論題目是「古今治道」，即探討古往今來的治國之道。這個大題目下，劉徹提出事關國家治亂興衰的一系列問題：

五百年來，無論是高居廟堂的君王，還是草澤鄉野的有識之士，皆欲效法先王，拯救萬民；為何最後總是失敗的多、成功的少？

都說三代受命於天，有什麼證據？

世上災異不斷，是什麼原因？

人的壽命有長有短，品行有好有壞，又是為什麼？

朕希望天下能有淳樸的風氣，法令能得到有效的執行，百姓安居樂業，官員清正廉明，刑罰減輕，奸佞改過，風調雨順，五穀豐登……要實現這一切，朕該怎麼做？

劉徹知道這些至大至深的問題，答案肯定是言人人殊、見仁見智，他不指望得到放諸四海而皆準的答案。拋出這些問題，只是想讓對策者們借題發揮，各自亮出思想觀點。真正的目的是透過此次策試，讓不同學派都能發出自己的聲音，進而匯聚成一股有聲有勢的政治思潮，衝擊日漸僵化的黃老思想，為即將進行的觀念革命與制度改革搖旗吶喊。

這既是輿論上的造勢，也是對舊有意識形態的火力試探。除此之外，劉徹當然希望透過這次策試，從諸子百家的學說中找到最合乎需要的一套治國理論。詔書頒布後，各地共推舉一百多位學有專精的知識分子，其中既有儒家學者，如轅固、公孫弘等人；也有法家、縱橫家等各家學派的代表人物，如嚴助、馮唐等人。而所有參加策試的人中，最令劉徹激賞的莫過於大儒董仲舒了。

董仲舒，廣川（今河北省景縣廣川鎮）人，從少年時代起便研習《春秋》，為學精嚴專純，心無旁騖，有「三年不窺園」之說（長年在書房中專注於學，乃至不往花園裡多看一眼）。其門下弟子眾多，許多人無法得其親授，只能從師兄處間接問學；雖恭列門牆，卻連老師長什麼樣都沒見過。景帝在位後期，董仲舒的聲望已遍及朝野，景帝慕名將其徵召入京，立為「博士」。此次策試，董仲舒便是以博士身分參加。

看完董仲舒的策論，劉徹頓覺耳目一新，大有相見恨晚之感，「天子覽其對而異焉」。（《漢書．董仲舒傳》）

劉徹迫不及待下了第二道詔書，希望董仲舒進一步闡明儒家的治國思想。董仲舒不負所望，立刻揮毫，呈上第二道對策。劉徹看完之後意猶未盡，遂再下詔書。很快，董仲舒又呈上第三道對策。如此三問三答，總算讓劉徹對儒家的政治哲學有了較為深入的了解；而董仲舒先後呈上的三道策論，則被後人稱為「天人三策」，從此在中國思想史上占據了重要地位。

綜觀董仲舒的三道對策，核心思想不外乎三個：天人感應、禮樂教化、大一統。天人感應就是說上天是人間的最高主宰，具備賞善罰惡的能力。若秉承天命的帝王逆天虐民、昏庸無道，上天就會降下災禍示警；倘若依舊執迷不悟，上天必施以嚴厲懲罰，使其敗亡。用董仲舒的話說就是：「國家將有失道之敗，而天乃先出災害以譴告之，不知自省，又出怪異以警懼之，尚不知變，而傷敗乃至。」（《漢書．董仲舒傳》）

很顯然，這是典型的神權政治理論。前提是「君權神授」，就是把帝王視為上天在人間的代理人，從而賦予其至高無上的特權和統治萬民的合法性。只有當這個代理人違背上天意志時，其特權與合法性才會被剝奪。

「天人感應」的學說，首先是為統治者服務的；但與此同時，也對君權形成某種程度的制約，令統治者不敢為所欲為，而有所忌憚、心存敬畏。儘管對於君臨天下、富有四海的帝王而言，這種內在的道德約束很微弱；即便帝王不把它當一回事，至少有良知的士大夫可以把它做為一種理論批判的武器，盡最大努力對統治者進行輿論監督，從而限制其對權力的濫用。

從現代人的眼光來看，要防止當政者濫用權力，最有效的方式還是把權力關進制度的籠子裡。不過，指望古人在二千多年前設計出一套科學制度來約束統治者，顯然是一種苛求。從這個意義上說，古代思想家透過「天人感應」學說迫使帝王心存敬畏，就是一件難能可貴的事情。

當然，最理想的狀態應該是制度約束與道德約束並重，二者相互補充。如果受到歷史條件限制，使前者不可能實現時，就只能退而求其次，盡量保有後者。其實，最可怕的不是二者當中缺了哪一個，而是制度約束與道德約束的雙雙缺位。

董仲舒的第二個核心思想就是「禮樂教化」。眾所周知，「禮樂」是儒家倫理思想中最基本的概念之一。「禮」最初是指祭祀時的器物和儀式，到周朝時，則衍生為社會政治生活中的一整套典章、制度、規範；「樂」的本義是音樂，和「禮」並稱時，即泛指宗法社會中人人必須遵循的行為規範和道德準則。

按照董仲舒的說法，帝王如欲實現天下大治，就必須對臣民施行禮樂教化。他說：「道者，所由適於治之路也，仁、義、禮、樂皆其具也。故聖王已沒，而子孫長久安寧數百歲，此皆禮樂教化之功也。……夫萬民之從利也，如水之走下，不以教化堤防之，不能止也。是故教化立而奸邪皆止者，其堤防完也；教化廢而奸邪並出，刑罰不能勝者，其堤防壞也。古之王者明於此，是故南面而治天下，莫不以教化為大務。立太學以教於國，設庠序以化於邑，漸民以仁，摩民以誼，節民以禮，故其刑罰甚輕而禁不犯者，教化行而習俗美也。」（《漢書·董仲舒傳》）

「道」是實現天下大治的必由之路，仁、義、禮、樂都是達成這個目標的手段。古時候，聖賢君王雖已去世，但子孫長存，且天下仍可太平數百年，都是禮樂教化之功。老百姓都是追求物質利益的，這是亙古不變的人性，就像水總是往低處流一樣；倘若不以教化做為堤防，就不能阻止人欲氾濫。古代君王明白這個道理，治理天下莫不以教化為首務：在京師設立太學，以教化全國；在地方設立各級學校，以教化城鄉百姓；用仁的思想引導民眾，用義的精神砥礪民眾，用禮的規範約束民眾。只要做到這一切，就算刑罰很輕，犯罪現象也會很少。禮樂教化一旦推行開來，民眾素質就會提高，社會風氣也會變好。

董仲舒所言，深得劉徹之心。

一個時代有一個時代的問題，而每個時代必然都要尋求合適的應對之策來解決問題。戰國之際，群雄爭霸，秦國為了自身的強大並最終一統天下，就必須採用嚴苛猛厲的法家思想。大漢立國之初，民生凋敝，為了安養天下，就必須採用清靜無為的黃老之學。而劉徹即位之時，時代條件已經發生巨大變化：表面上看，漢家天下經濟繁榮、社會穩定；但就像司馬遷所揭示的，數量龐大的權貴階層已然崛起，既得利益群體既包括暴富的商人和地方豪強，也包括皇親國戚和公卿百官。他們一方面聚斂財富、兼併土地、橫行鄉里、魚肉百姓，一方面奢侈縱欲、揮霍無度、不守法紀、僭越犯上，破壞國家的政治和經濟秩序，給社會安定造成嚴重威脅。此情況下，董仲舒提出的儒家禮治思想及其相應的尊卑等級觀念，就是解決當時社會問題的一劑良方。

從見到「天人三策」那一刻起，劉徹已經暗下決心——必須把儒學做為國家的意識形態和治國思想。

董仲舒的第三個核心思想就是「大一統」。大一統是儒家政治思想的重要內容，指國家必須建立政治中心，也只能有一個中心，全國都要統一於這個政治中心。董仲舒的思想中，大一統包括三個層面：一、反對諸侯分裂；二、加強中央集權；三、全國思想統一於儒學。簡言之，就是領土的統一，政權的統一，人心的統一。

很顯然，這個大一統思想，正是這個時代迫切需要的。

自高祖劉邦分封諸侯王的那一天起，大漢帝國便已埋下分裂和動亂的隱患。誠然，高祖採取封國制的目的是讓宗室子弟鎮撫一方、拱衛中央，以免像秦朝那樣因孤立而敗亡。但隨著時間推移，諸侯勢力日益發展，與中央的離心力便逐漸加大。到了文、景之世，由於秉承黃老清靜無為的治國理念，中央對日漸強勢的諸侯王採取姑息遷就的態度，分裂割據的態勢進一步加劇了。

七國之亂便是上述隱患積累到一定程度的一次大爆發。雖說叛亂很快被平定，但不意味著各諸侯國從此沒有與漢朝中央分庭抗禮的野心。劉徹即位時，這種分裂與叛亂的危機仍然存在。倘若不能從根本上解決諸侯王的問題，無法從制度上削弱諸侯力量，加強中央集權，劉徹繼承的大漢帝國就不可能安如磐石，帝位自然不會穩固。

此時的帝國提倡並推行儒家「大一統」的政治觀，是理所應當、勢在必行之舉。全面貫徹這樣的治國理念，首先要做的當然是把儒家思想推上國家意識形態的寶座。用董仲舒的話說就是：「《春秋》大一統者，天地之常經，古今之通誼也。今師異道，人異論，百家殊方，指意不同，是以上亡以持一統；法制數變，下不知所守。臣愚以為諸不在六藝之科、孔子之術者，皆絕其道，勿使並進。邪辟之說滅息，然後統紀可一而法度可明，民知所從矣。」（《漢書·董仲舒傳》）

《春秋》的大一統思想是天地之間的大道，古今不變的大義。可當今之世，各種學說的師承不同，所持的見解各異，諸子百家各有各的治國方略，言人人殊，莫衷一是。執政者找不到統一的方向，致使法令制度屢屢變更，令臣民無從遵循。凡是不在六經（儒學的根本經典《詩經》、《尚書》、《禮經》、《樂經》、《易經》、《春秋》）範圍內、與孔子思想相抵觸的學說都應該禁絕，不要讓它們和儒家思想並立於世。這些異端邪說滅絕了，國家的綱紀才能統一，政令才能明確，民眾才能切實遵守。

董仲舒在「天人三策」中最後的這段總結陳詞，概括起來就是八個字——罷黜百家，獨尊儒術。事後來看，漢武帝劉徹接受這項提議，全盤接受董仲舒在「天人三策」中提出的一整套政治理念；進而在數年後時機成熟，自上而下地掀起一場「罷黜百家，獨尊儒術」的政治思想運動；最終將儒學定於一尊，確立為國家的意識形態。

數千年的中國歷史上，這是劃時代的一頁。從此，儒家思想正式登上政治舞臺，不但一舉奠定在意識形態上的統治地位，而且把這個地位牢牢保持二千年之久，從而塑造中國文明的基本特徵與中國文化的核心精神；並在此後的二千多年中，深刻影響中國人的生活方式和民族性格。

不過有必要指出的是，董仲舒的儒學思想其實相當程度上經過了改造，並非原汁原味的孔、孟儒學，而是明顯雜糅了「陰陽五行」、「刑名法術」等其他學派的思想。尤其在一些根本性原則上，董仲舒極大地吸收法家的思想理論。

最典型的莫過於耳熟能詳的「三綱說」：「君為臣綱，父為子綱，夫為妻綱」，即君要做臣的表率，父要做子的表率，夫要做妻的表率；同時為臣、為子、為妻者，必須絕對服從於君、父、夫。這一君權社會的倫理準則，顯然與人權平等的現代社會絕不相容。而經過五四新文化運動洗禮的現代人，普遍把「三綱」視為孔子的思想主張，因而對儒家口誅筆伐。

這是莫大的誤解。最早提出這一主張的是法家，不是儒家。如韓非所言：「臣事君，子事父，妻事夫。三者順則天下治，三者逆則天下亂，此天下之常道也。」（《韓非子．忠孝》）這是單方面強調弱勢一方要對強勢一方盡義務，而無視了弱勢者應有的權利。

反之，孔子對此的表述卻和韓非截然不同。他說的是「君君，臣臣，父父，子子」，意思是君要盡到君的職責，臣才要盡臣的職責；父要盡到父的職責，子才要盡子的職責。在此，權利與義務完全對應，彼此更像是契約關係——君、父所承擔的義務，正是臣、子所享有的權利；同樣，臣、子所承擔的義務，也正是君、父所享有的權利。如果君不像君，父不像父，相當於破壞契約；臣當然可以不臣，子也可以不子。

正是在孔子這一思想的基礎上，孟子才會提出「民貴君輕」、「聞誅一夫紂矣，未聞弒君也」等制約君權的民本主義思想；荀子才會提出「從道不從君，從義不從父」等充滿獨立人格精神的觀念。

然而到了董仲舒，權責對應、道高於君的觀念卻被尊卑等級、君權至上的觀念取代了。他認為君主像人的心臟，而臣民就像身體：「君者，民之心也；民者，君之體也。」由這種尊卑主從關係出發，自然得出這樣的結論：「心之所好，體必安之；君之所好，民必從之。」（《春秋繁露》）心想要的，身體就必須滿足它；君主想要的，臣民就必須順從他。

同時，董仲舒《春秋繁露》說：「孝子之行忠臣之義，皆法於地也。地事天也，猶下之事上也。」為子者就要向父盡孝，為臣者就要向君盡忠，這種「以下事上」的道理和天尊地卑一樣自然，絕對毋庸置疑。

如此強調義務的單向性並將之絕對化，顯然已經背離孔、孟之道，和韓非的法家思想合流了。韓非的最核心思想就是要調動一切手段（法、術、勢）強化君權，實現君主利益的最大化。而強化君主威權上，董仲舒也繼承韓非的思想。他認為「君之所以為君者，威也」，而「威不可分」，因為「威分則失權，失權則君賤」，即強調君權的至高無上和壟斷性。君主治國一定要「立尊卑之制，等貴賤之差」（《春秋繁露》）。

漢武帝劉徹「獨尊」的是由董仲舒精心改造過「儒法合流」的儒學，從他開始，延及兩漢，乃至在此後二千多年的中國歷史上，絕大多數皇帝表面上推行的都是儒家的「王道仁政」，實際操作時運用的卻是法家的「霸道」和權謀之術。

這就是所謂的「外儒內法」、「儒表法裡」。用日後漢宣帝劉詢的話來說，就是：「漢家自有制度，本以霸王道雜之，奈何純任德教，用周政乎！」（《漢書·元帝紀》）

夭折的鋒芒：少年天子對決太皇太后

看完「天人三策」，劉徹對董仲舒大為賞識，立刻任命他為江都（今江蘇省揚州市）國相。江都王劉非是劉徹的異母兄，是個生性驕狂的莽夫，一向好勇鬥狠，不守法紀。劉徹之所以做出這項任命，一來是讓董仲舒對劉非有所匡正；二來則是有意扔給董仲舒一塊燙手山芋，以此考察他的實際工作能力。

董仲舒沒有讓劉徹失望，他到江都之後，處處用儒家禮法約束劉非。劉非因此收斂許多，對董仲舒也挺敬重。按理說，像董仲舒這樣既有理論又有實踐能力的人，遲早會被授予要職，乃至封侯拜相。然而，實際情況並非如此。短短幾年後，董仲舒就因一道論述災異的奏章觸痛劉徹敏感的神經，差點被砍掉腦袋。董仲舒惶恐，不久便辭官歸隱，雖一度復出，就任膠西國相，但為時只有四年，此後便再度辭官，回到老家閉門著書，終其一生沒再重歸政壇。

當然，這些都是後話。年少氣盛的劉徹如此興師動眾地搞「賢良策試」，自然引起竇太后的警覺。老太后雖然年事已高，且雙目失明，但她的腦袋不糊塗，心裡像明鏡似的。她深知孫兒搞這些事情，矛頭所指正是漢家天下七十年來信守奉行的黃老治國之策。你想做什麼？我老人家還沒入土，豈能聽任你這毛頭小子肆意胡來？

竇太后便授意大臣給劉徹上了道奏章。這個人正是劉徹的首任師傅、現任丞相衛綰。

衛綰在奏章中稱：「所舉賢良，或治申、商、韓非、蘇秦、張儀之言亂國政者，請皆罷。」意思就是這次參加策試的人中，有不少法家和縱橫家的信徒，其言足以擾亂國政，請皇帝一概罷退。劉徹當然知道，衛綰的背後站著那位居於深宮卻耳目靈通的老祖母。迫於壓力，劉徹批准了衛綰的奏章，罷退大部分「賢良」，但還是留下少數幾個他看好的人才，例如董仲舒；再如治縱橫術的嚴助，被任命為太中大夫；治儒學的公孫弘，被拜為博士。

老太后一看孫兒還算聽話，沒搞出什麼花樣，就不再深究了。但她沒料到，這只是劉徹的緩兵之計。當年六月，「賢良策試」結束還不到半年，劉徹突然下詔，罷免衛綰的相職；同時以魏其侯竇嬰為丞相，武安侯田蚡為太尉，這兩人都是當朝外戚的代表人物。

前文已述，竇嬰雖是竇太后的堂侄，但向來和老太后不是一條心。當初竇嬰公然反對立梁王為儲君，遭到竇太后剝奪「門籍」、不得朝覲的處罰。此後，七國之亂爆發，竇嬰臨危受命，出任大將軍，與周亞夫聯手平定叛亂，因功封侯，從此貴傾公卿。

竇嬰是竇氏家族中的異類。儘管竇太后要求諸竇都要奉行黃老之學，但竇嬰偏偏不聽她的，一向傾心儒學。眼下劉徹要尊儒，當然要把既有身分背景又志趣相投的竇嬰推到臺前。

田蚡是劉徹的母舅，景帝後期任中大夫，位居要津；其思想成分雖說比較駁雜，但總體上也是傾向儒家。《資治通鑑．漢紀九》稱：「上（劉徹）雅向儒術，（竇）嬰、（田）蚡俱好儒。」任命竇嬰和田蚡這兩個得力的外戚後，劉徹迅速提拔兩個人做他們的副手：一個叫趙綰，出任御史大夫；另一個是最早將儒學思想傳授給劉徹的王臧，出任郎中令。

幾乎在轉瞬之間，劉徹便建立了自己的政治班底，一舉控制朝廷的政治、軍事及監察和宮禁大權。工欲善其事，必先利其器。要讓儒學取代黃老之學成為帝國的統治思想，劉徹當然需要一個班底為他衝鋒陷陣。

相對於竇嬰和田蚡，趙綰和王臧幾乎可以說是「純儒」。他們有個共同的老師，名叫申培，是享譽當世的儒學泰斗，也是儒家的正宗學派——「魯學」的代表人物。申培時年已經八十多歲，還在家鄉授徒講學，被世人尊稱為「申公」。

做為大儒申公的高足，趙綰和王臧能夠站在這場尊儒運動的前列，內心當然倍感自豪，並充滿使命感。剛一上任，便迫不及待地向劉徹提出一項建議——興建明堂。按《周禮》和《禮記》的相關記載，明堂是上古帝王秉承天命、統馭萬民的標誌性建築，也是祭祀上天、宣明政教的場所，在儒家的政治思想體系內擁有非常特殊的地位。若欲全面推行儒學，首先要做的事，當然就是在帝國的政治中心修建一座明堂。

由於年代久遠，明堂的具體形制已經沒有人說得清楚。為此，趙綰和王臧力勸劉徹邀請他們的老師申公出山，主持明堂的興建事宜。劉徹就用最高禮節把申公請到長安。一見面，年輕的天子便用謙遜和誠懇的態度，向申公請教治國之道。沒想到這位當世大儒聞言之後，捋了半天的白鬚，只說了一句：「為治者不在多言，顧力行何如耳！」（《資治通鑑．漢紀九》）

治理國家，關鍵不在多說話，而在多做事！劉徹等了半天，以為申公還有下文，結果卻沒了。當時的氣氛相當尷尬。劉徹頗覺掃興，只好草草結束這次召見。其實劉徹知道，申公的話正是孔子的遺教：「君子欲訥於言而敏於行。」

這話本身沒錯，問題是太簡單了，簡單到劉徹聽來就和沒說一樣。當時他年僅十七歲，正是喜歡華麗辭藻和豪言壯語的年紀，怎麼可能聽得懂申公的「微言大義」呢？必須像董仲舒那種汪洋恣肆、雄辯滔滔的文章和言辭，才合他的胃口。

雖然對申公沒什麼好感，但既然用「駟馬安車」把人請來了，總不能再把人趕回去。劉徹便給申公安排「太中大夫」的職務，讓他負責「修明堂、改正朔、易服色」等相關事宜。緊接著，竇、田、趙、王等人又在劉徹的全力支持下，緊鑼密鼓地推出一系列改革措施，其中較為重要的有三項：

一、令列侯就國；二、以禮為服制；三、舉讁諸竇宗室無行者，除其屬籍。

「令列侯就國」就是命令享有封邑的列侯離開京師，前往各自的封地居住。這項法令文帝時期早已頒布，卻形同虛設，無人遵守。究其原因，就在於養尊處優的列侯總想「一根甘蔗兩頭甜」：既占有封邑帶給他們源源不絕的財富，又留在京師占得政治上的先機。

住在天子腳下，近水樓臺的優勢至為明顯。但凡朝廷有什麼風吹草動，賴在京師不走的侯爺總能第一時間得知。個別手眼通天的傢伙，甚至在政策醞釀階段就能獲悉關鍵情報——如此一來，無論朝廷出臺什麼政策，無論對他們有利還是不利，侯爺們總能提前制定應對的策略，充分掌握主動權。對於有法不依、驕縱難制的權貴，歷任漢家天子都很頭疼。劉徹此次重申這項法令，就是要藉改革之機重塑朝廷權威，打擊不法權貴。

再來看「以禮為服制」，就是從老百姓的婚喪嫁娶等日常生活入手，開始逐步建立儒家的禮法規範，直至推廣到社會生活和政治生活的各方面。

最後，「舉讁諸竇宗室無行者，除其屬籍」就是從竇氏族人和劉氏宗室中抓幾個驕縱不法的傢伙出來，削除他們的外戚和皇家族籍、剝奪他們的相應特權，從而殺雞儆猴，震懾那些目無國法的權貴。

就像歷史上所有的改革一樣，這些措施一出臺，如同一石激起千層浪，立刻在權貴階層引起前所未有的震動，也激起無比強烈的反彈。這是劉徹始料未及的。

年僅十七歲的天子，顯然低估了這些權貴的能量。當然，關鍵倒不是這些權貴的能量有多強大，以至連天子都動不了他們；而是他們背後那個無比強大、沒人可以撼動的靠山——竇太后。

對於少年天子及竇、田、趙、王的所作所為，竇太后當然不會無動於衷。事實上，從劉徹把衛綰罷相並擢用竇嬰、田蚡等人的那天起，竇太后就一直默默觀察他們的一舉一動。她故意保持沉默，目的就是讓劉徹去鬧，鬧得愈歡樂愈好。以老太后數十年的政治經驗來看，劉徹等人所謂的尊儒改革運動，遲早會觸動權貴們的利益，從而導致天怒人怨、朝野沸騰。

等他們走到這一步，老太后再從容出手也不遲，這就叫欲擒故縱，後發制人。

不出竇太后所料，上述改革措施一出臺，不願「就國」的列侯，以及遭到打壓的外戚和宗室成員，立刻抱成一團，輪番來向她告狀。「時諸外家為列侯，列侯多尚公主，皆不欲就國，以故毀日至竇太后。」（《史記．魏其武安侯列傳》）

表面上，劉徹是大漢帝國的天子；實際上，他卻是身不由己的風箏。不論飛得多高多遠，始終有一根無形的絲線拴在他身上——而絲線的另一頭就緊緊攥在竇太后的手裡。儘管景帝臨終前特意為劉徹加了冠禮，讓他一即位就能親政，但絲毫阻止不了竇太后對朝政的監控——事實上，從劉徹登基的第一天起，竇太后就要求朝中無論大小事務，一律都要向她奏報。劉徹敢說不嗎？當然不敢。他比任何人都清楚老太后對滿朝文武的影響力，也比任何人都清楚她對漢家天下的實際控制力。

對於少年天子的處境，手下幾位改革幹將都極為不平。他們意識到要讓儒學取代黃老，首先必須讓天子脫離竇太后的掌控。換言之，既然新舊思想的衝突已是既成事實，新舊勢力的較量也已不可避免，索性就撕破臉，和竇太后來一場頂尖對決。

為此，御史大夫趙綰當即上奏，建議劉徹乾綱獨斷——從今往後，一切政務都不要向竇太后奏報。趙綰的目的就是想利用這次衝突，一舉剝奪竇太后的監國之權。這無疑是向竇太后宣戰！

可想而知，此舉純屬螳臂當車、蚍蜉撼樹，只能加速這場尊儒改革運動的失敗。畢竟，當時的武帝只有十七歲，即位才一年多，根本沒有能力和竇太后抗衡。之所以敢發動這場改革，不過是出於年輕人的理想主義和滿腔熱血；事先既沒有進行可行性分析，對改革必將遭遇的困難和阻力也沒有心理準備，更沒有任何應變方案。當權貴們一抱團，縮到竇太后的羽翼後，劉徹實際上已經沒轍了。

別說他不敢採納趙綰的提議和竇太后撕破臉，就算他敢，結局也注定是失敗。此時，本已打算出手的竇太后又接到眼線奏報，說趙綰慫恿皇帝向她發難。老太后頓時氣不打一處來——小小的御史大夫居然敢向她宣戰。她勃然大怒道：「此欲復為新垣平邪！」（《漢書．田蚡傳》）這個趙綰想當新垣平第二嗎?!

新垣平是文帝時期的江湖術士，曾用一些神鬼的伎倆騙取文帝的信任；還慫恿文帝改正朔、易服色、祭祀鬼神等。有人揭發他的騙術，文帝大怒，便將其誅殺，夷滅三族。

此刻，竇太后把趙綰比作新垣平，顯然是給這場尊儒改革運動定性，同時意味著要大開殺戒了。她命人暗中對趙綰和王臧進行一番徹底調查，搜羅二人貪贓枉法的「犯罪證據」，把那堆證據扔到劉徹面前；同時以「寵信奸佞，妄改祖制」為由，把劉徹罵個狗血噴頭。

此刻的少年天子，滿腔的雄心壯志早已化為烏有，只剩下恐懼和深深的無力感。儘管劉徹不認為趙綰和王臧是貪鄙之人，但誰都知道，官場上的人很少是乾淨的，趙、王二人當官這麼多年，背後有些內情也屬正常。況且竇太后一心想拿他們開刀，欲加之罪，何患無辭。

面對聲色俱厲的太皇太后，少年天子只能連聲「諾諾」，一句話也不敢反駁。眼下，除了丟卒保車、壯士斷腕，劉徹已經別無選擇。

建元二年（前一三九年）十月，劉徹無奈地頒下詔書，把「修明堂，改正朔，易服色」等尊儒事宜全盤廢止，包括整治權貴的改革舉措也一併罷廢。同時，將趙綰和王臧逮捕下獄。幾天後，兩人在獄中自殺。稍後，丞相竇嬰和太尉田蚡均被免職，大儒申公也被趕回老家。竇太后的人則立刻占據權力中樞：許昌出任丞相，莊青翟出任御史大夫，石建出任郎中令。

一場雄心勃勃的改革運動就這麼偃旗息鼓、無果而終了。

武帝劉徹就像一支不甘受困於囊中的利錐，迫不及待地想要刺破皮囊、嶄露頭角，沒想到剛一露頭，便被竇太后削掉鋒芒。這是劉徹有生以來遭遇的第一次嚴重挫折。此後數年，這個少年天子明顯消沉下去，只能以飛鷹走馬來自娛。當然，劉徹是個內心強大的人，絕不會從此一蹶不振。冷靜下來後，他一定會對這場失敗的改革進行復盤和思考，也一定會從這次失敗中悟出道理：玩政治，不能靠理想和熱血，要靠手腕和實力。

如果說一個人的成長通常會有一個標誌性事件，劉徹成長的標誌絕不是當初景帝為他舉行的那場冠禮，而是十八歲這年祖母強加給他的這場挫折。

當一個年輕人驀然發現這個世界不總是那麼友善的時候，他就長大了。

飛鷹走馬：劉徹的青蔥歲月

自從尊儒改革運動失敗後，竇太后及其黨羽把持朝政，劉徹就成為有名無實的皇帝。那段百無聊賴的日子，他找了一件最能消耗精力的事情——狩獵。

每當夜深人靜之時，劉徹就會帶上一幫精於騎射的年輕侍從，微服出宮，躍馬揚鞭直奔終南山而去。在草木繁茂、野獸成群的終南山裡，劉徹像脫韁的野馬一樣瘋狂奔馳，親手獵殺了無數的麋鹿、野豬、狐狸和野兔，盡情揮灑著過剩的生命能量。有時玩得興起，甚至會扔掉弓箭，跳下馬背，赤手空拳和狗熊、野豬搏鬥。

那些日子，劉徹淋漓盡致地體驗了能量宣洩和殺戮征服的快感。也許，日後的漢武帝之所以能夠開疆拓土，征討四夷，締造空前強大的帝國，從他激情飛揚、充滿冒險精神的青春時代便可見出端倪。

隨著狩獵次數增多，一座終南山已經遠不能滿足劉徹的需求。無形中，他的「獵場」迅速擴張——北到池陽（今陝西省涇陽縣），西到黃山宮（今陝西省興平市西南），南到長楊宮（今陝西省周至縣），東到宜春宮（今陝西省西安市東南），方圓數百里的地方全都進入劉徹的射獵範圍。

為了追逐獵物，劉徹和侍從們經常策馬衝進農田，把大片莊稼地踐踏得面目全非。有一次，他們在鄠縣（今陝西省鄠邑區）附近圍獵，不小心又衝進莊稼地。正在田裡勞作的農夫們怒不可遏，紛紛指著他們高聲詈罵。劉徹正玩得興起，便懶得理他們，沒想到他們居然派人去報官。片刻後，附近的鄠縣和杜縣縣令各自帶上人馬，一左一右把劉徹一行團團圍住；農夫們也揮舞著鋤頭、鐮刀圍了上來。

瞧這架勢，不把劉徹痛扁一頓再扔進大牢不算完。眼看一場圍毆天子的鬧劇就要上演，左右侍從慌忙拔刀護住天子。劉徹又好氣又好笑，遂命侍從亮出皇家信物，表明身分。兩位縣令拿過信物端詳半天，先是滿腹狐疑，繼而面面相覷，緊接著便雙雙跳下馬背，趴在地上磕頭不止。當地村民更是滿臉錯愕，搞不懂這唱的是哪一齣。

劉徹慰勉兩個縣令幾句，便帶著手下人揚長而去。「鄠縣被圍」事件非但沒能阻擋劉徹出行狩獵的腳步，反而進一步激發他的玩性。很快，劉徹的獵場就越過灞水，遠遠延伸到華山以東。

有一天，劉徹和侍從們一路向東追逐獵物，竟然不知不覺跑到柏谷（今河南省靈寶市西南）。等到劉徹回過神來，才發現天色早已漆黑，四周荒無人煙，一時竟不知身在何處。左右侍從燃起火把，簇擁著劉徹慢慢前行，走了很長的夜路，才在一座村子前面找到一家客棧（當時稱為「逆旅」）。此時的劉徹沒有料到，比「鄠縣被圍」更驚險的一幕，已經在裡面等待著他。

摸黑走了大半夜山路，劉徹一行都饑渴難耐；左右侍從一進客棧就大聲吆喝，命店家趕緊弄些熱湯來暖暖胃。沒想到老闆卻一動不動，只冷冷地打量他們，從牙縫裡迸出一句：「無漿，正有溺耳！」（《資治通鑑．漢紀九》）湯沒有，尿倒是有一壺！

這說的是人話嗎？你開的是黑店吧！左右侍從勃然大怒，跳起來就要揍他，旋即被劉徹用眼色制止。劉徹知道店老闆見他們這夥人一個個挎刀帶箭，而且三更半夜騎馬亂竄，肯定非奸即盜，生出反感和防範之心在所難免——劉徹並不怪他，更不希望手下惹出事端。

當晚，劉徹一行隨便要了幾間客房就草草睡下。就在他們呼呼大睡時，店老闆悄悄召集村裡的一幫青壯，準備趁其不備把他們綁了送官。如果不是他老婆及時制止，恐怕一場惡鬥就在所難免了。

客棧老闆娘很有眼力，從劉徹進來的那一刻起，就覺得他相貌出眾，氣質不凡，絕非販夫走卒之輩，更非打家劫舍之徒。她對老闆說：「這個住客不是一般人，而且左右隨從個個精明剽悍，肯定有防備，不可輕舉妄動。」但店老闆不聽她的，執意要幹這一票。老闆娘情急之下，心生一計，溫了幾壺酒給她老公喝，以壯膽為由把他灌醉了，然後結結實實捆綁起來，接著又把那幫青壯打發走。

次日一早，老闆娘命下人殺雞宰羊，準備豐盛的酒席，熱情款待劉徹等人，並把昨晚的事原原本本說了，還代她老公向劉徹賠罪。劉徹才知道原來昨夜居然發生這麼驚險的一幕，想想真是既害怕又有趣。

當天，劉徹快馬加鞭趕回長安，隨即命人把柏谷客棧的夫婦召進皇宮，賞賜了老闆娘黃金一千斤——理由是她護駕有功，並任命她老公為羽林郎（禁軍軍官），理由是他警惕性高，適合擔任宿衛宮禁之職。

「鄠縣被圍」和「柏谷涉險」雖然沒對劉徹造成任何傷害，卻讓他意識到自己的輕狂和魯莽。考慮到畢竟是九五之尊，老是和山野村夫如此零距離接觸，難免會有不虞之禍。萬一哪天真的撞進一家黑店，被人下藥迷昏，然後一刀宰了，也未可知。於是，劉徹遂責成有關部門在主要狩獵區域修建十二座行宮，以便隨時都有安全、舒適的歇腳之地。

行宮建起來後，雖然比過去方便許多，但周圍仍舊住著很多老百姓——說到底還是有擾民之嫌，終非長久之計。劉徹後來想了想，最好的辦法就是在長安和終南山之間圈一塊地，把當地百姓遷出去，開闢一座天子專用的「皇家獵場」（上林苑）。這樣一來，皇家獵場和老百姓就兩不相礙了。

主意已決，劉徹即命有關官員把阿房宮以南、盩厔縣（今陝西省周至縣東）以東、宜春宮以西、終南山以北的大片地區劃入禁苑範圍；同時統計農田畝數，評估價格，由政府向百姓統一徵購，撥出長安轄區內相應面積的荒地，補償給鄠、杜兩縣的拆遷農戶。

年輕的天子如此大興土木，顯然是勞民傷財之舉，有兩位近臣立刻進行勸諫。其一就是以詼諧、幽默博得劉徹青睞的史上著名「諧星」東方朔；另一就是以文學才華著稱的司馬相如。

針對上林苑的修建，東方朔以「上乏國家之用，下奪農桑之業」為由力諫，提出「三不可」，即三條不宜修建的理由；最後還舉幾個歷史上亡國的例子，冒著殺頭的危險力勸天子收回成命。他十分尖銳地說：「夫殷作九市之宮而諸侯畔，靈王起章華之臺而楚民散，秦興阿房之殿而天下亂。」（《資治通鑑·漢紀九》）

東方朔是做為插科打諢的「段子手」獲得天子寵信，劉徹雖然喜歡他，但一直「以俳優畜之」，就是把他當戲子一類的人養著；儘管賞賜甚厚，卻從未授予一官半職。但這次勸諫讓劉徹驀然發現，原來一向輕視的東方朔，居然是個偽裝成「段子手」的直言切諫之士，看來以前小瞧他了。隨後，劉徹立刻任命東方朔為太中大夫、給事中，並賜黃金百斤。

如此看來，劉徹是打算接受勸諫、收回成命了？不，他是虛心接受，堅決不改：一邊接納、重用諫言的東方朔，一邊繼續推進上林苑的修建計畫，兩頭不耽誤。

司馬相如和東方朔同時從狩獵的危險性出發，上疏勸諫說，劉徹身為「萬乘之主」，不該過多從事狩獵這一危險活動，更不該動不動和狗熊、野豬肉搏。奏疏末尾，司馬相如總結說：「明者遠見於未萌，而知者避危於無形；禍固多藏於隱微而發於人之所忽者也。故鄙諺曰：『家累千金，坐不垂堂。』此言雖小，可以諭大。」（《資治通鑑·漢紀九》）

看完奏疏，劉徹也對司馬相如表示嘉許。然而結果還是一樣，既沒停止上林苑的修建，也絲毫不想放棄打獵的愛好。

最後，上林苑如期完工。擴建後的禁苑周長三百多里，四周全部砌上圍牆，與外界隔絕；苑內離宮七十多座，遍植名貴樹木和奇花異卉，山間林下放養著各種珍禽異獸，儼然一座「國家自然生態保護區」。

劉徹之所以狩獵無度，還大張旗鼓地擴建獵場，固然是竇太后把持朝政，讓他的精力無從發洩；此外，糟糕的婚姻生活也是讓他三天兩頭往宮外跑的原因。

劉徹和阿嬌的婚姻本來就是一場政治交易，是王娡和館陶長公主利益交換的產物。雖然劉徹和阿嬌從小一起長大，算得上青梅竹馬，即位後也兌現「金屋藏嬌」的承諾，把阿嬌立為皇后；但事實上，兩人之間根本沒有愛情。沒有愛情的婚姻肯定是悲劇；而更悲劇的是，阿嬌嫁給劉徹這麼多年，始終沒有生下一兒半女——無疑是一個皇后最致命的缺陷。此外，館陶長公主自以為當初幫劉徹奪嫡有功，便居功自傲，求請無厭，也令劉徹對她們母女更增一層反感。不管從哪個角度來說，阿嬌都不可能獲得劉徹的寵愛。

為了早日懷上龍胎，阿嬌找遍宮廷御醫和江湖郎中，希望弄到生兒子的祕笈偏方。折騰了好幾年，前後花掉的錢甚多，還是徒勞無功。劉徹對阿嬌失望已極，自然就冷落了她，把心思放到其他嬪妃身上。阿嬌便醋意大發，一再向母親抱怨。長公主一看寶貝女兒受委屈，立刻向王娡告狀。為此，王娡不得不把兒子叫到面前一頓數落，說：「你剛即位，威信未立，就急著搞什麼儒家明堂，已經惹怒太皇太后；如今又忤逆長公主，是想把長輩都得罪光嗎？女人都很容易哄，你回去好好待阿嬌，這件事千萬要慎重！」從那之後，劉徹對阿嬌和長公主表面上熱情許多，卻在心裡把阿嬌徹底打入冷宮。

事業和婚姻接連受挫的日子裡，除了出宮狩獵能帶來些許快樂外，劉徹的生活就只剩下苦悶和壓抑。

建元二年春，朝廷在灞上舉行一場祭祀活動。祭祀結束後，劉徹閒來無事，順道去姐姐平陽公主的府上做客。在這裡，劉徹遇見讓他怦然心動的女人。

天子突然造訪，平陽公主驚喜莫名，趕緊命人張羅豐盛的宴席。席間自然少不了歌舞表演；劉徹的目光被一位氣質出塵、歌聲動聽的「謳者」（歌手）深深吸引了。這個歌女就是衛子夫。她出身微賤，母親衛媼只是平陽侯府的奴婢，生有三女：長女衛君孺，次女衛少兒，三女衛子夫。不過被天子看上的人，出身再卑微都不是什麼事。

離開平陽侯府時，劉徹賜給平陽公主黃金千斤。平陽公主心領神會，數日後就把衛子夫送入皇宮。入宮後，劉徹對她「恩寵日隆」，衛子夫很快就有了身孕。對此，失寵又不育的皇后阿嬌自然妒火中燒，便拿出悍婦的慣用手段，一哭二鬧三上吊，「幾死者數矣」（《史記．外戚世家》），把後宮鬧得雞犬不寧。

面對阿嬌的拙劣表演，劉徹嗤之以鼻，愈發對她不聞不問。阿嬌只能找母親哭訴，館陶長公主恨得牙癢，決意報復衛子夫。但她知道劉徹對衛子夫的寵愛，不敢打她的主意，只好從衛子夫的親人下手。長公主鎖定目標，制訂了綁架計畫。

被長公主鎖定的復仇對象，就是衛子夫同母異父的弟弟、大漢帝國日後最傑出的軍事統帥——衛青。衛青是私生子，也是不世出的天才。

據說，史上有很多偉人和名人都是私生子，例如孔子、秦始皇（尚有爭議）、古羅馬君士坦丁大帝（Constantine the Great）、英國女王伊莉莎白一世（Elizabeth I）、李奧納多．達文西（Leonardo da

Vinci）、小仲馬（Alexandre Dumas fils），還有「蘋果之父」史蒂夫．賈伯斯（Steve Jobs）等。由此可見，出身的不幸對有些人可能意味著災難，但對另一些人來說，卻變成他們奮發向上的動力。

衛青顯然屬於後者。他的一生極富傳奇色彩，可以用一句話概括：從奴隸到大將軍。衛青之父名叫鄭季，是平陽縣的一名小吏，有一次到平陽侯府當差，和當時已經孀居的衛媼暗生情愫、私通款曲，此後便生下衛青。衛媼當時已經有三個女兒，沒有條件撫養衛青；鄭季不得不硬著頭皮把私生子帶了回去。

鄭季是有家室的人，老婆凶悍，孩子成群。可想而知，衛青做為來路不明的私生子，必然會遭受歧視和虐待。他很小的時候就開始放羊，同父異母的兄弟都把他當奴僕，不但對他呼來喝去，而且動不動就拳腳交加。衛青在這種飽受屈辱的環境中長大。然而，卑賤的身分與艱辛的生活沒有壓垮他，反而賦予他超越同齡人的成熟，磨煉其意志，造就了沉毅、堅忍的性格。

衛青少年時，曾在路上偶遇一個會看相的人。那人盯著衛青的臉看了半天，驚嘆道：「貴人也，官至封侯！」衛青根本沒當一回事，淡淡一笑道：「人奴之生，得無笞罵即足矣，安得封侯事乎？」（《漢書．衛青傳》）身為家奴，不被鞭打責罵就心滿意足了，哪敢奢望封侯？

此時的衛青當然不會料到日後不僅會「官至封侯」，還將率領千軍萬馬踏平匈奴，並一躍成為帝國的大將軍，滿朝文武都要巴結他，很多大臣見到他都得行跪拜之禮。

衛青長大後，英俊挺拔，器宇不凡，頗受平陽公主青睞，遂被召入平陽侯府擔任「騎奴」，就是為侯府看家護院的親兵。雖然境遇有很大改觀，但身分終究還是家奴。假如不是天子劉徹對衛子夫一見鍾情，衛青這個潛在的軍事天才只能被埋沒終生。

隨著衛子夫入宮，衛青的身分從卑賤的家奴變成皇帝的小舅子，但並未一開始就受到劉徹重用。他得以走上仕途，說起來還要拜館陶長公主所賜。換言之，恰恰是一心想置衛青於死地的長公主，客觀上促成他命運的轉折。

館陶長公主精心策劃一番，命手下劫持衛青，把他關入私牢。就在衛青命懸一線之際，好友、時任禁軍軍官的公孫敖打探到他的下落，馬上帶著一幫弟兄前去劫獄。劫獄的人和長公主的人打了一仗，硬是把衛青從私牢裡劫了出來。

劉徹得知此事後，料定長公主不會善罷干休，旋即下詔，把衛青召入宮中，任命他為建章監、侍中。衛青就此搖身一變成為天子的近臣和侍從官。為了讓長公主徹底死心，不久後，劉徹又正式冊封衛子夫為夫人，同時擢升衛青為太中大夫。

如此一來，饒是長公主對衛家姐弟再怎麼恨之入骨，也絕不敢再輕舉妄動了。當然，劉徹之所以重用衛青，絕不僅是因衛子夫而愛屋及烏，而是看出衛青是個難得的人才——他生性寬宏，謙恭克己，沉穩謹慎；且精於騎射，勇武過人。這樣的人只要給他一個用武之地，必將會有一番令人矚目的作為。

事後來看，衛青顯然沒有辜負劉徹的期望。

第三章

劉徹親政

親政初體驗：當皇帝那些事

建元六年（前一三五年）五月，劉徹登基的第六個年頭，在帝國政治舞臺上活躍近半個世紀並長期干預朝政的竇太后，終於放下把持多年的權柄，駕鶴西去了。這一年，劉徹二十二歲。

風華正茂的年輕天子，終於可以按照自己的意願來打理天下。劉徹收回天子大權後所做的第一件事，就是以「辦喪不力」為由，罷黜竇太后任用的丞相許昌和御史大夫莊青翟，旋即命武安侯田蚡繼任丞相，稍後又命大農令韓安國繼任御史大夫。

這一次，魏其侯竇嬰沒被復用。雖然他崇奉儒學，但畢竟是竇氏外戚；隨著竇太后去世，他自然被邊緣化了。現在劉徹更信任的肯定是母舅田蚡。隨著劉徹親政，朝廷在田蚡的主導下，重新展開一度受挫的尊儒改革運動。《漢書．儒林傳》稱：「及竇太后崩，武安君田蚡為丞相，黜黃老、刑名百家之言。」

儘管後世慣以「罷黜百家，獨尊儒術」來描述和定義漢武帝的這場意識形態變革，但綜觀武帝一朝的實際情況，這八個字不十分準確——或者說實際情況不完全像後人理解、想像的那樣。

首先，儒學取代黃老之學，成為唯一的官方意識形態，以黃老、法家為首的其他學派喪失與儒家競爭「官學」地位的資格，但不等於諸子百家從此完全被漢武帝摒棄。

實際上，儒學被漢武帝定於一尊的同時，諸子百家並未銷聲匿跡，依舊活躍在當時的朝廷和民間；且研習諸子百家之學的一些代表人物，仍然得到武帝重用。

對此，和武帝生活在同一時代的司馬遷最有發言權。他說：「至今上即位，博開藝能之路，悉延百端之學，通一伎之士咸得自效，絕倫超奇者為右，無所阿私。」（《史記・龜策列傳》）劉徹即位後，為才學、藝能之士廣開門路，盡力延攬諸子百家之學，凡是有一技之長的人都能為朝廷效力；而能力超群者更能得到重用，沒有任何偏袒。

誠如司馬遷所言，武帝一朝得其重用的許多大臣都不是儒家學者，如韓安國、張湯、杜周等人，皆法家信徒；主父偃、嚴安、徐樂等人學的是縱橫之術；汲黯、鄭當時等人是黃老的代表人物；還有武帝近臣東方朔則屬於雜家。

由此可見，從嚴格意義上講，與其說漢武帝是「罷黜百家，獨尊儒術」，不如說他是在「尊奉儒術」的同時「悉延百家」——一方面把儒學尊為國家的意識形態，一方面又給諸子百家留下生存發展的空間。如此既有統一的治國思想，同時兼收並蓄、博採眾長，讓一切思想學說皆能為其所用。

說白了，政治是實用主義。只要能為自己的統治服務，只要有助於解決國家、社會面臨的諸多現實問題，武帝劉徹又何必讓自己在一棵樹上吊死呢？

歷史上，真正禁絕百家而一條道走到底的人，其實是秦始皇。秦國利用法家的嚴刑峻法和軍國主義政策強勢崛起，統一了天下；而後嬴政又把法家的統治思想推向極致，以「焚書坑儒」的方式強力實行愚民政策與思想專制。然而，也是法家的苛政和暴虐統治導致秦朝的二世而亡。

鑑於這樣的歷史教訓，武帝劉徹又怎麼可能只用一種思想學說來束縛自己，繼而重蹈秦朝的覆轍呢？關於這一點，班固《漢書・藝文志》有一段記載，很能說明問題，也足以和司馬遷的上述說法相互印證：

戰國從衡，真偽分爭，諸子之言紛然淆亂。至秦患之，乃燔滅文章，以愚黔首。漢興，改秦之敗，大收篇籍，廣開獻書之路。迄孝武世，書缺簡脫，禮壞樂崩，聖上喟然而稱曰：「朕甚閔焉！」於是建藏書之策，置寫書之官，下及諸子傳說，皆充祕府。

秦朝為了統一思想，一舉終結自春秋戰國以來百家爭鳴的局面，企圖透過焚毀百家經典、不讓百姓讀書的專制手段來實行愚民統治，結果失敗了。漢朝才會反其道而行之，廣泛蒐集民間藏書，重新接續先秦百家爭鳴、學術自由的傳統。到了漢武帝一朝，更是建立「國家圖書館」和「古籍研究院」，專門命人對那些「書缺簡脫」的百家典籍進行蒐集、整理、校對、研究，最後由國家統一收藏。

當然，說漢武帝「悉延百家之學」，不意味著諸子百家在他心目中的地位同等重要。最被他看重的當然還是儒、法二家，當時這兩者最有利於強化中央集權，也最有利於統一人心，從而最符合漢武帝的統治利益。在此，儒家提供漢武帝所需的思想資源、道義資源和理論框架，法家則是做為實際政治操作中的祕笈和利器；二者相輔相成，缺一不可。

卡爾・馬克思（Karl Marx）說過：「理論在一個國家實現的程度，總是決定於理論滿足這個國家的需要的程度。」正是基於這樣的實用主義態度，大漢帝國從漢武帝時代開始，逐漸形成「外儒內法」、「霸王道雜之」的「漢家制度」——儒家的「德治仁政」與法家的「嚴刑峻法」雜糅互補。

這樣一種頗具創造性的治國之道，在實踐中被證明是十分有效的。從此不僅被後來的漢家天子，也被歷朝歷代的統治者所繼承，最終成為古代中國延續二千餘年的政治傳統。儘管日後的漢武帝以雄才大略、乾綱獨斷著稱，但親政之初，由於經驗的缺乏，一度遭遇皇權被架空的危機。問題就出在他的母舅田蚡身上。

一開始，劉徹對田蚡非常信任，把帝國的日常政務全交給他打理。田蚡每次入宮奏事，劉徹都會花很長時間聽取報告，並一起討論。而他的所有建言獻策大都會得到採納；他推薦的官員也都會得到提拔任用。

然而，沒過多久，劉徹卻無奈地發現田蚡恃寵而驕，大有將他架空之勢！田蚡雖然有些才幹，但生性驕奢，本來就不是淡泊的人，如今驟然獲得丞相大權，欲望和野心更是迅速膨脹。一上位，便大肆修建豪華宅邸，並在京城內外搜刮大批良田和極具升值潛力的土地。還派人到各個郡縣，以採辦物品為由廣收賄賂，順帶採擇大批美女。短時間內，田蚡家中姬妾成群、美女如雲，金銀珠玉堆積如山，各種奇珍異寶更是不可勝數。

如果田蚡僅是貪財好色，卻能在朝政上秉持公心、盡忠竭力，劉徹或許會睜一隻眼、閉一隻眼。但他得寸進尺，大肆貪腐的同時還極力培植黨羽，劉徹就無法容忍了。

凡是田蚡推薦的官員，一般情況下劉徹都會批准，但前提是這些人必須具有真才實學，並具備與其職位相應的行政經驗。田蚡卻無視這一原則，動不動就把一些不學無術、資歷甚淺的人提拔為二千石官員。這些人或許和他關係匪淺，或許給了他可觀的賄賂。

對此，司馬遷給出四個字的評語——「權移主上」，意思就是權力從人主那裡被轉移到田蚡手上。

劉徹決定給田蚡敲敲警鐘。有一天，當田蚡提交一份長長的用人名單後，劉徹忽然說了一句：「君除吏已盡未？吾亦欲除吏。」（《史記·魏其武安侯列傳》）你的人任命完了沒有？我也想任命幾個。這話貌似平淡，其實充滿嘲諷，無異於一巴掌抽在田蚡臉上。田蚡大為慚愧，許久不敢吭聲。劉徹原以為把話說到這份上了，田蚡從此一定會收斂，沒想到這傢伙依舊執迷不悟，沒多久又提出要求，要拿「考工室」的地皮蓋房子。考工室是皇家器械製造廠，專門製造各種御用物品，其中最主要的就是兵器。

田蚡竟然利欲薰心、肆無忌憚到這種地步，就不能怪劉徹發飆了。那天，劉徹生平第一次對田蚡發出咆哮：「君何不遂取武庫！」（《史記．魏其武安侯列傳》）你何不把朝廷武器庫也拿走算了！

面對天子的雷霆之怒，田蚡終於意識到問題的嚴重性，慌忙伏地謝罪。從這件事後，田蚡總算學會收斂，也總算認識到——這個年輕的外甥沒有那麼好糊弄。

劉徹對田蚡頗感失望，卻又不敢輕易罷黜他。竇太后雖然不在了，但還有精明過人的母后王娡。當時的外戚中，最受王娡寵信的就是她同母異父的弟弟田蚡。換言之，田蚡之所以敢為所欲為，就是仗著有太后為他撐腰。

被警告幾次後，田蚡在劉徹面前算是有所收斂；但面對滿朝文武時，依舊趾高氣揚、不可一世。幾年後，朝中有兩個知名度很高的人物，因為得罪田蚡，下場都極為淒慘：一個被滿門抄斬，一個被斬首棄市。

前者是七國之亂中立下戰功的名將灌夫，後者是昔日的顯赫外戚竇嬰。當然，這是後話。

建元六年八月，一封來自帝國南部邊陲的求救信，被快馬送進長安的未央宮。求救信來自南越國（都城番禺，今廣東省廣州市），其國王趙胡聲稱遭到閩越國（都城東冶，今福建省福州市）攻擊，請求大漢天子發兵救援。

「越」（也做「粵」）是古代南方的一個古老部族，支系眾多，自先秦以來統稱為「百越」，分布在東南沿海一帶。據《漢書．地理志》記載：「自交趾至會稽七八千里，百越雜處，各有種姓。」其分布範圍相當於今天的江蘇南部、上海、浙江、福建、廣東、廣西、海南等地。南越和閩越便是其中的兩個部落王國。

早在高祖時期，南越、閩越等國就已經成為大漢的藩屬國，大體上既臣服於漢朝又相對獨立。多年來，由於各種歷史積怨，南越、閩越、東越等國彼此之間紛爭不斷，經常相互攻伐。

例如建元三年（前一三八年）秋，閩越國就悍然發兵，進攻其北邊的東越國（都城東甌，今浙江省溫州市）。劉徹及時派兵援救，迫使閩越撤兵，東越才倖免於難。不久，東越國王害怕閩越再打過來，請求舉國北遷；經劉徹同意，被安置在江淮一帶。

如今閩越死性不改，又掉頭入侵南越，顯然沒把大漢朝廷放在眼裡。劉徹立刻下令，命大行令王恢、大農令韓安國各率一路大軍，分別從豫章郡（今江西省南昌市）、會稽郡（今江蘇省蘇州市）出發，兵分兩路討伐閩越國。閩越國王騶郢得到消息，當即派出精銳據守仙霞嶺（今閩、浙、贛交界處）的險關要隘，大有和漢軍對抗到底之勢。

眼看一場惡戰在所難免——就在這個節骨眼上，閩越爆發了內鬨，主導者是閩越國王騶郢的弟弟騶餘善。

此人早就覬覦王位，如今見漢朝大兵壓境，閩越國內人心惶惶，騶餘善意識到篡位時機已經成熟，遂暗中召集閩越國相和宗族首領們開會，對眾人說：「大王擅自發兵進攻南越，天子出動大軍來討伐我們。漢軍兵力強大，就算僥倖打贏了，其後續部隊也會源源不斷，一直打到被滅國為止。而今之計，不如殺了大王以謝天子。天子若罷兵，國家就保住了；若不肯罷兵，我們就力戰到底，就算敗了，也可以逃到海上。」

眾人知道和漢朝對抗是以卵擊石，遂一拍即合。於是騶郢在毫無防備的情況下，被弟弟和臣子們殺掉，首級很快被送到王恢手上。此時漢軍還未行至仙霞嶺，就收到騶郢的首級。王恢大喜，一邊派人飛報朝廷、傳首京師，一邊趕緊通知另一路的韓安國停止進兵。

劉徹認為既然罪魁禍首已然伏誅，就沒有再打下去的必要，隨即下詔班師。韓安國回朝後，被擢升為御史大夫。

騶餘善輕而易舉化解一場滅國之災，一時間威震國內，各部族首領紛紛歸附。雖然取得閩越國的實際控制權，但想當上國王必須得到大漢朝廷的冊封。他眼巴巴等著冊封時，朝廷的詔書到了——上面的名字卻不是他，而是閩越首任國王騶無諸的孫子騶丑（朝廷封其為越繇王）。

劉徹唱的是哪一齣？騶餘善頓時有些矇。劉徹這麼做是因為對騶餘善的野心洞若觀火，之前騶郢到處搞事，騶餘善沒少摻和；現在他悍然殺掉騶郢，無非是為了上位，不是出自對漢朝的忠誠。劉徹若是扶一個野心家上臺，等於助長他的勢力，無異於給朝廷製造不穩定因素。所以，劉徹絕不可能把閩越國交給騶餘善。

不過話說回來，對朝廷而言，騶餘善誅殺騶郢算是功勞一件；如果不給他任何回報，一來難以服眾，二來不利於閩越國的穩定——很可能騶餘善一怒之下，就把剛上位的騶丑宰了。

對此，劉徹自然有留後手。冊封騶丑後沒幾天，朝廷的第二道詔書到了：冊封騶餘善為東越王——把東越國北遷之後空出來的地盤給他，免得他和騶丑「一棲不兩雄」，再度內鬨。

如此一來，就能讓騶丑和騶餘善各自獨立且相互制約。只有羈縻之策才最符合大漢朝廷的利益。出兵閩越，穩定南方，只是劉徹征伐四方的前奏曲。

劉徹心裡很清楚，帝國最大的憂患不是南邊的百越，而是北方的匈奴。匈奴是古代生活在蒙古高原的游牧民族，興起於陰山山脈（今內蒙古）的南麓。早在春秋、戰國時代，匈奴便已成為中原各國的勁敵；不過在戰國末年曾遭到趙國名將李牧的沉重打擊，一度衰落。秦朝統一後，蒙恬率三十萬大軍北伐匈奴，奪取河套地區，將匈奴驅趕到漠北，使「胡人不敢南下而牧馬」（〈過秦論〉）。

秦末漢初，匈奴的冒頓單于強勢崛起，擁有控弦之士三十餘萬，東滅東胡，西平月氏，控制西域；並揮師南下，再度侵入河套地區，對剛立國的漢朝構成嚴重威脅。

漢高祖七年（前二〇〇年），匈奴大舉南侵，兵抵晉陽（今山西省太原市）。見國門洞開，形勢危急，劉邦親率大軍北征，卻在白登山（今山西省大同市東北）被圍七天七夜，險些喪命。劉邦被迫採納陳平之計，以重金賄賂匈奴閼氏（匈奴單于、親王之妻的統稱），才得以死裡逃生。

白登之圍給漢朝君臣留下極重的心理陰影。此後，漢朝只能委曲求全，長年向匈奴奉送美女和大量財物，以所謂的「和親」之策換取帝國北疆的安寧。然而，這種安寧既是表面，也是脆弱的。事實上，匈奴從未停止對漢朝的侵擾和劫掠，始終是漢朝的心腹大患。遺憾的是，當時國力羸弱的漢朝無力改變這種局面。

從大漢立國之初就定下的和親之策，一直延續到武帝一朝。對此，生性英武、血氣方剛的劉徹極度不甘。如今的大漢帝國經過七十餘年的韜光養晦和休養生息，已經變得國富民強，劉徹實施的也是大有為之政。在他心中，可以說比任何人都更想討平匈奴，一雪前恥。

建元六年冬，即平定閩越的幾個月後，匈奴人遣使來到長安，再次向大漢請求和親。說難聽點，就是再次「索賄」。匈奴人如此貪得無厭、欲壑難填，這種屈辱的日子什麼時候才結束？從個人角度來說，劉徹肯定想一口回絕；但身為天子，卻不得不以大局為重。為此，劉徹特意召集群臣開會，想看看文武百官究竟是什麼態度。專門負責外交事務的大行令王恢率先表態，直截了當道：「大漢每次與匈奴和親，往往維持不了幾年，他們就會背盟毀約。不如乾脆拒絕要求，出兵討伐。」

王恢是燕地人，早前長期在邊塞任職，非常熟悉匈奴人的情況——他敢提議開戰，自然有一定把握。然而，御史大夫韓安國當即表示反對說：「匈奴人逐水草而居，像飛鳥一樣到處遷徙，很難制服。若是開戰，我軍要跋涉數千里與其爭鋒，勢必人馬疲敝，而匈奴人則是以逸待勞。這是很危險的事，不如與匈奴和親。」

群臣大部分都贊同韓安國，建議和親，反對開戰。雖然眼下的大漢帝國早已今非昔比，但「白登之圍」給人們留下的心理陰影依舊難以消除。換言之，強大的歷史慣性和人的惰性仍然支配著大部分朝臣——既然透過和親就能和匈奴相安無事，何必改弦更張、冒險開戰呢？

見此情形，劉徹深感無奈。他意識到征討匈奴的時機尚不成熟，只好繼續隱忍，同意和親。

馬邑之謀：細節決定成敗

元光二年（前一三三年）夏天，劉徹勉強同意與匈奴和親的一年多之後，討伐匈奴的機會終於來了。機會源於名叫聶壹的豪商，他是雁門郡馬邑縣（今山西省朔州市）人。馬邑地處漢、匈邊境，聶壹常年在此經商，與匈奴人多有接觸，十分了解匈奴在這一帶的情況。此外，他對匈奴人在邊塞地區的燒殺搶掠深惡痛絕，一直在思索對付匈奴的辦法。

經過一番斟酌，聶壹終於想出一個可行之策，旋即給朝廷的大行令王恢寫一封密信。他說：「匈奴初和親，親信邊，可誘以利致之；伏兵襲擊，必破之道也。」（《資治通鑑‧漢紀十》）匈奴剛與我朝和親，對邊塞之民信任不疑，可趁此機會以利誘之。埋伏重兵發動襲擊，定可大破匈奴人。

此前，身為主戰派的王恢已多次建議劉徹出兵，卻屢屢被韓安國等人頂回來，心中甚是失落。見信後，王恢一掃沮喪心情，立刻與聶壹取得聯絡，問他有何良策。聶壹遂將計畫全盤托出，告訴王恢可以假意把馬邑獻給匈奴的軍臣單于，以此騙取匈奴人信任；朝廷可派遣大軍在匈奴的必經之路上埋伏，必能將其一網打盡。

王恢大喜，當即入宮面聖。劉徹聞報，覺得計畫可行，頓時躍躍欲試，當即召集群臣商議。王恢首先發言：「臣聽說戰國時期的代國（今河北省蔚縣），北有強胡之敵，南有晉國、燕國的威脅，卻能夠做到讓百姓安居樂業，倉廩充實，匈奴不敢輕易侵犯。如今陛下威德遠揚，海內一統，匈奴卻屢屢南下，侵擾劫掠——沒有別的原因，就是對大漢毫無畏懼之心。臣以為對匈奴就該強力反擊，方為上策。」

主和派領袖韓安國自然站出來反對，針鋒相對道：「臣也聽說當初高皇帝被圍困於白登山七天七夜，幾近斷糧；但解圍脫險後並無憤怒之心，反倒與匈奴和親。這就是聖人的氣度，以天下大局為重，不以一己私憤而傷害天下。自從與匈奴和親，我朝獲得長久和平的利益。故臣認為不要輕啟戰端，才是上策。」一場激烈的辯論就此展開。

王恢反脣相譏道：「此言不然。高皇帝當年披堅執銳，征戰天下，之所以不報平城之怨，並非力不能及，而是要讓天下百姓休養生息。如今匈奴連年入寇，邊境一夕數驚，士卒傷亡慘重，運回來的柩車前後相望——這就是你說的和平嗎？」

韓安國不接這個話題，而是道：「軍事行動的原則是以逸待勞，以治擊亂。不論是大軍對陣還是進攻城池，都要養精蓄銳，以靜制動，設法讓敵人疲憊，這才是聖人的用兵之道。如果我軍貿然出兵，深入大漠，勢必難以建功。進軍太快會缺乏糧食給養，進軍緩慢則喪失有利戰機——很可能還沒走上一千里，便已人困馬乏，糧草不繼。正如兵法所言，派出軍隊，恰是送給敵人當俘虜。」這話說得相當難聽，卻不能說他分析得沒有道理。

不過來自聶壹的這份計畫，恰恰可以避開上述問題。王恢胸有成竹道：「臣所說的進攻不是深入大漠長途奔襲，而是用計進行伏擊。匈奴單于貪得無厭，正好以利誘之，使其深入邊境；我則遴選精銳埋伏在險要之處，只要一進包圍圈，我軍便可大舉出擊，或攻其左翼，或攻其右翼，或截其前鋒，或斷其後路，如此定可生擒單于，絕對萬無一失。」

雙方各執一詞，誰也說服不了誰，最後只能由劉徹來拍板。其實劉徹早有出兵的打算，只是苦於沒有良機；如今王恢提出的計畫正中下懷。不管以韓安國為首的主和派如何反對，他都決定幹這一票。被迫與匈奴和親的屈辱日子，他早就受夠了。

打！

劉徹的決定就這一個字。朝廷的戰爭命令一下達，整個帝國就像一臺機器，「隆隆」地運轉起來。當年六月，大漢朝廷從各地集結三十餘萬軍隊，連同大批戰車、馬匹、武器、糧草等，被源源不斷地運送到雁門郡馬邑縣附近的山谷中。

大軍一共兵分五路：以御史大夫韓安國為護軍將軍，衛尉李廣為驍騎將軍，太僕公孫賀為輕車將軍，大行令王恢為將屯將軍，太中大夫李息為材官將軍，各領一部，分別進入預定地點埋伏，就等匈奴人撞進這張天羅地網。

一場好戲正式上演。導演是劉徹，監製是王恢，編劇兼主演就是聶壹，他在戲中的角色是一名叛逃者。故事一開場，聶壹就以一副失魂落魄的狼狽模樣逃亡到匈奴，拜見軍臣單于。聲稱常年與匈奴進行貿易，由於私運一批漢朝禁止的貨物給匈奴，遭到馬邑縣衙的通緝。如今走投無路，只能投奔匈奴，為表誠意，要向單于獻上一份厚禮。

軍臣單于滿腹狐疑，問他是何厚禮。聶壹說：「我能砍下馬邑縣令和縣丞的首級，把整個馬邑獻給大單于，城中所有的財物皆歸大單于所有。」世上沒有不偷腥的貓。金銀財寶對於匈奴人具有一種條件反射般無可抗拒的誘惑力。軍臣單于自然心動了，但他沒有蠢到輕易相信一個來路不明的人。軍臣單于表示只要聶壹真的能拿下馬邑縣，他一定親率大軍前往，做聶壹的後盾，讓他不必擔心遭到漢軍報復。聶壹當即把胸脯拍得山響，發誓一定不讓單于失望，旋即馬不停蹄地出發了。他的身後當然多出一條尾巴——軍臣單于派出探子，一路悄悄跟著聶壹回到馬邑。

此時的馬邑縣城表面上一切如常，實則城中百姓早已被轉移，眼下的居民多是漢軍士兵假扮。匈奴探子一入城，立刻處於漢軍的監視之中。一切按計畫進行，接著第二幕就上演了。

聶壹領著一幫手下，突然攻進縣衙，順利斬殺縣令和縣丞，砍下二人首級，高高掛在馬邑城頭。這是他和軍臣單于事先約定好，以表明他已經控制馬邑。整個行動都被自以為躲在暗處的匈奴探子盡收眼底，探子一看，這姓聶的果然言而有信，而且是動真格的，看不出有絲毫作假的嫌疑，旋即火速回報軍臣單于。

正如匈奴人看到的，那兩顆血淋淋的人頭的確是真的，不是道具。只不過，人頭的主人不是縣令和縣丞，而是兩名死囚。換言之，這兩個死囚就是被拉來當一回臨演，跑一回龍套。

得知聶壹果然拿下了馬邑，軍臣單于大喜，立刻親率十萬鐵騎南下，越過長城防線，直撲馬邑而來。計畫進行到此，離成功只有一步之遙了。

此刻，劉徹、王恢、聶壹和參與此次行動的人，萬萬沒有料到自以為天衣無縫的計畫，卻出現一個小小的破綻。換言之，他們把所有精力和注意力都放在計畫的各個主要環節上，卻忽視一個毫不起眼的細節。恰恰就是這個細節上的小破綻，被軍臣單于捕捉到了。於是這場大戲的第三幕，聚光燈便轉而打到這個精明的大反派身上。

當軍臣單于率部趕到離馬邑不足百里的地方時，忽然發現有些不對勁——成群結隊的牛、羊在原野上隨處晃悠，但一個牧人的影子都沒有。這正常嗎？太不正常了！

匈奴人以游牧為生，就算丟掉自己半條命，也絕不會放任牛、羊不管——這一幕對他們來講，詭異得像大白天撞鬼一樣。漢軍為何會出現這個百密一疏的破綻呢？

他們想防止洩密，把馬邑方圓百里內的百姓全轉移了，卻來不及轉移牛、羊——導致這一帶牛、羊成群卻無人放牧。

軍臣單于及時勒住轡繩，下令部隊停止前進。雖然倍感蹊蹺，但難以斷定是不是聶壹在使詐。為了獲取準確情報，軍臣單于即刻派出偵察小隊，在附近展開搜索，希望能抓一、兩條「舌頭」。很快，匈奴人發現漢軍的一座亭鄣（漢代的堡壘），馬上攻了進去。亭鄣守軍只有幾十人，難以抵擋，悉數被殺，指揮官尉史被俘。尉史是漢代官名，邊塞郡每百里置尉一人，尉史是副官，任巡邏警戒之職。

匈奴人把刀架上尉史的脖子，這個貪生怕死的傢伙當場全盤托出，把整個馬邑之謀的計畫一五一十全說出來，包括三十多萬大軍在各處的埋伏情況。軍臣單于聞報，不由大驚失色道：「本來就懷疑其中有詐，沒想到背後竟有這麼大的陰謀！」當即下令全軍撤退。匈奴軍隊一路急行，唯恐漢軍從背後偷襲；直到撤出塞外，才長長地鬆了口氣。

匈奴大軍絕塵而去後，埋伏在各處的漢軍才陸續得到消息，趕緊向北追擊——但可想而知，連匈奴人的影子都沒見著。伏擊計畫破產後，漢軍仍然有機會在匈奴人背後捅上一刀。丟掉這個機會的人正是王恢。

這次行動中，王恢的任務是率領三萬精兵，埋伏在最北邊的位置，截擊匈奴的輜重部隊，斷其後路。當匈奴撤退之際，王恢所部距離敵人最近，如果他能當機立斷，從背後咬住匈奴人，或許大事仍有可為。然而，王恢猶豫一番後，還是放棄了。在他看來，就算追上敵人，以三萬人馬對戰十萬鐵騎，無異於雞蛋碰石頭，實在是勝算渺茫。

王恢的這一判斷乍看好像很慎重，其實太過保守。軍臣單于已經掌握漢軍情報，必然忌憚繼王恢之後的近三十萬援軍，絕對無心戀戰；假使王恢出兵，必能有所斬獲，多少能給天子劉徹和參與行動的所有人一個交代。

遺憾的是，歷史不能假設。五路兵馬，三十多萬大軍還是灰頭土臉地班師回朝。耗費了大量人力、財力、物力，原本志在必得的這場伏擊行動，功虧一簣，以顆粒無收的結果尷尬收場。「馬邑之謀」的故事告訴我們——細節決定成敗。

不論多麼完美的計畫，不論投入多麼巨大的成本，都可能由於小小的疏忽而前功盡棄，滿盤皆輸。

愈龐大的計畫，愈需要指定專人去死盯一些不起眼的細節。寧可吹毛求疵，雞蛋裡挑骨頭，也好過百密一疏，讓煮熟的鴨子飛了。

毫無疑問，馬邑之謀的失敗，王恢是第一負責人。他既是該計畫的主要發起者，也是最後收場時放棄追擊的指揮官，不論從哪個角度來說，都難辭其咎，罪無可恕。

劉徹對於此次失敗的震怒可想而知。當他質問王恢為何不敢追擊時，王恢辯解說，以三萬人去追擊十萬鐵騎，只會自取其辱，還說：「臣固知還而斬，然得完陛下士三萬人。」（《史記・韓長孺列傳》）意思是他知道回朝後自己論罪當斬，但這麼做可以為皇帝保全三萬將士的性命。

這樣的理由，劉徹當然不會接受，隨後便把王恢交給廷尉處置。案件只要交到廷尉手上，當事人通常難逃一死。廷尉很快就有結論，說：「恢逗橈，當斬。」（《史記・韓長孺列傳》）王恢怯戰避敵，論罪當斬。王恢慌了，趕緊拿出黃金千斤去賄賂丞相田蚡，請他向天子求情。

田蚡拿人錢財，自然要替人消災，但他因恃寵弄權已不受劉徹信任，現在更不敢直接去找劉徹，便去求姐姐王娡，請她出面替王恢說情。田蚡還幫王娡想好理由：「王恢是馬邑之謀的主要策劃人，現在因計畫失敗就要殺他，這是替匈奴報仇啊！」

王娡便照田蚡的原話和劉徹說了，希望能留王恢一命。劉徹卻不為所動，他說：「正因王恢是馬邑之謀的首倡者，我才會發動天下精兵數十萬，全部按照他的計畫行動。就算行動失敗無法生擒單于，王恢所部至少應該按計畫攻擊匈奴的輜重部隊——如此多少也能安慰一下滿朝文武的失望之情。」最後，劉徹宣布他的決定：「今不誅恢，無以謝天下。」（《史記・韓長孺列傳》）

王恢得知後，萬念俱灰，旋即自殺。王恢之死為這起事件畫上令人扼腕的黑色句號。平心而論，

「馬邑之謀」在戰略上完全正確，只是戰術上出現紕漏才導致功敗垂成；而王恢極力主戰，對大漢的忠心值得肯定，其謀略更是可圈可點。如此種種，正是「馬邑之謀」雖然失敗，仍然在歷史上擁有很高知名度的主要原因。然而，這不意味著王恢就不該死，他的死固然令人惋惜，但當時的情勢下，這樣的悲劇結局幾乎可以說是一種必然。

首先，「馬邑之謀」失敗所導致的政治後果相當嚴重。這是自「白登之圍」以來，漢朝首次主動發起對匈奴的軍事行動，不論結果如何，都是對匈奴宣戰。而匈奴人的反應可以想見，據《史記·匈奴列傳》記載：「自是之後，匈奴絕和親，攻當路塞，往往入盜於漢邊，不可勝數。」自「馬邑之謀」後，匈奴便斷絕和親，頻頻進攻漢朝邊塞和交通要道，且深入漢朝國境，次數多到不可勝計。「馬邑之謀」導致漢朝邊患更嚴重，邊境百姓的痛苦指數隨之飆升。相應的，大漢朝廷就要承受愈來愈大的政治和軍事壓力。

既然後果這麼嚴重，這口黑鍋應該由誰來背呢？當然不能是天子劉徹，只會是「始作俑者」王恢。

其次，「馬邑之謀」後，漢、匈之間的軍事衝突注定會逐步升級，最終發展到全面戰爭；王恢在此次行動中表現出怯戰避敵，無疑給此後的參戰將士帶來很壞的影響。如果人人都以「替陛下保全將士」為由消極避戰，漢朝還有什麼取勝的希望呢？職是之故，劉徹必須痛下殺手，借王恢的腦袋一用，達到殺一儆百、懲前毖後的警示效果，徹底消除王恢的負面示範效應，從而激勵大漢將士不惜代價、勇敢殺敵。

如果單純從法律意義上講，王恢可能罪不至死；但基於上述理由，從政治的角度考量，只能得出一個結論——身為背鍋俠和負面教材的王恢不能不死。

值得一提的是，馬邑之謀的另一策劃者聶壹，行動失敗後去了哪裡、命運如何，《史記》、《漢書》都沒有記載。翻檢史料，這個答案竟然意外出現在陳壽《三國志》中：「張遼，字文遠，雁門馬邑人也。本聶壹之後，以避怨變姓。」（《三國志・張遼傳》）三國時代的曹魏名將張遼，居然就是聶壹的後人。從陳壽的記載可知，很可能正是馬邑之謀失敗後，聶壹擔心遭到匈奴人的報復，只好改名換姓，從此隱匿於江湖。

外戚之爭：田蚡與竇嬰

元光三年（前一三二年），大漢朝廷爆發一場高層內鬥。爭鬥雙方分別是新舊外戚的代表人物，一個是文景時代的外戚首領——魏其侯竇嬰；另一個是武帝即位以來最風光的新外戚——武安侯田蚡。

文景時代，竇嬰的官運雖然不順暢，曾屢起屢仆，但畢竟是竇太后的侄子，是竇氏勢力的代表人物，就算不時被貶，也能很快重返權力舞臺。然而，隨著竇太后的去世和新生代外戚田蚡的上位，以竇嬰為首的前朝外戚就徹底選邊站了。

過去竇嬰顯赫時，朝野上下想要巴結他的人不可勝數，他的府上總是賓客如雲、高朋滿座；而今竇嬰徹底失勢，趨炎附勢之徒便紛紛遠離，轉投田蚡門下。

想當初，竇嬰貴為大將軍時，田蚡不過是個小小郎官，巴結竇嬰最為賣力。田蚡不僅天天往竇府跑，而且每逢宴飲必對竇嬰執子侄禮，跪拜如儀。現在兩人調換位置，竇嬰的不甘與失落可想而知。

不過讓竇嬰在炎涼世態中稍感安慰的是——當昔日的擁護者紛紛成為新丞相田蚡的粉絲時，只有一個人始終對他不離不棄，這個人就是灌夫。

中國歷史上，很少有因罵人而名垂青史，灌夫是絕無僅有的一個，他給後世留下的著名典故就是「灌夫罵座」。

灌夫，潁陰（今河南省許昌市）人，本姓張，其父張孟是西漢開國元勛灌嬰的家臣，賜姓灌。七國之亂時，灌夫隨父從軍，其父戰死。灌夫為報父仇，僅率十幾騎殺入叛軍營寨，斃敵數十人，身披十數創，悍不畏死，勇猛過人，從此名聞天下，被封為中郎將。

之後，灌夫歷任代國國相、淮陽太守、燕國國相等職。他生性剛直、脾氣暴烈，且一喝酒就愛耍酒瘋，動輒得罪權貴，經常遭人報復，在每個官位上都待不長久。竇嬰失勢之時，灌夫早已被罷去燕相之職，在長安家中賦閒。

灌、竇二人同為官場失意者，不免同病相憐、惺惺相惜。是故，當所有人都爭先恐後地背棄竇嬰時，唯獨灌夫不但傾心結交，而且對他禮敬有加。竇嬰仕宦一生，見多了錦上添花，卻罕見雪中送炭，因而對灌夫的古道熱腸感激不已。

兩人很快成為相知恨晚的忘年之交。「兩人相為引重，其游如父子然。相得歡甚，無厭，恨相知晚也。」（《史記．魏其武安侯列傳》）。

當然，灌、竇二人相交也不是純粹出於情義。灌夫結交失意的竇嬰，除了仗義任俠的秉性外，還有一個動因是想透過與竇嬰的交往，抬高自己的聲望。灌夫雖然當過好多年官，但畢竟沒有封侯，嚴格說來還算不上名流，平日與那些趾高氣揚的公侯卿相交往，難免被壓一頭。竇嬰雖已失勢，但瘦死的駱駝比馬大，魏其侯的身分擺在那裡，公開場合誰也不敢輕視、怠慢他。灌夫與竇嬰深交，目的就是想藉此躋身上流社會，從而在以後的各種社交場合中，取得與那些跋扈權貴平起平坐的資格。

反觀竇嬰，與灌夫結交也不完全出於意氣相投。自從失勢後，竇嬰最痛恨的就是那些背棄他的勢利小人，以及把他的權勢、風頭和「粉絲」都搶走的武安侯田蚡。有道是樹活一張皮，人活一口氣，縱然竇嬰現在已經沒有能力挽回失去的一切，但至少要找機會給田蚡等人一點顏色瞧瞧，爭回一點顏面。像灌夫這種好勇任俠、脾氣暴躁之人，無疑最適合替竇嬰出頭——灌夫從不怕和誰撕破臉。

由此可見，從竇嬰與灌夫結成「悲情二人組」的這一刻起，注定會搞一些事情出來。而竇嬰與田蚡隨後展開的激烈鬥爭中，喜歡打抱不平、替人出頭的灌夫，也注定會成為鬥爭的犧牲品。

田蚡自從當上丞相後，就再未跨進竇嬰家門一步。灌夫想替竇嬰爭臉出頭，首先要做的當然是設法讓田蚡放下架子，再到竇府拜訪一回——從而讓那些趨炎附勢的小人瞧瞧，即便是當朝新貴武安侯田蚡，對老前輩竇嬰還是不敢不尊重。

有一次，灌夫家中老人過世。按說服喪期間，本不宜與公卿往來，一貫不拘小節的灌夫卻想趁此機會搞一下田蚡，便跑去田蚡家串門子。田蚡硬著頭皮接待了他。灌夫寒暄幾句，話題便往竇嬰身上扯，說他一朝顯貴便忘了舊人，於禮數不合。田蚡心不在焉地敷衍著，隨口說：「我很想和你一道去拜會魏其侯，可惜你有孝在身，不大方便。」

灌夫一見田蚡上鉤，當即胸脯一拍：「丞相若肯賞臉光臨竇府，我豈能因服喪推辭？這樣吧，我現在馬上去讓魏其侯籌備筵席，請丞相明日早點光臨。」田蚡本來是隨口一說，聞言便滿口答應，心裡根本沒當回事。

灌夫隨即趕到竇府，把消息告訴竇嬰。被冷落已久的竇嬰一聽田蚡要來，大喜過望，趕緊命下人灑掃庭院、擦拭家具，並和夫人親自跑到市場，買了一大堆酒肉菜蔬，張羅了整整一夜。

第二天天剛亮，竇嬰就命家人到大門口去恭迎。可是竇府上下眼巴巴地等了一上午，始終不見田蚡身影。竇嬰頗感失望地問灌夫：「丞相是不是忘了？」灌夫大怒說：「我親自去請，諒他不敢不來。」說完便親自駕車直奔丞相府。

日近中午，田蚡還在家裡高臥不起。灌夫氣不打一處來，讓人叫醒了田蚡，大聲道：「丞相昨日親口答應拜會竇嬰。他們夫婦早已備好筵席，從早上到現在一口飯都不敢吃，專等丞相赴宴，不知你到底什麼意思？」田蚡做出一臉無辜之狀：「是嗎？我昨天喝醉了，忘了和你有何約定。」但灌夫一再堅持，田蚡無奈，只好命人備車，與灌夫一同前往竇府，一路上故意磨磨蹭蹭，惹得灌夫滿面怒容。到了竇府，當即開筵。酒過三巡，灌夫起身跳舞，並邀田蚡同舞。田蚡端著丞相的架子，不願離席。灌夫冷笑著回到座位，一邊喝酒一邊出言譏諷，把田蚡搞得面紅耳赤卻又不便發作。

竇嬰見灌夫喝得差不多了，該替自己出的氣也出了，便稱灌夫已醉，命人將他扶下去；裝模作樣地代他向田蚡賠罪，並頻頻敬酒。田蚡憋了一肚子氣，卻不得不強顏歡笑，盡力敷衍。

這頓悶酒一直喝到深夜方罷，表面上大家觥籌交錯、歡聲笑語，實則心裡都在較勁。尤其是灌夫那一通冷嘲熱諷，更是讓田蚡難以釋懷。之後數日，田蚡愈想愈不爽，決定從竇嬰那裡討點便宜回來，以解心頭之恨。

他想討的東西是竇嬰在長安南郊的一塊良田，此地豐腴肥沃，田蚡垂涎已久。在他看來，既然自己紆尊降貴去喝了竇嬰的酒，就是給了他天大的面子，竇嬰也該投桃報李，還自己一個情面才對。田蚡便命心腹門人籍福去給竇嬰傳話，說要買他的城南之田。

誰都知道田蚡說要「買」，就是暗示竇嬰把田送給他，至少也是半賣半送。竇嬰一聽就怒了，老子請你喝酒還要倒貼良田，架子擺得太大了吧？竇嬰毫不客氣地一口回絕籍福：「老夫雖已被天子所棄，丞相雖尊貴無匹，但即便如此，就能仗勢欺人嗎？」

灌夫聽說此事，勃然大怒，找上門把籍福罵個狗血淋頭。籍福本是竇嬰門客，因其失勢才轉投田蚡，正是竇嬰和灌夫最痛恨的人。籍福挨了一頓臭罵，自覺對不起老主人竇嬰，只好回頭去勸解田蚡說：「魏其侯那老傢伙快死了，現在拿他的地，難免授人話柄。不如再等幾年，等他死後什麼都好辦了。」

田蚡聞言，便擱置了奪田之議。沒想到幾天後，他才聽說竇嬰和灌夫因為這件事，在背後罵了許多難聽的話。田蚡頓時火冒三丈，對籍福說：「想當初，竇嬰那老匹夫的兒子殺人，我出面才救下一條小命，而今竇嬰居然吝惜幾頃薄田。再說了，這事和灌夫有啥關係，瞎摻和什麼？田我不要了，遲早要他們好看！」

從此，田蚡對竇嬰和灌夫恨之入骨，而竇、灌二人還是我行我素，仍與田蚡明爭暗鬥，絲毫沒有意識到危險的降臨。

隨後的日子，田蚡決定先拿灌夫開刀。他授意手下暗中搜羅灌夫族人在老家橫行不法的證據，一狀告到天子劉徹那裡。田蚡說：灌氏一族勾結當地的奸商富豪與黑惡勢力，長年在潁川郡作威作福，侵奪田園，魚肉百姓，令當地士民苦不堪言，應該立案審查。

對於灌氏橫行潁川的事，劉徹早有耳聞，田蚡所奏也不算冤枉灌夫。劉徹說：「立不立案是丞相職權內的事，不必請示朕。」田蚡大喜，當即著手準備整治灌夫。然而，令田蚡萬萬沒想到的是，他蒐集灌夫黑材料的同時，灌夫也抓住了他的軟肋。田蚡的問題說起來比灌夫嚴重得多。首先，灌夫手中握有不少田蚡以權謀私、貪汙受賄的證據；其次，他抓住田蚡最致命的一處軟肋——私下與淮南王劉安暗通款曲。據說，劉安一直很欣賞田蚡，《史記》稱其「素善武安侯」。雖然司馬遷沒說原因，但也不難推測——田蚡是當朝最顯赫的外戚，且時任太尉，遲早拜相，劉安自然想和他交好。

建元二年，劉徹登基次年的正旦，淮南王劉安依例入京朝賀。由於劉安平時沒少派人向田蚡致意（送禮行賄），田蚡便投桃報李，親往灞上迎接。兩人一見面，少不了一番互相吹捧，然後田蚡對劉安說了這麼一番話：

「方今上無太子，大王親高皇帝孫，行仁義，天下莫不聞。即宮車一日晏駕，非大王當誰立者！」（《史記．淮南衡山列傳》）

當今皇上劉徹尚無子嗣，而淮南王是高皇帝（劉邦）之孫，以仁義著稱，天下無人不知。日後皇上一旦駕崩，沒人比你更有資格繼承皇位。

這段話在歷史上很有名，《史記》、《漢書》、《資治通鑑》均有記載；經常被人摘引，也被視為淮南王劉安早就蓄謀造反的鐵證之一。不過有人懷疑這段話的真實性，畢竟當時劉徹剛即位，年僅十八，沒有兒子很正常，拿這個來說事顯得不太合理。況且當時劉安應該已經四十出頭，憑什麼認為年方十八的劉徹會死在他前面呢？這種說法更違背常情常理。

不過既然以《史記》為代表的相關史料全都記載了這件事，在沒有確鑿證據的情況下，僅憑常理就否定這段話的真實性，似乎也不太嚴謹。在此，只能先擱置真偽問題，暫且尊重並按照《史記》等相關史料的記載，接著看下面發生的事。

淮南王劉安聽了田蚡這番掏心掏肺的話，喜不自禁，隨即贈予重金，「厚遺武安侯金財物」——田蚡自然如數收下。很顯然，田蚡此番言行足以算得上謀逆，論罪理當族誅。

不知灌夫怎麼搞到這份絕密情報——總之，他手上握著如此重量級把柄，就等於死死踩住田蚡的尾巴，令他無論如何也不敢輕舉妄動。當然，灌夫並未將此事公之於眾，只是透過門客傳話，讓田蚡知道他握有這張底牌。

這是灌夫聰明的地方，一枚炸彈只有在將爆未爆之時才是最恐怖的。換言之，對田蚡來講，這個把柄就像是懸在他頭上的一柄「達摩克利斯之劍」，什麼時候落下來，全得看灌夫的心情。得知灌夫的底牌後，田蚡傻眼了，不得不讓門客出面，主動與灌夫達成「和解」。

經過這件事，灌夫自以為捏住田蚡的命門，比以前更加狂放不羈、有恃無恐。但灌夫沒有想到，他手中掌握的東西不是一張免死金牌。田蚡做為一人之下、萬人之上的丞相和當朝最顯貴的外戚，絕不允許受制於任何人。他主動「和解」，只是暫時穩住灌夫，絕不可能真的握手言和。

如果在此之前，田蚡收拾灌夫只是為了教訓他；自此之後，一旦出手，必定是殺人滅口——從這個意義上說，灌夫手中的把柄非但不是消災避禍的免死金牌，反而是令他加速滅亡的一道催命符。

遺憾的是，一向心高氣傲的灌夫看不到這一層。數月後，太后王娡撮合一樁婚事：新郎是丞相田蚡，新娘是燕王劉嘉的女兒。兩人的年齡差距甚大，而且田蚡早已妻妾成群；但當時，只要是田蚡想要的女人，再加上有太后主婚，就沒有任何人敢說三道四。

太后做媒，丞相娶妾，親王嫁女——這麼多噱頭擺在那裡，這場婚禮的動靜自然不小。太后王娡特意下詔，要求列侯和宗室都必須到場祝賀，儼然把這頓喜酒當成一項必須完成的政治任務。

魏其侯竇嬰也在受邀之列。他去找灌夫，邀他同往。這麼高規格的社交活動，灌夫當然想去，但他與田蚡已經勢同水火，終究有些拉不下臉。竇嬰勸他說事情早已和解，不必再放在心上；硬是把灌夫拉上車，往丞相府而去。

此時的灌夫當然不會料到，這一去，就再也回不來了。

灌夫罵座：衝動的懲罰

田蚡的婚宴上貴客如雲，放眼望去都是有頭有臉的人物。宴會進行到一半，田蚡起身給客人敬酒。賓客們受寵若驚，都嚴格按照禮節，一見田蚡過來就趕緊「避席」還禮，就是起身離席、躬身還禮，表示對敬酒者的尊重。

田蚡敬完一圈後，竇嬰不甘示弱，拿起酒壺、酒杯，挨個去向人敬酒。結果只有幾個老朋友避席還禮，大部分人都安坐不動，只是稍稍欠一欠身而已。竇嬰一圈酒敬下來，不免有些難堪和失落。

竇嬰此舉純屬自討沒趣。田蚡現在是何等身分，竇嬰又是什麼身分？同樣敬一圈酒下來，結果會一樣嗎？再說了，這是田蚡的婚宴，新郎官來敬酒，客人避席還禮是應該的，算不上阿諛諂媚。但你偏偏想和田蚡較勁，當然只能給自己找不痛快。

灌夫見狀，怒火「噌」地躥了上來，決定攪攪場子，給田蚡和眾人一點顏色瞧瞧。灌夫攪場子的方式沒什麼新意，還是敬酒。不過如果說竇嬰敬酒是「文敬」，那他就是「武敬」——換句話說，竇嬰敬酒是給自己找不痛快，灌夫敬酒則是專門給別人找不痛快。灌夫依次向眾人敬酒。大夥都知道這傢伙喜歡發酒瘋，不敢惹他，多數人還是恭恭敬敬地避席還禮，並一口喝完杯中的酒。輪到田蚡時，灌夫故意高聲賀喜，並要求他滿飲此杯。田蚡黑著臉，稍微欠身說：「我不能喝滿杯。」

灌夫本來就想找碴，當即嘲笑道：「丞相是貴人，哪有大喜的日子不滿杯的？還請賞臉，乾了這一杯！」不管灌夫如何譏諷，田蚡死活不肯乾杯。灌夫沒轍，只好強抑怒火，轉到臨汝侯灌賢和將軍程不識的案前敬酒。灌賢是灌嬰的孫子，和灌夫算是親戚。當時灌賢和程不識正低聲耳語，沒怎麼搭理灌夫，只欠一欠身，毫無避席之意。

灌夫正憋著一肚子火無處發洩，總算在這裡找到突破口，立刻指著灌賢的鼻子破口大罵：「生平毀程不識不直一錢，今日長者為壽，乃效女兒呫囁耳語！」（《史記．魏其武安侯列傳》）你平日把程不識貶得一錢不值，今日長輩向你敬酒，你竟然像個娘們一樣，在這裡絮絮叨叨咬耳朵！

灌夫這一罵，頓時滿座皆驚。灌賢和程不識面面相覷，一時竟不知如何接腔。就在眾人驚愕莫名、不知所措之際，田蚡拍案而起，怒喝道：「程不識和李廣將軍位列同班，俱為東西兩宮衛尉，你當眾羞辱程將軍，要將李將軍置於何地?!」李廣當時不在場，而且灌夫罵的是灌、程二人，和李廣八竿子打不著，但田蚡故意扯上李廣，就是想讓灌夫得罪更多人。脾氣暴躁的灌夫不知是計，一下就上當了，怒目圓睜道：「今日就是砍我的頭、挖我的心，我也不懼，管他什麼程將軍、李將軍！」

在場眾人眼見雙方開罵，生怕惹禍上身，紛紛藉口上廁所，眨眼間溜了一半。一場高朋滿座、喜氣洋洋的婚宴就這樣被破壞了。

竇嬰覺得灌夫這回發飆發得有點過頭，臨走前頻頻和他打手勢，示意他趕緊走人。可是鬧到這個地步，就算灌夫想走也走不成了。田蚡怒視灌夫，吼道：「都怪我平日對你太縱容，才會讓你這麼驕狂！」隨即喝令左右把灌夫捆了起來。

籍福過去和灌夫關係不錯，心裡多少還念舊情，怕灌夫吃虧，趕緊上前替他賠罪；還按住灌夫的脖子，讓他向田蚡低頭謝罪。灌夫生平從未受過此等羞辱，當然梗著脖子不肯低頭。田蚡馬上命人把灌夫押下去，關進客房。

這一幕就是歷史上著名的「灌夫罵座」。常言道，衝動是魔鬼。生性狂傲的灌夫衝動一輩子，最終必然要遭到「衝動的懲罰」。田蚡本來就想殺他滅口，如今居然自己往刀口上撞，把人家好端端的婚禮搞得一塌糊塗，那就休怪田蚡心狠手辣了。

當天，田蚡便命手下官員草擬奏章，稱灌夫無視太后詔令，破壞婚宴，肆意辱罵大臣，犯了大不敬罪。同時，田蚡把當初擱置的舊案重新翻出來，以灌氏族人橫行鄉里、魚肉百姓為由，派遣數路官員奔赴潁川，將灌氏的所有親屬族裔悉數逮捕，押赴京城，準備全部斬首棄市。

面對這場突如其來的災禍，竇嬰萬分驚愕；同時對灌夫深感抱愧，說到底，事情都是因他而起。竇嬰當即拿出重金，分遣門客四處奔走，試圖挽救灌夫及其族人。可是田蚡一心要置灌夫於死地，就算竇嬰為此捨盡家財，也是於事無補。

至此灌夫終於意識到，一直被視為護身符的把柄壓根救不了他。田蚡從婚宴那天起便把他完全囚禁，不讓他與外界有任何接觸；灌夫的家人和族人不是被抓，就是逃亡，一個也幫不上忙。不管灌夫手中握有什麼天大的機密，根本無法上達天聽，只能和他一起鎖在牢房裡，最後陪著他爛在棺材裡。

竇嬰傾盡家財營救灌夫，卻是竹籃打水一場空。他老婆看不下去，埋怨他說：「灌將軍得罪丞相，等於忤逆太后，你怎麼救得了他？」竇嬰的回答異常決絕：「我不能眼睜睜看著灌夫去死，而獨自苟活。」

眼看灌夫的這場劫數已經不可能用錢擺平，竇嬰只好走最後一步棋——上疏求救。他瞞著家裡人把一道奏章遞進未央宮。看完奏疏，劉徹立刻召見他。竇嬰把灌夫得罪田蚡的來龍去脈都和劉徹講了，極力解釋灌夫是醉酒闖禍，罪不至死。聽完竇嬰的陳述，劉徹沉吟良久。

劉徹相信竇嬰說都是實情，但田蚡是劉徹的親舅舅，是太后最倚重的外戚，就算想放灌夫一馬，太后和田蚡也不會輕易饒他。說穿了，能夠決定灌夫生死的人不是天子劉徹，而是太后王娡。

那天，劉徹留竇嬰在宮中用膳，以示安撫，最後對他說：「明日到長樂宮解釋這件事吧。」次日，劉徹召集竇嬰、田蚡、韓安國、汲黯、鄭當時等一干重臣在長樂宮開會，目的就是讓竇嬰和田蚡對質、辯論，搞清楚灌夫到底有沒有罪。

長樂宮是太后王娡的地盤，劉徹還在這裡開會，已經暗含某種傾向性。辯論一開始，竇嬰便極言灌夫的種種優點；說他因醉酒而犯錯，其實並無大罪，「乃丞相以他事誣罪之」（《史記·魏其武安侯列傳》）。田蚡一聽竇嬰說他誣陷，頓時暴跳如雷，歷數灌夫平時放縱自恣的種種行為，結論是：灌夫大逆不道，其罪當誅。

竇嬰氣急無奈，忍不住對田蚡進行人身攻擊，罵他貪財好色、生活糜爛。田蚡聞言，非但不怒，反而十分從容道：「如今天下太平，安樂無事，我才有幸成為皇上的心腹。魏其侯說得沒錯，我是喜歡音樂，喜歡倡優，喜歡聲色犬馬，喜歡豪宅良田，可還是不如您魏其侯。您和灌夫日夜招聚天下的豪傑壯士，議論國事，誹謗朝政，仰觀天文，俯察地理，窺測於兩宮之間，唯恐天下不亂，企圖趁亂建功……」

說到這裡，田蚡故意把臉轉向劉徹，最後道：「臣實在不知道，魏其侯他們到底想幹什麼?!」第一回合下來，田蚡明顯占了上風。

自古以來，君主最忌諱的事情從來不是臣子如何腐敗，而是臣子暗中結黨、心懷異志。有時臣子為了讓君主放心，反而要透過腐化墮落的「自汙」方式來表明胸無大志。在歷史上屢見不鮮。

竇嬰攻擊田蚡腐化墮落，根本撓不到痛處——田蚡一直以來就是這麼腐敗，天子也沒拿他怎麼樣，人家不還是好端端地坐在丞相的大位上嗎？反觀田蚡對竇嬰的攻擊，可以說是又準又狠。雖然他說的那些基本屬於誣蔑，沒有什麼真憑實據，但是很有殺傷力。對於此類指控，君主們往往是寧信其有、不信其無，而且愈是雄主，猜忌心愈強。雖然劉徹不太可能信這番鬼話，但比起竇嬰對田蚡的人身攻擊，田蚡對竇嬰的這番指控，顯然更具有聳人聽聞的效果。

劉徹看了看陰陽怪氣的田蚡，又看了看怒髮衝冠的竇嬰，不置可否，而是問其他大臣：「魏其和武安孰是孰非？」

韓安國率先出列，道：「魏其侯提到灌夫之父為國殉職之事，確屬實情。當年，灌夫為報父仇，義無反顧衝入敵陣，身披數十創，名冠三軍，是天下公認的壯士。如今並無大惡，只因酒席間的些微爭執，似乎不該以其他的過錯來治罪，所以魏其侯所言是對的。不過如丞相所言，灌夫結交地方豪猾，侵奪小民，聚斂億萬家財，橫行潁川；凌辱宗室，侵犯皇親，也確有其事。至於二者孰是孰非，還請明主聖裁。」

韓安國一席話說完，估計在場所有人都在心裡給他兩個字的評價：滑頭。他說了半天，不但兩邊都不得罪，最後還把皮球踢回給皇帝。劉徹忍住怒氣，又問其他人。汲黯明確支持竇嬰；鄭當時剛開始也支持竇嬰，後來看到田蚡的臉色，卻又放棄立場，變得模稜兩可；其他人則連一聲都不敢出，始終保持沉默。

劉徹終於無法忍住心頭的怒火，對鄭當時說：「你平日不是經常議論魏其侯和武安侯的長短嗎？今日廷議為何局促得像車轅下的馬駒，吞吞吐吐，閃爍其詞？我真想把你們這些人都殺了！」說完，劉徹便把這群嚇得面無人色的大臣扔在大殿裡，頭也不回地拂袖而去。當天的廷議就這樣無果而終了。

眾人悻悻散去。田蚡氣沖沖地把韓安國拉上車，質問他：「我和你一同對付那個老匹夫，絕對穩操勝券！你用得著首鼠兩端嗎？」韓安國當初靠賄賂田蚡「五百金」才上位，但今天的表現著實令田蚡失望。

聽了田蚡的指責，韓安國默然良久才道：「丞相方才為何不自重呢？」田蚡愕然，不明白他的意思。韓安國緩緩道：「竇嬰當著皇上的面攻擊你，你應該免冠謝罪，把印綬解下來還給皇上，而且還要說：『臣受陛下信任，忝為丞相，實在不能勝任，魏其侯所言都沒有錯。』這樣一來，皇上一定會讚賞你的謙讓之德，絕不會罷免你。到時候，魏其侯愧悔難安，只有閉門自殺的份。但人家攻擊你，你也回擊人家，彼此都像市場上的潑婦一樣罵來罵去，何其不識大體啊！」

田蚡一聽，才赧然道：「爭時急，不知出此。」（《史記·魏其武安侯列傳》）剛才著急上火，沒想到用這一招。

韓安國所言，確實是古代官場哲學的重要組成部分。所謂以退為進、知雄守雌，說的就是這個道理。可惜田蚡既沒有這份涵養，也沒有這種智慧。他在這場廷議中的表現固然顯得快嘴利舌、思維敏捷，但比起韓安國所說的以退為進、以柔克剛，還是落了下風。

當然，如上文所言，比起竇嬰只會罵人腐敗，田蚡還是更高明一些。表面上看，這場過招似乎不分勝負，但田蚡手中畢竟握著一張王牌，注定能讓他笑到最後。這張王牌當然就是太后王娡。

下殿後，劉徹前往太后寢殿，侍奉她用膳。一進殿門，劉徹就看見太后陰鬱的臉色。很顯然，廷議的內容，她早就派人打探得一清二楚。各色食物擺滿了几案，太后卻始終不動筷子。劉徹剛想勸她，太后便開口：「如今我還活著，就有人敢欺負我弟弟；若是百年之後，他還不被當魚肉宰割？你貴為皇帝，卻像石頭人一樣沒有主張。今天你還在位，那些大臣不得不唯唯諾諾；倘若你百年之後，那幫人有哪個是信得過的？」

見太后的態度如此堅決，劉徹只好向她賠罪，說：「衝突雙方都是皇親國戚，我才會舉行廷議。不然這個案子隨便哪個法曹都能裁決。」事已至此，灌夫必死無疑，連竇嬰恐怕也性命不保。

劉徹不得不遵照太后的意願，命御史審查竇嬰，看他在廷議中替灌夫所做的辯護是否屬實。御史承風希旨，很快得出太后和皇帝想要的結論，宣稱竇嬰所言多與事實不符，實屬欺君罔上。劉徹隨即命人逮捕竇嬰，把他關進監獄。竇嬰萬萬沒料到會落到這步田地，眼看灌夫馬上要被滅族，而他又身陷囹圄，滿朝文武更是無人敢替他們說話，形勢已經危險到了極點，竇嬰萬般無奈，只好搬出最後一根救命稻草——景帝遺詔。

遺詔內容是：「事有不便，以便宜論上。」（《史記．魏其武安侯列傳》）意即遇到緊急之事，可直接面聖進行申述。

竇嬰是文景時代最顯要的外戚，能得到這份遺詔也在情理之中。然而，有沒有遺詔是一回事，劉徹（實際上是太后）承不承認這份遺詔又是另一回事。按照規定，任何人持有先帝遺詔，宮中必有相應存檔，一式兩份，相互勘照，以驗真偽。當有關部門查驗宮中檔案時，卻找不到與那份遺詔相同的副本。如此一來，竇嬰就算跳進黃河也洗不清了。原本的罪名是欺君罔上，現在又加了一條「矯先帝詔」，論罪已完全搆得上斬首棄市。數日後，灌夫及其族人被全部處決。竇嬰自知死期將至，憤懣憂懼，旋即中風，繼而在獄中鬧起絕食。劉徹有心留竇嬰一命，就把案子擱置，一直沒有下發處決令。竇嬰家人意識到事情有了轉機，便勸說竇嬰開始進食，並延醫問藥給他治病。然而，太后和田蚡不會就此放過他。

元光四年（前一三一年）冬，一則流言在長安傳開，說竇嬰在獄中口出惡言，辱罵皇帝。劉徹知道流言八成是田蚡搞出來的，但迫於太后壓力，不得不簽發處決令。十二月最後一天，竇嬰在渭城（今陝西省咸陽市）被斬首，屍體暴露於通衢鬧市，朝廷規定任何人不得將其收葬入殮，就是所謂的「棄市」。

可憐一代權貴魏其侯，落個死無葬身之地的下場。田蚡終於在這場外戚之爭中取得完勝。

可是誰也沒料到，志得意滿的田蚡僅得意兩個多月，突然罹患怪病，精神恍惚，日夜恐懼，滿口「服罪、謝罪」之類的胡話。家人趕緊請巫師作法，結果巫師說了一句話，讓所有人都感到毛骨悚然。巫師說：「見魏其、灌夫共守，欲殺之。」（《史記・魏其武安侯列傳》）竇嬰和灌夫的冤魂日夜守在田蚡身邊，要殺他償命。沒有人知道巫師所言是不是真的，但田蚡的病情迅速加重，同年三月就在無盡的恐懼中一命嗚呼。

對於田蚡的死，劉徹沒有多少惋惜，甚至還有一絲慶幸。沒有了他，劉徹就能在很大程度上擺脫太后的掣肘，在朝政上擁有更大的自主權和決策權。

事後來看，田蚡在最風光的時候死去，對他不是什麼壞事，對他的家人來講更是一種幸運。數年之後，淮南王劉安謀反事敗，田蚡與他暗通款曲並收受巨額賄賂的事全部曝光。劉徹得知後，冷冷地說了一句：「使武安侯在者，族矣！」（《史記·魏其武安侯列傳》）假使田蚡今天還活著，定將他滅族！

第四章

征匈奴，分諸侯，抑豪強

張湯牛刀小試，李廣死裡逃生

元光五年（前一三〇年）秋，被劉徹冷落好幾年的皇后阿嬌不甘寂寞，又開始搞事。前面已經領教過，只要阿嬌一出場，劇情通常比較狗血，屬於宮鬥劇的爛俗橋段。這回也不例外。

為了報復情敵衛子夫，阿嬌找了名叫楚服的女巫，搞迷信活動詛咒衛子夫。這種迷信活動在巫術界有個專業名詞叫「厭勝」；用老百姓的說法就是「紮小人」。

此外，阿嬌還努力和楚服學習「婦人媚道」，即利用某種超自然的神祕力量對男人進行「邪加持」，以獲取這個男人的愛。「厭勝」，針對的是衛子夫；「媚道」，針對的是天子劉徹。這是一套完整巫術的兩個重要組成部分，缺一不可。

正如人們看慣的宮鬥劇一樣，搞這種小動作的人智商通常都不怎樣，劇裡往往活不過三集。阿嬌當然沒能逃過這種爛俗設定。很快，迷信活動敗露。劉徹勃然大怒，派遣一名精幹的侍御史「窮治之」，要對此案窮追猛打、一查到底。這名侍御史就是日後大名鼎鼎、令人聞之色變的酷吏張湯。

張湯，京兆杜陵（今陝西省西安市長安區）人，出身於中層公務員家庭，其父曾任長安縣丞。也許是自幼耳濡目染，經常看父親審案、斷案，張湯從小就表現出成為酷吏的驚人天賦。

有一回，他爹要出差，叮囑張湯把家裡看好，別被小偷光顧。等他爹出差回來，發現家裡雖然沒進小偷，但放在廚房裡的肉卻被老鼠偷吃了。他爹很生氣，就把小張湯揍了一頓。張湯很委屈，決定捉拿「凶手」歸案，還自己公道。

張湯就去掏老鼠洞，不但把老鼠抓了，還起獲「贓物」——還沒吃完的那塊肉。接著，張湯開始審訊並拷打老鼠，同時煞有介事地把審訊過程完整地記錄下來。然後他嚴格按照司法程序，把案情經過、審訊紀錄和判決結果全整理成卷宗，向上級（他爹）進行彙報。

最後，張湯依法對老鼠執行死刑，「具獄磔堂下」（《史記・酷吏列傳》），就是在廳堂的臺階下，用千刀萬剮的「寸磔之刑」把老鼠弄成一堆肉醬。

他爹本來沒當回事，後來無意間翻開他寫的卷宗，差點驚掉下巴。這份卷宗從格式到文辭都和辦案多年的老獄吏寫的一樣，完全不像孩子的手筆。從此，他爹知道這小子是個可塑之才，便慢慢讓他參與辦案，專門負責書寫相關的文書和卷宗。許多年後，他爹去世，張湯順理成章地成為長安縣的縣吏。

做為基層公務員，張湯雖然專業能力十分優異，但缺乏背景和人脈，在縣吏的位子上待了好多年都未獲升遷。如果不想辦法攀附權貴，張湯這輩子就算做到老死，充其量和他爹一樣，當個副縣長而已。

機會總是垂青有準備的人。不久，一個官居九卿的人因事被關進長安縣大牢。張湯立刻意識到機會來了。這個人不是一般的九卿，他是田蚡的弟弟田勝。雖說當時還是景帝在位，田蚡尚未得勢，但畢竟是皇后家的外戚——張湯料定田勝只是一時落魄，很快就會東山再起。

於是，張湯利用縣吏身分對田勝十分照顧，傾心結交。果然沒過幾天，田勝就出獄了，旋即被封為周陽侯。田勝為了報答張湯，就帶他進入長安的上流社會，介紹他認識一大幫達官貴人。從此，張湯的仕途就走上康莊大道。

先被擢升為給事內史——調到首都政府辦公廳任職，繼而又調到當時著名酷吏寧成的手下擔任掾屬。由於會做事，又會做人，寧成就把他推薦給田蚡。此時武帝已經即位，田蚡開始得勢，隨即命張湯就任茂陵尉。這個職位雖然級別不高，但茂陵是劉徹百年後的陵寢，茂陵邑就是圍繞陵寢建立起來的「高級商住區」，長安的許多高官顯要都居住於此。張湯在此擔任「警察局長」，很容易深度結交權貴，進一步發展人脈。

幾年後，田蚡拜相，把張湯推薦給天子劉徹，就此登上仕途的第一個高峰，成為皇帝身邊的侍御史。現在阿嬌的這樁案子落到張湯手上，無疑將是他仕途生涯的又一塊跳板。

張湯很清楚皇帝想要的是什麼結果。於是深入追查，廣為株連，最後一共查出包括皇后阿嬌和女巫楚服在內的三百多名共犯。很快，主謀女巫楚服便被「梟首於市」——砍下腦袋掛在鬧市示眾。同年七月九日，劉徹廢黜阿嬌的皇后之位，並把她遷出未央宮，打進冷宮（長門宮，位於長安城東南）。

不找死就不會死，阿嬌終於為愚蠢付出代價。這回，連一貫跋扈的館陶長公主也不敢再替女兒出頭。「厭勝」的性質實在惡劣，屬於後宮中最令皇帝憤怒的事情。長公主只能眼睜睜地看著女兒被廢，還不得不入宮向侄子劉徹請罪。請罪可不是嘴上說說，得「稽顙」，就是跪地磕頭。

劉徹見姑媽把姿態放得這麼低，便借坡下驢，安慰她說：「皇后所為違背大義，不得不廢黜。請長公主放心，也請相信我，不要聽外面的閒話，生出猜疑恐懼之心。皇后雖然被廢，但一切供奉如常，長門宮和正宮也沒什麼分別。」

長公主當然知道只是說得好聽罷了，冷宮和正宮哪會沒有分別，不是一個天上一個地下嗎？不過現在能聽到天子親口表態安慰，就該謝天謝地了！畢竟這事鬧得這麼大，株連到她頭上也不是不可能。

此案張湯辦得非常漂亮，馬上博得劉徹的賞識：「上以為能，稍遷至太中大夫。」（《史記·酷吏列傳》）。劉徹認為他很能幹，立刻擢升他為太中大夫。

武帝一朝，「太中大夫」和「侍中」、「給事中」、「中大夫」等都不是朝廷的正職官員，卻是比之更為清貴、更為顯要的職位。他們屬於天子近臣，就是所謂的「內朝官」。雖無具體職掌和特定職能，卻能講議朝政，奉詔治事，深為皇帝信任；常能參與機密之事並直接秉承皇帝旨意，頗能影響中樞決策，故實際權力往往比外朝官更大。當時，內朝官多以寵臣、貴戚充任，如衛青、東方朔、司馬相如等人。而「太中大夫」在內朝官中又位列頭班，最為顯赫。

如今張湯一步跨入這個行列，可謂一朝顯貴、平步青雲，前程不可限量。處置陳皇后巫蠱案，只是張湯的牛刀小試。日後，他將接手一個又一個大案，以異常酷烈的手段屢興大獄，在大漢帝國掀起一陣陣血雨腥風，從而踏著無數人的鮮血和屍骸一步步走上仕途巔峰……

自「馬邑之謀」後，匈奴便連年入寇，在邊境燒殺擄掠，對大漢帝國構成嚴重威脅。元光六年（前一二九年）春，匈奴再度南侵，攻入上谷郡（今河北省懷來縣），大肆殺掠漢朝的官員百姓。急報傳至長安，新仇舊恨頓時一起湧上劉徹心頭。

此時距「馬邑之謀」失敗已過四年。這四年來，一千多個日日夜夜，劉徹一刻沒有放棄北伐匈奴的戰略構想，大漢帝國一直養精蓄銳、秣馬厲兵。此刻，劉徹不想再等了。他決定全面反擊，把戰火從漢匈邊境引向匈奴境內，讓匈奴人的土地也在大漢鐵騎的踐踏下戰慄一回！

鑑於上次興師動眾卻又勞而無功，劉徹這次決定全部出動精銳騎兵，兵力無須太多，但一定要快速、機動，給匈奴人來一場出其不意的閃擊戰。劉徹親自任命四名將領：衛青為車騎將軍，公孫敖為騎將軍，公孫賀為輕車將軍，李廣為驍騎將軍。四人各領一萬精騎，兵分四路——衛青出上谷郡，公孫敖出代郡（今河北省蔚縣），公孫賀出雲中郡（今內蒙古自治區托克托縣），李廣出雁門郡（今山西省右玉縣南），從不同方向進攻匈奴。

讓滿朝文武有些意外的是，四名將領中，其他三人都是行伍出身，軍事經驗豐富，唯獨衛青從沒上過戰場，毫無治軍打仗的經驗，可以說完全是個軍事「小白」。這樣徹頭徹尾的新手，天子卻立即委以重任，不僅讓他擔任第一兵團指揮官，還讓他正面迎擊入侵上谷的匈奴主力——太冒險了吧？

朝野上下普遍都不看好衛青，而是看好李廣。比起剛出「新手村」、經驗值為零的衛青，此刻的李廣早已是身經百戰、威震邊關的老將。在此，先來認識這位歷史上著名的「飛將軍」。

李廣，隴西成紀（今甘肅省靜寧縣）人，先祖是秦國名將李信。因世代傳習騎射之術，李廣早在少年時代便以「神射手」之稱聞名遠近。文帝十四年（前一六六年），匈奴入侵蕭關，李廣毅然從軍，以其精湛的騎射功夫斃敵多人，因功擢升漢中郎。

有一次，李廣隨同文帝出行，路上不僅遭遇匈奴人，還碰上猛獸。李廣衝鋒在前，拚死護駕，先是擊退敵人，繼而格殺猛獸。文帝見狀，不禁感慨道：「惜乎，子不遇時！如令子當高帝時，萬戶侯豈足道哉！」（《史記．李將軍列傳》）可惜啊，你生不逢時！如果讓你生在高祖的時代，封個萬戶侯都不算什麼！

景帝即位後，李廣升任隴西都尉、騎郎將。不久，七國之亂爆發，李廣以驍騎都尉之職跟隨太尉周亞夫出征，英勇作戰，在昌邑城頭一舉奪下叛軍軍旗，頓時名震三軍。梁王劉武對他大為賞識，便私下授予他將軍印綬。

李廣的軍事才幹十分突出，可惜在政治上卻不夠成熟。一旦收下梁王給的東西，勢必觸及景帝的忌諱。回朝後，因為這事，李廣雖戰功赫赫卻沒有得到封賞。此後多年，李廣一直在邊塞任職，歷任上谷、上郡、隴西、北地、雁門、代郡、雲中多地太守。每回與匈奴交鋒，李廣皆以力戰聞名，儼然已成為「國之長城」。

李廣漫長的軍事生涯中，肯定有很多傳奇故事，只是史書記錄下來的終究是少數。司馬遷《史記・李將軍列傳》記載李廣鎮守邊關時發生的一則精彩故事。

景帝中元六年（前一四四年），李廣任上郡（今陝西省榆林市）太守。景帝派一名宦官來到前線——表面上說來和李廣學習軍事，其實是秉承上意來監督、視察。

從沒上過戰場的人往往不知戰爭的危險性，這個宦官也不例外。一到上郡，就立刻帶上數十騎出城巡視，沒走多遠就撞上了三名匈奴騎兵。宦官一看對方才三個人，覺得有便宜可撈，馬上命左右出擊。這三人大概是斥候，任務只是偵察敵情，無心戀戰，拍馬就走。宦官愈發興奮，率部下緊追不捨。死神就在這時候降臨。

宦官和數十名手下自以為是追殺獵物，其實卻是追逐死神。三個匈奴騎兵不僅騎術高超，箭法更是精湛。只見他們一邊從容撤退，一邊熟練地挽弓搭箭，每一支箭矢射出，必有一名漢軍騎兵應弦落馬。宦官和手下不是木頭人，當然也會射箭還擊，不幸的是，射出的箭卻沒傷到對方半根毫毛。按說手下紛紛被射殺，識相的就該溜之大吉，但這個宦官偏偏腦袋發熱，硬是要追到底。按司馬遷記載，三個匈奴兵「殺其騎且盡」，幾乎把宦官手下滅光了。最後，連宦官也中了一箭，才失魂落魄地逃了回來。

李廣得知情況後，立刻斷定這三人是「射雕者」，就是匈奴軍中最厲害的弓箭手，相當於現代戰爭中的狙擊手。事不宜遲，李廣當即率領百餘騎兵前去追殺。三個匈奴騎兵剛被追了一路，馬都累癱了，再也跑不動，只好下馬步行，結果就讓李廣追上。考慮到這三人和自己一樣是百步穿楊的神射手，李廣下令騎兵左右散開，往兩翼包抄，卻圍而不攻，李廣打算親手殺掉這三個「射雕者」。

可惜司馬遷沒有記載「一挑三」的精彩過程，不過戰果還是記錄下來了——李廣以一人之力，「殺其二人，生得一人」。審問過後，發現果然是匈奴的「射鵰者」。故事到這裡並沒有結束，更精彩的還在後面。

正當李廣命人把俘虜捆上馬背、準備回城時，不遠處突然冒出黑壓壓一大片匈奴騎兵，看上去足有數千人。雙方不期然打了照面，彼此都驚呆了。漢軍是眾寡懸殊，擔心今天十有八九要戰死沙場。匈奴人則是遠遠認出李廣的帥旗，卻見旗下兵力只有百餘人，懷疑李廣故意拿自己當誘餌，給他們下套，一時間也驚疑不定。

雙方就這樣僵持住，誰也不敢輕舉妄動。沒過多久，漢軍先沉不住氣，多數人已然悄悄掉轉馬頭，準備隨時跑路。

李廣知道倘若此時撤退，他們一百餘人一定死無葬身之地。因此，非但不能後撤，反而要逼近敵人，迷惑他們。

決心已定，他對眾人道：「我們離大軍足有幾十里，照現在的情況，只要一跑匈奴人定會把我們殺光。如果停下來不走，他們以為是誘敵，必定不敢攻擊。」眾人聞言，軍心稍定。李廣隨即下令全體前進，一直逼到敵人跟前二里地才勒住韁繩。他又命部眾「下馬解鞍」，就是做出就地休整的樣子。部眾大惑不解，問他：「匈奴人這麼多，萬一直接衝過來怎麼辦？」李廣解釋道：「匈奴人原以為我們會逃跑，現在都解下馬鞍表示不退，才能讓他們更堅信是誘敵之兵。」

此舉確實唬住匈奴大軍，他們面面相覷，猜不透李廣葫蘆裡賣的是什麼藥。許久，匈奴人終於產生一絲懷疑，便派出一名白馬將領，帶著一隊騎兵慢慢逼近，打算試探。李廣一看，索性翻身上馬，帶上十幾騎衝了過去，一箭把白馬將領射落馬下，又從容不迫地返回原地。

這一幕，連自恃勇悍的匈奴人也看得呆若木雞。隨後，李廣做出更加大膽的舉動，讓大夥隨意躺在地上休息，甚至可以睡覺。匈奴人被李廣這一番猛如虎的操作震懾住了，又看到漢軍一副有恃無恐的樣子，再也不敢有所動作。

雙方一直對峙到深夜。匈奴人的戒備狀態保持了大半天，早已人困馬乏，又擔心可能會有大批漢軍趁機夜襲，再待下去恐怕凶多吉少，只好引兵而去。

李廣不費一兵一卒，在極度危險的情況下，以「反其道而行之」的逆向思維，臨時布置完美的疑兵之計，並適時出擊，最終全身而退，堪稱用兵之典範。

李廣這麼厲害，人們當然沒理由不看好他。不過這個世界總是充滿意外——尤其是打仗這種事情，變數更大。這場全面反擊匈奴的戰役中，被外界一致看好的老將李廣卻在陰溝裡翻船，險些葬身大漠；反倒是初出茅廬、毫無經驗的衛青逆風翻盤，爆了大冷門。

接下來就來看看這場戰役的經過。衛青從上谷郡出關後，沒有遭遇預期中的匈奴主力。他帶著部眾向北邊的荒漠行進數百里，仍然不見敵人蹤影。一個難題就此橫亙在衛青面前。

若就此撤兵，空手而歸，不僅辜負天子期望，也會讓滿朝文武看笑話；若繼續向匈奴境內挺進，又該上哪兒去找敵人的主力呢？

匈奴是馬背上的民族，居無定所，不像漢朝有固定的城池可以攻打。如果冒險深入大漠，漫無目標的情況下，不僅可能勞師無功，而且極易遭遇匈奴人的埋伏，稍有不慎就會全軍覆沒。怎麼辦？

經過一番焦灼的思考，衛青腦中靈光一閃，旋即做出十分冒險卻極有可能成功的決策——奇襲龍城。龍城是匈奴王庭所在地，也是匈奴人祭祀天地、祖先和神靈的聖地。廣袤的大漠和草原中，也許是匈奴人唯一一處固定的居所，也是衛青此次出征唯一可以鎖定的攻擊目標。那麼，龍城在哪裡呢？

關於龍城的具體位置，歷來眾說紛紜。直到二〇二〇年七月，蒙古的烏蘭巴托國際大學經過多年考古發掘和研究，最終確定龍城遺址所在地即今蒙古國後杭愛省額勒濟特縣，位於烏蘭巴托以西四百七十公里處。

從衛青所在的上谷郡到龍城，直線距離將近一千八百公里，實際行軍路程絕對在二千公里以上。正因龍城距漢、匈邊境太過遙遠，匈奴人預料不到漢軍會突襲，其主力部隊都在南邊準備迎擊漢朝的四路鐵騎，駐守龍城的兵力自然不多。

這是衛青此次奇襲極有可能成功的原因所在，然而，危險也顯而易見。長達四千多里的長途奔襲，其間穿越的幾乎都是無人區，衛青和他的一萬人馬不僅要克服極其惡劣的地理和氣候條件，還要面對迷路、斷糧、缺水等致命的威脅，對衛青及其部眾的勇氣、意志力和體能都是極端嚴酷的考驗。

所幸這群具有鋼鐵意志的漢家兒郎，最終經受住種種考驗，如同神兵天降般突然出現在匈奴人的王庭。為數不多的龍城守軍根本不敢相信眼前的一幕。儘管進行頑強抵抗，但終因寡不敵眾，很快就被全部殲滅。

衛青所部砍下七百顆匈奴人的首級，班師凱旋。這是自劉徹確立反擊匈奴的戰略以來，漢軍取得的第一場勝利。雖然戰果並不豐碩，但這一仗的意義不在於擊殺多少匈奴，而是在以下兩個方面：

其一，這是漢軍主動出擊、深入匈奴境內取得的勝利，具有里程碑的性質，極大鼓舞漢軍將士的鬥志，也為日後對匈戰爭的一系列勝利奠定基礎。

其二，龍城是匈奴人的政治心臟和宗教聖地，象徵意義高於一切。如今衛青千里奇襲、直搗腹心，無異於狠狠搧了匈奴人一記耳光——可以說傷害性不大，侮辱性極強。有效打擊匈奴人的囂張氣焰，在心理上對他們進行了有力的震懾。

「明犯強漢者，雖遠必誅！」雖然名將陳湯在將近一百年後才喊出這句振聾發聵的口號，但衛青奇襲龍城的壯舉，無疑已經拉開了大漢帝國征伐四夷、鷹揚國威的歷史序幕。

相比於一仗就開啟輝煌軍事生涯並打出歷史意義的衛青，另外三路人馬的戰況只能用「慘澹」二字形容。首先是公孫賀這一路，去塞外溜達一圈，什麼也沒碰上，空手回來，只當去野外拉練了一回。其次是公孫敖這一路，倒是和匈奴激戰一場，不過卻失利了，麾下騎兵整整戰死了七千人。最令人期待的李廣一路，結果卻是最慘烈的。

他遭遇匈奴主力，所部一萬人寡不敵眾，大部陣亡，餘眾被打散；李廣戰至最後，被匈奴人俘虜了。由於匈奴單于素聞李廣威名，戰前特意交代部眾要「抓活的」，才讓李廣有了死裡逃生的機會。

當時李廣身負重傷，無法騎馬，匈奴人就用繩子在兩匹馬中間編起一張網兜，把他放在上面，讓馬匹慢慢行進。李廣先是緊閉雙目，躺在網兜裡裝死，一邊恢復體力，一邊用眼角餘光觀察情況。很快，他發現身旁一個匈奴兵的坐騎是匹膘肥體壯的良馬，心裡便有了計策。

大戰之後，匈奴人也很疲憊。向北走了一段路後，押解李廣的匈奴兵早已放鬆警惕，一個個騎在馬上昏昏欲睡。此時不跑，更待何時？李廣突然從網兜上一躍而起，縱身躍上那匹良馬；同時奪過那個匈奴兵的弓箭和馬鞭，將其推下馬背，掉轉馬頭，鞭子狠狠一抽，坐騎便朝南邊疾馳而去。

這一連串動作發生在轉瞬之間，行雲流水，一氣呵成。等匈奴人回過神來，李廣的背影都快看不見了。立刻派出數百騎緊追不捨，李廣一邊縱馬狂奔，一邊搭弓射箭，將多名追兵射落馬下，同時一路上還收攏了不少殘部。

匈奴人一路往南追擊數十里，直到看見李廣等人逃進一座漢軍要塞，才憤憤作罷，掉頭離去。李廣奇蹟般地死裡逃生。

即便千辛萬苦撿回一條命，依然要面對軍法的處罰。四路人馬回朝後，劉徹立刻將唯一取得勝利的衛青封為關內侯；公孫賀因無功無過，故不賞不罰；至於吃了敗仗、損兵折將的李廣、公孫敖二人，第一時間被關進了監獄，之後又被判處死刑。

雖說軍法無情，該怎麼判就得怎麼判，但假如將領每回戰敗都要被砍頭，漢朝肯定沒幾年就無將可用。嚴肅的律法之外，漢朝還給敗軍之將留了贖罪的口子，即拿錢換命。既不違背律法，又不至於動輒斬殺將領。李廣和公孫敖連忙繳納贖金，隨後一同被罷官，廢為庶人。

第一次全面反擊匈奴，雖然總體上失利，但衛青甫一亮劍就獲得意義非凡的勝利，還是讓劉徹感到些許欣慰。更重要的是，滿朝文武從此對衛青刮目相看。如果之前有人認為衛青是靠裙帶關係發跡，現在也不得不改變看法。此後，隨著衛青一次又一次北征匈奴並屢建戰功，朝野上下更是不得不佩服天子劉徹的慧眼識英與知人善任。對此，司馬光就有一段十分中肯的評價：

青雖出於奴虜，然善騎射，材力絕人；遇士大夫以禮，與士卒有恩，眾樂為用，有將帥材，故每出輒有功。天下由此服上之知人。（《資治通鑑・漢紀十》）

攻取河南地：衛青屢建奇功

元朔元年（前一二八年）春，即皇后陳嬌被廢的一年後，衛子夫生下一個皇子，取名劉據。母以子貴，同年三月，衛子夫被正式冊封為皇后。從來只聞新人笑，有誰聽見舊人哭？

當衛子夫、衛青姐弟從此步入一段鮮花著錦、烈火烹油的人生時，廢后陳嬌卻正在無人問津的長門宮中咀嚼著無邊的空虛寂寞冷。

魯迅說：人類的悲歡並不相通。這話有點殘酷，但很真實。

當然，阿嬌落到這步田地，純屬自作自受，怨不得誰。有道是「德不配位，必有災殃」。衛子夫、衛青能走到今天，固然是命中有此福報，其次靠的也是自己的修養和本事。

尤其是衛青，接下來的日子裡，他一次又一次驚豔世人。匈奴人在一年前被衛青掏了老巢，憤怒之情可想而知。這年秋天，匈奴軍隊便對漢朝展開一連串報復行動。先派出二萬鐵騎入侵遼西郡（今遼寧省義縣西），斬殺漢朝的遼西太守，並擄掠百姓二千餘人；緊接著又向西挺進，殺入漁陽（今北京市密雲區）、雁門二郡。此時，在這一帶鎮守的正是一直以來主和派的代表人物韓安國。

丞相田蚡死後，韓安國曾一度代理丞相之職，成為他一生仕途的頂點。稍後，他坐車不慎摔傷腿，不僅沒能轉正，反而因傷停職。等到腿傷痊癒，不僅丞相已由薛澤擔任，連御史大夫的位子也被原中尉張歐頂替。韓安國只能和張歐互換職位，出任中尉一職。不久，他調任衛尉，又以材官將軍之職出鎮漁陽。

表面上看，韓安國在仕途上一路走下坡似乎出於偶然，其實，自從劉徹確立反擊匈奴的戰略以來，像他這樣的主和派逐漸失勢就是一種必然。說白了，以韓安國為首的保守派勢力若不靠邊站，像衛青這種銳意進取的少壯派又如何登上政治舞臺呢？

此次匈奴進犯漁陽之前，韓安國曾抓到一個匈奴俘虜，得到情報說匈奴主力已遠離此地。當時恰逢農忙時節，韓安國就上疏劉徹，請求讓麾下部眾暫時回鄉從事農業生產。劉徹看他很有把握，便批准了。但沒料到短短一個多月後，匈奴鐵騎就殺到漁陽。

眼下，韓安國手下只剩七百餘人，自然不是匈奴的對手，一戰即潰，只能退回要塞自保。匈奴軍隊在漁陽肆意劫掠，殺掠百姓一千餘人，擄走大批牛、羊，揚長而去。劉徹聞訊大怒，遣使責問韓安國，旋即把他調到右北平郡（今內蒙古自治區寧城縣西南）。

韓安國又愧又悔，意志消沉，幾個月後就抑鬱而終。面對北方邊境燃起的熊熊烽火狼煙，劉徹當然要命衛青再次披掛上陣。漢軍旋即兵分兩路，一路由車騎將軍衛青率三萬騎兵，從雁門出擊；另一路由老將李息統領，從代郡出擊。李息這一路出兵後，又遭遇和上回公孫賀一樣的尷尬——找不到匈奴人。

這就是和匈奴打仗最讓人鬱悶的地方，他們一貫來去如風，神出鬼沒。當你卯足全力想決一死戰時，他們往往躲得無影無蹤；而當你以為他們已經遠遁，放鬆繃緊的神經時，卻突然冒出來給你致命一擊。

高祖劉邦時，有個叫成進的御史說過：「匈奴之性，獸聚而鳥散，從之如搏影。」匈奴人來時像猛獸群聚，去時像鳥兒飛散；與之作戰，如同和影子搏鬥。面對匈奴人，既要具備獵犬般敏銳的嗅覺，又要像優秀的獵手一樣靜如處子、動如脫兔。李息是景帝時代的老將，且年少從軍，軍事經驗不可謂不豐富，但面對來無影去無蹤的匈奴人，還是會力不從心，一籌莫展。

神奇的是，上述難題到了衛青這裡，卻彷彿不存在一樣。他從雁門出兵後，不但很快找到匈奴人，而且不久就發現匈奴此次出征的主力。敵人有二萬騎兵，衛青麾下足有三萬。這一仗占據兵力優勢的衛青大獲全勝，斬首數千級，刷新奇襲龍城的戰績。如果匈奴是來去無蹤的風，衛青就是當之無愧的追風戰士！

韓安國去世後，右北平太守出缺。劉徹想來想去，最合適的人選莫過於老將李廣。此時，被廢為庶人的李廣正在閒居，沒事就到終南山打獵。有一天，他打完獵，順道去老友家喝酒。喝完已經半夜，李廣打著酒嗝，搖搖晃晃往回走。路過霸陵（漢文帝陵墓）時，李廣恰好碰上巡夜的霸陵縣尉。巧的是，這傢伙也喝多了。兩個醉漢撞在一起，注定不會有好事。

漢代實行夜禁制度，何況霸陵又是皇家重地。縣尉一看，居然有人敢大搖大擺在他的地盤上夜行，頓時發火，大聲呵斥，命他們停下。李廣的隨從趕緊上前解釋：「這是前任將軍李廣。」李廣的威名自然朝野皆知，問題是這縣尉是個勢利眼，知道李廣眼下只是一介平民，便不買他的帳；又加上喝多了，腦袋不太清楚，就冷笑道：「現任將軍尚且不得夜行，何況前任將軍！」

這話深深傷害了李廣的自尊，也給這個腦袋不清楚的縣尉埋下禍根。當晚，縣尉就把李廣和他的隨從關了一夜，次日才把他們放走。

縣尉萬萬沒料到，不久後，朝廷的一道任命詔書下來，在他眼中不值一提的「前任將軍」李廣竟然東山再起。更讓他沒料到的是，李廣居然奏請天子，把他也一起調往右北平。

李廣這麼做可不是為了「相逢一笑泯恩仇」，而是為了報復。一般來講，李廣的報復手段，無非是讓縣尉到邊塞吃幾年苦頭，再找個藉口打他幾十軍棍，這口惡氣就算出了。

或許縣尉也是這麼想——但事實並非如此。當這傢伙急急忙忙趕到右北平報到時，李廣二話不說就命人把他拉出去砍了，連理由都懶得找。這則故事出自司馬遷《史記》，真實性應該沒問題——可見李廣的心胸實在不夠寬廣。縣尉雖然是個勢利眼，言行確實讓人作噁；但只是人品問題，至少事發當晚他那麼做也算秉公執法。李廣竟如此公報私仇，草菅人命，無論如何也說不過去。

這件事應該是李廣生平最大的汙點，也反映了他性格中的一大缺陷。當然是人就有缺點，誰也不可能完美無瑕。做為一代名將，李廣在軍事方面的天賦和才幹，還是非常傑出、可圈可點。

最為後人熟知的應該就是「射虎」的故事。鎮守右北平期間，李廣在軍務之餘，經常外出打獵。有一次，他看見草叢中埋伏著一隻猛虎，便瞄準牠一箭射出。這箭力大勢沉，箭鏃深深沒入老虎身體。但當李廣走近一看，眼前哪有什麼老虎，分明只有一塊大石頭！

李廣想不通怎麼把箭射入石頭的，隨後又射了好多箭，卻無論如何再也射不進去。此事傳開後，人們不由嘖嘖稱奇，無不佩服李廣的神力。除了武藝高超外，李廣在「為官操守」和「對待部眾」這兩個方面的表現，也足以讓人心生敬佩。司馬遷《史記．李將軍列傳》做了如下記載：

廣廉，得賞賜輒分其麾下，飲食與士共之。終廣之身，為二千石四十餘年，家無餘財，終不言家產事。……廣之將兵，乏絕之處，見水，士卒不盡飲，廣不近水，士卒不盡食，廣不嘗食。寬緩不苛，士以此愛樂為用。

李廣為官廉潔，只要得到皇帝賞賜，必分給麾下部眾，平日飲食和將士們一樣，從不搞特殊待遇。李廣一輩子當了四十多年二千石的高官，卻家無餘財，也從不談論家產方面的事情。李廣帶兵，到了斷糧缺水的地方，發現有水，士兵們不先喝個痛快，他就不靠近水邊；士兵們不先吃飽飯，他就不吃。他對待部眾寬厚和緩，從不苛刻，士卒都樂意為他所用。

正是由於武藝高強、作戰勇猛，加之為官清廉、善待士卒，李廣的威名才能遍及朝野、震懾邊關。鎮守右北平期間，對他敬畏有加的匈奴人都稱他為「漢之飛將軍」，每次南侵都避開他的地盤，「避之數歲，不敢入右北平」（《史記．李將軍列傳》）。

雖然匈奴人不敢騷擾李廣，但對其他漢朝將領可一點都不客氣。元朔二年（前一二七年）春，匈奴騎兵再度入侵上谷、漁陽二郡，殺掠漢朝官民一千餘人。這一次，武帝劉徹不想再被匈奴人牽著鼻子走。如果匈奴人每打一個地方，漢朝就派兵到那裡抵禦，漢軍成了疲於奔命、左支右絀的「救火隊」，戰略上將始終處於被動狀態。劉徹決定化被動為主動，不理會東邊的敵人，而是出其不意，兵鋒向西，實施一個宏大的戰略計畫——攻取河南地！

這就是典型的「你打你的，我打我的」。「河南地」是漢代的地理名詞，指黃河「几」字形的突出部分，即今天所稱的河套地區。此地歷來以土地肥沃、水草豐美著稱，古代民諺便有「黃河百害，唯富一套」之說。秦朝統一後，大將蒙恬曾一度將匈奴逐出河南地，並在黃河北岸修築長城。但到了漢初，匈奴人重新將其奪取。

河南地淪陷對漢朝構成極其嚴重的威脅，邊境線離漢朝都城長安太近，匈奴的兵鋒動輒直指長安。如文帝年間，匈奴的老上單于曾揮師南下，從河南地突入漢朝國境，兵鋒直抵離長安僅二百里的甘泉山（今陝西省淳化縣西北）。

漢朝若能攻取河南地，不僅能一舉消除匈奴對帝國政治心臟的威脅，還能把漢、匈邊境向北推至長城一線；讓長城發揮原有的價值和作用，成為禦敵的屏障和北伐的基地。

此時盤踞在河南地的，主要是早年歸順匈奴的白羊部落和樓煩部落，戰鬥力弱於匈奴本部的精銳。這也是武帝劉徹敢於構想並實施此戰略計畫的原因之一。心意已決，劉徹立刻命衛青三度出征。

這一次，衛青正式掛帥；隨同出征的有老將李息，校尉蘇建、張次公等人。劉徹和衛青商定的具體作戰計畫是從雲中郡出兵，沿黃河北岸向西挺進，一直打到位於河南地西北部的高闕塞（今內蒙古自治區烏拉特後旗）；沿黃河南下，一路掃蕩，最終收官於漢朝西北邊境的重鎮隴西郡（今甘肅省臨洮縣）。相當於畫了半個圓，在長達二千多里的戰線上徹底掃蕩，目的是將整個河南地收入囊中。

衛青的西征軍一進入河南地，白羊王和樓煩王自知不敵，連一點抵抗的動作都沒有，立刻帶著部落向西逃竄，一口氣逃到高闕塞。這座要塞修築於烏拉山與狼山之間的缺口，由北方草原進入河套地區的咽喉要道，易守難攻。白羊王和樓煩王企圖憑藉險要負隅頑抗——殊不知此地恰恰是衛青此次出征的主要戰略目標之一。躲到這裡，等於給了衛青一石二鳥、一次性解決問題的良機。

很快，衛青大軍進抵高闕塞，一戰便將其攻克，斬首二千三百級，繳獲大量物資和牲畜，首戰告捷。緊接著，漢軍乘勝前進，又拿下榆溪要塞（今內蒙古自治區準格爾旗）。此地又稱榆林塞，是蒙恬當年驅逐匈奴後所築。衛青率部翻越梓嶺，渡過北河（漢時黃河在河套有南北兩支，北河即北支），殺入匈奴蒲泥王的地盤。

蒲泥王盤踞在符離要塞（今內蒙古自治區巴彥淖爾市），麾下部眾較白羊、樓煩二部精銳許多。不過他們依舊沒能擋住衛青的兵鋒，漢軍迅速攻破要塞，斬首三千零七十一級，繳獲馬匹、牛、羊共計一百餘萬，大獲全勝。最後，衛青按原計畫向南掃蕩，直抵隴西，終於攻取整個河南地，從此將其納入大漢帝國的版圖。

值得一提的是，此次出征，漢軍的傷亡估計比較小。據司馬遷《史記．衛將軍驃騎列傳》中稱，衛青所部是「全甲兵而還」。雖然不能把這句話理解成毫無傷亡，但相比於斬獲，此戰付出的代價很小應該是可以確定的。衛青不負天子和朝野期望，再次建立大功，令劉徹感到無比的喜悅和欣慰。

大軍凱旋後，劉徹立刻封衛青為長平侯，食邑三千八百戶；麾下部將也跟著一榮俱榮，蘇建封平陵侯，張次公封岸頭侯。河南地終於被納入帝國版圖，接下來的問題就是如何守住這片廣袤的土地。最簡單的辦法，就是重新利用當年蒙恬修築的各處要塞，加以修繕、整固，派兵駐防。但這樣一來，後勤補給會承受很大壓力，眼下的河南地沒有漢朝百姓，無法就地向軍隊供應糧秣和物資，只能由朝廷從後方千里轉運。這樣效率太低，且一旦出現緊急軍情，後勤供應會有接續不上之虞。

劉徹把這個問題先拋給內朝官，讓他們想個妥善的解決辦法。中大夫主父偃提出針對性很強的方案。他認為不僅要派重兵駐守河南地，而且應該在此專門設立行政區，將其經營為一座軍事重鎮。為此，他提出三點理由：第一，河南地平原肥沃、水草豐美，足以建設成糧食供應基地，省卻千里轉運之勞；第二，北邊的黃河與蒙恬當年修築的長城，就是兩道天塹，可阻遏匈奴兵鋒；第三，只有設立行政區才能真正開拓帝國領土，使河南地成為日後消滅匈奴的根據地。

這個方案一呈上來，劉徹立刻在心裡給主父偃按了一個大大的讚。但這麼大的事情終究還是得讓負責行政的外朝去推動，於是劉徹把方案轉給公卿們。不料這幫外朝官一看紛紛反對，說涉及面太廣，具體實施起來工程量太大，勞民傷財，多有不便。時任左內史的公孫弘還舉例說：「早在秦朝，蒙恬曾發動三十萬人在黃河以北築城，後來因工程太大而中輟，最後只好放棄。」

雖然外朝公卿一片反對之聲，劉徹還是力排眾議，頒下詔命，全力推行主父偃的方案，宣布在河南地設立朔方郡（郡治在今內蒙古自治區杭錦旗）；並派衛青部將蘇建負責督建朔方城，同時把當年蒙恬留下的要塞全部予以修繕，重新投入使用。的確是十分浩大的工程。

在遙遠而蠻荒的北方地區興建一座大型城池，所需耗費的人力、財力、物力是常人難以想像的。朝廷從各地徵調十幾萬民夫和工匠前往朔方。工程所需的各種器械和設備，以及士卒和民工所需的糧食、衣物等生活物資，都要由內地輾轉運輸，絡繹不絕地運往數千里外……

工程動工不久，朝廷又從各地徵募十萬百姓，命他們移民朔方，充實邊塞，開墾農田，保障軍隊的後勤。這項工程及後續配套工作耗費大量民力，也耗費巨量的國庫儲備。

司馬光《資治通鑑》稱因興建朔方城，「轉漕甚遠，自山東（崤山以東，即中原地區）咸被其勞，費數十百巨萬，府庫並虛」。說國家府庫因此被掏空，顯然有些誇大。但毫無疑問的是從這一刻起，隨著漢武帝征伐四夷、開疆拓土的腳步逐漸加快，漢朝從立國以來積攢下的雄厚國力，就以一種加速度的方式開始急劇消耗。

在「輕徭薄賦、與民休息」的狀態下享受了七、八十年時代紅利的漢朝百姓，終於要開始勒緊腰帶過苦日子了……

如果說內外朝的文武百官中，一向最受武帝劉徹寵信的是內朝官，眼下所有的內朝官中，最受劉徹寵信的除了衛青，就只有主父偃了。元朔元年的帝國政壇上，比誰發跡速度最快、用最短時間混得最好，主父偃若稱第二，絕對無人敢稱第一。

事實上，主父偃的起點非常低，而且長年在社會底層掙扎，他的驟然發跡尤其令人矚目。他是齊地臨菑（今山東省淄博市）人，出身貧寒，早年研習縱橫之術，很晚才開始研讀《易經》、《春秋》等儒家經典和諸子百家之學。當初在老家，一心想融入當地讀書人的圈子，卻連一個朋友都交不到。齊地是儒學的發源地，只有學儒的人才算是出身好的讀書人；學縱橫家的走到哪裡都矮人一截，一點存在感都沒有。

被人排擠還不算什麼，最慘的是他家裡窮得經常揭不開鍋。主父偃厚著臉皮到處借錢，卻沒人肯借。眼看在老家實在待不下去了，主父偃只好外出闖蕩，遊歷了燕、趙、中山等地，試圖遊說那些諸侯王，兜售他的縱橫術。可惜天下早已一統，那套縱橫捭闔的亂世奇學壓根沒有市場，所以沒人待見他。

主父偃兜兜轉轉好些年，一直沒混出名堂。客居異鄉、窮困潦倒就差一頭撞死。不過好在他生性剛強，意志堅定，認為那些諸侯王不待見是他們沒眼光，不是自己沒本事。今天你對我愛理不理，明天我讓你高攀不起！大約元光元年（前一三四年），主父偃一路向西，直接來到長安。既然相信自己的本事，就該向天底下最有權力的人兜售，正所謂「學成文武藝，貨與帝王家」，何必和那些不長眼的諸侯糾纏呢？在長安落腳後，主父偃使盡渾身解數，終於和天子跟前的大紅人衛青搭上線，請求衛青向天子舉薦他。衛青為人寬厚，一向禮賢下士，沒有像一般人那樣從門縫裡瞧他，於是多次向劉徹推薦主父偃。

然而，此時的武帝正忙著尊奉儒學，學縱橫術的怎能入得了天子法眼？就沒搭理他。

主父偃在「居大不易」的長安又耗了五、六年，手頭僅剩的一點積蓄徹底花光，這下真的山窮水盡了。人窮志短，難免還是得和人借錢，必然遭人白眼。當時不管是長安的公卿顯貴，還是和他一樣四處找門路兜售學問的「京漂」，估計都被他開口借過錢，所以特別厭惡他，遠遠見到他就繞道走。

漂泊了大半生的主父偃，至此徹底陷入絕境。人在絕望時，通常只有兩個選擇，不是找根繩子上吊，一了百了；就是破釜沉舟，豁出去幹一票大的！主父偃選擇了後者。

元朔元年冬，主父偃傾盡平生所學，洋洋灑灑寫了一道奏章，徑直走到未央宮門口，把奏章遞了進去。這一做法成為他否極泰來、鹹魚翻身的命運轉捩點。

此時的武帝劉徹求賢若渴，不久前才三令五申，命各郡「舉孝廉，薦人才」；甚至宣布凡二千石以上官員，不舉薦人才的一律治罪。而主父偃這道毛遂自薦的奏章恰逢其時，早上剛把奏章遞進去，晚上武帝就召他入宮了。

一個人的命運可以在一天之內出現如此戲劇性的巨大轉折。世事無常，樂極往往會生悲，絕處也往往能逢生。《菜根譚》說：「恩裡由來生害，故快意時須早回頭；敗後或反成功，故拂心處切莫放手。」

假如主父偃的意志稍微薄弱一點，在之前因絕望而放手，這輩子就只能落魄到死。頗具勵志色彩的後半句，很適合用來描述主父偃的絕處逢生。不過如果把時間線稍稍拉長一點就會發現，頗具警示意味的前半句，恰恰可以用來描述主父偃隨後的迅速敗亡。當然，這些都是後話。

眼下，武帝劉徹和主父偃一番攀談之後，發現此人對時局的分析極為獨到，見解非常犀利；尤其對許多重大問題的看法和自己不謀而合——武帝頓時龍顏大悅。

當時，另有兩個讀書人一同被武帝召見，一個叫嚴安，一個叫徐樂。據司馬遷《史記・平津侯主父列傳》記載，武帝最後十分感慨地對他們說了一句：「公等皆安在，何相見之晚也！」諸公之前都在哪裡，為何相見如此之晚啊！

這話是對三人一起說的，但我們有理由認為主要是對主父偃所說。在此之後，嚴安和徐樂都只是武帝的文學侍臣，歷史上寂寂無名，沒什麼政績——可見召見當天也說不出什麼特別有分量的內容。唯獨主父偃，此後的表現超級亮眼，吸引無數人的眼球——只有他是真正打動武帝的人。當天，劉徹立刻任命主父偃等三人為郎中。

隨後的日子裡，主父偃就像坐火箭一樣青雲直上，多次被劉徹召見；一年之內連升四級，官至中大夫。劉徹看人的眼光很毒，主父偃若沒真才實學，絕不會如此加以重用。衛青攻取河南地後，只有主父偃提出的「設立朔方郡，興建朔方城」的方案，最符合劉徹的心意、最合乎時勢的需要，也最有助於深化漢帝國對匈奴戰爭的整體戰略。

主父偃最厲害的一招其實不是這個，而是稍早之前向武帝呈上的另一個大策略。就是歷史上著名的「推恩令」。「興建朔方」針對的是匈奴；而這個策略針對的則是諸侯。

「諸侯坐大」是漢帝國的老問題。漢朝在行政上採取「郡國並行制」，治國思想上採取黃老的「無為而治」，勢力日漸膨脹的諸侯最終必然離心離德，對漢帝國的中央集權構成嚴重威脅。

這一沉屙頑疾遷延日久，積重難返，整整困擾了文帝、景帝、武帝三朝。早在文帝時，濟北王劉興居、淮南王劉長就曾舉兵叛亂。叛亂平定後，時任太中大夫的賈誼便針對性地提出著名的〈治安策〉，核心觀點就是「眾建諸侯而少其力」，即把各大諸侯國分割成若干小諸侯國，以此削弱各諸侯王的實力。

文帝採納並實施這一政策，但當時的朝政重點在於穩定政局、恢復社會經濟，為了避免矛盾激化，只削了小部分諸侯的封地，對大部分諸侯依然採取綏靖政策。

景帝即位後，採納晁錯提出的〈削藩策〉，開始強力削藩，卻由此引發更大規模的叛亂——七國之亂。朝廷雖然平定叛亂，也在一定程度上抑制諸侯勢力的膨脹，但問題並未從根本上得到解決。

到武帝劉徹即位時，以淮南王劉安、衡山王劉賜為首的各諸侯國，實力依然不容小覷。一心要實施大有為之政的劉徹，遲早要徹底解決諸侯問題。

正是在這樣的背景下，目光犀利的主父偃看出武帝的心結所在，遂於元朔二年冬上疏武帝，提出一個徹底解決諸侯問題的策略。他在奏疏中說：

> 古者諸侯不過百里，強弱之形易制。今諸侯或連城數十，地方千里，緩則驕奢易為淫亂，急則阻其強而合從以逆京師。今以法割削之，則逆節萌起，前日晁錯是也。今諸侯子弟或十數，而適嗣代立，餘雖骨肉，無尺寸地封，則仁孝之道不宣。願陛下令諸侯得推恩分子弟，以地侯之。彼人人喜得所願，上以德施，實分其國，不削而稍弱矣。（《史記·平津侯主父列傳》）

古代的諸侯土地不超過百里，強弱的形勢很容易控制。如今有些諸侯竟然坐擁相連的幾十座城池，土地上千里。天下形勢寬緩時容易驕奢淫逸；天下形勢急迫時容易互相結盟，聯合起來反叛朝廷。如果用法令強行削減他們的土地會使他們產生反叛的念頭——之前晁錯的做法就導致這種情況。現在諸侯的子弟動輒十幾個，卻只有嫡長子世代繼承；其他諸侯的親骨肉卻無尺寸之地的封國，仁愛孝親之道無從體現。希望陛下命令諸侯，讓他們將朝廷的恩德推而廣之，將其土地分割給所有子弟，封他們為侯。這些諸侯子弟一定人人喜悅，願意奉行。如此，看起來是陛下施以恩德，實際上卻分割了諸侯的國土；在不削減其封地的同時，自然削弱了他們的勢力。

很顯然，這是非常聰明的辦法。以「推恩」、「仁孝」之名，行「割肉」、「肢解」之實；打的是冠冕堂皇的儒家旗號，用的卻是釜底抽薪的法家權謀。當然十分合武帝劉徹的口味。

就算諸侯王明知此舉對他們不利，從長遠看和「削藩」沒有任何區別——但「推恩」二字不僅讓朝廷和天子劉徹一舉占據道德制高點，而且迎合並滿足諸侯子弟們的利益需求，讓諸侯王陷入尷尬的境地。

倘若他們反對朝廷的做法，根本不用朝廷站出來講道理，他們的子弟（除了嫡長子）首先就會跳出來反對。用《孫子兵法》的話來說就叫「上下同欲者勝」——「推恩令」巧妙地把朝廷的利益和諸侯子弟的利益捆綁在一起，剩下諸侯王們夾在中間，兩頭不靠，又能怎麼辦？

這就是「推恩令」與之前景帝強力削藩的根本區別所在——強力削藩用的是磨刀霍霍的暴力手段，必然引起諸侯反抗；「推恩令」則披著溫情脈脈的道德面紗，讓你想反對都找不到正當理由。

劉徹看完主父偃的奏疏，立刻予以採納；隨即正式頒布「推恩令」，稱：「諸侯王或欲推私恩分子弟邑者，令各條上，朕且臨定其號名。」（《資治通鑑・漢紀十》）各諸侯王如果願意推恩，把土地分封給子弟的可以呈報，朕當確定他們的爵位名號。「或欲」一詞用得十分微妙：諸侯們願意分封的就分封；不願意的朝廷也不強迫。看上去很人性化，其實是有意試探諸侯的態度，看他們有何反應。

一些政治敏感度強的諸侯立即響應朝廷號召，如梁王劉襄、城陽王劉延等。對於這些「先進分子」，劉徹自然要拿來做一番文章，公開下詔對他們予以表彰，以激勵其他諸侯效仿。

據司馬遷《史記・漢興以來諸侯王年表》記載，「推恩令」施行後，「齊國分為七，趙分為六，梁分為五」等，總體上成效顯著；另外，班固《漢書・武帝紀》稱：「於是藩國始分，而子弟畢侯矣。」兩種表述結合起來看，結論就是——諸侯國開始層層削弱、愈分愈小。

隨著時間推移，困擾漢帝國三朝的諸侯問題，終於在武帝一朝一勞永逸地得到解決；與此同時，漢帝國的中央集權也得到空前的鞏固和強化。當然也有不少實力強大的諸侯王，對於「推恩令」的頒布裝聾作啞，始終不做任何表態，更沒有任何行動，如淮南王劉安、衡山王劉賜、燕王劉定國、齊王劉次昌等人。對這些人，武帝劉徹和主父偃當然另有對付的辦法。

郭解之死：遊俠時代的落幕

大漢自開國以來到武帝年間，國家經過了七、八十年的發展，積累雄厚國力的同時，也逐漸產生不少積弊和隱患。其中最嚴重的是以下三大問題：

一、匈奴入侵，邊患頻仍；二、諸侯坐大，對抗中央；三、豪強並起，危害社稷。

武帝劉徹能不能坐穩漢家天下，能不能實施大有為之政，能不能在「文景之治」的基礎上締造更加強盛的帝國，取決於他能否妥善解決這三大時代問題。

彷彿是上天刻意安排，經過多年掙扎後完成「逆襲」的主父偃，幾乎就是幫劉徹解決這三個問題的不二人選。主父偃最厲害、最讓人佩服的地方，就是迅速發跡後，竟然在短短數月的時間內，接連拋出三大對策，且無一例外地命中這三大問題。

首先，朔方城的興建對漢帝國北伐匈奴的戰略發揮至關重要的作用，意義十分深遠。

其次，「推恩令」的頒布實施基本上一勞永逸地解決「諸侯坐大」的歷史遺留問題，極大地強化漢帝國的中央集權，厥功至偉。

最後，元朔二年三月，主父偃打鐵趁熱抛出第三個方案，直指漢帝國「豪強並起，危害社會穩定」的問題。

他呈給武帝的奏疏中說：「茂陵初立，天下豪桀並兼之家，亂眾之民，皆可徙茂陵，內實京師，外銷奸猾，此所謂不誅而害除。」（《史記·平津侯主父列傳》）茂陵邑剛建立，可以在全國範圍內，把那些兼併土地的土豪劣紳，以及危害百姓、擾亂社會秩序的豪強都遷徙到茂陵。如此，對內可充實京師人口、繁榮經濟，對外可清除豪強黑惡勢力，不用誅殺任何人便可消除禍患。

古代的皇帝通常即位不久便開始修建自己的陵墓，劉徹也不例外。茂陵（今陝西省興平市東北）正是劉徹百年後的陵寢，該工程從建元二年起動工，直到武帝後元二年（前八七年）才竣工，歷時長達五十二年。漢代習慣在陵寢周邊設置陵邑，茂陵邑便是當時的高級商住區，長安許多達官顯貴陸續遷居於此，如公孫弘、隆慮公主、司馬遷、東方朔、司馬相如等。

漢朝在「文景之治」後，經濟繁榮發展，權貴階層隨之崛起。除了上層的皇親國戚和公卿百官外，地方上也出現許多巨富和豪強。他們聚斂財富、兼併土地、橫行鄉里、不守法紀，一定程度上破壞了國家的政治和經濟秩序，影響社會穩定。

無為而治的文景時代，朝廷還能容忍這些勢力的存在，但到了武帝劉徹執政後，為了建立大一統的國家秩序並強化中央集權，勢必要採取有力的措施抑制兼併、打擊豪強。

主父偃的「遷徙豪強」方案，正是在這一背景下出爐，可以說切中時弊，且再一次準確迎合武帝劉徹的需求。劉徹當即採納並實施，下詔宣布：「徙郡國豪傑及訾三百萬以上於茂陵。」（《資治通鑑·漢紀十》）即天下各郡國的豪強和資產三百萬以上的富人都必須離開原籍，遷居茂陵。

朝廷的遷徙名單中，有個人的名字赫然在列——當時名滿天下的遊俠郭解。主父偃在奏疏中所稱的「天下豪傑」、「亂眾之民」，指的正是以郭解這種人為代表的遊俠。

郭解，字翁伯，河內軹縣（今河南省濟源市）人。其父早年就以「任俠」出名——用現在的話說就是混黑社會的，在文帝時期遭官府嚴打，被砍了腦袋。郭解長大後，子承父業，也混了黑道。他個子偏矮，其貌不揚，但為人精明，性格勇悍。

從少年時代起，郭解便好勇鬥狠，稍有不痛快就白刀子進、紅刀子出，殺了不少人。司馬遷稱其「陰賊」（《史記．遊俠列傳》），即性情陰狠、不守法紀。和許多混黑道的一樣，郭解身上有個優點，特別講義氣，可以不惜性命替朋友報仇。時間一長，身邊自然聚集一幫亡命之徒。

郭解帶著這幫人作奸犯科，殺人越貨，還私鑄錢幣，盜墓挖墳——總之，你能想到的壞事，郭解幾乎都做了。而且他的運氣特別好，每次都能從官府的眼皮子底下溜掉。倘若哪次沒溜掉，又會碰上朝廷大赦，他就猛虎歸山、蛟龍入海了。

這麼一個年輕時無惡不作的混混，到中年突然改邪歸正。不但開始注重做人的操守，處處檢點自己，而且和人打交道也以德報怨。變得樂善好施，從不求回報；救了別人性命，也從不居功。雖然他的性情依舊陰狠，還是會為了某些小事殺人，但內心卻愈來愈崇尚「俠」的精神。用司馬遷的話說就是「自喜為俠益甚」（《史記．遊俠列傳》）。

在我看來既是救贖，也是修行。正是這種脫胎換骨的轉變，讓郭解最終成為令人尊敬的一代遊俠，不是一輩子只做黑道小頭目。就像經典電影《教父》的臺詞：「偉大的人不是生下來就偉大，而是在成長過程中顯示其偉大。」

當然，用「偉大」來形容郭解肯定不太恰當；但他的轉變歷程卻很類似於黑道小哥最終成長為「幫派教父」的經典故事。

下面幾則逸事，頗能佐證這一點。

第一個故事說的是郭解外甥，仗著郭解的名頭和勢力，做人很是豪橫。有一天和人喝酒，他叫人乾杯，對方不勝酒力，他強行灌酒，對方一急，拔出刀來就把他捅死了。知道自己闖下大禍，只好逃亡他鄉。

郭解的姐姐找不到凶手，無比悲憤道：「就憑翁伯（即郭解字）在江湖上的俠義之名，我兒子被人殺了，居然連凶手都抓不到！」這話顯然是說給郭解聽的。言下之意就是，郭解做為江湖大老，外甥被人殺了，卻什麼都做不了，有辱其俠義之名。

這個姐姐畢竟出身黑道家族，也頗有大姐大的狠辣風範，放話後，又把兒子的屍體扔到大街上，就是不下葬，以此來刺激郭解。

事情鬧得這麼難看，郭解不出頭也不行了。他派人打聽到凶手藏匿的地點，故意放出風聲。凶手自知躲不掉，只好上門向郭解請罪。郭解問他事情經過，那人據實以告。聽完後，郭解只說了一句：「閣下殺他沒錯，是我家孩子不講道理。」就把凶手放了。

郭解把罪責歸到外甥身上；之後收殮他的屍體，將其體面地安葬了。他姐姐雖然心中憤懣，卻無可奈何。此事很快在江湖上傳開，人們無不稱讚郭解的道義，遂有愈來愈多人投到他的門下。

隨著郭解的江湖地位日益提升，人們對他自然敬畏有加；平時一見他出門或回家，都會恭敬地躲到一邊。不過，總有一些人不買他的帳。某一天，有個傢伙遠遠看見郭解過來，故意「箕坐」，一臉傲慢地看著他。箕坐就是叉開並伸直兩條腿坐著——這在古代非常不禮貌，絕對屬於挑釁行為。

郭解覺得這人有點意思，讓人去打聽他的名字。手下門客咽不下這口氣，要去殺了他。郭解卻說：「我住在家鄉，卻得不到人的尊敬，這是我德行不修，他有什麼罪呢？」郭解特意找到縣裡的官員，私下叮囑說：「這個人是我關照的，輪到他『踐更』時，就免除了吧。」

西漢的徭役制度中，年滿二十歲的成年男丁每年要為郡裡服役一個月，稱為「踐更」；如果不願意去，可以繳納一筆費用，讓官府雇人幫自己做事，叫做「過更」。

官員一聽是郭解罩的人，不僅把該男子的「踐更」免了，連「過更」的費用都幫他省了。就這樣一回、兩回、三回，這傢伙納悶了，怎麼每次徭役都沒輪到我呢？就去縣裡打聽，才知道是郭解一直罩著他。

堂堂一位江湖大老居然如此以德報怨，善待一個無名小卒，頓時令人羞愧難當、無地自容。他當即去向郭解「肉袒」謝罪，即脫去上衣，裸露肢體——古代人用這種謝罪方式表達恭敬和惶恐。

什麼叫「以德服人」？郭解用實際行動給了完美詮釋。遠近的少年聽說此事，愈發仰慕郭解的為人。

做為江湖大老，幫人解決道上糾紛，自然也是題中之義。有一次，洛陽有兩個幫派彼此結仇；當地的大老為了平息爭端，出面勸和。沒想到大老們前後去了十幾位，這兩撥人竟然都不給面子，死活不肯和解。

有門客找到郭解，請他出面擺平。郭解二話不說，連夜趕到洛陽，分別去見了這兩撥人。也許是郭解的江湖地位夠高，或是受他的人格魅力感召，這對仇家雖然心裡很不情願，但還是同意和解。

如果這件事到此為止，人們也許會佩服郭解的急公好義和擺平事情的能力，但要說他的「段位」高到什麼程度，恐怕也談不上。真正體現郭解段位且能夠讓世人徹底心悅誠服的，還是接下來的做法。

事情擺平後，郭解對這兩撥人說：「我聽說洛陽有很多賢達來調解過，但收效甚微。今日有幸讓你們聽了我的勸；但我一個外地人豈能奪了當地賢達本有的權力？」

說完，郭解連夜離開洛陽，為的就是不讓人知道他來過。臨走前，他特意叮囑兩個幫派的頭領說：「你們暫且別聽我的，繼續對著幹，等我走後，洛陽那些大老來調解時，就聽他們的。」

司馬遷的故事寫到這裡，郭解做為「教父級」人物的高大形象已經躍然紙上。三言兩語擺平爭端，這叫本事；擺平爭端後又能「事了拂衣去，深藏身與名」，才叫境界，才叫人格魅力！

古人所說的「俠」和「義」，絕不只是行俠仗義、扶危濟困、為朋友兩肋插刀，而是做出這些利他行為的基礎上，不居功，不求名，不望報。真正的俠，就是視一切人間疾苦和世道不平為分內事，該出手時就出手；真正的義，就是做了很多「摩頂放踵利天下」的事（例如墨子），卻認為都是應該做的，不會再做他想，更不會另有所圖。

郭解自然還沒達到如此高的境界。但據司馬遷的記載，我們可以相信，他一定在朝這個境界努力。因此，才會成為當時名聞天下的一代遊俠，才值得司馬遷《史記》中濃墨重彩地為他樹碑立傳。

人怕出名豬怕肥。郭解日益顯著的威望和傳遍江湖的名聲，最終非但沒帶來什麼好處，反倒給他惹來禍端。

朝廷的遷徙令頒布後，當地官府很快就把他圈進遷徙名單。郭解雖然江湖地位很高，但出於遊俠重義輕利的本色，本人沒什麼資產，至少遠搆不上朝廷畫下的「三百萬」那條線。但他為什麼還在遷徙之列呢？

朝廷的遷徙令鎖定了兩種人，首先是「郡國豪傑」，其次才是「訾三百萬以上」的富人。也就是說，武帝這一政策針對的主要目標人群，就是郭解這樣的遊俠，富人反倒是次要的。

至於針對遊俠的原因，用最簡單的話來說，就是在武帝劉徹看來，遊俠這一群體的存在已然對帝國的政治、社會和法律秩序構成相當程度的挑戰和威脅，必須予以打擊和剷除。

自戰國以降，迄至秦、漢，遊俠一直是活躍於當時社會的民間自組織力量。戰國初年的墨子便是遊俠的鼻祖，墨家既是思想學派，也是紀律嚴明的遊俠組織，首領稱為「鉅子」。墨子正是首任鉅子，他反對侵略戰爭，提倡人人相愛互利，且率領眾多弟子身體力行，摩頂放踵利天下，崇義任俠，鋤強扶弱。

據《莊子》、《淮南子》等史料記載，墨子的門徒「充滿天下」、「不可勝數」。他與門徒皆穿粗衣，著草鞋，少飲食，與賤者為伍，彷彿苦行僧般「日夜不休，以自苦為極」。凡加入墨家之人必須嚴格遵守各項紀律和號令，其核心成員據說有百八十人，「皆可使赴火蹈刃，死不旋踵」。

按司馬遷的說法，歷史上著名的「戰國四公子」——孟嘗君田文、平原君趙勝、信陵君魏無忌、春申君黃歇——都可以歸入遊俠之列。他們招賢納士，門下食客三千；顯名諸侯，並譽當世。

漢朝立國後，名聞天下的遊俠有朱家、田仲、劇孟、郭解等人。司馬遷對他們的評價是：「今遊俠，其行雖不軌於正義，然其言必信，其行必果，已諾必誠，不愛其軀，赴士之厄困。既已存亡死生矣，而不矜其能，羞伐其德，蓋亦有足多者焉。」（《史記．遊俠列傳》）

如今的遊俠，行為雖然不依循法律準則，但說出的話一定做到，要做的事一定堅持到底，已經答應的事一定誠實去做。他們會不惜自己的性命去救助困厄之人；經過生死存亡的考驗後，卻不誇耀自己的才能，羞於炫耀自己的功德，可以說有很多值得稱道的地方。

對於遊俠在當時社會上的勢力和影響力，司馬遷記載了與劇孟有關的一則故事，足以讓我們窺一斑而知全貌。

七國之亂剛爆發時，負責平叛的太尉周亞夫出兵前，專程前去洛陽拜會劇孟。當他得知劇孟沒有倒向叛軍那邊時，不由慶幸地說了一句：「吳、楚舉大事而不求孟，吾知其無能為已矣。」吳、楚七國發動叛亂卻不求助於劇孟，我就知道他們沒有什麼作為了。一個遊俠在這場戰爭中的立場竟如此重要，可見其勢力之大、威望之高，已經達到什麼程度。

不久，劇孟的母親去世，從天下各地前來送葬的車乘竟達一千輛之多。試問，武帝劉徹面對這些現象時會做何感想？遊俠在社會上擁有如此巨大的勢力、威望和號召力，會不會讓他感到驚訝，進而生出擔憂和恐懼？

再來看郭解。他的外甥被殺，凶手來投案，他竟然以江湖道義私自裁決，釋放凶手——試問這麼做將國法視為何物？又將國家的司法機關置於何地？為了展現以德報怨的胸懷，郭解私下和官員打聲招呼，就可以隨便免除某人的徭役——還要朝廷的律法幹什麼？這麼做對其他人公平嗎？政府的公信力何在？

最後，郭解輕而易舉就解決兩個幫派間的糾紛——表面看來是江湖上的事情，與官府無關，甚至多少還有維護社會穩定的作用，但問題恰恰出在這裡。撇開幫派性質不談，純就解決糾紛而言，郭解的行為屬於「私力救濟」，這種做法源於民間社會的自發秩序，顯示某種程度的基層自治。如果在制度較為健全的現代社會，當然不是壞事，可以在法律框架內，成為「公權力救濟」必要且合理的補充。

然而在皇權專制的古代社會，尤其是漢武帝治下，這是大一統的中央集權絕對不能容忍的。對武帝劉徹而言，民間秩序與國家秩序是天然衝突、不能並存。如果遊俠可以憑藉勢力、威望和影響力私自裁決案件，干預政府事務，實行「私力救濟」，乃至左右一場戰爭，就意味著朝廷對民間控制力的削弱，意味著官府權威和律法尊嚴的喪失，更意味著國家的統治根基遭到動搖。

有這麼多理由，武帝劉徹豈能容得下遊俠，又豈能不對郭解開刀？也許是郭解聲望太高，又或是他私下找人疏通，總之，遷徙令剛頒布沒幾天，衛青就直接找到天子劉徹，替郭解求情：「郭解家貧，不應在遷徙之列。」

上文說過，遷徙令主要針對的是遊俠，其次才是富人——衛青這個理由實在發揮不到任何作用。相反，衛青的出面恰恰產生反效果。劉徹聞言便冷冷道：「郭解一介布衣，勢力竟然大到讓將軍為他說話，可見其家不貧。」這句話足以說明，衛青的出面令劉徹對郭解的忌憚更深了。

沒有任何懸念，郭解及其族人被強行遷入茂陵邑。有趣的是，郭解本來沒多少資產，但道上的大老紛紛前來送行，每人隨手遞個紅包，總計竟然有一千多萬錢——直接讓郭解成為千萬富豪。郭解入關後，關中的大老們不論之前有沒有和他打過交道，都一窩蜂地跑來與他結交。

這兩個場景無疑又加深劉徹對郭解及遊俠群體的反感和忌憚。遊俠一向快意恩仇，如今無故被官府驅離家鄉，就算郭解道行高深、咽得下這口氣，族人卻未必咽得下。不久，郭解的侄子忍不住，把當時提名遷徙郭解的楊姓縣掾給殺了，稍後又殺死其父。

悲憤不已的楊家人進京告狀，沒想到又被殺死在未央宮的宮門口。居然敢在皇帝的眼皮子底下殺人，這是要造反了嗎?!

遊俠竟囂張到如此程度，再次刷新武帝劉徹的認知。他雷霆大怒，即刻下令逮捕郭解。郭解被迫逃亡，一路隱姓埋名跑到臨晉（今山西省運城市）。此處設有關卡，為了出關，郭解找到當地叫籍少公的人，求他幫忙。籍少公估計也是遊俠，在當地有些關係。之前與郭解素昧平生，但得知其遭遇後，非常仗義，不僅幫郭解混過關卡，還把他一路護送到太原。

然而沒過多久，官府根據線索，順藤摸瓜查到籍少公頭上。籍少公為了保守祕密，斷然選擇自殺——遊俠為了救人急難而不惜生命的精神，在此又一次得到證明。

籍少公這條線索雖然斷了，但官府不是吃乾飯的，一番追查後還是抓到了郭解。有關部門奉命徹查他以前犯過的所有案子，竟發現凡是他犯下的殺人案都是在朝廷上次大赦之前——讓有關部門很為難。

就在這個節骨眼上，軹縣又出了一樁殺人案，再次牽連到郭解。事情的起因是：軹縣當地有個儒生，陪同查辦郭解案件的使者閒聊，當時郭解的門客也在場，稱讚郭解是賢人。儒生一聽，嗤之以鼻道：「郭解一貫作奸犯科，無視國法，算什麼賢人?!」當天晚上，郭解的門客便殺了這名儒生，還把他的舌頭割掉。

郭解的門客殺人後就逃亡了，官府始終抓不到人。有關部門遂以此事審問郭解，勒令他交出凶手。但郭解人在牢中，壓根不知道有這件事。搞到最後，有關部門只能向天子奏報說郭解無罪。

這個結論當然不是武帝劉徹想要的。欲加之罪，何患無辭？你們這些人太不會辦事了！時任左內史的公孫弘看出皇帝的心思，隨即奏稱：「解，布衣，為任俠行權，以睚眥殺人。解雖弗知，此罪甚於解殺之，當大逆無道。」（《史記．遊俠列傳》）郭解只是一介布衣，卻以遊俠自居，濫用生殺之權，動輒因小事殺人。此案郭解雖不知情，但其罪行比親手殺人還嚴重，當以大逆不道罪論處。

這話才是武帝愛聽的。劉徹隨即下令斬殺郭解，並夷其三族。郭解被滅族後，據司馬遷所言，江湖上雖然還有很多遊俠，但大多傲慢而無德行，無足稱道。隨著郭解之死，曾經在戰國至秦、漢歷史上盛極一時的遊俠時代，終於落下帷幕……

主父偃被斬：政壇暴發戶的敗亡

隨著朔方城的興建，以及「推恩令」和「遷徙令」的成功實施，主要策劃人主父偃一時間風光無兩，成為天子跟前最大的紅人，連衛青的光芒都一度被他遮蔽了。

滿朝文武紛紛上門巴結他，前後賄賂累計達黃金千斤，令主父偃一躍成為長安城屈指可數的巨富。有人私下勸他收斂一點，不要太過張揚。但對於落魄大半生後驟然發跡的主父偃而言，此刻的心態是一般人難以體會的。感覺就像長年在地底下洶湧奔突的岩漿，一朝噴湧而出，怎能指望它輕點噴、慢點噴、溫柔地噴呢？那是不可能的。

主父偃對權力、富貴和尊嚴的極度渴望，被壓抑這麼多年，一旦噴發出來，注定一發不可收拾。對於旁人善意的勸說，主父偃非但聽不進去，反倒回敬一番更加豪橫的話。他說：「我自從束髮（十五歲至二十歲）遊學以來，四十多年了，一直不得志。父母不把我當兒子，兄弟不肯收留我，身邊的人都厭棄我，困厄的日子太久了！況且，大丈夫若生不能列五鼎而食，死也要受五鼎烹煮。我的人生已經日暮途遠了，索性就來個反其道而行之！」

原話是：「且丈夫生不五鼎食，死即五鼎烹耳。吾日暮途遠，故倒行暴施之。」（《史記·平津侯主父列傳》）「生不五鼎食，死即五鼎烹」從此成為後人耳熟能詳的名言。「五鼎」是古代的諸侯（也有說大夫）行祭禮時，按其社會等級用五只鼎分別盛放牛、羊、豬、魚、鹿肉；代指達官顯貴的豪奢生活，也引申為高官厚祿。

主父偃這番話把政壇暴發戶的嘴臉表現得淋漓盡致。

從心理學的角度看，應該屬於典型的人格扭曲——長年被生活摧殘、被命運錘打後導致的逆反心理，主父偃的自我極度膨脹，並企圖用極端手段報復他人，已經隱隱具有「反社會人格」的特徵。

第一個遭到主父偃報復的人是燕王劉定國。之所以鎖定此人，首先是當年主父偃在家鄉齊國混不下去，就去燕、趙等地遊說，結果沒人拿他當回事；現在得勢了，自然要找這些諸侯王報仇。其次，「推恩令」頒布後，燕王、齊王等人對此置若罔聞，主父偃身為這項政令的主要策劃人，必然要想辦法收拾這幫頑固派。簡言之，不論於公於私，主父偃都不會放過燕王劉定國。

當然，蒼蠅不抱沒縫的雞蛋，燕王也不是什麼好東西。此人是個極端變態的好色之徒——好色的程度簡直可以用「逆天」來形容。主父偃稍微調查就挖出一大堆爛事：

燕王劉定國不但和父親康王劉嘉的姬妾私通並生下一個男孩，還把弟弟的老婆搶過來做小妾。更令人髮指的是，據司馬遷《史記．荊燕世家》記載，劉定國竟然「與子女三人奸」——就是和三個親生女兒都發生性關係。

綜上來看，劉定國相當於和自己家的三代女性亂倫——如此喪心病狂之人用「禽獸不如」來形容他，都是侮辱了禽獸。對於這個性變態，燕國轄下的肥如（今河北省遷安市東北）縣令實在看不過眼，準備向朝廷告發。劉定國得到消息，馬上派人到肥如縣，隨便找個藉口把縣令殺了。

既然有這麼多黑材料，又是亂倫、又是殺人，主父偃要整死劉定國就不難了。他授意肥如縣令的家人上書告發，他則在朝中配合，盡力把此案的影響擴大化。武帝劉徹得知此事後，驚得下巴都快掉了，立刻責成公卿議處。很快，朝廷的三公九卿得出一致結論：「定國禽獸行，亂人倫，逆天，當誅。」（《史記·荊燕世家》）

這個結論很到位，也很公允。武帝旋即照准。燕王劉定國聽到風聲，惶然無措，只好自殺。燕王自殺後，朝廷順理成章地撤銷燕國——可以說「不削而削」，輕而易舉就收拾了一個諸侯王。接下來，主父偃把目光轉向齊王劉次昌，他是什麼樣的人呢？雖然不像燕王劉定國那樣變態，但同樣令人不齒——這傢伙也亂倫了。

劉次昌的母親姓紀，紀太后為了加強外戚勢力，把侄女許配給劉次昌當王后。劉次昌壓根不喜歡這個表妹，一直冷落她。紀太后很不爽，命長女紀翁主（劉次昌親姐姐）入駐齊王后宮，天天盯著他，不讓後宮中任何女人接近——除了自己的侄女。

可想而知，劉次昌會多麼鬱悶。也許是為了報復母親這種不人道的做法，或者是劉次昌的心理有問題，總之一來二去，他居然和負責監視的親姐姐紀翁主勾搭成奸。

上述橋段如此庸俗和狗血，比某些粗製濫造的後宮劇還要不堪，但絕非筆者虛構，而是白紙黑字記載在班固《漢書·高五王傳》：「紀太后欲其家重寵，令其長女紀翁主入王宮，正其後宮無令得近王，欲令愛紀氏女。王因與其姐翁主奸。」「飽暖思淫欲」，這幫富貴無憂的逍遙王爺顯然都飽暖得過頭了，他們的「淫欲」往往比常人變態得多。

齊王劉次昌的後宮原本已經夠亂了——無巧不成書，當朝皇太后王娡、當朝大紅人主父偃居然都來插一腳。

前文說過，王娡的前夫是平民金王孫，二人育有一女金俗。王娡一路成為皇后、皇太后，富貴絕頂，卻從沒忘本，也不避諱過去，對這個女兒金俗關愛備至，封她為修成君。金俗有一女，名叫娥（姓不詳，姑且稱她金娥）。王娡愛屋及烏，很鍾愛這個外孫女，想著把她許配給諸侯王。

恰好此時宮中有個宦官叫徐甲，齊國人，建議把金娥嫁給齊王，還口沫橫飛地吹噓齊王一通。王娡不知道齊王後宮那些破事，聽完很高興，同意讓徐甲操辦此事。主父偃和徐甲是同鄉，得知此事，忽然心血來潮，想把女兒也嫁入齊王後宮——成為齊王的老丈人，算是「富貴歸故鄉」。

主父偃此時正當紅，他一提，徐甲自然滿口答應。徐甲帶著雙重使命，興沖沖地來到齊國。不料，眼下紀太后正因家裡那些破事煩心不已，徐甲這閹人一張口又給齊王提兩門親事，這不是添亂嗎？

老太太氣不打一處來，沒想太多，就命人給徐甲傳話：「齊王已經有王后，且後宮嬪妃俱全，還提什麼婚事？況且你本是齊國的窮鬼，去朝廷當宦官，從沒給家鄉帶來什麼好處，現在卻成心來禍亂我家嗎？還有那個主父偃算什麼東西，也敢把他的女兒塞入齊王後宮?!」這番話要多難聽有多難聽，絲毫不給人留面子，更不顧及半點政治後果。

徐甲灰溜溜地回長安，不敢和太后王娡稟報實情，只好說：「齊王滿心願意娶金娥；但最近燕王出了那麼大的事，齊王擔心步燕王之後塵，所以不敢答應這門婚事。」

太后王娡一聽，也對，萬一齊王出事，把外孫女嫁過去不就是往火坑裡推嗎？就絕口不提此事了。

而主父偃這邊，徐甲沒有隱瞞，據實以告——明顯是想讓他出頭去出這口惡氣。主父偃用熱臉貼冷屁股，還招來一頓羞辱，頓時勃然大怒，回想起早年在齊國的遭遇，新仇舊恨遂一起湧上心頭。齊王劉次昌，你這回死定了！

主父偃當即入宮面聖，先把齊王和他姐姐亂倫的事捅了出去，對武帝說：「齊國都城臨菑，人口多達十萬戶，市場繁榮，殷實富庶，可媲美長安。這樣一塊寶地，若非天子的親弟愛子，絕不應在此為王。如今這個齊王與我大漢皇室的親屬關係早就疏遠了。」

主父偃還不忘翻起陳年舊帳，說呂后時期齊國就想反叛，到七國之亂時，齊國也險些參與叛亂。言下之意，朝廷早該收拾齊王。武帝劉徹當然也有此意，便順水推舟，任命主父偃為齊國相，讓他去搞定齊王。

西楚霸王項羽說過一句名言：「富貴不歸故鄉，如衣繡夜行。」一個人發達卻沒讓鄉親們知道，太浪費了，和全身名牌卻半夜逛街差不多。「炫富炫貴」的心理是很普遍的人性；尤其是像主父偃這種長期遭人白眼的「草根逆襲」者，炫耀心理無疑更加強烈。齊國是主父偃的家鄉，當他面對齊國時，報復心理便會悄然轉變為炫耀心理——或者說炫耀心理一定會居於報復心理之前。

主父偃富貴還鄉後，第一時間就向所有兄弟（包括親的、堂的、表的）和親友發出誠摯邀請，全都召集到自己的相國府，極其豪奢地拿出五百斤黃金，堆放在眾人面前，讓他們拿，想拿多少拿多少。還有這種騷操作？

可想而知，眾人內心忐忑，表情困惑，雖然黃金很誘人，但有人敢伸手去拿就怪了。

主父偃要的就是這種效果。等眾人矇了好一陣子，他才慢條斯理地開口道：「當初我窮困之時，兄弟不給我衣食，親友不讓我進門；如今我來齊國為相，諸君卻不遠千里來迎接我。為何如此前倨後恭呢？從今往後，我與諸君絕交，休得再踏入我主父偃府門一步！」

原來主父偃挖空心思搞這麼一齣，就是為了當面羞辱所有曾經瞧不起他的人。五百斤黃金分明就是拿出來炫富、做道具用的，哪會真給呢？

古往今來，炫富炫貴都是很爽的一件事。假如當時有社群軟體，相信主父偃一定會忍不住晒圖，不是晒黃金，就是晒府邸，或是晒一晒齊國國相的官印。然而，炫富炫貴一時爽，後面通常很麻煩，很快，主父偃就會品嘗到惡果了。唱完「黃金炫富」戲碼，接下來就該對付齊王劉次昌了。

主父偃動用國相權力，把齊王后宮中的宦官全部逮捕，逼他們交代劉次昌與紀翁主通姦的具體情節，馬上整理成報告，派快馬送往長安。劉次昌知道難逃一死，只好步燕王後塵，喝毒藥自殺了。

後面的流程和燕王如出一轍：因劉次昌無子，整個齊國封地全部被朝廷收回，成為直接管轄的郡縣。

兔死狐悲，脣亡齒寒。齊王和燕王都死得這麼難看，趙王劉彭祖頓時寢食難安。當年主父偃上門遊說，他也把人家掃地出門；眼下，不用想就知道，自己一定也上了主父偃的死亡名單。他愈想愈怕，只好先下手為強，給武帝上了道奏章，把主父偃收受巨額賄賂、以權謀私等罪行都給捅出去。

武帝劉徹一看，二話不說就把主父偃逮捕下獄。事實上，像主父偃這樣淺薄狂妄又愛炫富的人，幹過的那些醜事，劉徹怎麼可能不知道呢？一定全都看在眼裡。之前只是因為主父偃的確有兩把刷子，需要他去對付諸侯、遊俠等勢力，才睜一隻眼、閉一隻眼，任他上躥下跳、炫富炫貴。

說白了，主父偃純粹就是被天子拿來當槍使的。現在該辦的事都差不多了，若任由他這麼張牙舞爪、橫行無忌下去，朝廷的臉面被他丟光不說，勢必惹來朝野的非議和公憤，最後會把髒水引到劉徹身上。

趙王這道奏疏一上，自然成為武帝兔死狗烹、鳥盡弓藏的一個契機。主父偃下獄後，讓不讓他死，其實在兩可之間。關鍵時刻，公孫弘又站出來，狠狠捅了主父偃一刀。他說：「齊王自殺，無後，封國被廢而歸入朝廷，主父偃便是元凶首惡。陛下不誅主父偃，無以謝天下。」

公孫弘很聰明，總知道該在什麼時候替天子發聲。就像之前族滅郭解一樣，武帝劉徹再次「順應人心」，斬殺了主父偃，並夷其三族。

「生不五鼎食，死即五鼎烹。」倒行逆施的政壇暴發戶主父偃，完美實現對自己命運的預言。

論政治才幹，主父偃其實相當優秀，三大對策直指當時漢朝的三大社會問題，且一經實施便成效顯著，這種政治才華可不是人人都有。之前被埋沒那麼多年，實屬命運不公。但驟然發跡後迅速敗亡，問題就出在人品，還是那句老話：「德不配位，必有災殃。」倘若他能稍稍低調、內斂一點，應該還能為漢朝多做一些貢獻，不至於落到被族誅的下場。

據司馬遷記載，主父偃得勢時，府上門客數以千計；被滅族後，卻無人敢替其收屍。只有一個名叫孔車的人將其收葬。武帝劉徹聽說後，稱讚孔車是忠厚長者。司馬遷還說主父偃當道之際，朝廷袞袞諸公拚命讚譽他；但等到他敗亡族滅，士人們又爭相抨擊他的罪惡。司馬遷只能發出兩個字的感嘆：「悲夫！」

事實上，從古到今，人情冷暖，世態炎涼，莫不如此，何嘗有一日不是呢？

第五章 文臣武將

從「豬官」到御史大夫：大器晚成的公孫弘

元朔三年（前一二六年）冬，一向善於察言觀色、替天子發聲的左內史公孫弘，終於得到劉徹重用，被擢升為三公之一的御史大夫。這一年，公孫弘已經七十五歲了，堪稱大器晚成的典型。

公孫弘和主父偃有兩個共同點：一、都是齊地人；二、起點都很低。

公孫弘是齊地菑川薛縣（今山東省壽光市南）人，年輕時曾在薛縣當獄吏，不知何故犯法，被開除公職。他家本來就窮，丟工作後更沒了經濟來源。公孫弘不會做生意，只好去養豬。按司馬遷的說法叫「牧豕海上」（《史記·平津侯主父列傳》）。

海上只能捕魚，哪能養豬？太史公的意思是在海邊找個荒島，圈塊地蓋個豬圈就養起來了。從此看來，公孫弘的起點甚至比主父偃還低很多。主父偃雖然不被主流知識圈認可，好歹從年輕時就是個讀書人。公孫弘卻做了很長時間的「豬官」，直到四十多歲才開始學習儒家經典《春秋》。

由此可見，起點低、起步晚都不是一個人躺平、擺爛的理由。人生際遇無常，天知道什麼時候時來運轉呢？

公孫弘能夠時來運轉，得益於有個好品德——孝順。

他的親娘早亡，孝順的對象是後媽，尤其難能可貴。據說後媽去世時，公孫弘嚴格按照古禮守孝三年。不過文景時代，儒家思想還不是主流，公孫弘孝順歸孝順，也沒有人因此請他去做官。公孫弘人生中的第一次機會，直到武帝劉徹登基後才到來。

建元元年，武帝徵召賢良文學之士，政治風向開始崇儒。當地以孝順知名的公孫弘，才被推薦到朝廷擔任博士。這一年，他六十一歲。現在接近退休的年齡，公孫弘才踏上仕途。考慮到古人的平均壽命，這把年紀才開始做官，還是毫無實權的文學侍從官，實在太晚，說起來都覺得寒磣。假如當時有人和他說這輩子他會拜相封侯，公孫弘可能都會笑掉大牙。

公孫弘老是老，但既然做了官，就得替朝廷做事。武帝派他出使匈奴；公孫弘回朝覆命時，不知哪句話說錯，惹得武帝龍顏大怒，認為這老頭子除了鬍子特長，其他別無所長，就把他罷免了。

公孫弘只好收拾鋪蓋回老家。可憐熬到退休年齡才當上小官，結果沒幾天就被打回原籍。個中辛酸恐怕只有當事人才能體會。

時光荏苒，轉眼到了元光五年，武帝再次徵召賢良，菑川當地官府又推薦公孫弘。這時他已經七十一歲，鬍子不但更長，而且早已花白——用古人的說法，都是半截身子入土的「古稀之年」。這把年紀還有什麼好折騰的呢？公孫弘想都沒想就婉拒了：「我當年奉命入朝，卻因無能被罷免。你們還是推薦別人吧！」

天曉得菑川是缺少人才，還是當地官員對他情有獨鍾，總之，不管他年邁體衰、髮白齒搖，硬是要讓他入朝。公孫弘沒辦法，只好硬著頭皮二度入朝，按規定寫了一道策書交差，就坐在驛館等著回家的通知。

本來公孫弘是毫無希望，他的策書寫得實在平平無奇，閱卷官評了下等。按說故事到此就結束了，歷史不可能記住這個養豬出身的一介老儒。但上天偏偏就是喜歡製造奇蹟，玩一些別開生面的反轉劇情。

武帝劉徹可能是怕錯過人才，親自復閱一遍策書。當時對策的總共有一百多人，劉徹看完排在末尾的公孫弘策書後，竟然覺得眼前一亮，硬是把他從墊底的位置擢拔為第一。

闊別十年的公孫弘再度入宮，站到了武帝劉徹面前。當年出使匈奴、辦事不力的老頭子，如今更老了——不知為什麼，此時的劉徹居然認為公孫弘「狀貌甚麗」（《史記．平津侯主父列傳》），又重新拜他為博士。

太史公所謂的「狀貌甚麗」當作何解？大概只能翻譯為相貌堂堂、一表人才。但七十一歲的人相貌能好到哪裡去呢？這個問題是無解的，只能說「時來天地皆同力」——一個人運氣來了，等於自帶洪荒之力，什麼都擋不住。

當時的博士中有個老儒叫轅固，是公孫弘的同鄉，已經九十多歲，據說學問相當精純。公孫弘心裡嫉妒轅固，表面上卻執禮甚恭。老人家一眼就看穿了，對公孫弘說：「公孫子，務正學以言，無曲學以阿世！」（《資治通鑑．漢紀十》）公孫先生，一定要秉持正道進言，不要歪曲道學，媚俗求榮！

這話說得相當不客氣，一語道破公孫弘性格中虛偽、媚上的一面。

不過在官場上，虛偽和媚上才是「強勢貨幣」，反倒是像轅老先生這種正道而行、直言不諱之人，才難以立足。很多同朝為官的儒者因嫉妒轅固的才學，紛紛中傷、排擠他。旋即，轅固就被武帝以老邁為由罷免了。

公孫弘復出時，正值武帝大力開拓西南夷，由此引發不少問題，武帝便命公孫弘前去巡視西南。在此，有必要回溯漢帝國開拓西南夷的經過。

漢帝國開拓西南夷的首功之臣名叫唐蒙，當時僅是小小的番陽（今江西省鄱陽縣）縣令。唐蒙最初的戰略目標是征服南越，只打算取道西南；後來卻無心插柳，演變成對大西南的開拓。

元光五年初，唐蒙上書武帝：「南越國王乘坐天子的黃蓋車，豎立天子大纛，領土東西跨度一萬多里，名為藩臣，實為一方之主。之前我軍發兵南越，必須取道長沙國（今湖南省長沙市）或豫章郡水道，艱險難行。如今若乘坐戰船，取道夜郎國（今貴州西部及雲南東北部），沿牂柯江而下，便可出其不意，以奇兵征服南越。以大漢之強盛，巴蜀之富饒，一旦開鑿出一條通往夜郎的道路，再派出官員，很容易將其控制。」

劉徹批准了這個方案，並擢升唐蒙為中郎將。唐蒙旋即率一千餘人，從巴蜀的筰關（今四川省合江縣南）南下，翻山越嶺，披荊斬棘，終於抵達夜郎國，會見其國王多同。唐蒙宣揚漢朝威德，代表朝廷給了夜郎豐厚的饋贈；承諾讓多同的兒子擔任漢朝縣令，交換條件只有一個——讓漢朝官員進駐夜郎。多同和下屬部落貪戀漢朝的財物，滿口答應了下來。打的如意算盤是眼前的便宜先撈了再說，反正漢朝與夜郎之間道路艱險；就算夜郎到時反悔，漢朝也奈何他們不得。

唐蒙回朝覆命，武帝劉徹立刻下詔設置犍為郡（郡治今貴州省遵義市）。

漢帝國開通西南夷的歷史大幕就此拉開，但過程不像預期那麼順利。朝廷徵調巴蜀的數萬士卒和民夫，投入修建一條從僰道（今四川省宜賓市）至牂柯江的道路。整個工程都在崇山峻嶺之中，艱險程度可想而知。開工不久，便有大批士卒和民夫死亡，沒死的也相繼逃走。負責其事的唐蒙用軍法嚴厲制裁逃亡者，並誅殺好幾個帶頭的。此舉頓時令巴蜀百姓大為震恐，一時間人心惶惶。

武帝劉徹聞訊，趕緊派遣原籍巴蜀的司馬相如回去穩定局勢。司馬相如代表朝廷前往，先是申斥唐蒙，然後告諭巴蜀軍民，說唐蒙採取的鎮壓手段絕非皇帝旨意，這才安撫人心，穩住局面。

雖然開通西南夷的工程遭遇挫折，但朝廷的影響力逐步深入西南卻是不爭的事實。很快，邛都（今四川省西昌市）、筰都（今四川省漢源縣）、冉國（今四川省茂縣北）、斯榆（今雲南省大理市）等部落小國紛紛請求歸附。武帝就此事諮詢司馬相如的意見。司馬相如認為應該順勢將這些地方納入漢朝版圖，設立郡縣。

武帝遂任命司馬相如為中郎將，持節前往西南各國，接受內附請求。漢朝廢除邊塞，開放關卡，把西至沫水（今大渡河）、若水（今雅礱江），南至牂柯江的土地都納入漢朝版圖；並在靈關山（今四川峨邊縣南）開鑿道路，在孫水（今安寧河）架設橋梁，直通邛都。漢朝又在該地設置都尉，並將周邊十幾個縣全部納入蜀郡管轄。

漢朝的疆域得到擴張，武帝劉徹龍顏大悅。然而，開通西南夷的道路工程依舊進展緩慢、困難重重。加之附近的蠻夷部落不時反叛，朝廷不僅要為工程花費鉅資，還要不停出兵平叛，令武帝深以為患。公孫弘在這一背景下被派往西南，考察了一圈，回朝後極力反對朝廷開拓西南疆土，認為此舉勞民傷財，毫無意義。

武帝劉徹當然不聽他的。如果是性格比較耿直的大臣，一定會據理力爭，但公孫弘不會。他的為臣之道就是只負責亮明自己的觀點，至於天子是否採納，他不在意。如司馬遷說：「（公孫弘）每朝會議，開陳其端，令人主自擇，不肯面折廷爭。」（《史記．平津侯主父列傳》）

正因公孫弘善於察言觀色，在天子面前始終表現得沉穩持重、謙恭退讓，武帝劉徹對他非常滿意，認為他品行「敦厚」，言論很有風度。而這一切看上去很像大儒應有的做派和風範，因而愈發合乎武帝在政治上的需要。

中國歷史上「陽儒陰法」的統治策略是從漢武帝開始的。不論武帝劉徹多麼善於運用苛酷猛厲、陰狠詭譎的法家權謀，都十分樂於在表面上為自己所做的事情披上一層溫文爾雅的儒家面紗。

公孫弘的出現恰恰在很大程度上迎合劉徹的這一需求。對此，司馬遷的說法可謂一語道中：「（公孫弘）習文法吏事，而又緣飾以儒術，上大悅之。」（《史記．平津侯主父列傳》）公孫弘熟悉典章律令和行政事務，還能用儒學的觀點加以文飾，讓皇帝非常高興。「緣飾」一詞用得既簡潔又微妙，把武帝劉徹的統治藝術和公孫弘的為官技巧都刻劃得相當到位。

當然，為官的技巧絕不只是迎合上意。如果只會迎合，那是佞臣；不僅遭人鄙視，時間一長也會被長官輕視。該刷存在感時，還是得用心去刷。其中的分寸，公孫弘拿捏得很好。

他擢任御史大夫後，位高權重，對朝政自然要發表見解。當時漢帝國不僅在西南大力開拓，同時在北方修建朔方城，又在東北設置蒼海郡（今朝鮮安邊郡）。朝廷到處拓邊、三面開花，對國力和民力的消耗無疑相當巨大。

針對此事，公孫弘多次提出勸諫。武帝劉徹為了說服他，命內朝官朱買臣等人和他辯論。朱買臣等人以興建朔方城為例，一口氣提出開疆拓土的十大好處，公孫弘竟然從頭到尾啞口無言，一條也辯駁不了。

公孫弘只好用一種十分慚愧的口吻說：「臣是齊地邊民，孤陋寡聞，不知興建朔方有這麼多好處。那就請停止西南夷和蒼海郡的工程，全力營建朔方吧！」

這就是妥協的藝術——既有認錯自嘲的胸襟，又有謙虛退讓的風度，同時又不失自己的立場。武帝見狀，相應做了讓步，罷廢蒼海郡。

表面上，公孫弘輸了辯論；實際上，他贏得皇帝更進一步的賞識。薑還是老的辣。假如不是在社會底層摸爬滾打了六、七十年，公孫弘何來這份閱盡世事、進退自如的圓熟與老到呢？

可見每個人都有自己的人生節奏，一切都是最好的安排。少年得志，固然可喜，卻未必是福。大器晚成，雖歷經坎坷，卻未必不能修成正果。

社稷之臣：汲黯與武帝的「相愛相殺」

公孫弘的圓熟與老到，在性情相近的人看來或許是一種優點；但在性格截然相反的人看來，卻很可能是令人難以忍受的虛偽和惺惺作態。

例如公孫弘貴為三公之一後，為了表現清廉和節儉，家裡蓋的被子仍然是普通的粗布，一日三餐很少吃肉，總之完全與「錦衣玉食」相反。朝中有位大臣十分看不慣這種作秀，非常不客氣地對武帝說：「公孫弘位在三公，俸祿甚多，卻故意蓋粗布被子、不吃肉，分明是沽名釣譽。」這個絲毫不給同僚留情面的人，就是武帝一朝的著名直臣——汲黯。

汲黯，東郡濮陽（今河南省濮陽市）人，出身於官宦之家，年輕時憑父蔭入仕，景帝時任太子洗馬，就是武帝劉徹的東宮舊臣。劉徹即位後，汲黯擔任謁者。時值閩越入侵東越，武帝命他前去調查情況。汲黯奉命出發，但剛走到吳縣（今江蘇省蘇州市）就折了回來。武帝問他何故返回。汲黯理直氣壯道：「百越人動不動就打來打去，他們就這德行，一點也不稀奇，沒有資格勞動天子使臣。」武帝劉徹一聽，不由啼笑皆非。

這件事放在任何人身上，絕對不敢這麼做。但汲黯就是如此大膽而另類，偏偏武帝還不會拿他怎麼樣。最主要的原因就是汲黯有東宮舊臣這層身分，武帝很了解他的性格，所以沒和他計較。

不久，河內郡（今河南省武陟縣）某地失火，延燒民宅一千多家，武帝命他去視察災情。汲黯去了一趟，回來稟報說：「百姓家裡失火，這事不足憂慮。但臣經過河南郡（今河南省洛陽市東）時，發現當地貧苦百姓因水旱災害陷入絕境，一萬多家都斷糧了，導致父子相食。臣動用使臣符節，命當地官府開倉賑糧，救濟災民。現交還符節，請治臣矯詔之罪。」

這回不僅不遵聖命，甚至假傳聖旨，性質更惡劣了。不過人家是捨小災救大災，屬於「便宜行事」，理由十分正當，武帝劉徹非但沒處罰他，反而誇他做得對。

「上賢而釋之。」（《史記・汲鄭列傳》）劉徹稱讚他賢明而不予追究。

雖然表面上不得不誇獎汲黯，但這傢伙三番兩次違背聖意，終究讓長官不太爽。武帝便以工作需要為由，讓有關部門通知汲黯，準備外放他為滎陽縣令。汲黯覺得是貶他的官，深以為恥，索性稱病辭職，屁股一拍就走人。

一看這傢伙如此有個性，居然敢炒老闆魷魚，有關部門趕緊上報。劉徹頓時有些發矇。本來只是想敲打一下，沒想到他那麼決絕，二話不說走人。朝廷正是用人之際，劉徹很無奈，只好又把他請回來，還給了「中大夫」這種非常清貴的內朝官職位，以示尊重。

汲黯這才心滿意足地走馬上任。可是劉徹很快就後悔了，把這個生性耿直的傢伙放在身邊，如同放了隻刺蝟，動不動就直言切諫，很傷長官的自尊。劉徹實在受不了，又把他外放。這回當然不好讓他當縣令，而是讓他去東海郡（今山東省郯城縣）當太守。西漢的太守是二千石官員，屬於封疆大吏，上馬治軍、下馬治民，堪比諸侯王，汲黯當然不會拒絕。

由於信奉黃老之學，到了東海任上，汲黯就搞起無為而治。他任命一批有才幹的官員，充分授權，抓大放小，讓手下去做。他身體不好，經常生病，大部分時間都躺在床上，很少升堂問事。但看上去如此「懶政」的太守，僅一年多後，竟然把東海郡治理得井井有條，朝野上下都極力稱道。武帝一看這傢伙還行，就調他回朝，升任主爵都尉，位列九卿。

「刺蝟」載譽而歸，當然又有長官好受的了。

當時在位的丞相田蚡正不可一世，滿朝文武見了他都得行跪拜之禮。唯獨汲黯不買帳，去見田蚡都只是一揖了事。田蚡知道這傢伙不好惹，不敢拿他怎麼樣。別說丞相，就算是武帝，汲黯也敢當眾讓他難堪。

當時正值武帝大力延攬賢良文學之士，有一天在朝會上，大老闆一時興起說：「我簡單說兩句，」說起來就沒完了，從回顧過往到立足當下到展望未來，口若懸河，滔滔不絕。汲黯實在聽不下去，便站出來說了一句：「陛下內多欲而外施仁義，奈何欲效唐虞之治乎！」（《史記．汲鄭列傳》）陛下內心充滿私欲，表面卻裝出施行仁義的樣子，怎麼可能效法古代的清明政治？

正在慷慨激昂地畫大餅的劉徹被這麼一嗆，差點沒被噎死。「上默然，怒，變色而罷朝。」（《史記．汲鄭列傳》）太史公用極簡的文筆，傳神地描繪當時的一幕——劉徹先是默然不語，然後怒火升騰，最後勃然作色，拂袖而去，當天的朝會就此不歡而散。

敢這麼對皇帝說話的人，在武帝一朝絕無僅有。就算是放在幾千年中國歷史上，恐怕也極其少見，也許只有唐太宗時期的魏徵勉強可以一比。

目睹此情此景，滿朝公卿無不為汲黯捏把冷汗。不少人認為這個說話從不經過腦袋的傢伙這回死定了！就算是同僚之間，說這種話也會把人往死裡得罪，何況是天子?!

故事到此還沒結束。據司馬遷記載，劉徹回到內宮，忍不住對左右近臣吐槽說：「甚矣，汲黯之戇也！」（《史記・汲鄭列傳》）戇意為憨厚而剛直，翻成白話大概是：「太過分了，汲黯這傢伙憨直得過頭了！」的確很過分，但武帝能拿他怎麼辦？殺了他嗎？要殺也簡單，一句話的事。

可是武帝劉徹偏偏下不了這個手，只能活生生把這口惡氣咽下去。為什麼劉徹不殺汲黯？除了「東宮舊臣」這層因素外，最主要的應該是出自劉徹的政治理性。他知道像汲黯這樣忠直、耿介的大臣，放眼整個朝廷，很可能就這麼一個。如果連唯一敢說真話的人都容不下，不僅顯得劉徹沒有胸懷和度量，而且殺了他，對社稷而言絕對是無可挽回的損失。

正是基於這樣的原因，武帝和汲黯才會形成這種奇妙「相愛相殺」的君臣關係。

當天罷朝後，大臣們忍不住紛紛數落汲黯，認為他說話太過分了。汲黯卻不以為然，依舊理直氣壯道：「天子設置三公九卿，要的是輔弼之臣；怎麼可以阿諛諂媚、迎合上意，陷人主於不義之地？如今我身居此位，縱然愛惜生命，卻不敢有辱朝廷！」

聞聽此言，公卿們只好悻悻閉嘴。沒辦法，這傢伙雖然「嘴臭」，但說話確實有道理，不服還不行。

汲黯多病，此次面折廷爭後，他又病倒了。西漢律法規定官員凡請假超過三個月者，即行免職。汲黯這回病得不輕，自然就超過三個月了。武帝和他的「相殺」戲碼剛過去，立刻轉入「相愛」橋段——為了不讓汲黯被免職，武帝不斷延長他的假期；延了好幾次，汲黯終於要痊癒了，武帝剛鬆一口氣，汲黯又讓內朝官嚴助來幫他請假，說病情又加重了。

劉徹有些傷感，便問嚴助道：「你覺得汲黯是什麼樣的人？」嚴助答：「若是讓汲黯當普通官員，他的成績不會超過別人。但如果讓他輔佐少主，他會堅持立場和原則，絕非那種召之即來、揮之即去之人。就算有人自認為如孟賁、夏育（戰國著名勇士）那樣悍勇，也不能使其動搖。」

劉徹深以為然說：「古有社稷之臣，至如黯，近之矣。」（《史記．汲鄭列傳》）古代有所謂「社稷之臣」，汲黯這個人差不多就是了。

從皇帝口中得到這樣的評價，不是容易的事。綜觀武帝一朝，僅汲黯一人獲此殊榮。由此可見，他在武帝劉徹心目中的地位，的確是常人莫及。

了解汲黯的一貫性格和為人處世之道，就不難理解他為什麼會罵公孫弘作秀——連武帝都敢公然抨擊，何況區區公孫弘？

武帝劉徹覺得汲黯說得有道理，公孫弘貴為三公，的確不至於蓋粗布被子、吃不起肉。劉徹便直接問公孫弘有沒有這回事。

公孫弘聞言，非但不掩飾，反倒向武帝謝罪，用一種十分誠懇的口吻說：「的確有這回事。如今的九卿之中，與臣友情最深的莫過於汲黯了。他對臣的詰難，真的直接說中臣最大的毛病。臣位居三公卻蓋粗布被子，和小吏差不多；誠如汲黯所言，的確有虛飾作偽、沽名釣譽之嫌。汲黯真是難得的忠臣，若不是他，陛下又如何能聽到此等忠直之言啊！」什麼叫高人？這就叫高人。當別人要踩你時，就把自己放低，一直低到塵埃裡；對別人的所有批評虛心接受，照單全收。對方在長官面前罵你罵得愈狠，你就要在長官面前誇他誇得愈凶。長官心中自有一桿秤，當你製造的反差愈大，長官內心的天秤愈會傾向於你。

結果不言而喻，「天子以為謙讓，愈益厚之」（《史記．平津侯主父列傳》）。劉徹認為公孫弘謙讓有德，對他愈發賞識和倚重。

本來是對自己不利的局面，公孫弘一招以柔克剛、以退為進，反倒逢凶化吉、因禍得福。短短兩年後，公孫弘就登上人臣所能企及的權力最高峰——被武帝劉徹拜為丞相，並封為平津侯（公孫弘就此成為兩漢歷史上第一個封侯的丞相）。

公孫弘這套處世哲學和為官之道，按理說本是老子的路數，卻讓身為儒者的他玩得爐火純青；反觀身為黃老信徒的汲黯，為人處世非但沒有半點老聃哲學的影子，反倒頗有純儒那種「從道不從君」、動輒秉公直言的風範。

由此可見，「為人」和「為學」有時真的是兩碼事。汲黯這種眼裡容不得沙子的性格，對皇帝和三公都可以不留情面，對其他大臣就更不用說了。

例如酷吏張湯就是汲黯屢屢抨擊的對象。張湯自從「陳皇后巫蠱案」一炮而紅後，深受武帝賞識，被委以重任，負責與另一個知名酷吏趙禹一起制定相關律法。據司馬遷記載，張湯和趙禹此次「定諸律令」的主要精神就是「務在深文」（《史記．酷吏列傳》）。此即成語「深文周納」的出處。意為制定律法盡量嚴苛，使法網周密，易納人入罪。經張湯和趙禹之手出臺的律令，基本上消除了任何彈性空間，使得司法官員絲毫沒有依照情理適當伸縮的餘地。固然有助於遏制司法腐敗，卻也導致嚴刑峻法。

張湯和趙禹還特意制定一條「見知法」，即對知情不報者予以治罪——造成官員之間不得不互相監視，把別人當賊防。如此當然可以在某種程度上肅清官場風氣，卻導致人人自危、道路以目的恐怖氛圍。

對此，司馬光評價說：「用法益刻自此始。」（《資治通鑑．漢紀十》）武帝一朝用法苛酷，就是從這時候開始。

張湯這麼能幹，想不升官都難。元朔三年末，他在太中大夫任上被武帝擢升為廷尉，一躍而位居九卿。當然，張湯之所以得到重用，不僅是憑業務能力，更憑他的政治覺悟。

他很清楚「尊儒崇儒」是武帝定下的大政方針，是當時最大的政治正確。為了迎合上意，張湯刻意逢迎當朝的一些大儒，如公孫弘、董仲舒等人，對他們極為恭敬。此外，只要是武帝關注的大案、要案，張湯斷案時必定附會「古義」——用儒家的「微言大義」進行粉飾。為此，還特地招了一批專門研究《尚書》、《春秋》等儒家經典的博士弟子來當助手。

張湯雖然施行嚴刑峻法，但不等於會嚴格按照律法斷案，他執行的法律基本上與公平和正義無關，純粹只為皇帝及其政治需要服務。凡「上意所欲罪」，即武帝想要治罪的人，不管是否真的有罪，張湯及手下必深文周納、羅織罪名；同理，凡「上意所欲釋」，武帝想放過的人，即便真的有罪，張湯及手下也會千方百計大事化小，小事化無。

像張湯這樣的人，一貫嫉惡如仇的汲黯自然不能容忍。他數次在朝會上，當著武帝和滿朝文武的面怒斥張湯：「閣下身為朝廷正卿，上不能弘先帝之功業，下不能抑天下之邪惡；既不能安國富民，也不能使囹圄空虛，卻把高皇帝（劉邦）制定的典章律令改得面目全非。閣下的所作所為是要斷子絕孫的！」

汲黯罵人的話向來沒有最難聽，只有更難聽。這種話已經屬於人身攻擊了，張湯當然氣得受不了。但在武帝一朝，逮誰罵誰幾乎是汲黯的特權，誰也拿他沒轍，張湯只能忍氣吞聲。不過要是當天朝會爭執的是具體案件，張湯就占上風了。他會用一套一套的專業術語，把汲黯繞暈。汲黯只能堅持大原則，碰上專業的東西肯定不懂；吵到最後，汲黯往往又是破口大罵。

例如有一回，汲黯罵道：「天下人都說刀筆吏不能擔任公卿，果不其然！像你張湯這種人，只能讓天下人陷入『重足而立，側目而視』的境地。」「重足而立，側目而視」意為雙腳併攏，斜著眼睛，形容畏懼又憤恨的樣子。汲黯所指就是酷吏橫行必然會帶來的恐怖統治。

這句話明著罵張湯，暗裡連武帝也一起罵了——若不是武帝的鼓勵和縱容，「刀筆吏」張湯又豈能為所欲為？

武帝劉徹當然聽得出汲黯指桑罵槐，不過只能假裝聽不懂。對「社稷之臣」汲黯的敬畏之情，可以說早已深深刻進劉徹的骨子裡。

司馬遷有一段記載非常形象地刻劃武帝對汲黯的這種敬畏：

大將軍青侍中，上踞廁而視之。丞相弘燕見，上或時不冠。至如黯見，上不冠不見也。上嘗坐武帳中，黯前奏事，上不冠，望見黯，避帳中，使人可其奏。其見敬禮如此。（《史記．汲鄭列傳》）

大將軍衛青在宮中侍奉，武帝劉徹可以一邊如廁一邊和他談事情。丞相公孫弘覲見，武帝有時連冠帽都不戴。至於汲黯，武帝若不戴冠帽就不敢見他。有一次，武帝坐在帷帳中，汲黯前來奏事，恰好那天武帝沒戴冠帽，望見汲黯，趕緊躲到帳後，命人批准他的奏議（連請奏的是什麼也不管了）。武帝對汲黯的敬畏就是達到這種程度。

汲黯位列九卿之時，公孫弘和張湯都只是小吏；短短數年後，公孫弘就拜相封侯，連張湯也和汲黯位列同班。汲黯自然認為這是小人得志，連帶著對武帝的用人之道也頗有微詞。有一次，他對武帝吐槽說：「陛下用群臣如積薪耳，後來者居上。」（《史記．汲鄭列傳》）陛下用人就像堆木頭，後來的都放在上面。這就是成語「後來居上」的出處。

武帝無言以對，只能保持沉默。汲黯總是和公孫弘、張湯過不去，他們自然把汲黯視為眼中釘、肉中刺。若非武帝對汲黯「情有獨鍾」且敬畏有加，張湯隨便捏個罪名，恐怕就把他羅織進去了。

張湯不敢用手段，但公孫弘卻自有對付汲黯的辦法。司馬遷說過，公孫弘「為人意忌，外寬內深」（《史記．平津侯主父列傳》），公孫弘生性猜忌，外表看上去像個寬厚長者，其實心機很深。凡是得罪過他的人，表面上會對他們非常友善，背地裡卻會使陰招，往往殺人於無形。

例如倒行逆施的主父偃和公孫弘素來不睦，到了最後關頭，公孫弘輕描淡寫的一句話就要了他的性命。

再例如董仲舒，一向認為公孫弘是阿諛諂媚之徒，公孫弘自然對他極為嫉恨，必欲除之而後快。採用的辦法就是向武帝舉薦，讓董仲舒出任膠西國相。這招是典型的借刀殺人。膠西王劉端是出名的殺人魔頭，屢屢觸犯國法，死在他手底下的二千石官員沒有一打也有半打。公孫弘這樣操作，就是想借劉端之手殺掉董仲舒。

董仲舒心知肚明，出任膠西國相沒幾年，就趕緊稱病辭官，捲鋪蓋走人了，這才保住一命。

如今，公孫弘故技重施，向武帝隆重舉薦，讓汲黯出任右內史。「右內史」有什麼名堂？答案就藏在公孫弘對武帝說的話中。他說：「右內史界部中，多貴人宗室，難治，非素重臣不能任，請徙黯為右內史。」（《史記．汲鄭列傳》）右內史的轄境中，多有達官顯貴和皇室宗親，難以治理；若非素有威名的重臣不能勝任，請調任汲黯為右內史。

右內史就是後來的京兆尹，相當於首都市長。對於會鑽營的人而言，這是個肥缺，可以和轄境內的這些貴人進行各種利益交換；但像汲黯這種清高、耿介之人，在這個位子上很容易得罪權貴，到頭來會死得很難看。

公孫弘這一招表面上是重用汲黯，其實是把他往火坑裡推。可是讓公孫弘萬萬沒想到的是，汲黯出任右內史後，非但沒出事，反倒像當年在東海郡一樣，把京師治理得有條不紊。

估計汲黯用的又是無為而治、抓大放小這一招。總之，據司馬遷記載，汲黯「為右內史數歲，官事不廢」（《史記．汲鄭列傳》），讓公孫弘的如意算盤徹底落空了。

鑿空西域：張騫的偉大探險

元朔三年夏，一個風塵僕僕、衣衫襤褸的身影出現在長安西面的地平線上。身下的坐騎和本人一樣疲憊不堪，彷彿下一刻就將頹然倒地。這個人已經闊別長安整整十三年，所有人都認為他早已埋骨黃沙，沒有人相信他會活著回來。

十三年前，他帶領一支一百多人的龐大使團，奉命出使西域，開始一場九死一生的探險之旅。而此時此刻，除了他，身後只有一個同樣滿面風霜的隨從。

他佇立在地平線上的身影，看上去就像一面破爛不堪卻又高高擎起、孤獨的旗幟。這個倖存者就是張騫。

張騫，漢中郡城固（今陝西省城固縣）人，家世背景和早年經歷均不詳，武帝即位時在宮中任職郎官。據司馬遷記載，張騫「為人強力，寬大信人」（《史記．大宛列傳》），即性格堅毅，強悍尚武，氣度寬廣，誠信待人。這些人格特質正是張騫得以成就「鑿空西域」這一偉大事業的重要因素。

早在武帝劉徹即位之初，反擊匈奴的戰略構想便已萌芽，他十分關注與匈奴有關的一切情報。當時投降漢朝的不少匈奴人都曾經提及西域一個叫月氏的國家。他們說月氏被匈奴擊敗，老上單于把月氏國王的腦袋砍下來做酒器。月氏餘部被迫西遷，一心想要復仇，只是苦於勢單力薄，沒有同盟。

獲知這一情報，敏銳的武帝立刻意識到，如果能派人和月氏國取得聯絡，並結為同盟，對於反擊匈奴的戰略無疑大有裨益。然而，當時的漢帝國，舉國上下幾乎沒有人了解遙遠的西域，更不知道月氏國的確切位置。此外，前往西域，河西走廊是唯一的必經之路——眼下，那裡卻是匈奴人的地盤，被控制在渾邪王和休屠王手中。此時漢朝與匈奴雖然尚未爆發大規模戰爭，但邊境衝突不斷，想安全通過河西走廊，並最終深入西域，絕不是容易的事。

能夠勝任這一使命的人絕對要有過人的勇氣和稟賦。武帝隨即下詔，面向朝野招募願意出使月氏的勇士。張騫毅然報名，從眾多應徵者中脫穎而出，被武帝選中，任命為使節。

建元二年，張騫帶領一支一百多人的使團，從長安出發，朝著西方的地平線，踏上前路漫漫、生死未卜的征途。隨行人員中有個叫甘父的胡人，充當此行的嚮導。此時張騫和甘父絕對想不到，十三年後，只有他們兩個人可以倖存歸來。

歷史的意義通常要相隔一段久遠的歲月才會呈現出來。每個被後世譽為偉大的人，當置身於自己的那個時空，很難想像自己的行為會對歷史產生怎樣的作用和影響。例如此時的張騫，他的目的地只是遙遠而陌生的西域國家；此行的使命不過就是與其結盟，共同對付匈奴。僅此而已。

更何況從事後來看，他的使命沒有圓滿完成。從表面上看，張騫這趟西域之行似乎很難和「偉大」

二字沾上邊。然而，就像第一個登上月球的尼爾・阿姆斯壯（Neil Armstrong）所說：「我的一小步是人類的一大步。」此時張騫邁向西域的一小步，同樣是中國走向中亞、西亞乃至世界的一大步！

苦難往往與偉大相伴而生、如影隨形。張騫一行經隴西郡出關後，剛進入河西走廊就被匈奴人截住，整個使團人員被不由分說地移送到匈奴王庭。張騫出使西域的第一步就遭遇嚴重挫折。

匈奴的軍臣單于問張騫意欲何往，當得知要去月氏國時，頓時冷笑道：「月氏在我北面（其實是西面，他故意欺瞞），漢朝豈能派使節前往？如果我要派使節去南越，漢朝會答應嗎？」

弱國無外交。通常在戰場上贏不來的東西，別指望能在外交場上談下來。儘管漢朝並非弱國，但毋庸置疑的是，自從「白登之圍」後，漢朝的確只能透過不斷奉送美女、金帛來換取和平，匈奴壓根不把漢朝放在眼裡。張騫連同一百多人的使團就此被扣在匈奴。這一扣，就是整整十年！

軍臣單于似乎有心把張騫扣一輩子，就把一個匈奴女子嫁給他。張騫就這樣成為匈奴人的「女婿」，還生下一個兒子。換成意志不堅定的人可能就既來之則安之了——既然老婆、孩子都有了，還回漢朝做什麼？但張騫卻時刻牢記使命，「持漢節不失」（《史記・大宛列傳》）。

十年，三千多個日日夜夜裡，張騫一定會時刻撫摩著武帝頒發給他的大漢使節節杖，提醒自己不要忘卻人生的使命是前往月氏，不是留在匈奴人給他打造的溫柔鄉裡優遊卒歲、以此終老。

光陰荏苒，十年倏忽而過，漢朝人也許早已忘了張騫；匈奴人對他的漢使身分早已不當回事，看管愈來愈鬆。終於有一天，一直在靜待時機的張騫抓準空當，忍痛拋下妻兒，帶著甘父和還能聯絡上的部分隨從，悄悄逃離匈奴王庭，朝著西方策馬而去……

中斷十年的行動就此開啟第二幕。張騫等人一直向西奔走了數十日，其間經歷的艱難困苦可想而知。不僅要躲避匈奴軍隊，還要穿越廣袤的戈壁和荒漠，忍受惡劣的自然條件，途中的乾糧和飲水也是極大問題。使團中的許多成員就這樣永遠躺在大漠黃沙之中。所幸張騫的嚮導兼貼身隨從甘父射術高超，每當要斷糧時，他總能射殺一些飛禽走獸，讓張騫聊以充饑。

他們先到達姑師（今新疆自治區吐魯番市東北），沿著天山南麓西行，途經危須、焉耆、烏壘、龜茲、姑墨、溫宿、疏勒、捐毒等小國……每到一處，世界都彷彿為張騫打開一扇新窗戶。各國不同的語言、文化、制度、習俗、物產、服飾、山川地貌、風土人情等，就像一幅幅流光溢彩、絢麗斑斕的長卷，徐徐展現在張騫面前；與此同時，世界的廣大與遼闊、豐富性與多樣性，從此展現在中國人面前。

歷經艱險後，張騫等人來到大宛國。大宛地處中亞，位於帕米爾高原的西麓，坐落在今烏茲別克的費爾干納盆地。大宛是農牧業興盛的國家，出產稻穀、小麥、葡萄酒等，尤以盛產「汗血寶馬」著稱於世。汗血馬速度飛快、耐力持久，有「日行千里」之能；尤為奇特的是，牠在奔馳時頸肩部位流出的汗竟然殷紅如血，故而得名。

大宛國王早就聽說大漢帝國強大富饒，一直想與漢朝建交，奈何關山迢遙，難以如願。如今漢朝使節居然從天而降，站在他的面前——大宛國王驚喜莫名，忙問他們要去何方。張騫說：「我奉命出使月氏，卻遭匈奴堵截，如今幸而脫身，希望大王派嚮導送我前往。若能完成使命，回漢朝後，大漢定會給予大王無比豐厚的饋贈。」

月氏位於大宛西南，中間有高山阻隔，道路難行，要先西行至康居國（今哈薩克南部），再轉而南下。大宛國王覺得和漢朝搞好關係沒什麼壞處，便一口答應。隨即派嚮導、翻譯陪同張騫等人到了康居，然後又到月氏國。

歷經十年的挫折、煎熬、奔波、輾轉之後，飽嘗艱辛的張騫終於抵達目的地。然而，令張騫沒想到的是，如今的一切早已時移世易、不同往日。

月氏人自從被匈奴擊敗、向西遷徙後，來到媯水（今阿姆河）上游地區（今阿富汗與塔吉克交界處），向南征服希臘人建立的大夏國，並以其故都藍氏城為都城，一個嶄新的月氏國就此崛起。為區別於殘留在舊地的小月氏，史稱其為大月氏。

此地土壤肥沃、物產豐富，大月氏的國力迅速強盛。人們在此安居樂業，小日子過得十分滋潤，早已淡忘十年前被匈奴人滅國的血海深仇，也淡忘老國王被敵人砍下腦袋用頭骨做酒器的奇恥大辱。

時間是療癒傷口的良藥，也是沖淡仇恨的利器。十年的光陰，足夠了。

月氏的新國王盛情款待張騫一行，卻絕口不提復仇之事。張騫在這裡待了一年多，極力想要喚醒月氏國王的血性和復仇之志，卻是一場徒勞。此刻的月氏離匈奴已經很遠，離漢朝更遠——即便月氏國王血性未泯，但從戰略意義上講，與漢朝聯手進攻匈奴的必要性和可行性都近乎不存在，還結什麼盟？張騫萬般無奈，只好啟程回國。

為了更全面、深入地了解西域，張騫此次回程有意選了一條和來時不一樣的路線——翻越蔥嶺，沿塔克拉瑪干沙漠的南緣東行。這一路途經莎車、皮山、于闐、扜罙、精絕、且末、扜泥等小國，掌握西域諸國的許多第一手資料。接下去，老問題又擺在張騫面前：怎麼穿過匈奴人的地盤？

這回不能再走河西走廊。張騫決定翻越阿爾金山脈，穿過青藏高原，經由羌人部落所在地（今青海省東部）回國。然而，人算不如天算，老天爺似乎認為張騫經歷的磨難還不夠，於是「安排」匈奴人再度抓獲了他。

此次被俘與上次唯一的不同，也是唯一讓張騫感到些許安慰的地方是終於可以和妻兒團聚。可是他是負有使命的人，這次團聚絕不可能阻擋他歸國的腳步。

雖然與大月氏結盟的任務失敗，但此次西域之行並非沒有收穫——不，應該說收穫是巨大的。即便此刻的張騫不會用「偉大」一詞來形容這場探險，但應該已經能夠意識到，這一路走來的見聞和掌握的資料對大漢帝國意味著什麼。從外交的角度而言，這是中國人有史以來第一次認識那麼廣闊的世界，第一次結交那麼多異域的朋友；也是第一次讓中國的影響力深入西域，直達蔥嶺以西的諸多中亞國家。

從大國戰略的角度來說，如今張騫頭腦裡裝的絕不僅是國際見聞和地理知識，更是至關重要的戰略資訊，是價值連城的政治、軍事和經濟情報。從這個意義上講，此刻張騫真正的使命已不再只是簡單地回朝覆命，而是回去對武帝劉徹和滿朝文武舊有的國際視野、外交思維和各方面戰略進行認知反覆運算和系統升級。換言之，就是讓中國人第一次「睜眼看世界」。

這無疑是劃時代的歷史貢獻。眼下張騫的生命意義已經遠超越個體，而與無比廣大的時空，與偉大的歷史使命緊密聯結在一起。當張騫經受住所有考驗後，上天終於站在他這一邊。

元朔三年，張騫第二次被俘的一年多後，匈奴的軍臣單于死了。他的弟弟、左谷蠡王伊稚斜發動政變，打敗了太子於單，自立為單于。於單流亡漢朝，被武帝封為涉安侯，但數月後就病亡了。

趁著匈奴內亂，張騫與隨從甘父等人再度逃亡。據班固《漢書．張騫傳》記載，這一次張騫終於帶上妻兒。接下來的追逃情節，史書沒有記載，想必一定是驚心動魄、險象環生。這次逃亡中，張騫的其他隨從都陸續犧牲，最後只剩最忠誠、最能幹的甘父一人。

歷經百死千難後，張騫終於奇蹟般地回到長安。想必見到張騫的那一刻，武帝劉徹一定不敢相信自己的眼睛——十三年了，這個滿臉滄桑的「大叔」，真是當年那個風度翩翩的郎官嗎？

張騫將此次探險的所見所聞和調查研究結果，全部向武帝劉徹做了詳細稟報。其中，張騫親自到訪的主要國家有大宛、康居、大月氏、大夏等，間接了解到的還有烏孫（巴爾喀什湖以南和伊犁河流域）、奄蔡（裏海、鹹海以北）、安息（波斯，今伊朗）、條支（大食，今伊拉克一帶）、身毒（天竺，今印度）等。

他對上述國家的位置、規模、特產、城市、人口、兵力等資訊和情報，一一做了說明。相關報告的具體內容都記載在司馬遷《史記．大宛列傳》中。這一文獻成為世界上對這些國家和地區第一次詳實可靠的記載，也成為後世研究相關古代地理和歷史的最珍貴資料。

基於張騫的特殊功績，武帝劉徹旋即拜他為太中大夫，並封甘父為奉使君。司馬遷稱張騫此次西域之行為「鑿空」，意為「開通大道」。數年後，張騫還將追隨衛青北伐匈奴，繼而奉命打通西南交通線，第二次出使西域……

張騫的傳奇，還遠未結束。

從奴僕到大將軍：衛青的人生逆襲

匈奴的伊稚斜透過政變上位後，一邊鞏固權力，一邊絲毫沒有放鬆對漢朝的侵擾。元朔三年夏，匈奴數萬騎兵進入邊塞，擊斬漢朝的代郡太守，擄掠一千餘人；同年秋，入寇雁門，又殺掠一千餘人。

元朔四年（前一二五年）夏，匈奴出動九萬鐵騎，兵分三路，分別侵入代郡、定襄（今內蒙古自治區和林格爾縣）、上郡，一共殺掠數千人。

與此同時，匈奴的右賢王部把目標對準漢朝剛興建的嶄新城池——朔方城（今內蒙古自治區杭錦旗北）。右賢王的地盤在陰山北面，朔方城就位於陰山南面。這座漢朝耗費鉅資修建的軍事重鎮，既是扼守河南地的前線堡壘，也是一把頂在右賢王腹部的尖刀。可想而知，朔方城會讓右賢王多麼寢食難安。

對右賢王而言，不論是重新奪回河南地，還是要消除漢朝的直接威脅，都必須把朔方城拔掉。為此，這幾年來，右賢王屢屢出兵進攻朔方。但面對這座堅城，卻無一例外地鎩羽而歸，令他深感憾恨。

敵之要點即我之要點。保衛朔方城，守護河南地，自然成為眼下漢帝國的戰略重心。武帝劉徹決定對匈奴右賢王部發動大規模反擊。

元朔五年（前一二四年）春，漢朝集結十餘萬重兵，在西、東兩條戰線上同時出擊。西線做為主攻方向，由衛青率三萬精銳騎兵出高闕（今內蒙古自治區烏拉特後旗東南古長城口），由游擊將軍蘇建、強弩將軍李沮、騎將軍公孫賀、輕車將軍李蔡（李廣堂弟）各領一萬人馬出朔方，各部皆受衛青節制。

東線做為佯攻，由大行令李息、岸頭侯張次公率三萬人馬，出右北平，進攻匈奴的左賢王部，目的是迷惑匈奴人並牽制其兵力。

衛青率三萬精騎渡過黃河，翻越陰山，出塞六、七百里，直趨右賢王的王庭（約今蒙古國南戈壁省）；其餘各部分別從不同方向進行包抄合圍。漢朝此次情報保密工作做得很到位，右賢王壓根沒料到漢軍會大舉反擊，直搗其老巢。當衛青主力及各部於深夜進圍其王庭時，右賢王正擁著愛妾喝酒，還喝得酩酊大醉。

直到漢軍將整個王庭完全包圍，右賢王才得到急報，頓時嚇得魂飛魄散。根本無心組織抵禦，慌忙帶上愛妾，在數百精騎的護衛下，從北面拚死突圍，狂奔而去。

衛青命手下的輕騎校尉郭成率部追擊，一直追出數百里，無奈還是讓右賢王遁逃。但跑得了和尚跑不了廟，經過一夜鏖戰，右賢王麾下的十幾個小王，連同一萬五千多名部眾及眷屬被殺或被俘，全被漢軍一鍋端了；漢軍同時繳獲的牛、羊等牲畜達百萬頭之多。

這一戰，漢軍大致上全殲右賢王部的主力，給匈奴沉重打擊，是漢帝國反擊匈奴以來取得最大的一場勝利。此戰發生在大漠以南地區，故史稱「漠南之戰」。

大軍得勝回到朔方之時，武帝劉徹派出的使節已經先一步抵達。似乎是為了表達喜悅之情，同時為了激發三軍鬥志，武帝等不及衛青回到長安，就命使節在軍中拜衛青為大將軍，宣布帝國所有將軍均受衛青一體節制。

從奴僕到大將軍——昔日平陽公主府上的小小騎奴，終於憑藉不世出的軍事天才和持續不懈的努力，獲得舉世矚目的成就，完成傳奇般的人生逆襲，一舉登上權力巔峰！

「大將軍」這一職位，雖然在體制上仍屬內朝官，但已位列三公之上，九卿及以下官員見之皆拜，如《漢官儀》稱：「漢興，置大將軍，位丞相上。」也就是說，丞相是外朝官之首，主管政務；而大將軍則是內朝官之首，主管軍務。此時的衛青已然成為漢帝國的最高軍事統帥。

次月，武帝劉徹仍覺得「大將軍」職位不足以表彰衛青的功勛，又將其食邑從三千八百戶增加到八千七百戶；同時將他的三個兒子衛伉、衛不疑、衛登全封為列侯。衛青獲得的尊崇和榮寵，一時間舉世無匹。

如果是一般人，這時很可能就得意忘形；但衛青在飛黃騰達的時刻，仍然保持難得的人間清醒。「大將軍」的職位當然不能推辭，但三個兒子還年幼，遽然封侯肯定會遭人眼紅——不是什麼好事。此外，這次大捷是三軍將士力戰之功，若所有功名富貴都由自己獨享，將士們在心理上能平衡嗎？日後誰還願意追隨衛青浴血沙場？

衛青即刻上奏武帝，力辭三個兒子的爵位，並代將士們請命說：「臣有幸效力軍中，賴陛下神威；此役大捷，皆諸位將領力戰之功。臣已有幸得陛下分封，但臣的三個兒子皆尚年幼，未曾有點滴辛勞，陛下卻裂地封侯，恐怕不利於臣在軍中激勵將士奮戰。所以，臣之三子，不敢受封。」

武帝聞言，趕緊表態：「我並未忘記諸位將領的功勞。」旋即把公孫敖、韓說、公孫賀、李蔡、李朔、趙不虞、公孫戎奴、李沮、李息、竇如意這十位有功將領全部封侯。

很遺憾，時運不濟的李廣並未參與此戰，錯過了這場「封侯盛宴」。至於衛青推辭三子封侯之事，武帝劉徹沒有答應，依舊將衛伉、衛不疑、衛登分別封為宜春侯、陰安侯、發干侯。天子一言九鼎，說什麼就是什麼。他不想給你的，你豁出性命也得不到，如長年戍衛邊塞、奮戰沙場卻終生未能封侯的李廣；但他想要給你的，你也別指望推掉，如衛青這三個尚且年幼、未建尺寸之功卻裂土封侯的幼子。

看上去很不公平，但這個世界一向如此。「公平」從來都只是人類的美好願景，世界哪曾有一天真正公平過呢？

衛青一時間功名蓋世、尊寵無匹，滿朝文武爭先恐後前來奉承，九卿及以下官員見到他都要行跪拜之禮。唯獨一個人一如往常，見了衛青，心情好就作個揖，心情不好可能連作揖都省了，就是拱拱手。這個人當然就是汲黯。

有人勸汲黯說：「天子的意思很明確，就是要群臣居於大將軍之下。大將軍功高望重，閣下不可以不拜。」汲黯卻冷笑道：「難道大將軍有個只拱手作揖而不跪拜的客人，地位就不尊貴、威望就不隆重了嗎？」

這話很快就被「有心人」傳到衛青耳中，沒想到他非但沒生氣，反倒認為汲黯是賢明君子。此後，每當有些軍政大事難以定奪，衛青必會去請教汲黯，對他比以往更加敬重。

官場上，這是極其難得的君子之交，看重的都是對方的人品和能力，而非權勢與地位。這種簡單而純粹的交往，本來是人際關係中最舒服的一種狀態。只可惜實際的官場生態中，卻稀有得近乎絕跡；偶然在史書中一見，都令人有莫名欣慰之感。

漠南之戰的勝利，極大地鼓舞了武帝劉徹和三軍將士，武帝決定再接再厲，乘勝追擊，不給匈奴喘息之機。

元朔六年（前一二三年）二月，衛青再度掛帥出征，率中將軍公孫敖、左將軍公孫賀、前將軍趙信、右將軍蘇建、後將軍李廣、強弩將軍李沮共六個兵團，從定襄大舉北上，與匈奴會戰。

這一仗，漢軍再次取得勝利，斬首數千級而還；美中不足的是並未尋獲匈奴主力。隨後，衛青命各部在定襄、雲中、雁門三地休整，準備下一場更大規模的進攻，目的是捕捉匈奴主力，伺機決戰。

同年四月，衛青率六個兵團再出定襄。此次出征有兩位「新人」追隨衛青踏上北伐匈奴的征程。一位就是張騫。

多年在匈奴生活的經驗及傳奇般的探險經歷，讓他對匈奴人的生活和行為方式有了深入了解，也讓他擁有無比豐富的野外生存知識和經驗。這對漢軍無疑是一筆寶貴財富，當漢軍深入大漠、尋找匈奴主力時，張騫勢必發揮別人難以替代的作用。

還有一位「新人」是衛青的外甥、即將冉冉升起的另一顆帝國將星——霍去病。不知是老天爺偷懶沒有編新劇本，還是純屬巧合，霍去病投生人間時，上天給他安排的「劇本」，居然和他舅舅衛青如出一轍。

衛青的母親衛媼是平陽侯府的婢女，父親鄭季是平陽縣吏，因事到平陽侯府當差，與衛媼私通款曲，生下衛青。

霍去病的母親是衛媼的次女衛少兒，也是平陽侯府婢女，父親霍仲孺也是平陽縣吏，同樣因事到平陽侯府當差，與衛少兒私通款曲，生下霍去病。

如果是小說情節，作者如此缺乏創意，一個套路用兩次，肯定會被讀者罵死。但歷史的創作者是老天爺，當他偷懶時，我們只會驚嘆於世間之事竟會如此巧合！

雖然和舅舅衛青一樣都是私生子，但霍去病出生後的命運卻比衛青好太多了。

霍去病生於武帝劉徹登基的建元元年，次年他的姨母衛子夫就得到武帝寵幸，進入宮中；舅舅衛青稍後也入宮當內朝官。從霍去病兩歲起，整個衛氏家族就因衛子夫的「一人得道」而「雞犬升天」，霍去病自然不必像衛青那樣，從小到大吃盡苦頭。

衛子夫被冊封為皇后；衛少兒便以皇后姐姐的尊貴身分，嫁給開國元勛陳平的曾孫陳掌。陳掌後來任職詹事。她們的大姐衛君孺則嫁給衛青的部將公孫賀，公孫賀後來官居太僕。而衛青更是一路建功立業，青雲直上。

一大家子都成為高官顯貴，霍去病的童年和少年時代必然是在養尊處優中度過。不過家境的優渥沒有把霍去病變成紈褲子弟，相反的，長大後的霍去病愈來愈像舅舅衛青，司馬遷便稱其「為人少言不泄，有氣敢任」（《史記・衛將軍驃騎列傳》），言語不多，穩重沉著，且英氣逼人，敢於任事。這樣的少年郎儼然又是上陣殺敵、為國建功的好人才。

對此，武帝劉徹自然都看在眼中。元朔六年，虛歲十八的霍去病被任命為侍中，成為內朝官。這時，衛青率六部兵馬大舉出征。霍去病肯定不會放過馳騁沙場、一展身手的機會。也許是他主動請纓，也許是武帝和衛青有意歷練他，總之，武帝親自下詔，任命霍去病為嫖姚校尉，隨同衛青出征。

衛青從軍中挑選八百名能征善戰的精銳騎兵，交給初出茅廬的霍去病。正如當年，沒有人料到衛青初試身手就一鳴驚人一樣；此刻，幾乎沒有人能預料到，這個年僅十八歲的毛頭小子霍去病，第一次上戰場就嶄露鋒芒，驚豔世人……

霍去病登場：自古英雄出少年

漢軍此次大舉北征，總兵力約十萬，主要的戰略目標就是找到匈奴單于伊稚斜的主力，與之決戰。然而，狡黠多智的伊稚斜不會讓漢軍的戰略目的輕易達成。

匈奴軍隊的優勢就在於機動性，而漢軍的優勢在於陣地戰，伊稚斜當然要揚長避短，竭盡所能藏匿主力行蹤，避免與漢軍正面對決；同時，伊稚斜還要充分利用熟悉地形的主場優勢，和漢軍玩捉迷藏的遊戲，讓漢軍因戰線過長、疲於奔命而陷入進退維谷之境；再讓以逸待勞的匈奴主力伺機出擊，打漢軍一個措手不及。

伊稚斜的這一戰略決定了漢軍與真正的敵人廝殺之前，必須先與惡劣的自然條件進行搏鬥。十萬大軍深入大漠，最要命的問題就是水源。

眼下，隨著漢軍越過草原向北面的荒漠節節推進，缺乏飲用水的問題立刻擺在衛青面前。這時以校尉一職隨軍出征的張騫就派上大用場了，據司馬遷記載：「騫以校尉從大將軍擊匈奴，知水草處，軍得以不乏。」（《史記．大宛列傳》）

憑藉張騫出使西域的豐富經驗，漢軍順利找到水草豐茂的地方，不僅保障飲水需求，連馬匹所食用的草料都可以就地取材，無須從後方千里轉運。解決了後勤保障問題，接下來，就是如何找到伊稚斜的主力。

這方面，漢軍中有一人具備優勢，就是衛青麾下的前將軍趙信。他是匈奴人，還是個小王，本名阿胡兒。之前可能和匈奴太子於單同一派系，於單在權力鬥爭中落敗後，他便跟著於單一起投降漢朝，被武帝封為翕侯。

由於這樣的出身背景，趙信對匈奴的地形和匈奴軍隊的戰術習慣自然再熟悉不過。此次出征，他任職「前將軍」，就是做為前鋒，擔負著搜尋伊稚斜主力的任務。

這場戰役從趙信這一路率先打響，而且打得最為慘烈。當時趙信與右將軍蘇建一道，率三千餘名輕騎朝北面疾進，一番搜尋後，終於發現伊稚斜主力的蹤跡。按理說，他們就帶了這麼一點兵力，目的顯然只是偵察，一旦完成任務，應該迅速回撤，朝衛青的主力靠攏，避免被圍殲。然而，狡猾的伊稚斜沒有給他們這個機會。

根據史料的有限記載，從事後的戰役經過分析，大致可以斷定，伊稚斜很可能是將主力一分為二，自己親率其中一部，與另一部互為犄角，遙相呼應。這麼做的目的，一是迷惑對手，二是充分保持機動性和靈活性，三是保存實力，避免把所有雞蛋放在一個籃子裡。

親率的這一部之所以會和趙信、蘇建所部遭遇，與其說是趙信找到他，不如說是他故意張開一個口袋，等著趙信往裡頭鑽。知道趙信自以為熟悉他的打法，就利用了這一點，給趙信來個將計就計，甕中捉鼈。一場短兵相接的血戰就此展開。

趙信和蘇建麾下只有三千餘名輕騎；據史料記載，伊稚斜的兵力足有「數萬」，相當於漢軍的十倍以上。即便眾寡如此懸殊，漢軍還是表現出超乎尋常的英勇和頑強。雙方整整鏖戰一個晝夜，漢軍兵力損失過半，餘下的將士儘管精疲力竭、傷痕累累，卻仍堅持戰鬥。

匈奴人應該也付出不小傷亡。如果要全殲這支漢軍勢必要付出更大的代價。伊稚斜自然選了沒有代價的方式，派人去勸降趙信。趙信本就是匈奴人，對他而言，重新叛變回去非但沒什麼心理障礙，反倒可以和親友團聚，何必為漢朝戰死呢？他沒有過多猶豫，便帶著剩下的八百騎投降了。

他這一降，蘇建及其殘部支撐不住，頃刻間就潰敗了。蘇建拚死突圍，最後隻身一人逃回大營。就在漢軍前鋒遭遇伏擊的同時，衛青主力也與匈奴另一部展開激戰。這邊的情形恰好相反，漢軍占據兵力優勢，加之衛青指揮有方，大獲全勝，斬殺並俘虜匈奴一萬餘人。

儘管自己打贏，但做為主帥，衛青卻不得不面對前鋒慘敗的事實。趙信叛回匈奴，蘇建全軍覆沒──這樣的敗績足以把衛青剛獲得的這場勝利抵消，全軍上下對此深感沮喪。軍中的參謀官、議郎周霸就把氣撒在蘇建身上，提議說：「大將軍自出征以來，還沒有斬過一名裨將，如今蘇建棄軍而逃，論罪當斬，大將軍正好以此建立威信。」

聞聽此言，一旁的軍正（軍法執行官）和長史趕緊替蘇建求情，說：「此言不然。孫子兵法有云，『小敵之堅，大敵之擒也』（弱小的一方拚死堅守，只能被強大的一方俘虜）。蘇建以三千人馬對抗單于數萬騎兵，力戰一日有餘，將士傷亡殆盡，他也沒有投敵，仍舊堅持回營。如果把他斬首，以後戰敗的將領還有誰敢回來，豈不是只能投敵？」

雙方各執一詞，蘇建的腦袋能不能保，全憑大將軍衛青一句話。眾人整齊的目光下，衛青緩緩開口了：「我有幸能以天子的心腹效力軍中，從不擔心沒有威信。周霸勸我立威，令我甚是失望。雖然我身為大將軍，以如今所獲的尊寵，完全有權力處決將領，但絕不敢在外濫用誅殺之權。我會把蘇建交給天子，一切由天子聖裁。這樣也能樹立一個人臣不敢專權的榜樣，豈不更好？」眾人聞言，無不心服口服，人人稱善。

這就是衛青的人格魅力。殺戮固然可以立威，但這樣的威信是建立在製造恐懼之上，只能獲得表面的忠誠；相反的，有權殺戮卻絕不濫殺，就能展現寬厚仁慈的品格，獲得屬下發自內心的敬重和擁戴。一旦人人對你心悅誠服，還擔心沒有威信嗎？衛青短短幾句話至少達到三個效果：第一，保住蘇建一命，替朝廷留下將才；第二，對下屬展現做為長官的人格魅力；第三，對長官（皇帝）展現做為下屬的謙恭、謹慎和自知之明。

假如衛青像周霸那麼淺薄，一刀砍了蘇建腦袋，只會令下屬們面服心不服，同時惹來皇帝的不悅和猜忌。

當漢軍的前鋒和主力各自與匈奴展開激戰時，霍去病在哪裡呢？戰前，霍去病應該是領了和趙信、蘇建類似的任務，就是率領八百精騎出外偵察敵情。但衛青和所有人都絕對沒有料到，這個初生之犢不畏虎的毛頭小子，竟然帶著八百勇士遠離漢軍主力，一口氣橫穿匈奴腹地數百里，徑直摸到匈奴相國的大營。

這座大營裡，聚齊不少匈奴的首腦人物。除了匈奴二號人物相國外，還有伊稚斜的叔公、被封為籍若侯的欒提產，以及伊稚斜的叔父羅姑比，另外還有一名大當戶（匈奴高級將領）。

史書沒有記載當時這個匈奴相國手下有多少兵力，但這些大官聚在一起，麾下兵力肯定不會少，而且不會是弱兵。霍去病麾下僅八百騎，剛奔馳數百里，一口氣還沒喘勻，他敢去摸老虎的屁股嗎？答案是肯定的。

霍去病和衛青一樣，都是不世出的軍事天才。當初衛青首次出征就敢長途奔襲，直搗匈奴王庭；如今霍去病同樣第一次上戰場，憑什麼不能以寡擊眾，直接端掉匈奴相國的大營？

天才之所以是天才，不僅在於他們有常人莫及的膽量和勇氣，更在於他們有與之配套的本事和能耐。匈奴相國的這座大營位於伊稚斜主力後方，通常來講十分安全，他們做夢也沒想到會有一支漢軍神不知鬼不覺地殺到他們的眼皮底下。

霍去病要的正是這種出其不意、攻其不備的奇襲效果。當他率領八百勇士殺入敵營時，頃刻間殺聲震天，猝不及防的匈奴人壓根不會想到對方只有區區八百人，以為是漢軍主力殺到了，既來不及組織防禦，也缺乏足夠的戰鬥意志。

很快，霍去病及部眾血洗了這座敵營，共斬首「二千二十八級」（《史記・衛將軍驃騎列傳》），其中包括匈奴的相國、當戶和籍若侯欒提產，同時生擒伊稚斜的叔父羅姑比。

從這份戰績來看，光斬殺的敵人就是漢軍數量的二．五倍，如果加上負傷、潰逃的人數，敵軍總兵力應該在漢軍的五倍左右，可見絕對是一場以少勝多的戰鬥。而且霍去病解決掉的還不是一般的無名小卒，是匈奴好幾個首腦人物——這樣的勝利更有意義了，既打擊匈奴的囂張氣焰，也振奮了漢軍士氣，與當初衛青奇襲龍城可謂異曲同工。

霍去病第一次出手就交出這麼漂亮的成績單，頓時令武帝劉徹和大將軍衛青驚喜莫名。武帝大為讚嘆，稱霍去病為「再冠軍」（雙料冠軍）——一是指他以寡擊眾，以少勝多，勇冠全軍；二是指他解決掉多名匈奴首腦，戰績驕人，諸將莫及。

武帝將霍去病封為「冠軍侯」，賜食邑一千六百戶。年僅十八歲便一戰封侯，聲震朝野，誠可謂自古英雄出少年！從此，霍去病的傳奇人生拉開序幕，開始踏上一代名將的輝煌征程。

此次會戰，漢軍共斬殺匈奴一萬多人。儘管戰果還不錯，但折損了前鋒三千多人，且趙信還叛回匈奴——衛青做為主帥，功勞就被抵消了。武帝劉徹沒有再對他進行加封，只是賞了黃金千斤。

張騫隨軍出征，尋找水源有功，加上之前出使西域的功勞，被封為「博望侯」，取「博廣瞻望」之意。至於敗軍之將蘇建，依照慣例交錢贖罪之後，被貶為庶民。趙信叛回匈奴後，因手頭握有漢軍的許多機密情報，伊稚斜對他頗為倚重，封其為自次王，還把一個姐姐嫁給他。伊稚斜便問計於趙信：應該採取怎樣的方略對付漢朝？

趙信認為漢軍裝備精良，訓練有素，匈奴若繼續在漠南一帶與其爭鋒，只會屢屢受挫。匈奴主力應該北撤，遠離漢朝邊塞，把戰場轉移到漠北。這樣一來便可誘使漢軍深入大漠，拉長漢軍的戰線，匈奴才有取勝的把握。

這幾年匈奴連遭敗績，癥結恐怕正在於此。伊稚斜覺得有道理，遂依計而行。隨著匈奴主力北撤，蒙古大漠以南的戰事告一段落，漢、匈戰爭的主戰場由朔方、定襄、代郡一線轉移到東面和西面。東面戰線主要集中在上谷、漁陽、右北平一帶，對手是匈奴的左賢王部；西面戰線主要是朔方、隴西以西地區，對手是匈奴的渾邪王和休屠王部。

戰爭是世界上最可怕的吞金獸，哪裡的戰爭機器一開動，哪裡的國庫就遭殃。漢朝自然也不例外。自從漢帝國開始全面反擊匈奴以來，漢軍對匈奴一共發動六次進攻，戰役規模逐步升級，各方面投入愈來愈大，光戰馬一項的消耗就達到十餘萬匹，而朝廷賞賜給有功將士的黃金也超過二十萬斤；此外，糧秣和武器裝備的耗費，以及各項後勤補給的運輸費用，更是不計其數。

漢南會戰一結束，負責掌管國庫的大司農滿面愁容地稟報武帝——國庫空了。

沒錢寸步難行，小到個人，大到國家，概莫能外。怎麼辦？

國家每年的賦稅收入相對固定，向老百姓加徵賦稅是最壞的辦法，不到萬不得已絕不能採用。還能從哪裡生出錢來呢？辦法都是人想出來的。要論生財有術，古往今來的所有皇帝中，漢武帝劉徹就算不是數一數二，也絕對可以名列前茅。

元朔六年六月，一道詔書頒下：朝廷允許百姓花錢贖罪，同時公開進行賣官鬻爵。凡是被判處有罪的，都可以出錢贖免，或免罪、或減刑。如此一來，有錢人就可以明目張膽地犯罪了，只要你願意支付成本。此令一下，可想而知整個社會的法律秩序和公序良俗會遭到多麼嚴重的破壞。

賣官方面，朝廷專門設立一批公開出售的爵位，稱為「武功爵」，共有十一級，由低到高分別是：造士、閑輿衛、良士、元戎士、官首、秉鐸、千夫、樂卿、執戎、政戾庶長、軍衛。一級爵位標價十七萬錢，任君選購。

如果朝廷賣的僅是象徵身分地位的爵銜，沒有實際職權，危害性倒也不大。朝廷或許擔心這樣沒有吸引力，不利於銷售，便又規定凡是購買的爵位達到第七級（千夫）以上者，可以優先被任命為官吏。據記載，賣官活動一經推出，立刻暢銷，很快就入帳「三十餘萬金」。司馬光對此評價說：「吏道雜而多端，官職耗廢矣。」（《資治通鑑．漢紀十一》）從此，做官的途徑變得既雜且多，官職制度就混亂、敗壞了。

為了籌措戰爭經費，武帝劉徹的上述做法固然可以迅速奏效，但對於國家的選官制度、法律制度和社會秩序卻造成深遠的破壞。這就是典型的飲鴆止渴。漢武一朝的弊政，從這裡開始露出端倪……

第六章

狂飆突進

淮南王劉安：「重度拖延症患者」

元狩元年（前一二二年）冬，剛一開年（此時仍用秦曆，以十月為歲首），漢朝就爆發一起政治大案——向來以清靜無為、善待百姓著稱的淮南王劉安，居然被控謀反且畏罪自殺了。此案一時間震驚朝野。

據司馬遷記載，淮南王劉安看上去不像是會謀反的人。《史記．淮南衡山列傳》稱，劉安為人「好讀書鼓琴，不喜弋獵狗馬馳騁，亦欲以行陰德拊循百姓，流譽天下」。劉安喜好讀書彈琴，不喜歡飛鷹走馬、四處打獵；常想暗暗做好事以安養百姓，從而傳播美名於天下。

太史公給出的這幅劉安的「人物素描」，明顯是個溫文爾雅的謙謙君子。此外，綜合各種史料，劉安信奉「無為而治」的黃老之學，熱衷於學術研究，曾廣召門客編纂一部哲學著作，取名《淮南鴻烈》（又名《淮南子》）。該書在繼承先秦道家思想的基礎上，糅合諸子百家的精華，是後世研究秦、漢文化的重要典籍，被後人稱為「漢人著述中第一流也」（梁啟超語）。

值得一提的是，劉安是豆腐的發明人，拜他所賜，後世才能品嘗到很多與豆腐相關的美食。此外，他還做過一項「無動力飛行」的科學實驗：將雞蛋去汁，以艾草燃燒的熱氣使蛋殼浮升。有觀點稱劉安可能是世界上最早嘗試「熱氣球」升空的實踐者。

這樣一個人和不學無術、道德敗壞、通姦亂倫、濫殺無辜的諸侯王比起來，簡直相去不啻天壤。但他為何會謀反呢？一切都要從上一代人的恩怨說起。

劉安的父親劉長是高祖劉邦的少子，據說力能扛鼎，為人驕縱跋扈。文帝年間，劉長與匈奴、閩越串謀造反，事情敗露，被廢黜流放，途中絕食而死。數年後，劉安做為劉長的長子，承襲淮南王爵位。

司馬遷稱對於其父之死，劉安「時時怨望」——一直懷恨在心，從很早的時候就有謀反之意，只是苦於沒有機會——「時欲畔逆，未有因也」（《史記・淮南衡山列傳》）。

早在建元二年，劉安因事入朝，就曾與武安侯田蚡暗通款曲，田蚡還說了一堆大逆不道的話，聲稱劉安最有資格當皇帝云云。劉安竊喜，以重金賄賂田蚡，意欲引為奧援。回淮南後，劉安便開始「陰結賓客」、「為畔逆事」。

關於此事，《史記》等多種史料均有記載。如果屬實，可以確定劉安最遲在案發的十七年前就著手準備造反了。然而這一準備就是經年累月，漫漫無期。

建元六年某一天，夜空出現一顆彗星，劉安甚覺怪異。手下有個會占星的門客慫恿他說：「當年吳王劉濞起兵之際，天上也曾出現彗星，不過彗尾僅長數尺，卻已導致流血千里。如今，這顆彗星的尾巴長達整個天空，表明天下將兵戈大起。」

劉安覺得這是天意讓自己起兵，於是加緊籌備工作。一邊打造攻城器械和武器裝備，一邊花重金賄賂各地郡守和諸侯王，企圖廣結盟友；同時四處延攬天下的遊俠和謀士，建立人才隊伍。

江湖上遊蕩的這些人，其中固然不乏有才之士，但也有很多蹭吃蹭喝的騙子和唯恐天下不亂的野心家——騙子只會花式諂媚，目的是從劉安這裡多撈點賞錢；野心家則不顧客觀形勢極力攛掇他造反，目的就是火中取栗，利用亂世博取個人富貴。

被這幫人簇擁的劉安，自我感覺良好，就踏上造反的不歸路。造反是個複雜的工作，其中非常重要的環節就是情報工作。

劉安的女兒劉陵便是這項工作的負責人，據說這位淮南翁主頭腦聰明，口才絕佳，八面玲瓏，長袖善舞，天生就是做諜報工作的料。劉安有的是錢，便讓劉陵常駐京師，混跡於長安的上流社交圈，用銀彈攻勢加上美人計，拉攏、策反朝中的文武大臣，刺探各種機密情報。

從劉安事敗後牽連的高層人物來看，當時有不少達官顯貴都被劉陵拉下水。例如多次追隨衛青北伐匈奴立功的將領、岸頭侯張次公就拜倒在劉陵的石榴裙下，事後被廢爵、誅殺；再例如武帝身邊的內朝官、太中大夫嚴助也著了劉陵的道，後來被斬首棄市。可見劉陵當時做了不少「卓有成效」的工作，算得上是稱職的臥底。

情報工作有兩個方面，一方面是對外刺探，另一方面是對內防諜，劉安覺得內部有個人比較危險。這個人就是他的兒媳婦、淮南國太子妃。

說起這個太子妃也是老熟人了，就是皇太后王娡的外孫女金娥，當初要嫁給齊王沒成功，後來嫁給劉安的兒子劉遷。雖說從齊王妃變成太子妃，身分降格了，但只要熬一些年頭，等劉安百年後，劉遷襲爵，金娥也能成為淮南王妃。

可是金娥運氣太差，跳到哪裡都是坑，齊王妃沒當成，淮南王妃當然也泡湯。自從準備造反以來，劉安始終擔心被金娥發覺。萬一她把情報洩露給朝廷就全完了，劉安便和兒子劉遷商議計策，打算把她弄走。辦法有點不太厚道，就是讓劉遷假裝不愛金娥，整整三個月不與她同房。金娥倍感空虛寂寞時，劉安佯裝對兒子此舉非常生氣，強行把劉遷和金娥鎖在臥室裡，不讓他出來。整整三個月，劉遷還是不肯和金娥行房。

人家好歹是皇太后的外孫女，豈能受得了這等羞辱？心灰意懶的金娥遂主動提出和劉遷離婚。劉安一看計謀得逞，便假惺惺地給天子劉徹上了道奏表，連聲謝罪，就把人送回長安了。

清除內部隱患後，按理說該緊鑼密鼓地開工了吧？並沒有。劉安是個典型的「拖延症患者」，而且還是重度的。他的造反準備工作似乎永遠沒有完成之日。

時間轉眼來到元朔五年。屈指一算，從劉安著手準備到現在，已經十五年過去了。當初大秦帝國從一統天下到分崩離析，才用了十四年；高祖劉邦從起兵到開創大漢天下，也不過短短七年。淮南王劉安的造反大業花了十五年還停留在籌備階段。

有道是夜長夢多，事情拖著拖著就橫生枝節，拖出問題來了。問題出在王太子劉遷身上。元朔五年，這傢伙忽然喜歡上劍術，學了一段時間後，自認功夫已經到家，身邊再也沒有對手。當時淮南國有個叫雷被的人，官居郎中，據說劍術很了得，劉遷不服，想和他比試。雷被一再辭讓，但最終拗不過，只好硬著頭皮和劉遷過招。

結果不難預料，劉遷學藝不精，沒幾個回合就被雷被誤傷。劉遷惱羞成怒，雷被自然大為惶恐。當時朝廷正在招募自願出征匈奴的勇士，雷被為了避禍，趕緊報名。劉遷則是去劉安那裡告狀——可能沒說實情，而是隨便找理由栽贓陷害。劉安也沒調查，就罷免了雷被的官職。

雷被擔心罷官只是開始，接下來劉遷很可能還會報復，到時恐怕性命難保。萬般無奈下，雷被只好三十六計走為上策，一口氣逃到長安，向武帝劉徹「上書自明」。

正如劉遷告狀不太可能說實情一樣，雷被向天子告狀肯定也會添油加醋，其中最關鍵的是拿「征討匈奴」一事做文章。雷被很可能先慷慨激昂地表述抗擊匈奴的志向，指控劉遷阻撓、陷害他，破壞朝廷的大政方針。

如果武帝劉徹傾向劉安父子，雷被的這一指控只是「撓癢癢」，傷不到劉遷半根毫毛。問題在於——武帝不可能傾向劉安父子。原因很簡單，自從「推恩令」頒布後，做為天下勢力最大的諸侯之一，淮南王劉安根本沒有任何反應——武帝對此當然極為不滿。他遲早要收拾劉安，只是一直在等合適的藉口。

如今雷被把藉口送上門，武帝豈能放過？他隨即下詔，命廷尉張湯與河南郡守一同審理此案。

武帝命張湯出馬，一切便盡在不言中了。倘若真的只是劉遷與雷被之間雞毛蒜皮的小糾紛，恐怕連立案的條件都不具備，何須武帝親自下詔來處理此事？又何須動用大名鼎鼎的酷吏張湯？可見武帝此舉純屬「項莊舞劍，意在沛公」，劍鋒所指正是淮南王劉安！

很快，廷尉張湯和河南郡守就拿出判決結果——逮捕劉遷。劉安不是傻子，知道武帝想藉機拿他開刀，當然不可能把兒子交出去。據司馬遷記載，此時的劉安終於下決心要「發兵反」——但這位老爺子是「重度拖延症患者」，又「計猶豫，十餘日未定」（《史記．淮南衡山列傳》）。

其實何止「十餘日」，接下來將看到他一猶豫又是一年多。劉安遲遲不肯交出兒子，正中武帝下懷。若非如此，怎麼把事情搞大？武帝再下詔書，命淮南國就地審訊劉遷。這道詔書發下來，負責落實的人就是由朝廷任命的淮南國相了。淮南畢竟是劉安的地盤，有劉安護著兒子，國相有心無力——抓不到人，只能上疏彈劾劉安。劉安也不示弱，同樣上疏狀告國相。

事情愈鬧愈大，武帝順水推舟，把案子又扔給張湯。劉安意識到不妙，趕緊啟動劉陵在長安的情報系統，打探朝廷公卿對此案的態度。劉安這麼做純屬多此一舉——不管這些貴人平時拿他多少好處，事到如今，誰都看得出天子想做什麼，沒有誰會傻到站在他這邊。

劉陵很快就把情報回饋回來：果然，公卿們一致認為淮南王劉安包庇劉遷，怙惡不悛，應將其逮捕，送至京師問罪。劉安大為震恐。這時劉陵又傳回情報說天子否決公卿們的提議，只派中尉殷宏前來淮南審理此案。

聽說朝廷要派人來，劉遷就對劉安說：到時中尉要是敢動手抓人，就把他殺了，然後我們起兵。不久，中尉殷宏來到淮南，面對劉安始終和顏悅色，談不上什麼審案，只過問劉安罷免雷被的事，問完就回京——純屬敷衍了事走過場。劉安見狀，覺得暫時應該沒事，至少目前是安全的，便又不去想造反的事了。

負責唱紅臉的殷宏回朝覆命後，負責唱白臉的張湯便拉上多位公卿，聯名奏稱：「淮南王劉安阻撓雷被參軍抗擊匈奴，破壞天子明確下達的詔令，應當斬首棄市。」紅臉、白臉都唱完後，天子就出來當和事佬，下詔駁回張湯等人的提議。

張湯等人又奏，請求廢黜劉安淮南王的爵位。天子二度駁回。

張湯等人再奏，請求削奪劉安五個縣的封地。天子三度駁回，不過為了表示懲戒，還是削奪兩個縣。武帝劉徹這麼做，當然不是想放過劉安，而是要達到兩個目的：第一，欲擒故縱，麻痺劉安；第二，示天下以寬仁，為日後徹底剷除劉安進行道義上的鋪墊。

一場橫跨十七年的謀反鬧劇

表面上，劉安似乎躲過一劫；但武帝削奪他兩個縣的封地，已經帶有強烈的警告意味。假如劉安有自知之明，這時應該趕緊上表稱謝，並積極回應「推恩令」，主動把淮南分解掉，逐一分封給子孫——武帝肯定不會再找他麻煩，而他的結局一定不會那麼慘。

遺憾的是，熟讀道家經典的劉安，終究沒能領悟老子的處世智慧。封地被削，令他深感惱恨，說：「吾行仁義見削，甚恥之。」（《史記．淮南衡山列傳》）我施行仁義卻被削地，太恥辱了！

於是，劉安重新撿起造反大計，日夜與心腹門客伍被、左吳等人密謀，圍著地圖比比畫畫，部署軍隊進攻的方向。他還說了一番「造反有理」的話：「今上未立太子，一旦駕崩，大臣們一定會迎立膠東王（劉寄，武帝異母弟），要不就是常山王（劉舜，武帝異母弟）。到時諸侯並爭，我豈能毫無準備?!況且，我是高祖之孫，常行仁義；陛下待我還算不錯，等他百年後，我難道要面北向豎子（指劉寄、劉舜）稱臣嗎？」

這番話並無新意，不過是當初田蚡那番話的翻版，邏輯漏洞很大。暫且不說武帝比他年輕幾十歲，一般情況下不會死在他前面——就算被他言中，武帝不幸早亡，朝廷真的要立他看不上的諸侯王，到時再聯絡其他諸侯起兵也不遲，何苦在武帝劉徹正當盛年之際蠢蠢欲動，往刀口上撞呢？

劉安的心腹伍被在地圖前比畫了幾天，可能愈比畫愈覺得勝算渺茫，便勸諫他說：「皇上赦免了大王，大王為何還說這種亡國之言呢？臣聽說，從前伍子胥（據說是伍被先人）勸諫吳王，吳王不聽，伍子胥悲嘆道：『臣已經看到麋鹿遊蕩在姑蘇臺上了。』今日，臣也看見了王宮遍生荊棘，露水沾溼臣衣啊！」

劉安聞言勃然大怒。這不是詛咒他國破人亡嗎?!旋即抓了伍被的父母，囚禁三個月，然後召見伍被問：「將軍是否同意寡人的計畫？」伍被不為所動，還是堅持為劉安分析了此時的天下大勢，希望能懸崖勒馬。伍被說：「昔日秦朝無道，奢侈暴虐，天下百姓十家中有六、七家希望大亂。高皇帝（劉邦）遂揭竿而起，終成大漢天子——這是看準時勢趁著秦朝大亂和崩潰才得以成功。而今，大王只見高皇帝得天下之易，卻看不見七國之亂的吳、楚嗎？吳王劉濞坐擁四郡之地，國富民強，計畫周密，謀略得當；而後起兵向西，卻在梁國一戰而潰，最終國破身死，為什麼？因為他逆天而行，昧於時勢啊！如今大王之兵還不到吳、楚聯軍的十分之一，而天下之穩固安寧，可謂萬倍於七國之亂時。大王若不聽從我的規勸，勢將拋棄千乘之君的寶座，自己走上絕路，會先於群臣死於王宮之中！」

說完，伍被悲從中來，涕泣而去。事實上，劉安如果真的想造反，絕不會因伍被阻撓而中止。之所以猶豫這麼多年仍未發動，歸根結柢，還是有「賊心」而無「賊膽」。

夜一長夢就多，劉安如此猶猶豫豫、反反覆覆，終於又拖出問題。上回是「王二代」劉遷坑爹，這回則是「王三代」——劉安的孫子劉建成心要「坑爺」。

劉建的父親叫劉不害，是劉安的庶子，年紀比劉遷大；但因庶出，不僅當不上王太子，而且在家族中很沒地位，根本沒被劉安、王后、劉遷放在眼裡。劉建做為庶出的孫子，自然更不招人待見。

為此，劉建一直憤憤不平。朝廷的「推恩令」頒布後，劉建終於看到一絲希望，但劉安壓根沒理他，於是希望又破滅了。最後，劉建決定自己動手改變命運。他暗中辦了不少劉遷的黑材料，打算一狀告到朝廷，扳倒劉遷，讓自己的父親取而代之。可是劉遷不是吃素的，察覺他的異動，把他關進黑牢狠狠收拾一頓。劉建不死心，出來後又搞事，結果又被修理。如此反覆多次，雙方的梁子愈結愈深，簡直就是不共戴天。

雷被的案子爆發後，劉建探知劉遷企圖刺殺朝廷中尉殷宏，便抓住這一要害，於元朔六年託人把訴狀遞到武帝劉徹手上。武帝一看，呵呵，劉安的兒孫沒一個是省油的燈啊！

老樣子，他把案子交給張湯。張湯旋即徵召劉建入京，準備詳細訊問。隨著朝廷再次立案，危險再度來臨。劉安又慌了，連忙又召伍被前來，重新討論遷延多年又反覆擱置的造反大計。

伍被還是堅持認為眼下是治世，起兵造反是找死。劉安不服，硬是找了一堆可能成功的理由——其實都很牽強，根本不值一駁。到最後，伍被可能是被纏得沒辦法，也可能是擔心被關押的父母有個閃失，只好幫劉安想了計策：「當今諸侯無異心，百姓無怨氣。」這種情況下起兵，肯定沒人回應，必須用計製造混亂。

伍被的計策是雙管齊下：首先，從朔方郡的移民政策入手。朔方地廣人稀，這些年朝廷一直遷移人口，但還不夠，伍被建議偽造兩份丞相和御史大夫的奏疏，把天下郡國豪傑及家產五十萬以上者，全部遷徙到朔方，如此一來，必將激起民怨。

其次，從朝廷與諸侯王的矛盾入手。辦法是偽造皇帝詔書和廷尉公函，下令逮捕各諸侯王、太子及其黨羽。如此天下諸侯必然恐懼，到時再派謀士前往各國，遊說諸侯王一同起兵。

伍被最後說若能按此計行事，僥倖的話，應該會有一成勝算。不得不說，伍被此計十分陰狠——如果劉安依計而行，雖然成功的可能性還是很小，但肯定會給朝廷製造相當大的麻煩，足以讓天下亂一陣子。

令人意想不到的是劉安居然拒絕了。他說：「這個計畫能辦到，不過我還是覺得不必這麼麻煩。」人可以自信，但不能愚蠢。對自己和客觀形勢都能做出正確評估，可以自信；高估自己的能力，又低估客觀困難，就是愚蠢。劉安就是後者。

不用伍被之計，劉安有什麼高明的謀略嗎？很可惜，沒有。當他終於開始啟動空想十六年多的造反大計時，入手的第一件事既不是類似伍被的計謀，也不是秣馬厲兵，而是忙著製造皇帝玉璽，以及丞相、御史大夫、將軍、郡守、軍吏、都尉等大小官員的印信。

未發一兵一卒就忙著搞這些沒有實際意義的事情——可見在造反這件事上，劉安不僅是重度拖延症患者，而且智商基本不在線上。接下來，劉安倒是想了一個計謀，準備派人佯裝犯罪，逃亡長安，投奔衛青麾下——等自己一起兵，立刻裡應外合刺殺衛青。劉安十分忌憚衛青的軍事能力，認為必須除掉他，大事方有可為。邏輯固然沒錯，但這個計策漏洞百出。

如今朝廷與淮南國的矛盾已經完全公開化，派去所謂的「逃亡者」，朝廷不會進行甄別嗎？就算不甄別，想投奔衛青，人家就會收留嗎？就算收留，這個刺客有多少機會接近衛青？就算能接近，衛青身為大將軍，左右侍衛肯定都是高手，刺客能有幾分勝算？

總之，根本就是看上去很美，成功率卻幾乎為零的計策。即便是這麼不可靠的計畫，仍然只是停留在空想階段，還沒來得及實施就胎死腹中了。

要造反，起兵是最基本的一步，劉安連第一步都很難邁出去。眼下淮南國的國相、內史、中尉等一大批二千石官員都是朝廷任命——不把他們統統殺掉，如何順利起兵？

為此，劉安計畫先殺掉國相等人，謊稱南越入侵，以此藉口起兵。就在這時，長安傳來情報，說因劉建告發的事，張湯已經派手下的廷尉監來逮捕劉遷。劉安和劉遷商量，覺得這回無論如何不能再拖，就召集國相及所有二千石官員前來開會，準備把他們一鍋端了，正式起兵。

形勢發展到這一步，劉安父子的謀反之心已經昭然若揭。接到會議通知後，只有國相一人前來，其他官員如內史、中尉等，一個都沒到。

劉安一看，光殺國相一人沒用啊！還是無法起兵，只好把國相放了，造反大計再次擱淺。

行文至此，已經數不清劉安的計畫究竟擱淺多少次。總之，連太史公寫到這裡，也只能重複使用「王猶豫，計未決」這種說法。

拖延症害人不淺，重度拖延症更是害死人。

劉遷一看這回躲不掉了，起兵也不成，只好拔劍自刎——估計有點怕痛，下不去狠手，只擦破點皮，硬是沒死成。連自殺都凸槌的人，真不知道還能做點什麼。

整件事情演變到這裡，幾乎可以說是一場徹頭徹尾的鬧劇——劉安造反的「雷聲」響了十七年，到頭來一滴雨都沒落下。用太史公的話說叫「為天下笑」（《史記·淮南衡山列傳》）。

此時，張湯手下的廷尉監已到達淮南。伍被見大勢已去，只好向廷尉監自首，把整樁謀反案的始末一五一十全部交代。廷尉監立刻逮捕太子劉遷、淮南王后，並派兵包圍淮南王宮；同時，在整個淮南境內展開大搜捕，將參與謀反的劉安門客悉數捉拿歸案，並繳獲大量謀反證據。

廷尉監無權逮捕諸侯王，只能一邊將劉安軟禁在王宮中，一邊將案情上報。武帝劉徹依例派出宗正（專門負責皇族事務的官員）前往淮南，欲將劉安抓到京師問罪。

元狩元年十一月，獨困於王宮之中、徹底成為孤家寡人的劉安，終於萬念俱灰，趁朝廷宗正還沒到先自殺了。隨後在武帝劉徹的授意下，由丞相公孫弘和廷尉張湯主導，朝廷開始窮追猛打、大肆株連，對所有涉案人員及稍有牽連者展開大規模清洗。

首先，淮南王后、太子劉遷被斬首，參與謀反的門客全部族誅。武帝念及伍被曾多次勸諫劉安，打算赦免，張湯卻強烈反對說：「伍被是為劉安出謀劃策的首要之人，罪無可赦。」伍被旋即被誅殺。

接下來，輪到朝中所有被劉陵拉下水或曾與劉安有過交往的達官顯貴。其中，太中大夫嚴助被控與劉安結交，私議朝政，收受巨額賄賂。武帝認為罪行不嚴重，有意饒他一命，張湯卻再度反對說：「嚴助出入禁中，是陛下的心腹之臣，卻私下與諸侯如此深交，若不誅殺，日後便難以治理了。」於是嚴助也被斬首棄市。

最後，此案最大的餘波就是勾連出另一起大案——衡山王謀反案。衡山王劉賜是劉安的胞弟，按當時的連坐之法，即使他是清白的也必須問罪。當劉安謀反案剛爆發時，有司就向武帝奏報要逮捕劉賜。武帝表態說：「諸侯都以自己的封國為根本，不應連坐。此事就交由丞相、列侯和諸位大臣一起商議吧！」劉賜看似躲過一劫，但事情沒有這麼簡單。

武帝劉徹如此表態，無非是想看衡山王有何反應。如果他夠聰明，此時就該立刻執行朝廷的「推恩令」，可能真的什麼事都沒有了。只可惜，不知劉賜是執迷不悟還是心存僥倖，總之沒有採取任何免禍的動作，就不能怪武帝劉徹沒給他機會了。

更要命的是，正如燕王、齊王等人一樣，衡山王劉賜的家裡也是一堆破事。舉凡爛俗古裝劇中的不入流情節，在他的王宮中幾乎都上演了，如父子不睦，兄弟鬩牆，老爺子厚此薄彼、兒子們爭權奪利；王后與姬妾爭風吃醋，姬妾施行巫蠱害死王后，「小三」上位；還有兒子與父親侍女私通，女兒與奴僕、門客私通，太子對後母性騷擾等，總之就是一片烏煙瘴氣。

此外，據司馬遷記載，衡山王劉賜確實有不少謀反跡象。

例如，早在元光六年，劉賜便因侵奪民田之事被朝廷有關部門奏請逮捕；武帝劉徹雖然沒同意，卻以此為由，將衡山國二百石以上官員的任命權收回朝廷。這種釜底抽薪之舉是武帝對付諸侯的一貫招數，目的就是把諸侯置於朝廷的掌控之中。對此，劉賜極為憤恨，便與門客張廣昌等人開始謀劃，「求能為兵法候星氣者」，暗中招攬精通兵法和占星望氣之人，日夜「密謀反事」（《史記．淮南衡山列傳》）。

劉賜和劉安既然是一母同胞，大哥劉安蓄謀造反，劉賜自然知情。於是有樣學樣，命次子劉孝及其門客陳喜等人製作攻城器械、武器裝備，偷刻天子玉璽、百官印信，一應手法都和劉安如出一轍。

元朔六年，大致與「王三代」劉建狀告「王二代」劉遷同時，衡山王劉賜也上演類似戲碼。事情源於劉賜不喜歡太子劉爽，想廢黜他，另立次子劉孝。劉爽得知後，一狀告到朝廷，指控劉孝暗中製造兵器，並與父王劉賜的侍女私通等。劉賜大怒，反告劉爽，罵他不孝，還勾引後母。父子兄弟就此反目成仇，鬥成一團。這幫人內鬨，自然就便宜了朝廷。

時間來到元狩元年冬，劉安自殺後，武帝沒有立刻對劉賜採取連坐法，就是要給他最後的機會，但他還是錯過這個寶貴的時間窗口。

接下來，朝廷有關部門就動手了，抓獲劉孝的門客陳喜。劉孝驚惶無措，旋即自首，所有謀反情節大白於天下。案子又被交到廷尉張湯手上，張湯與公卿一致認為應該逮捕劉賜治罪。劉賜聞訊，只好步大哥劉安後塵，拔劍自刎，一死了之。

老爺子死後，內鬨的一大家子沒一個有好下場。王后被控以巫蠱之術害死前王后，太子劉爽被控不孝，兩人皆被斬首棄市。次子劉孝雖有自首情節，但覆巢之下無完卵，也被控與父王侍女私通，照樣被砍了腦袋。最後老樣子，朝廷大肆株連，凡與衡山王謀反案有絲毫瓜葛者，全部族誅。

塵埃落定後，淮南國與衡山國被雙雙廢除，分別改為朝廷直接管轄的九江郡與衡山郡。元狩元年的這兩起大案，令許多有權有勢的家族一夜之間被滿門抄斬——不論真的有罪還是被株連，不論男女老幼都在這個肅殺的冬天失去生命。

據司馬光記載：「凡淮南、衡山二獄，所連引列侯、二千石、豪傑等，死者數萬人。」（《資治通鑑·漢紀十一》）株連多達數萬人，其中絕大多數肯定是無辜的。這就是政治，你可以不關心，但它隨時隨地可以「關心」你。

在它面前，人如草木，亦如螻蟻。當它輕輕一抬手就把你碾為齏粉時，你沒有面目，沒有姓名，甚至連準確的數字都不是。就如在這個冬天死去的絕大多數人，他們只配擠在一起，在史籍中共同組成「數萬人」這三個字。

掃平河西：無往不勝的霍去病

對內剪除諸侯勢力的同時，武帝劉徹並未忘記對外的開疆拓土。自從張騫經歷偉大的探險，給朝廷帶回許多關於西域的重大情報後，西域這片廣袤而神祕的土地便進入武帝的視野。換言之，經略西域，必然要被擺上大漢朝廷的議事日程。

不過，此時通往西域的咽喉要道「河西走廊」還掌握在匈奴人手中。除了採取軍事行動打通這條交通線外，漢帝國還有其他選擇嗎？

張騫的情報給了第二個選擇。他告訴武帝：漢帝國西南有個叫身毒的國家，通過它也可以前往西域。

這個情報源於當初張騫在月氏國的見聞。月氏國征服附近的大夏國；大夏國雖然軍事實力不行，但商業非常繁榮，對外貿易十分發達。張騫在當地的市場上，驚奇地發現產於漢朝蜀郡的布料和邛都的竹杖——一經詢問，才知道是大夏商人經過身毒國的轉口貿易而來。

敏銳的張騫立刻做出判斷：大夏國距漢朝一萬二千里，位於漢朝正西；而身毒國在大夏東南數千里，說明身毒離蜀郡不遠。如果從蜀郡打通一條前往身毒的交通線，就可以經由身毒前往西域，從而開闢一條「河西走廊」之外的路線。

元狩元年夏，武帝劉徹採納張騫的計畫，命其負責打通西南線。張騫隨即派出四路使團，分別從駹國（今四川省茂縣北）、徙國（今四川省天全縣）、邛都國、僰國出發，深入大西南的崇山峻嶺，試圖從一片蠻荒的原始叢林中開闢出一條前往身毒的交通線。

然而，計畫卻遭到當地蠻夷部落的嚴重干擾。四路使團雖然各自行進一、二千里，但北路被氐人部落（今甘肅省隴南市西南一帶）和筰國（今四川省漢源縣）阻撓，南路被嶲國（今雲南省保山市北）和昆明一帶的部落阻撓，無法繼續前進。

其中遇到最大困難的是行經昆明這一路，這一帶部落林立，卻沒有統一的領袖，到處是山匪出沒、強盜橫行。大漢使團屢遭搶劫，不少成員被殺。

最終打通西南線、前往身毒國的行動宣告失敗。

不過此行並非全無收穫，行經昆明的這路使團，首次到訪滇國（都城滇池，今雲南省晉寧縣東）。

滇王名叫當羌，非常好奇地問大漢使節：「漢朝有沒有滇國大？」這個可愛的問題，當初夜郎國國王也問過，才有「夜郎自大」這一成語流傳後世。當然平心而論，由於交通閉塞和資訊缺乏，滇國和夜郎國不知道漢朝多大也很正常——不能因此就說他們自大，正如古代的中國自以為是世界的「中央之國」一樣。

從這個意義上說，任何國家和民族想避免盲目自大，都必須「睜眼看世界」，不能沒有開拓進取、探求未知的精神。換言之，一個國家強大的程度往往與其開拓精神成正比。武帝劉徹和張騫所做的正是這件事情。

既然西南交通線暫時無法開闢，想經略西域，用武力打通「河西走廊」就成為不二之選。如果放在以前，掛帥出征的肯定又是衛青——但這一次，武帝選擇霍去病。

首先是要培養年輕將領，以免帝國的人才隊伍青黃不接；其次，武帝對衛青的尊寵已經減弱。此時衛子夫雖然還是皇后，但武帝的後宮中已有新寵王夫人。衛子夫在武帝心目中的地位大不如前，衛青就跟著恩寵漸衰。

元狩二年（前一二一年）三月，武帝擢升霍去病為驃騎將軍，命其率精銳騎兵一萬人，從隴西郡出發，兵鋒直指盤踞在河西走廊的渾邪王和休屠王。此時的霍去病年僅十九歲，但他馳騁沙場的英姿，儼然已是一位久經戰陣的老將。

霍去病率一萬精騎出隴西後，翻越烏戾山，迅速擊潰據守在此的匈奴速濮部落。緊接著，漢軍渡過狐奴水，逼近另外五個匈奴小王的地盤。這些小王趕緊開會，一致認為阻擋霍去病的結果只是死路一條，於是非常痛快地舉手投降。

漢軍如入無人之境，迅速穿越五小王的地盤；翻越焉支山（今甘肅山丹縣東南），向西推進一千餘里，像一把利劍直插渾邪王的地盤。

霍去病進兵如此神速，大大出乎渾邪王和休屠王的預料。他們立刻合兵一處，並糾集附近的折蘭王、盧侯王等部組成聯合兵團，共計兵力一萬三千多人。

匈奴聯軍在兵力上占據優勢，且以逸待勞，對這一仗很有把握，便決定與霍去病正面對決，一較高下。然而，渾邪王等人嚴重低估霍去病及麾下部眾的戰鬥力。

這支部隊中的每一個人都是霍去病親自從漢軍各部的精銳中遴選出來，訓練有素，作戰勇猛；身下的每一匹戰馬都是漢軍中最優良的品種，速度快，耐力強；還有裝備的武器和鎧甲同樣是用當時最尖端技術生產的最精良軍工產品。

一言以蔽之，這支鐵騎不僅是漢帝國最精銳的部隊，恐怕也是當時世界上最強大的軍隊之一。碰上他們，可以說是匈奴人的災難。

這一仗的具體經過，史書無載；不過從霍去病取得的輝煌戰果便不難看出這支漢軍的戰鬥力有多麼可怕。

兩軍會戰的結果是漢軍斬殺折蘭王和盧侯王，俘虜渾邪王王子、相國、都尉，共斬首八千九百餘級，並繳獲休屠王用來祭天的金人。

這只是漢朝對河西地區的一次試探性進攻，戰果卻遠超武帝劉徹的預期。霍去病凱旋後，武帝立刻下詔褒獎，並加封他食邑二千戶。霍去病首戰告捷，為漢軍徹底掃平河西地區、奪取河西走廊奠定基礎。

渾邪王和休屠王雖然遭到重創，但並未被連根拔起；此外，河西走廊的最西端，即祁連山南麓的小月氏地區，還盤踞著數十個匈奴小王。武帝決定發動一場更大規模的河西戰役。這一次，他和霍去病選定的進軍路線卻不是常規的由東往西，而是向北迂回，然後再南下，直插渾邪王和休屠王的後方。

同年夏天，霍去病和公孫敖各率一路人馬，從北地郡（今甘肅省慶陽市西北）出發。漢軍的作戰方略是兩路人馬分別沿河西走廊北面沙漠的北緣和南緣行軍，然後在大沙漠西北角的居延澤（今內蒙古自治區額濟納旗嘎順諾爾湖）會師，最後再一同南下。

與此同時，漢軍在帝國的東部戰線也發起進攻，由時任衛尉的張騫和郎中令李廣各率一路人馬，從右北平出發，目標是匈奴的左賢王部。

先來看西線戰役。霍去病和公孫敖要完成既定的戰略計畫，就必須橫穿大沙漠，長途奔襲二千多里。時值盛夏，沙漠的高溫足以把萬物烤焦，而霍去病和麾下勇士卻以大無畏的精神和頑強的意志力，克服種種常人難以想像的困難，如期到達居延澤。

令人尷尬的是，公孫敖這一路卻在大漠中迷失方向，未能按計畫與霍去病會師。如果霍去病繼續行動，意味著孤軍深入，沒有策應，沒有後援——一旦遇險有可能全軍覆沒。反之，若能以一支孤軍直插敵人大後方並取得勝利，將是永垂史冊的曠世奇功！

霍去病毅然做出抉擇，率領部眾沿弱水河畔一路南下，直抵祁連山南麓的小月氏，對盤踞在此的數十個匈奴部落發動奇襲。這些匈奴人絕對沒料到，霍去病竟然會繞過休屠王和渾邪王的地盤，徑直殺到他們面前。一番激戰後，漢軍取得壓倒性勝利：生擒匈奴的單桓王、酋塗王，及其相國、都尉和部眾二千五百人，斬首三萬零二百級；另外俘虜了五名小王，及王母、王妻、王子共五十九人，還有相國、將軍、當戶、都尉共六十三人。

第二次河西戰役是漢帝國自反擊匈奴以來取得最豐碩的一次戰果，也是霍去病征戰沙場以來打得最漂亮的一仗。不過這還不是他軍事生涯中最輝煌的戰績。很快，霍去病將以更驚人的勝利，刷新由自己創下的這一紀錄。

無往不勝的霍去病憑藉顯赫的戰功博得武帝的倚重和尊寵。史書記載：「由此驃騎日以親貴，比大將軍」（《史記・衛將軍驃騎列傳》）。霍去病的地位之尊貴，已足以比肩大將軍衛青。

大軍凱旋後，武帝劉徹再次加封霍去病食邑五千戶；麾下的校尉趙破奴、高不識等人也全部封侯。而在大漠中迷失方向的合騎侯公孫敖，因未能與霍去病會師，回朝後論罪當斬——不過最後還是按慣例，花錢贖罪，貶為庶人。

再來看東線戰場。從右北平出發後，李廣率四千騎兵為前鋒，張騫率主力一萬繼進。不得不說，一生難以封侯的李廣的確時運不濟——剛向北行進數百里，便與匈奴左賢王親率的四萬主力正面遭遇。四千對四萬，這仗怎麼打？

四萬匈奴騎兵迅速將李廣所部團團包圍，大有將其一舉殲滅之勢。饒是李廣麾下都是身經百戰的老兵，見狀也無不震恐。

為了鼓舞士氣，李廣命兒子李敢率數十名精銳騎兵組成一支敢死隊，縱馬直衝匈奴軍陣。這種近乎「自殺式衝鋒」的戰術，恐怕只有李廣敢用；正所謂虎父無犬子，必須是李敢擁有過人的勇氣和極強的戰鬥力，李廣的這一戰術才能得到貫徹執行。

只見這支敢死隊像一支利箭射入黑壓壓的敵軍之中，左衝右突，來回馳騁，轉眼便將一大片匈奴騎兵斬落馬下；最後迅速掉頭，安然回返，隊伍中竟無一人傷亡。

李敢高聲向李廣稟報道：「敵人外強中乾，很容易對付！」這句話其實是說給將士們聽的，父子倆很有默契地唱著「雙簧」。眾人見李敢來去自如，完全沒把匈奴人放在眼裡，可見敵人沒那麼可怕，軍心才安定下來。

李廣立刻命全軍結成環形的防禦圈，所有人利箭上弦，嚴陣以待。很快，匈奴大軍便發起進攻，一時間箭如雨下。漢軍也射箭予以還擊。然而，四千對四萬，怎麼打都吃虧。雙方互射多輪之後，漢軍傷亡已經過半，而且箭矢即將耗盡。

情勢萬分危急，所有人都盼著張騫的主力趕緊到達戰場。儘管加上張騫的一萬人，總兵力還是遠遠少於匈奴大軍，但至少可以幫助倖存的李廣部眾突圍，避免全軍覆沒。

遺憾的是，戰場形勢一貫變幻莫測，經驗再豐富的人也有馬失前蹄的時候。雖然張騫擁有極為豐富的沙漠行軍經驗，但這一次，他似乎完全找不到前鋒的蹤跡，根本不知道李廣所部推進到何處，遲遲未能趕來救援。

面對這種嚴峻局面，李廣只能命部眾將弓箭「持滿毋發」，就是拉滿弓，但不輕易發射，盡量節省每一支箭，等到敵軍靠近再射。與此同時，李廣則操起一把「大黃弩」，專門瞄準匈奴的將領，彷彿狙擊手一樣，一箭射出，必有一敵將斃命。漢軍的大黃弩是所有弩機中威力最強、射程最遠的，現在又操在神射手李廣手裡，殺傷力自然更為驚人。

轉眼間，便有多名匈奴將領被射落馬下。敵軍頓時亂了陣腳，攻勢因此大為減弱。雙方就這麼相持著，天色漸漸暗下來。

張騫的主力依舊遲遲未至，剩下不到二千將士不由再度消沉下去，一種恐懼和絕望的情緒在軍中迅速蔓延。而李廣則鎮定自若，面色如常。一邊在部眾中來回巡視，盡力安撫；一邊還不時談笑幾句，似乎已將生死置之度外。將士們被他的勇氣感染，才又喚醒鬥志。

次日清晨，匈奴大軍發起更為猛烈的攻勢，雙方展開短兵相接的肉搏戰。這次戰鬥的慘烈程度自不待言，漢軍很快又傷亡了一半，僅剩不到一千人。

此時此刻，李廣父子已經做好埋骨黃沙、壯烈殉國的準備。做為軍人，這也許是最好的歸宿。而剩下的弟兄們幾乎都已瀕臨絕望，除了咬牙戰鬥到最後一刻，沒有別的念想。

就在最後關頭，張騫終於率領一萬騎兵趕到戰場。儘管匈奴人多勢眾，但鏖戰了一晝夜，已精疲力竭。見漢軍援兵已至，左賢王不敢戀戰，旋即撤圍而去。

李廣父子及其殘部幸而脫險了。部隊班師後，張騫因進軍遲緩導致前鋒傷亡慘重之責，論罪當斬——不過按慣例花錢贖罪，貶為庶人。李廣所部斃敵四千多人，力戰有功，但傷亡太大，故功過相抵，不賞不罰。

霍去病兩次橫掃河西，重創匈奴在河西走廊的勢力；如此局面，令伊稚斜單于極為惱怒。他懷疑是渾邪王和休屠王首鼠兩端、心懷異志，才不肯盡力，打算把他們召到王庭，趁機誅殺。

渾邪王和休屠王得到消息，大為恐懼。兩人一商量，與其被伊稚斜收拾，不如投降漢朝。元狩二年秋，渾邪王派遣使者前往邊境，打算找漢人向武帝轉達投誠之意。恰逢大行令李息正奉命在黃河岸邊築城，聞訊，立刻用朝廷專用的驛車把使者送到長安。

武帝劉徹聽使者稟明來意，內心自然是大喜過望——不戰而屈人之兵，一舉打通河西走廊，無疑將大大加速漢帝國「經略西域」的進程。

不過武帝擔心渾邪王和休屠王是詐降，想趁機偷襲邊塞，遂命霍去病率部前往邊境迎接，做兩手準備：若是真降，讓霍去病去迎接，正好給足他們面子；若是詐降，就讓霍去病將他們一舉消滅。

不出武帝所料，事情果然出現變數。渾邪王剛和漢朝把事情敲定，休屠王那頭居然反悔。渾邪王是個狠角色，一不做二不休，設計殺掉休屠王，招降他的部眾，帶著兩個部落總計約五萬人，浩浩蕩蕩投奔漢朝來了。雖然事情有變，但渾邪王還是控制住局勢，沒有違背與漢朝的約定。

當渾邪王率眾來到黃河岸邊時，霍去病早已在此列陣等候。雙方遙遙相望，新的變故又在這一刻發生了。休屠王的不少副將和部眾原本便沒打算投降，只是休屠王死後，一時沒了主心骨，才被渾邪王裹挾至此，眼下一看到霍去病的帥旗，或許是勾起之前被他打敗的不快記憶。想來想去，還是決定一走了之。

於是，一撥又一撥人陸續掉頭而去，場面頓時失控，連渾邪王也鎮不住了。想走就走？這不是不給渾邪王面子，沒把堂堂大漢驃騎將軍霍去病放在眼裡啊！

霍去病立刻縱馬馳入匈奴大營，簡單地和渾邪王見個面，旋即指揮部眾分頭追擊那些逃亡者。這些人原本在戰場上就不是霍去病的對手，現在又失去建制和指揮系統，都是百八十人結成一隊各自逃竄，自然逃不出霍去病的手掌心。

接下來，漢軍將士就像獵人追捕獵物一樣，頂多半天功夫便將所有逃亡者悉數格殺，共計斬首八千餘級。一場突如其來的嘩變，就這樣被霍去病輕鬆解決了。

最終投降漢朝的渾邪王部眾，總計四萬餘人（對外號稱十萬）。武帝劉徹派出二萬多輛馬車前去迎接，再由霍去病一路護送到長安。渾邪王被武帝封為漯陰侯，食邑一萬戶，其麾下四個小王全都封為列侯。霍去病因功加封食邑一千七百戶。

隨後朝廷將這四萬餘人分別安置在隴西、北地、上郡、朔方、五原，讓他們仍舊保持原本的生活方式和風俗習慣。這五個郡因此又稱「五屬國」，由朝廷設置都尉進行管理。

從兩次河西戰役到最後成功受降，霍去病終於幫武帝實現既定的戰略目標，徹底蕩平匈奴的勢力，打通河西走廊，為漢帝國進一步經略西域奠定堅實基礎。

數年後，漢朝在河西走廊先後設立酒泉、武威、張掖、敦煌四郡，帝國的疆域向西拓展約九百公里，而領土面積則相應擴大約十五萬平方公里。

年輕的霍去病便是這一歷史功績的主要締造者。掃平河西這一年，霍去病虛歲才十九——放在今天，也才上大學，他卻已經創造出彪炳史冊的赫赫功勳。

當然，這一切都離不開敢於大膽起用新人的武帝劉徹。漢武帝的識人之明和用人之智，在此又一次得到證明。

生財有道：瘋狂運轉的財政機器

漢帝國連年對外用兵，雖然從國防和軍事的意義上講，乃勢在必行之舉；但從財政和民生的角度看，隨著軍費開支的劇增，國庫明顯不堪重負，而百姓承受的兵役、賦稅和徭役的壓力，無疑愈來愈大。

屋漏偏逢連夜雨。元狩三年（前一二〇年）秋，廣大的中原地區爆發嚴重的洪水災害。一時間餓殍遍野，無數百姓陷入饑荒。

武帝劉徹聞報，立刻派遣使臣分道前往各個郡國，嚴令所有政府儲備糧倉全部開倉放糧賑濟災民，一粒糧食都不許剩下。

然而，所有糧食放出去後，依然還有大量饑腸轆轆的災民得不到救援。武帝無奈，只好又想一招，倡議富豪和官吏出錢借貸給災民，將名字上報，由朝廷予以表彰、嘉獎。

可是讓富豪和官吏把口袋裡的錢掏出去，換取徒有虛名的「朝廷表彰」，這筆生意著實不划算。倡議發出後，雖有回應者，但相對於數量龐大的災民，仍是杯水車薪，根本解決不了問題。

武帝劉徹沒轍，只好大手一揮，下令將所有尚待賑濟的災民全部遷移：一部分遷入關中，一部分遷到朔方與河套地區。災民總人口有多少呢？七十餘萬。

移民的費用由誰承擔？當然只能是國家財政。

此次大規模遷移災民，朝廷不僅承擔災民的衣食、遷移和安置費用，還要在此後數年幫助移民配套解決居住、生活、勞作等一系列問題。所有費用和開支算下來無疑是天文數字，致使原已不堪重負的國家財政雪上加霜。按照司馬遷的說法就是：「其費以億計，不可勝數。於是縣官大空。」（《史記．平准書》）

國庫空虛，財用匱乏，迫使武帝劉徹不得不透過一系列激進的財政改革來提高朝廷對民間社會的榨取能力，從而為他已經實施和即將實施的所有「大有為之政」保駕護航。換言之，只有讓國家的財政機器瘋狂地運轉起來，最大限度地開闢財源，才能讓武帝劉徹擺脫「志大財疏」的窘境。

元狩四年（前一一九年）冬，一開年，朝廷的財政部門就向武帝提出一項重大的貨幣改革建議。他們說：「縣官用度太空，而富商大賈冶鑄、煮鹽，財或累萬金，不佐國家之急。請更錢造幣以贍用，而摧浮淫並兼之徒。」（《資治通鑑．漢紀十一》）

政府經費匱乏，社會上的富商大賈透過冶煉銅鐵礦、私鑄貨幣和生產食鹽，身家累計達黃金萬斤，卻從不幫助解決國家的困難；建議製造新的貨幣以供政府開支；同時打擊那些貪得無厭、投機倒把的奸商。

有關部門這個「更錢造幣」的建議，用現代經濟學術語表達，就叫「量化寬鬆」；用老百姓的話講，就是「印鈔票」。

古代的貨幣通常都以金屬鑄造：最上等是黃金，次一等是白銀，第三等是銅，當時社會上一般通用貨幣即為銅錢。自漢文帝到武帝元狩年間，六十多年來，社會上流通的銅錢一直是「四銖錢」，又稱「漢半兩」。漢朝初年允許民間私鑄貨幣，但普通老百姓肯定享受不到這種政策紅利，受益最大的群體是權貴和富豪。他們擁有銅山，而且具備開採、冶煉的資本和技術，也能雇用大量勞動力，民間的私鑄貨幣基本出自他們之手。上文有關部門抨擊的主要對象之一，就是這個群體。

民間擁有鑄幣權，對國家的經濟秩序固然會產生負面影響；但如果這些私營造幣企業能夠按照規範生產，倒也不至於造成太大破壞。問題在於人的貪欲無止境，權貴和資本家尤甚。他們不滿足於私鑄貨幣的利潤，挖空心思在銅錢的分量上做文章，把錢愈鑄愈薄，導致貨幣氾濫，惡果便是「錢益多而輕，物益少而貴」（《史記．平准書》），即貨幣貶值，物價飛漲。

利用這次貨幣改革的機會，朝廷勢必要對這一現象進行嚴厲打擊。武帝劉徹很快下令在全國範圍內禁止並銷毀所有「四銖錢」，代之以政府統一鑄造發行的「三銖錢」；同時，朝廷收回鑄幣權，嚴禁民間私鑄任何種類的貨幣，違者一律處以死刑。不久，有關部門發現「三銖錢」太輕，更容易被不法分子盜鑄，建議改鑄「五銖錢」。

元狩五年（前一一八年），武帝劉徹下令罷廢「三銖錢」，正式發行「五銖錢」。此後，「五銖錢」因其形制規整、鑄造精良而被沿用七百多年，直到唐代才被廢止，成為中國歷史上鑄造和發行數量最大、使用時間最長的銅質貨幣。

然而，銅錢只是一般通用貨幣，面額太小；漢帝國想有效解決政府的財政危機，勢必發行大面額貨幣。原本的大額貨幣一直是黃金。但黃金本身的價值太過高昂，根本不適合拿來進行「量化寬鬆」；更何況朝廷儲備的黃金早就賞賜給作戰有功的將領，還能拿什麼來充當大面額貨幣呢？

辦法是人想出來的。生財有道的武帝君臣稍微動動腦筋，就找到一種可以用來批量製造大面額貨幣的原材料，這種原材料就是鹿皮。

上林苑中白鹿成群，鹿皮多的是，可以就地取材；只要大量豢養白鹿，某種程度上還能做到「取之不盡，用之不竭」。於是「白鹿幣」就此誕生。白鹿幣呈方形，邊長各一尺，四邊繡上五彩花紋，也稱「皮幣」。世界上最早的紙幣是宋代的「交子」；但漢武帝君臣發明的這種皮幣可以視為紙幣的先驅和濫觴。

朝廷規定，每張皮幣價值四十萬錢，絕對屬於「超大面額」貨幣。有關部門只要找幾個人，殺一群鹿，幾天時間就能搞出一大批皮幣，國庫憑空便能多出一筆巨額財富，還可以源源不斷地生產，效率並不亞於現代的印鈔機。

問題在於這麼大的「流動性」，該如何注入市場呢？很簡單，賣給有錢人。

哪些有錢人？帝國的王侯，以及眾多的皇親國戚——簡言之，就是富到流油的權貴們。

朝廷規定，每逢這些權貴到長安朝覲、參加大典、進獻貢品之際，必須事先花四十萬錢購買一張皮幣，才有資格參與上述活動。如此一來，皮幣就能透過這些權貴之手，漸漸流通到市場，而無數的銅錢則嘩啦啦流進國庫。

除了白鹿幣，此次貨幣改革，朝廷還推出一套「白金幣」。古代稱白銀為「白金」，白金幣的主體材料就是白銀。當然不是純銀，而是摻雜一定數量的錫。準確地說，「白金幣」就是一種合金硬幣。當時，皇家事務管理機構「少府」（相當於劉徹的小金庫）之中，存有大量銀和錫，足以批量製造「白金幣」。

「白金幣」有三種面額：最大的呈圓形，上面鑄造龍的圖案，價值三千錢；其次呈方形，圖案為馬，價值五百錢；最小的呈橢圓形，圖案為龜，價值三百錢。

從超大面額的「白鹿幣」，到大面額及中等面額的「白金幣」，再到小面額的「五銖錢」，一整套嶄新的貨幣體系就建立起來。

朝廷收回鑄幣權並發行新貨幣，必然觸動無數既得利益者的乳酪。儘管朝廷三令五申，嚴禁民間私鑄各種類型的貨幣，依然有無數的商人與政府官員內外勾結，冒著殺頭的危險拚命盜鑄貨幣。《史記·平準書》就說：「吏民之盜鑄『白金』者不可勝數。」《資治通鑑》也稱：「民多盜鑄錢（『五銖錢』），楚地尤甚。」

一切正如馬克思《資本論》引用托馬斯·約瑟夫·唐寧（Thomas Joseph Dunning）的那段名言一

樣：「資本家害怕沒有利潤或利潤太少，就像自然界害怕真空一樣。一旦有適當的利潤，資本就大膽起來……有百分之五十的利潤，它就鋌而走險；為了百分之一百的利潤，它就敢踐踏一切人間法律；有百分之三百的利潤，它就敢犯任何罪行，甚至冒絞死的危險。」

新貨幣發行後，一開始只是掌握權力的官員和握有資本的商人聯手盜鑄；但很快，無數民眾都捲進來，「天下大抵無慮皆鑄金錢矣」（《史記・平准書》），即天下人大都毫無顧慮地私鑄金錢。「犯者眾，吏不能盡誅取」，參與犯罪的人實在太多，以致官府殺也殺不完，抓也抓不完。

一件法律禁止的事如果只有少部分人做，那是一般犯罪活動；倘若無數人參與就上升到危及社會穩定的政治高度。對此，武帝劉徹很無奈，只能一邊按照法令，該抓的抓，該殺的殺；一邊又不得不頻頻發布赦免令，把那些有自首情節或罪行不太嚴重的人都放了。

當時到底有多少人被赦、多少人被殺，司馬遷《史記・平准書》給出三組數據：新貨幣發行後的五年時間內，因自首而赦免的就有「百餘萬人」；因情節較輕而赦免的「吏民」，也有「數十萬人」；至於沒有遇到赦免而被殺的則「不可勝計」。

朝廷的貨幣改革政策，除了在民間引發嚴重犯罪，朝廷內部也遭遇不小阻力。反對派的代表人物是當時的大農令——「財政部長」顏異。

這位大農令據說素有清廉、正直之名，本來武帝劉徹比較賞識他，但「白鹿幣」剛推出，顏異便提出反對意見。如果他是站在財政或民生的角度指出大面額貨幣的弊端，例如引發通貨膨脹之類，意見還算有建設性。遺憾的是，顏異的反對理由和「財政部長」的身分很不相稱，一點都不專業。他居然是站在權貴的立場發聲，認為讓王侯們花四十萬錢買一張「白鹿幣」，這件事不太合適。

武帝劉徹大為不悅。但顏異畢竟是「財政部長」，他要是阻撓，朝廷的貨幣改革勢必難以順利進行。這個時候，就該輪到張湯上場了。

幾年前，丞相公孫弘病逝，御史大夫李蔡進位丞相，張湯進位御史大夫。李蔡上位後沒什麼政績，慢慢淪為掛名丞相；一向深受武帝倚重的張湯則成為實質上的丞相。「丞相取充位，天下事皆決於湯。」（《史記．酷吏列傳》）此次推行貨幣改革，張湯自然是深度參與，現在有人阻撓，肯定要把障礙排除掉。

張湯和顏異一直以來就有矛盾，這回又有公事上的理由，當然不會放過顏異。不過饒是張湯「辦人無數」，顏異還是讓他有些頭疼。此人為官清廉，居然查不到任何汙點。換成別人來辦理此案，可能就知難而退；但他之所以是張湯，就在於世上沒有他辦不下來的案子。

有汙點，直接辦他；沒有汙點，製造汙點也要辦他。在張湯的授意下，就有人站出來指控顏異。事情源於一次聚會。某位客人批評朝廷某項法令不太妥當，顏異沒有作聲，只微微動一下嘴脣。張湯死死抓住這個微表情，上奏稱：「當異九卿見令不便，不入言而腹誹，論死。」（《史記．平准書》）顏異身為九卿，覺得朝廷法令不太妥當，卻不進言而在肚子裡誹謗，論罪當死。顏異就這樣掉了腦袋。

由此可見，在官場上混不僅要謹言慎行，還要具備超強的微表情控制力，否則可能像顏異一樣，怎麼死的都不知道。

中國歷史上，顏異可能是第一個因「腹誹」罪名而死的，但絕非最後一個。有了這個經典判例，後來的酷吏簡單「抄作業」就行了，動輒便能以「思想犯罪」為由大搞政治迫害，隨意置人於死地。

顏異之死對武帝一朝的政壇風氣產生非常壞的影響。司馬遷說：「自是之後，有腹誹之法，而公卿大夫多諂諛取容矣。」（《史記．平准書》）既然連「腹誹」都能入罪，滿朝文武為了自保，當然不願說真話，只有阿諛諂媚才是最好的生存之道。

從「鹽鐵專營」到「算緡告緡」

透過貨幣改革，漢帝國的財政危機在一定程度上得到緩解。不過幾乎每天都在大手筆花錢的武帝劉徹還是感覺錢不夠花。錢永遠是不夠花的，下自普通老百姓，上至富有四海的皇帝，其實都一樣。對政府而言，除了貨幣改革、「量化寬鬆」，還有什麼開闢財源的辦法呢？當然有，就是對某些暴利行業實施國家壟斷，由政府進行專營專賣。

在古代，最暴利的行業無非兩個，上文提到的冶鐵和製鹽，歷史上統稱為「鹽鐵」。古代是農耕社會，兩者都是民生之必需，屬於社會的支柱性產業，利潤極其豐厚，朝廷理所當然會盯上它們。

這一時代背景下，以著名財政專家桑弘羊為代表的一批理財高手，在歷史舞臺上登場亮相了。

桑弘羊出身於洛陽的富商家庭，打小就精於心算，擁有很強的商業天賦，從少年時代便介入家族的經營活動和理財事務，因而名聞洛陽。景帝末年，年僅十三歲的桑弘羊被徵召入朝，擔任侍中。古人的早慧有時真的讓人驚訝。我們的十三歲剛小學畢業，才上國一，但桑弘羊的十三歲已經擔任高階主管了。

由於和武帝劉徹年齡相仿，入宮後的桑弘羊相當於和武帝一起成長，自然形成親密的君臣關係。如今武帝要廣辟財源，身為理財高手的桑弘羊理所當然成為最得力的助手。《史記・平准書》便稱他「以計算用事」。

桑弘羊參與「計算」的第一件大事，便是「鹽鐵專營」。當時參與制定這項財政政策的還有兩位高手，一個叫東郭咸陽，從政前是齊國的大鹽商；另一個叫孔僅，是南陽的大冶鐵商，兩人身家都在黃金千斤以上。武帝劉徹任命二人為大農丞，相當於財政部副部長，專門負責「鹽鐵專營」；內朝官桑弘羊則做為朝廷經濟政策的總顧問，相當於首席經濟學家，和二人一起主導這項政策的制定與推行。

鹽鐵專營並非武帝君臣的發明，早在西周時期，便有不少諸侯國將鹽鐵經營收歸國有，不過並未做為根本性經濟政策。中國歷史上，最早將這一做法制度化並取得巨大成效的是春秋時期的齊相管仲。

一般而言，國家財政收入的主要來源（甚至是唯一來源）只有賦稅。正是透過管仲的改革，由政府對涉及國計民生的戰略性資源進行管控，並以壟斷專賣的方式經營，才使得古代中國的政府收入在賦稅的基礎上又多了一項專營收入。

武帝劉徹和桑弘羊等人的經濟思想完全繼承自管仲：透過國家對支柱性產業的壟斷，獲得專營收入，從而為中央集權制度提供堅實的經濟保障。桑弘羊、孔僅等人提出「鹽鐵專營」的具體辦法，在鹽業方面，與當年的管仲相同，即招募民眾進行生產，註冊成為鹽戶；主要生產成本由鹽戶承擔，官府只負責提供「牢盆」（煮鹽器具）；然後由政府統一收購並實行專賣。

鐵業方面，他們則在管仲的基礎上進行創新，加大國家壟斷力度，從原材料生產到成品製作再到商品銷售，完全由政府一把抓。中國歷史上，由政府直接介入生產製造環節並純粹以營利為目的的，這應該算是第一次。

雖然早在殷周時期，便有國營的青銅和鐵器作坊，但只局限於為貴族服務；另外，秦國的商鞅也曾建立國營兵工廠，但單純為國防服務。像漢武帝這樣，國家在根本性民生領域透過全方位壟斷進行牟利的做法，當屬首創。學界有種觀點認為真正意義上的「國營企業」，正是從漢武帝時期開始的。

當時的朝廷規定，凡是出產鐵礦的郡均設置鐵官，負責鐵礦冶煉、鐵器製作及市場銷售；即使不產鐵的郡，也要在縣一級設置小鐵官，專門負責銷售，從而建立起全國性鐵器專賣網點。

政策制定後，法令便嚴禁民間私自煮鹽、冶鐵及從事相關販賣活動，違者「釱左趾」——在左腳戴上鐵鎖，並沒收所有生產、銷售器具。

在孔僅和東郭咸陽的主持下，「鹽鐵專營」一經實施便取得立竿見影的效果，極大緩解漢帝國的財政危機，也為武帝的開疆拓土、連年用兵輸送源源不斷的經費。班固《漢書・食貨志》稱：「費皆仰大農。大農以均輸調鹽鐵助賦，故能澹之。」短短三年後，孔僅便因功擢升大農令，一躍成為漢帝國的「財政部長」；桑弘羊則正式出任大農丞，即副部長。

然而，世間萬事都是利弊相生，孔僅和東郭咸陽畢竟是商人出身，而商人都有逐利的本性。為國庫攫取巨大財富的同時，也利用職務之便搞了不少權力尋租的勾當。其中較為典型的就是在財政系統中大量任用和安插鹽鐵商人。可想而知，這些集資本和權力於一身的「紅頂商人」，必然會在職權範圍內大肆牟利，從事權錢交易等各種腐敗活動。武帝一朝的吏治局面，由此漸趨混亂和敗壞。

「吏道益雜，不選，而多賈人矣。」（《史記・平准書》）政府官員的出身愈發駁雜，大多不是透過選拔任用，而由商人充任。與此同時，「國營企業」固有的種種弊端逐步暴露出來。據西漢桓寬的《鹽鐵論》記載，以鐵器的生產銷售為例，其弊主要體現在以下幾點：

首先，產品不符合市場需求。「縣官鼓鑄鐵器，大抵多為大器，務應員程，不給民用。」官營企業生產的鐵器多是笨重不實用的大件產品，主要是為了趕工、湊數量、應付上頭，不考慮市場需求、不適合百姓使用。

其次，生產成本高，產品品質低劣。「今縣官作鐵器，多苦惡，用費不省，卒徒煩而力作不盡。」由於管理不善，缺乏監督，工匠都沒什麼責任心，不肯盡力。雖然投入的成本不低，但生產出來的鐵器大多品質很差，以致「民用鈍弊，割草不痛」——鐮刀的刀口都是鈍的，割草都割不動。

再次，「國營商店」服務品質差。「器多堅，善惡無所擇，吏數不在，器難得。」鐵器商品品質普遍不好，而且還不讓人挑選，甚至店員經常蹺班、櫃臺上沒人，想買都買不成。「棄膏腴之日，遠市田器，則後良時。」有些百姓因為急用，只好浪費大把時間跑遠路去異地買，結果就是耽誤農時。

最後，商品價格昂貴，且利用行政權力強買強賣。「鹽、鐵賈貴，百姓不便。」食鹽和鐵器都由政府統一定價，因缺乏競爭，價格都定得很貴，老百姓買不起。「貧民或木耕手耨，土耰淡食」，那些家境貧困的百姓買不起官營鐵器，只好退化到用木頭農具和手去耕作的地步；同時鹽也吃不起了，只能吃淡食。「鐵官賣器不售，或頗賦與民。」因價格昂貴，銷售不暢，鐵官無法完成任務，就會進行攤派，強迫民眾購買。

班固《漢書·食貨志》對上述現象也有記載：「郡國多不便縣官作鹽鐵器，苦惡，賈貴，或強令民買之。」一言以蔽之，武帝一朝的「鹽鐵專營」政策，說白了就是「與民爭利」，只是強了國家，弱了百姓。

武帝劉徹想要締造彪炳史冊的豐功偉業，就必須付出代價；很多時候，老百姓就是那個「代價」。

西諺有云：財富就像鹽水，喝得愈多就愈渴。不論是對個體還是對一個國家而言，這句話都適用。貨幣改革和「鹽鐵專營」為漢帝國創造巨大的財政收入，卻依然無法滿足武帝對財富的渴望。個中原因，首先固然是出於國家的現實需要；其次，恐怕是人性的貪欲使然。

上述經濟政策推出不久，經張湯一手策劃，武帝又頒布一項法令，對所有工商從業者徵收財產稅，稱為「算緡」。

古代每一千錢穿成一串，稱一緡。法令規定，所有工商業者都要主動向政府申報個人財產，每二緡為一「算」，徵收一百二十錢，稅率相當於百分之六。除了現金，實物資產也要徵稅。如馬車，以及長度五丈以上的船隻等大宗財物都要自行評估，折成市場價一併申報。凡隱匿不報或申報不實者皆流放邊疆一年，並沒收個人財產。

乍看這條法令，百分之六的稅率似乎不高；只要求主動申報，沒有強行上門查帳，貌似挺人性化。於是眾多納稅人便喪失警惕，出於人皆有之的避稅心理，或多或少都隱瞞，「富豪皆爭匿財」（《史記．平准書》）。

但人們沒想到，這項稅收政策的主導者是酷吏張湯——他操盤的事情怎麼可能沒有後手呢？當所有納稅人基本上都申報完後，朝廷立刻出臺一條新法令：凡是隱匿不報或申報不實者，一旦被告發，就將其財產的一半獎勵給告發者，另一半充公。這條法令就稱為「告緡」。

社會上很多窮人或潑皮無賴立刻發現一條一夜暴富的捷徑，紛紛起而告發，並且怎麼告都準——絕大多數富人都隱瞞了。

人們這才知道，原來之前的「算緡」純粹是朝廷「釣魚執法」——就等你乖乖上鉤呢！現在後悔也來不及了，誰讓你看不透張湯的手段，還敢偷稅、漏稅呢？

這下子，全國富人都遭殃了，幾十年積累的財富一轉眼就被官府和窮人聯手洗劫一空。如果你以為這是朝廷劫富濟貧，至少可以讓很多窮人過上好日子——那你就錯了，未免小看張湯。

「算緡」之後有「告緡」這一後手，「告緡」之後，張湯仍有大招，就是把「算緡」和「告緡」擴大化。一開始，朝廷的徵稅對象只是工商從業者——說白了就是針對富人；但洗劫完富人後，朝廷就把徵收財產稅的對象擴大到所有普通人和中產階級，包括那些剛因告發而暴富、到手的錢還沒捂熱的人。同時，既然「算緡」的對象已經無所不包，「告緡」自然適用於天下所有人。

「算緡錢之法，其初亦只為商賈居貨者設，至其後，告緡遍天下，則凡不為商賈而有蓄積者皆被害矣。」（《文獻通考．卷十四》）這場嚴重擴大化的徵稅和告密運動，無疑在漢帝國掀起一場「一切人反對一切人的戰爭」（湯瑪斯．霍布斯〔Thomas Hobbes〕）。也就是說，任何人都可能成為被告，而任何人也都可以告發別人。

為了全面貫徹執行「告緡」法令，張湯從御史臺和廷尉寺抽調精幹人員，成立許多「專案組」，奔赴天下各郡國專門處理相關案件。這些「專案組」的總負責人是張湯的得力手下，名叫楊可，也是酷吏出身。

據《漢書．食貨志》記載，這場運動的結果就是「楊可『告緡』遍天下，中家以上大抵皆遇告」，中產階級以上的人都被告發了。「於是商賈中家以上大抵破」，中產階層和富人階層幾乎全都破產。

如果把張湯視為這場「告緡運動」的代言人，「廣告詞」顯然可以這麼說：「我們不生產財富，我們只是財富的搬運工。」經過這一番猛如虎的操作，民間社會的巨量財富就從百姓手中「搬運」到了武帝劉徹的國庫裡。朝廷到底搜刮多少民脂民膏呢？

班固《漢書・食貨志》中給出一組數據：「得民財物以億計，奴婢以千萬數，田大縣數百頃，小縣百餘頃，宅亦如之。」這是一組很粗略的統計數字，但民間財富遭洗劫之慘烈程度已可見一斑。單看因破產而被沒入官府為奴的人數，就讓人十分驚駭。據估算，武帝時期的全國總人口約三千六百萬到四千萬之間，即使取最大值，也相當於每四個就有一個因「告緡運動」喪失自由民的身分，被打入社會最底層。

「興，百姓苦；亡，百姓苦。」數千年中國歷史上，生活在武帝一朝的老百姓已經算是比較幸運的，當時的漢帝國仍然享受著「文景之治」的餘澤；除邊疆戰事頻仍外，絕大多數內地民眾大都能安居樂業。即便是生活在這樣的「太平之世」，也要動輒遭遇財富洗劫並沒身為奴的命運。更何況歷史上大部分時間都是動盪和戰亂之世，那些百姓的苦就更是難以言說了。

如果武帝一朝的「鹽鐵專營」政策導致國強民弱的局面，「算緡告緡」運動導致的結果則是國富民窮。

這個狂飆突進的大時代下，雄才大略、志存高遠的武帝劉徹駕馭著他的帝國馬車一路飛奔，而萬千老百姓就像是他身後揚起的漫天黃塵中，那一顆顆簌簌顫抖、不知將飄向何方的塵埃……

做為「算緡」、「告緡」運動的主要策劃者，御史大夫張湯自然成為大漢百姓千夫所指的對象：「百姓騷動，不安其生，咸指怨湯。」（《資治通鑑・漢紀十一》）

張湯固然可恨，但他只是一隻獵犬；如果不是那個掌控一切的獵人在背後驅使和授意，光憑一隻獵犬又能做什麼呢？也許正是意識到這場財富洗劫運動招致太大的民怨，同時意識到所有民怨最終都會越過張湯集中到自己身上，沒過多久，工於權術的劉徹就做了一件大多數帝王都會做的事，就是——兔死狗烹，鳥盡弓藏。

酷吏出身的張湯儘管曾權傾一時，在帝國的政治舞臺上翻雲覆雨，最終也沒能躲過歷朝歷代所有酷吏的共同歸宿，就是——身敗名裂，政息人亡。

第七章

外揚國威，內固皇權

李廣難封：壞運氣釀成的人生悲劇

隨著大漢國庫的日漸豐盈，武帝劉徹就像滿血復活的鬥士一樣，再度燃起熊熊激情，重新把目光投向漠北的匈奴。

元狩四年夏，武帝召集將領們開了重大的軍事會議，並在會上宣布：「匈奴採納趙信的謀略，以為遠遁到大漠以北，漢軍就鞭長莫及、不敢遠征。這次我們就要集結重兵、大舉出征，勢必徹底擊潰匈奴！」一場規模空前的漢、匈大決戰就此拉開序幕。

這一次決戰，武帝志在必得，不惜血本，從將帥、兵力、戰馬到武器裝備等各方面，都進行超豪華的頂級配置。

命衛青和霍去病同時掛帥出征，一個統率東路軍，一個統率西路軍，各領五萬精銳騎兵做為主力。這十萬鐵騎所配備的戰馬都是專門用粟米餵養的，稱為「粟馬」。一般的戰馬只餵草料，這些戰馬吃的卻和人一樣，每一匹都膘肥體壯，耐力強、速度快。

除了十萬粟馬，衛、霍二部的將士們還特地帶上四萬匹自己飼養的戰馬，做為後備之用。這些私馬都得到精心飼養，體能自然遠優於一般戰馬。

十萬主力之外，還有數十萬步兵和後勤人員。此次出征，漢軍投入的總兵力至少三十萬以上。其中最勇猛善戰、敢於深入敵境的精銳中的精銳，都配備到霍去病麾下。此次霍去病的主要作戰任務是尋找伊稚斜的主力並與之決戰，務求將其一戰殲滅。

漢軍最初的戰略部署是由霍去病出定襄，走西線；衛青出代郡，走東線。綜合各種情報分析，伊稚斜的主力應該在定襄以北的西線上。不過在大軍出發前夕，邊境傳回最新情報說從俘獲的匈奴斥候口中探知，目前伊稚斜所部位於代郡以北，劉徹立刻調整部署，把霍去病調到東線。

此次出戰的將領陣容也堪稱頂級，衛青麾下是前將軍李廣、中將軍公孫敖、左將軍公孫賀、右將軍趙食其、後將軍曹襄。霍去病麾下則多為少壯派，如李廣之子李敢、老部下趙破奴、右北平太守路博多等人。

得知漢軍大舉北征，原本還在漢帝國東部邊境窺伺的伊稚斜馬上聽從趙信的建議，率主力一溜煙撤到漠北；選擇有利地形進行埋伏，準備等漢軍長途奔襲、人困馬乏後突然出擊。

衛青率部從定襄出塞後，得到伊稚斜主力北遁的情報。他沒有任何遲疑，立刻揮師深入大漠，一路向北挺進，決定不給伊稚斜休整備戰的時間。但這次行動中，衛青和李廣之間爆發一場激烈爭執。

按照朝廷事先的部署，李廣身為前將軍，自然就是前鋒。武帝劉徹卻在大軍開拔前私下叮囑衛青：「李廣年紀大了，運氣又總是不太好，別讓他正面迎戰匈奴單于，否則恐怕勞而無功。」

衛青便命李廣與右將軍趙食其合兵一處，從東路進兵——如此一來，李廣的作戰任務就從主攻變成策應。素來勇猛、一心想建立戰功的李廣當然不要，據理力爭說：「我是前將軍，理應做為先頭部隊。大將軍憑什麼把我部調到右翼？從十六歲從軍以來，與匈奴作戰至今，終於有機會與匈奴單于正面交鋒！我願居前，與匈奴單于決一死戰！」但不論李廣怎麼說，衛青就是不肯答應。

其原因，首先固然是天子有命在先；其次，衛青這回也存點私心，想照顧救命恩人兼多年好友公孫敖。之前的河西戰役中，公孫敖在沙漠迷路，未能與霍去病會師，回朝後被廢了侯爵之位，至今還沒恢復身分。衛青想讓他打頭陣，好立下戰功，重新封侯。

大家都是官場上的人，李廣豈能看不透這一層？愈想愈不平，遂一再力爭，但衛青始終不為所動。最後一次爭執完，李廣自知無望，索性連行禮都省了，轉身就走，絲毫不掩飾憤怒之情。

不得不說，這個世界上，一個人要想建功立業，除了能力外，實在離不開運氣的因素。李廣就是屬於能力極佳、運氣極差的典型，終生都無緣封侯。衛青和霍去病幾乎就是他的反面鏡像——能力固然極為突出，運氣也確實是好得離譜。

古代，在沙漠中行軍作戰，迷路是常有的事。身經百戰、大半輩子都在和匈奴交手的李廣曾多次迷路；就連「鑿空西域」的偉大探險家張騫也在戰場上迷過路。可是衛青和霍去病這對舅甥，從第一天上戰場到後來屢建奇功，偏偏一次也沒迷過路，彷彿自帶衛星導航系統。

這一次，老天爺再度使出「厚此薄彼」的慣用手段，又給衛青安排直接撞上匈奴主力的好運氣；同時讓本來就一肚子委屈的沙場老將李廣再次迷路。

衛青率大軍一路北上，穿越一千多里的沙漠，終於和伊稚斜的主力正面遭遇。此時的伊稚斜正嚴陣以待。

在他看來自己是以逸待勞，漢軍則奔走一千多里路，肯定早就人困馬乏——現在決戰正是最佳時機，完全符合戰略預期。但在衛青看來，眼前的匈奴主力無異於送到嘴邊的一頓大餐。深入大漠、長途奔襲，最怕的不是碰上敵人，而是找不到敵人，現在居然直接和伊稚斜的主力撞上了，這不是天助我嗎？

伊稚斜預料「漢軍遠征，人馬疲敝」的狀況，壓根沒有出現。漢軍騎兵騎的都是粟馬，耐力超強，足以在遠距離行軍之後迅速投入戰鬥。此外，更讓伊稚斜意想不到的是，漢軍這回還動用新型的尖端武器——武剛車。

據史料記載，武剛車是一種多用途戰車，既可以運送士兵、糧草、武器，做後勤之用，也可以投入前線作戰。其車「有巾有蓋」，即外覆車皮，頂有車蓋，整車長二丈，寬一丈四（一漢尺約今二十三公分，換算過來，則長四．六公尺、寬三．二公尺），與現代的輕型裝甲車大致相當。

武剛車可視為古代的「裝甲車」：周身都蒙上牛皮犀甲，外側固定多根長矛，正面立著一面堅固的大盾；盾牌上開有射擊孔，弓弩手可藏身車內，透過孔洞射擊。這種攻防兼備的「裝甲車」一旦投入戰鬥，最常用的作戰方式就是將多輛武剛車連在一起，結成一個環形堡壘，讓士兵在獲得堅固掩體的同時，對敵人施以強力打擊。

眼下，衛青正是這麼做。他下令將軍中所有武剛車併攏到一起，構成環形的「裝甲陣地」；步兵可以進入車中，躲避匈奴人射出的漫天箭雨。衛青派出五千精銳鐵騎，命他們直衝匈奴軍陣。伊稚斜見弓箭手的遠程打擊對漢軍完全不能奏效，只能派出一萬騎兵迎戰。

兩軍就此展開一場短兵相接的激戰。時值日暮，殘陽如血，絢爛的晚霞染紅西邊天際，也映紅這片血肉橫飛的戰場。雙方鏖戰正酣、難解難分之際，一場突如其來的沙塵暴瞬間令天地變色，狂風捲起的沙礫擊打在漢、匈士兵的臉上，遮天蔽日的黃沙吞沒了所有人的身影。

如此局面對雙方都極為不利。視線的遮擋令部隊的建制完全混亂，指揮系統也大部失靈；正在廝殺的雙方將士都無法收到上級號令，只能憑藉個人的戰鬥意志各自為戰。

不過對於優秀的統帥而言，所有人都陷入短暫的「失明」狀態，非但不意味著無事可做，反倒有可能成為決勝的良機。衛青就敏銳地抓住這個稍縱即逝的戰機，命餘下的四萬五千名騎兵全體出擊，分別從左、右兩翼展開，快速對匈奴軍隊進行迂回包抄。

等到沙塵暴漸漸止息，視線重新清晰之時，伊稚斜才驀然驚覺自己已經陷入漢軍鐵騎的包圍圈。更讓他意外和驚駭的是，漢軍的兵力之多、戰鬥力之強都遠超過他的預估。

剎那間，伊稚斜鬥志全無。三十六計，走為上策。再不跑，這條老命就得擱在這裡了！他慌忙跳上一輛由六頭騾子拉的車，在數百名精壯侍衛的保護下，扔下還在浴血奮戰的匈奴兒郎，朝西北方向拚死突圍，絕塵而去。

之所以乘坐騾車而非馬車逃命，是因為騾子的速度雖然沒有馬快，但耐力比馬強得多，可以不停不歇行走數千里。伊稚斜要向廣袤的漠北逃竄，不坐騾車根本跑不遠。

此時夜幕已完全降臨，一番鏖戰下來，雙方均傷亡慘重。衛青得知伊稚斜已在天黑前棄眾而逃，立刻派出輕騎連夜追擊，親率大部繼進。而直到此時，還在苦戰的匈奴將士才知道單于已經拋棄他們，軍心頓時瓦解，人人爭相逃命。

這次漠北會戰，漢軍大獲全勝，共斬殺、俘虜匈奴一萬九千人。衛青一夜之間追出二百餘里，至次日天明，仍不見伊稚斜蹤跡。終究還是讓這條大魚溜了，這是此次出征最大的遺憾。衛青不甘心就此撤兵，旋即鎖定下一個攻擊目標——趙信城。

趙信叛回匈奴後，總結在漢地學到的經驗，認為憑藉匈奴來去如風的傳統游擊戰術不足以對付漢軍，還是要依託一、兩座堅固的城堡或要塞，用以儲存軍糧和物資，才能和漢軍打大仗。伊稚斜採納他的建議，便在寘顏山（今蒙古國哈爾和林市東南）修築一座城堡，命名為「趙信城」。

此刻衛青抓不到移動目標伊稚斜，恰好可以拿這個固定靶子來開刀。大軍乘勝而進，輕而易舉就拿下趙信城，繳獲儲存在此的大批糧食。漢軍在城裡休整一天，一把火將剩餘的糧食和整座城池燒成灰燼，才班師凱旋。

相對於一再受到上天垂青、屢屢創造輝煌的衛青，李廣的運氣只能說是差透了。他和右將軍趙食其這一路走的是東道。這條路線本就地形複雜，水草稀缺；更要命的是，他們居然沒有嚮導，很自然地又迷路了！

關於此事，司馬遷《史記．李將軍列傳》只寫了六個字：「軍亡導，或失道。」「亡」這個字在古代，基本的含義是「失去」，同時也與「無」相通，還可引申為逃亡、死亡。太史公的語境中，這個字究竟該作何解呢？是本來就沒有嚮導，還是嚮導逃跑了，甚至是死了？

大軍出塞遠征，在大漠中長途行軍，居然連個嚮導都沒有配備——常理上根本說不通。如果有嚮導，鑑於重要性，肯定會被軍隊保護得很好；且在司馬遷的記載中，也未見與匈奴交戰的情形，不論逃跑還是死亡，可能性都很小。

也許是對此同樣感到困惑，班固寫《漢書．李廣傳》時，索性刪掉「軍亡導」三個字，直接說「惑失道」——反正就是迷路了。而司馬光《資治通鑑》也做了簡化處理，把充滿歧義的「亡」字改成「無」，即肯定地說李廣沒有嚮導。此外，唐代司馬貞撰寫《史記索隱》中，給「軍亡導」所作的注解是：「謂無人導引，軍故失道也。」即把「亡」字解讀為「無」，認為李廣就是沒有嚮導才會迷路。歷史的真相到底是什麼呢？

很遺憾，太史公沒有進一步說明且沒有其他史料佐證的情況下，已無從得知真相為何，只能認為李廣這一路本來就沒有嚮導。至於為什麼沒有嚮導，就只能付諸闕如、存而不論了。

迷失方向後，李廣和趙食其的東路軍就像遊魂一樣在荒漠上飄蕩。一直到衛青大部隊打完勝仗，班師回到漠南，兩軍才迎面相遇。李廣此時的感覺，可能就是起了個大早，趕了個晚集……不，是趕了個寂寞。

李廣和趙食其按規定來到大將軍帳中見過衛青，然後各回軍中，等候問責。不一會兒，衛青派長史帶著酒肉來慰問李廣，問他迷路的具體經過。長史說，大將軍要給皇帝寫報告，這件事得解釋清楚。此時的李廣已心如死灰，覺得沒什麼好解釋的，便悶聲不語。

長史急了，催李廣派一、兩個手下和他去大將軍帳中，把事情說清楚。長史這麼說是暗示李廣找個背鍋俠，把罪責推給手下。李廣當然聽得出弦外之音，但他絕對做不出這種甩鍋的事，毅然道：「諸校尉無罪，是我迷了路。我會親自到大將軍那裡解釋。」

誰也沒料到，這一刻，這位縱橫沙場數十載的老將已然心存死志。長史走後，李廣召集麾下文武，滿懷傷感也滿懷憾恨地留下人生遺言：「我自從十六歲從軍以來，與匈奴大小七十餘戰；此次有幸隨大將軍與匈奴單于對決，卻又被大將軍派到右翼，繞了遠路，還迷失方向——這豈不是天意?!我今年已六十有餘，不願再去面對那些刀筆吏了。」

說完，李廣不等所有人反應過來，旋即拔刀自刎。一代名將就這樣淒涼地結束戎馬倥傯的一生。

據司馬遷記載，李廣自殺後，「軍士、大夫一軍皆哭。百姓聞之，知與不知，無老壯，皆為垂涕」（《史記・李將軍列傳》）。軍中不論文武，百姓不論老幼，也不論是否認識他，都因他的去世而慟哭不已。

李廣的生命雖然以這種令人扼腕、唏噓的悲劇方式終結，但他的烈烈英名與赫赫勛業，卻不會因此稍有遜色，更不會因為沒有封侯而有所減損。一個人是不是侯爵，皇帝說了算；但一個人是不是英雄，得由百姓說了算，由青史說了算。就此而言，李廣也不枉一生。

「但使龍城飛將在，不教胡馬度陰山。」千百年後，無數人仍傳誦著這樣的詩句，可見李廣雖死猶生。

李廣的人生悲劇固然主要是由極其糟糕的運氣釀成，但他人生的最後一幕中，大將軍衛青顯然扮演不太磊落的角色。假如不是他存私心要照顧公孫敖，而是讓李廣以前鋒的身分參與這場決戰，「一生難封」的李廣也許就能在這一戰中建功立業，徹底了卻封侯的夙願。

可惜歷史不容假設，人生無法重來；該發生的悲劇，終究還是發生了。李廣有三個兒子，長子李當戶和次子李椒皆先他而亡，在世的只有三子李敢。也許是認為衛青對父親之死負有不可推卸的責任，他一直對衛青懷恨在心——為此後的另一場悲劇埋下伏筆。

大軍回朝後，儘管取得重大勝利，耐人尋味的是，武帝劉徹並未對衛青有任何加封或賞賜的舉動，連同他麾下的所有將領也無一人得到封賞。

個中原因可能有兩個：其一是李廣意外自殺，衛青身為主帥，肯定要承擔一定責任，功過相抵；其二，隨著時間推移，皇后衛子夫愈發失寵，衛青也愈發不被武帝青睞。

封賞沒有，但懲罰卻跑不掉。右將軍趙食其因迷路失期，論罪當斬；按慣例花錢贖罪，貶為庶人。

封狼居胥：一代戰神霍去病

衛青在西線戰場告捷，霍去病則在東線戰場取得軍事生涯中最大、也是漢帝國自反擊匈奴以來最輝煌的一次勝利。下面就來看看這場經典戰役的經過。

霍去病原本的目標是伊稚斜，被武帝調到東線後，目標就變成匈奴的左賢王。匈奴的三大戰區中，中部的伊稚斜和西部的右賢王都曾不同程度地遭到漢軍的沉重打擊，唯獨東部的左賢王一直沒怎麼挨過揍，實力保存最為完好。但這一次就沒這麼走運了，因為對手是霍去病。

霍去病麾下有五萬漢帝國最精銳的騎兵，還有十萬以上的步兵，他此前的赫赫戰功早已讓匈奴人聞風喪膽。得到漢軍大舉北征的情報後，左賢王的反應和伊稚斜如出一轍，立刻腳底抹油，帶著部眾急速朝漠北撤退——這一撤就撤了二千多里。

左賢王以為二千多里的茫茫大漠足以成為隔在他和霍去病之間的一道天塹，霍去病再怎麼厲害，也很難在短時間內跨過來——說不定走著走著就迷路了呢。

然而，左賢王想多了。首先，憑藉霍去病的軍事天才和絕佳的運氣，二千多里沙漠對他來講根本不算什麼；其次，即便沒有以上兩個因素，僅憑這一次隨軍出征的幾個匈奴嚮導帶路，這道所謂的「天塹」完全形同虛設。

這幾個嚮導是此前被霍去病俘獲的匈奴降將，分別叫復陸支、伊即軒、趙安稽。有了這些「帶路黨」，漢軍不僅不會迷路，還很容易找到水源，可謂如虎添翼。

霍去病兵團從代郡出發後，一路循著左賢王部撤離的蹤跡，以驚人的速度直插漠北。幾乎是在左賢王剛站穩腳跟時，漢軍就殺到了。

左賢王急命精銳部眾列陣迎敵。第一波迎戰漢軍的匈奴將領是單于重臣章渠、匈奴小王比車耆和左賢王麾下的左大將。霍去病親自帶領最精銳的騎兵，率先發起衝鋒，以排山倒海般的氣勢殺進匈奴軍陣。一場硬碰硬的大規模騎兵對戰就此展開。雙方你來我往，縱橫馳騁，兵戈交錯，血光四濺。經過一番殊死較量，漢軍終於占了上風。漢軍斬殺匈奴小王比車耆，擒獲單于重臣章渠，一舉突破敵軍防線。霍去病立刻下令集中兵力攻擊頑抗的匈奴左大將部。

此次戰鬥中，李廣之子李敢的表現最為英勇。他一馬當先，殺開一條血路，徑直衝到左大將的帥旗之下，一刀砍斷旗竿，奪下帥旗。沒等匈奴人反應過來，又砍倒一旁的幾名匈奴兵，奪取他們的戰鼓。古代戰爭中，軍旗和戰鼓就是指揮系統中的核心。現在旗和鼓都讓李敢繳獲，匈奴軍不僅指揮系統瞬間癱瘓，而且對於匈奴人的軍心和士氣也是極大打擊。

左大將意識到這仗無法打了，慌忙掉頭逃竄，連最後的防線也徹底崩潰。後方的左賢王見狀，只好帶著本部主力繼續向北逃遁。霍去病不會讓他們就這麼溜了，當即率部追擊。

漢軍追出一段路後，發現匈奴分成兩部分：大部隨左賢王撤往離侯山方向，另一部則往檮餘山方向逃竄。霍去病旋即兵分兩路，命右北平太守路博多所部追擊後者，自己率主力緊緊咬住左賢王。

左賢王估計這輩子都沒有被人這麼攆過，逃得非常狼狽。好不容易翻過離侯山，又渡過弓閭河（也稱弓盧水，今蒙古國克魯倫河），剛停在北岸想喘口氣、休整一下時，麾下斥候卻哭喪著臉送來急報，說漢軍又追過來了。左賢王本想利用這條河進行阻擊，很快又有斥候來報，說霍去病率騎兵從水淺處強行渡河，馬上就要殺到了。

直到這一刻，左賢王終於領教到霍去病的厲害——這姓霍的打起仗來像猛虎，追起人來像老鷹！千里瀚海攔不住他，大山大河也擋不住他，世界上怎麼會有如此可怕的對手呢?!沒辦法，左賢王只好投入全部兵力，和霍去病進行最後的決戰。再跑下去也沒有用，除了把自己累死，壓根別想甩掉這個可惡的傢伙。

又一場血戰在弓閭河北岸展開——結果沒什麼懸念，霍去病和麾下的勇士們再度將左賢王本部主力擊潰，北地都尉邢山擒獲匈奴的屯頭王、韓王等三個親王，其他將士也俘虜了相國、將軍、當戶、都尉共八十三人。另一路，路博多所部也追上了敵人，斬殺並俘虜匈奴二千七百人。

弓閭河一戰，左賢王血本無歸，徹底被打殘了。眼下的他已經萬念俱灰，只剩下逃生本能，帶著殘部繼續抱頭鼠竄，逃到弓閭河北面的狼居胥山（今蒙古國烏蘭巴托市東肯特山）。

霍去病如影隨形，又追至狼居胥山。在這座山的最高峰，壯懷激烈的霍去病命部下積土為壇，舉行一場隆重的祭天儀式，向上天稟告了自己的皇皇戰績與赫赫功勛。

這一幕就是讓無數後人心馳神往、血脈僨張的「封狼居胥」！

從此，「封狼居胥」成為開疆拓土、鷹揚國威的象徵，也成為華夏民族最高軍功的代名詞，更被後世歷朝歷代的軍人奉為楷模和畢生追求的目標。這四個字背後蘊含的一切，讓年僅二十二歲的霍去病成為中國歷史上屈指可數的「戰神」般人物，也令他從此彪炳史冊、光耀千秋。

戰鬥到這裡沒有完全結束。惶惶如喪家之犬的左賢王又逃到狼居胥山西面的姑衍山，霍去病又追蹤而至，對其殘部進行徹底掃蕩，並在此再次設壇，舉行祭祀地神的儀式。

史書把這兩場儀式統稱為「封狼居胥山，禪於姑衍」，後人簡稱其為「封狼居胥」。

霍去病的這場漠北遠征，一共斬殺並俘虜匈奴七萬零四百四十三人，幾乎把整個左賢王部徹底殲滅了。史書沒有記載左賢王的下場如何，但就算他僥倖逃出生天，如此巨大和慘痛的失敗也足以把他擊垮，令他的餘生只能在痛苦和絕望中度過。

霍去病班師凱旋後，武帝劉徹龍顏大悅，立刻加封他食邑五千八百戶（與前共計一萬五千一百戶），同時在內朝官中增設「大司馬」一職，讓大將軍衛青和驃騎將軍霍去病同時兼任大司馬，並特別規定：霍去病與衛青的官秩和俸祿完全相等。

至此，霍去病在公開層面上和衛青平起平坐。如果考慮武帝私下對他的青睞和器重，霍去病在帝國政壇上的地位，實際上已經高於衛青。司馬遷對此總結說：「自是之後，大將軍青日退，而驃騎日益貴。」（《史記．衛將軍驃騎列傳》）

與衛青麾下將領無一得到封賞形成鮮明對比的是，霍去病的麾下部將全都獲封，一個都沒漏掉：右北平太守路博多封符離侯，食邑一千六百戶；北地都尉邢山封義陽侯，食邑一千二百戶；匈奴降將復陸支封壯侯，食邑一千三百戶；伊即靬封眾利侯，食邑一千八百戶；趙安稽之前已封昌武侯，現加封食邑三百戶；老部下趙破奴之前也已封侯，現加封三百戶；李廣之子李敢封關內侯，食邑二百戶。同時，其他各級將士也全都加官晉爵，「賞賜甚多」。

此次漠北大決戰，衛青和霍去病兩路大軍總共殲敵約九萬人，重創單于本部主力，全殲左賢王部，加上霍去病之前已經平定河西，意味著匈奴在漠南的勢力終於被掃蕩殆盡，匈奴人不得不向大漠更北的區域逃遁。而漢、匈之間的大規模戰爭，至此告一段落。「是後匈奴遠遁，而漠南無王庭。」（《資治通鑑．漢紀十一》）

儘管漢軍在這個階段的最後一戰中取得決定性勝利，但也為此付出不小代價。戰後統計，漢軍陣亡將士達數萬人；尤其是戰馬損耗最大——十四萬匹頂級戰馬只回來不到三萬匹，戰損率高達百分之八十。

此後相當長一段時期內，漢帝國之所以沒有再發動對匈奴的大規模戰爭，一來是在其他方向多處用兵，無暇顧及；二來就是因為戰馬數量太少，不夠出征之用。

隨著霍去病取代衛青成為武帝劉徹最為尊寵的大紅人，世人趨炎附勢的嘴臉紛紛暴露了。原本衛青身邊的眾多好友至交及門下賓客，爭先恐後地向霍去病靠攏、盡力巴結，也很快得到回報：不少人經霍去病舉薦都加官晉爵。

武帝劉徹對霍去病的尊寵和關愛，不僅在於任用他舉薦的人，還體現在其他很多方面。例如司馬遷記載，武帝曾想親自教他古代名將孫武、吳起的兵法，但一貫自信、年少氣盛的霍去病卻道：「打仗關鍵要有臨機應變的方略，不必受古代兵法的拘束。」

這話要是從別人嘴裡說出來，武帝肯定覺得這個年輕人太過自負輕狂；但出自霍去病之口就不一樣了。人家不是只會「口出狂言」，而是能用一次比一次更為漂亮的行動，有力地證實他的豪言，還能說他輕狂嗎？

還有一次，武帝專門命人給霍去病修建一座豪宅，讓他過去看看。武帝大概等著霍去病回來感激涕零、說些「謝主隆恩」之類的話。沒想到霍去病連去都不去，只用一句話就謝絕皇帝的好意。他說：「匈奴未滅，無以家為也。」（《史記・衛將軍驃騎列傳》）匈奴還沒消滅，不該這麼早安家。

此言一出，武帝劉徹大為驚異，同時更加喜歡這個年輕人。「匈奴未滅，無以家為」短短八個字，不僅表現出霍去病對物欲的淡泊，而且充分體現豪邁的胸襟和宏偉的志向，以及遠超越他年齡的成熟和穩重。

試問天底下有哪個老闆不喜歡這樣優秀的年輕員工？今天有幾個年輕人能在老闆打算送他一座豪宅時，說出如此雲淡風輕又大氣磅礴的話？

霍去病這八個字說得實在經典，可以說是對「志存高遠，不慕榮華」人生境界的高度概括，因此成為千古名言，被後人代代傳誦。

當然，金無足赤，人無完人。說了霍去病身上這麼多閃光點，接下來該說說他的瑕疵了。

霍去病雖然是私生子，但一出生，衛氏家族就飛黃騰達。他從小養尊處優，不太懂得民間疾苦，身上難免有些貴族子弟慣有的習氣。例如，他對吃特別講究。別的將帥出征大多和士卒同甘共苦；就如李廣，便屬於吃苦在前、享受在後的典型；還有舅舅衛青對士卒非常體恤，從不搞特殊待遇。霍去病就不一樣了，仗著皇帝寵信，在軍中大搞特殊待遇。

每次出征，武帝劉徹都會專門給他配備一支膳食車隊，幾十輛大車上滿載著宮中的御用大廚，以及各種廚具和美食材料。「其從軍，天子為遣太官齎數十乘。」這個車隊負責天天給他一人奉上各種美食大餐。

一個人的食量畢竟有限，按說吃不完的，大可以分給將士們，既做了人情，又物盡其用。但他沒有這麼做，寧可把吃不完的美食統統扔掉，也不會顧及身邊那些填不飽肚子的士卒。「重車餘棄粱肉，而士有饑者。」（《史記．衛將軍驃騎列傳》）

單就這一點來看，就多少有些「富二代」的紈褲作風。而紈褲作風往往不只吃喝，還有玩樂。霍去病很喜歡一項體育運動——「蹋足球」，當時稱為「蹋鞠」。

喜歡蹋球沒什麼不好，問題在於蹋球是團隊運動，一個人蹋不成，得拉上一群人。霍去病幾乎每次出征都是長途奔襲，後勤糧草時常接續不上，士卒們就得餓肚子。大夥餓著肚子打仗本來就夠累了，還得被拉去平整土地，建臨時球場，然後一起蹋球，自然是苦不堪言。「其在塞外，卒乏糧，或不能自振，而驃騎尚穿域蹋鞠。」（《史記・衛將軍驃騎列傳》）

雖說霍去病身上有這些缺點，但瑕不掩瑜，不足以損害他的英雄形象。何況他才二十出頭，人生閱歷有限，吃的苦也少，某些方面不太成熟也很正常。

人生就是一場修行，歲月就是一把剃刀，不管你願不願意，只要活的時間夠久，自然會把你身上特別礙眼的東西剃掉。年輕人通常稜角分明，老年人往往圓熟世故，道理在此。

然而令人扼腕的是，霍去病沒有活到老年，甚至沒有活到中年。老天爺十分慷慨地給他睥睨萬物、傲視群倫的才華，卻非常吝嗇地只給了他二十四年的壽命。霍去病來不及開始人生修行，也來不及經受歲月磨煉，就匆匆與這個世界告別。他的生命最終定格之前還發生一件事情，似乎可以算是他人生中最後的一點瑕疵。

事情發生在元狩六年（前一一七年），即衛青和霍去病取得漠北大捷的兩年之後。

兩年時光，對很多人來說一晃而過；對李廣之子李敢而言，這七百多個日日夜夜，幾乎每一刻都是煎熬。他一直認定衛青就是逼死他父親的罪魁禍首，內心始終憤恨不平。

自從漠北大捷後，李敢的仕途便得到飛躍式發展，不僅受封關內侯，而且繼任父親李廣的官職，從區區校尉一躍成為九卿之一的郎中令。如此突破常規的巨大升遷，肯定不完全是憑自己的軍功；更主要的是武帝劉徹對他的補償。

李廣雖是自殺，但起因不得不說與武帝給衛青的那道密令和衛青的私心有關。出於人之常情，武帝不僅對李廣之死感到惋惜，而且必然會有些許愧疚。正是基於這些因素，才把李廣生前擔任的郎中令一職授予李敢。

郎中令不僅貴為九卿，位高權重，而且是皇宮的侍衛長，其職能舉足輕重——若非皇帝十分信任之人，斷不可能居此要津。如今武帝將李敢封侯並讓他繼任此職，平心而論，已足以告慰李廣的在天之靈，理應能夠消弭李敢的心頭之恨了。

然而李敢領了天子給的官爵，卻沒領天子的這份人情。

這年十月元旦，衛青身為大將軍、大司馬，自然要依例入宮朝賀，且覲見皇帝時身邊肯定沒有隨從。李敢很可能趁這個機會，利用職務之便，埋伏在殿外，把衛青狠狠地暴揍一頓。

衛青出於對李廣之死的愧疚，沒有還手，所以被打傷了；事後衛青非但沒向皇帝告狀，而且絲毫沒有對外聲張。冤家宜解不宜結，生性寬仁的衛青就是想讓李敢出完這口氣，讓這事過去。

遺憾的是，衛青被李敢打傷這事，瞞得了外人，卻瞞不了外甥霍去病。霍去病和李敢一樣年少氣盛，當然咽不下這口氣——便有了接下來這場冤冤相報的悲劇。

元狩五年，武帝劉徹前往甘泉宮（今陝西省淳化縣西北）休養，身為郎中令的李敢自然要全程護駕，而霍去病也在隨行之列。某日，武帝帶著眾人出外打獵，霍去病利用這個機會，把毫無防備的李敢一箭射殺了。

此時的武帝劉徹正寵著霍去病，雖然明知做得不對，但為了保護他，不得不隱瞞真相，對外只宣稱李敢在打獵時被鹿撞死。繼李廣自殺後，他唯一在世的兒子也死於非命。所幸，李廣長子李當戶當年還留下一個遺腹子，做為長孫傳承老英雄李廣的血脈。這個遺腹子就是若干年後另一場悲劇的主人公——李陵。

李陵的悲劇還牽扯到太史公司馬遷，致使其遭受無比屈辱的「宮刑」……這些都是後話。霍去病射殺李敢一事，暴露性格上的另一個缺點，就是好勇鬥狠、做事太絕，缺乏政治上顧全大局的修為。不過，就算霍去病有可能在今後的人生中磨煉性格、提升修為，老天爺也不給他機會了。

元狩六年九月，年僅二十四歲、未來不可限量的一代名將霍去病，在事先沒有任何預兆的情況下，突然身亡。司馬遷《史記．衛將軍驃騎列傳》沒有給出任何說法，只寫了一個字——「卒」；班固《漢書．霍去病傳》同樣只給了一個字——「薨」；司馬光《資治通鑑》照抄《漢書》，只寫了「薨」字。

所有史料都惜墨如金，而「字少事大」往往留給人想像空間，加上人們對霍去病的英年早逝深感惋惜，後世不乏對其死因的各種猜測：有「陰謀論者」認為可能死於當時朝廷的政治鬥爭；也有人說是衛青集團的人所為——霍去病的崛起搶了衛青風頭，損害不少人的利益，就有人出手進行報復；甚至還有一種怪力亂神的觀點，聲稱是李敢的冤魂索命……

然而不管有多少種說法，都只能算是瞎猜，沒有任何史料予以佐證。儘管在《史記》、《漢書》等主要史料中不見霍去病死因的任何記載，但細心地翻檢史籍，仍然可以從故紙堆的犄角旮旯中，找到某些關鍵性蛛絲馬跡，從而確定霍去病的真正死因。

西漢成帝年間，經學家褚少孫曾對司馬遷《史記》做過一些拾遺補闕的工作。其中，在《史記》卷二十〈建元以來侯者年表〉中，褚少孫有一條補記寫道：「光（霍光）未死時上書曰：『臣兄驃騎將軍去病從軍有功，病死……』」

霍光就是霍去病的同父異母弟，深受武帝信任；武帝駕崩後輔佐少帝劉弗陵，成為一代權臣，後來又迎立漢宣帝劉詢。褚少孫的這條補記記載霍光臨終前給漢宣帝的一道奏疏，上面清楚寫著霍去病是「病死」。這應該是現存史料中對霍去病死因的唯一記載，且出自霍光之手，可信度極高，顯然可以做為史實依據。

可見霍去病是因罹患急病而去世，背後沒有那麼多陰謀。

對於霍去病的英年早逝，最為悲傷的人除了舅舅衛青，也許就是對他寄予無限厚望的武帝劉徹。這年秋天，武帝特許霍去病陪葬茂陵，諡號「景桓」，並為其舉行一場異常隆重的葬禮。他調派邊境五郡的數萬名鐵甲軍，列陣於從長安到茂陵長達百里的道路兩旁，為他們的驃騎將軍送行。武帝還下令將霍去病的陵墓修成祁連山的形狀，以彰顯他盡忠報國、力克匈奴的曠世奇功。

霍去病輝煌而短暫的一生，就像是一顆璀璨奪目卻轉瞬即逝的流星。他的猝然離世是漢帝國無可挽回的重大損失，足以令世人為之扼腕神傷。可是他創造的英雄傳奇和歷史功績永不會消逝和湮滅。歷史的夜空中，他已然化作一顆熠熠閃耀的恆星，不論何時回過頭去，都依然能夠看到他那彪炳日月、輝映千古的萬丈光芒……

兔死狗烹：酷吏的邏輯終局

漢帝國從元光六年開始實施全面反擊匈奴的戰略，至元狩四年取得漠北之戰的決定性勝利，前後歷時整整十年。這十年間，憑藉武帝劉徹的雄才大略和知人善任，透過衛青、霍去病等帝國將士的浴血奮戰，對匈奴進行一系列沉重打擊。據司馬遷記載，衛青七次出擊匈奴，共斬殺並俘敵五萬餘人；霍去病六次出擊匈奴，共斬殺並俘敵十一萬餘人，另受降渾邪王部數萬人。

匈奴是游牧民族，人口本就不多，經此連番打擊，自然元氣大傷。伊稚斜把王庭搬到漠北後，又採納趙信之策，遣使來到長安，覥著臉請求和親。

武帝劉徹很清楚這只是匈奴人的緩兵之計，不過還是把事情放到朝會上討論，想聽聽大臣們的意見。廷議的結果，一部分支持和親，另一部分人則認為應該利用這個機會讓匈奴向漢朝稱臣。

後者以丞相長史任敞為代表，他認為匈奴新近遭遇慘敗，正處於困境中，此時正是令他們臣服的良機，應該命匈奴單于定期到邊境來朝貢。此言正合武帝之意，當即命任敞出使匈奴。

可是此時匈奴固然元氣大傷，卻遠沒有到被徹底打服的地步。很不幸的，任敞到了匈奴之地，剛表明來意，就被盛怒的伊稚斜扣押。

這件事情令漢朝十分尷尬。連年用兵雖然重創匈奴，但漢帝國也付出巨大代價，眼下根本無力再大舉出征。武帝劉徹只能忍下心頭的怒火。偏偏這個時候，主和派的代表之一、博士狄山又站出來重提和親之事——哪壺不開提哪壺。武帝劉徹便把張湯叫了過來，讓他和這個書生講講「道理」。張湯毫不掩飾鄙夷之情說：「這是愚蠢書生的無知之見。」狄山哪受得了當面羞辱，便回罵道：「我固然是愚，但我是愚忠；你自認為忠，但你是詐忠！」

武帝劉徹之所以把酷吏張湯搬出來，就是想讓狄山知難而退，沒想到他如此不開竅。劉徹遂勃然作色道：「狄山，如果我讓你守一個郡，你能讓匈奴不侵犯邊境嗎？」狄山沒料到皇帝有這一問，只好老實回答：「不能。」武帝又問：「一個縣呢？」狄山又答：「不能。」武帝再問：「一個堡壘呢？」狄山傻眼了，直到此刻才終於明白，自己觸了天子的逆鱗，大禍臨頭。要是再回答「不能」，恐怕當場就得被張湯帶走。

萬般無奈下，他只好硬著頭皮答：「能。」武帝立刻把他派到邊境，讓他去守一座堡壘。可憐狄山只是一介書生，壓根不會打仗，短短一個多月後，匈奴入寇，攻破堡壘，就把他的腦袋砍下來了。

狄山被逼死這件事給了群臣兩個教訓：第一，絕不能輕易在天子面前提和親之事；第二，千萬不要和酷吏張湯對罵，後果很嚴重！「自是之後，群臣震慴，無敢忤湯者。」（《資治通鑑·漢紀十一》）

武帝一朝，為了鞏固中央集權，打擊地方諸侯和豪強勢力，酷吏這個群體特別活躍。其中，張湯是知名度最高的代表性人物。除了他之外，當時名聞天下的酷吏還有不少，如寧成、義縱、趙禹、周陽由、王溫舒、尹齊、楊僕、減宣、杜周等。

這些酷吏為了迎合上意、博取富貴，辦案時往往深文周納，不擇手段，殘酷至極，可以說是手上沾滿朝野士民的累累鮮血。不過到頭來，自己大多沒什麼好下場，終究逃不過「兔死狗烹」的官場潛規則。例如張湯之前，寧成、義縱都曾風光一時，卻先後死於非命。

寧成是南陽人，郎官出身，在景帝一朝頗受重用，累遷至朝廷中尉，相當於首都警備司令。這個崗位的主要職能是管理京師治安，重中之重便是對付違法亂紀的皇親國戚和京畿一帶的地方豪強。寧成沒讓景帝失望，一上任就把這些人收拾得服服貼貼，「宗室、豪傑皆人人惴恐」（《史記·酷吏列傳》）。

武帝即位後，寧成調任內史，相當於首都市長；不久就遭到權貴報復，被捕下獄，遭受髡刑（剃光頭髮）和鉗刑（鐵鍊鎖脖）。寧成覺得可能沒有復出之日，便死了做官的心，花錢運作一番，潛逃回南陽老家。

即便成為逃犯，寧成也不安分。他在家鄉放出豪言：「做官若不做到二千石的高官，經商若賺不到千萬級的資產，怎麼和人比?!」隨後寧成借錢買了一千多頃的土地，租賃給貧民耕種，當起大地主，手下佃農多達數千家。

幾年後，朝廷大赦，寧成洗掉逃犯身分，愈發做得風生水起，積累數千金資產。有了錢，他當起黑道老大，暗中搜羅當地官員不少的犯罪證據，以此要脅他們，和官府進行利益交換。昔日的朝廷酷吏寧成，搖身一變成為當地黑白通吃的豪強，出入有幾十騎前呼後擁，當地幾乎沒有他擺不平的事，實際影響力甚至比南陽郡太守都大。

不得不說是個人才，官能做到九卿，經商能成為富豪；混個黑道，一不留神還成為大老——玩跨界玩得出神入化。

武帝劉徹打算重新任用他，想讓他出任郡守，卻被丞相公孫弘勸阻，就讓他當函谷關都尉。這個官職雖說遠不及之前當過的九卿，卻是個「雁過拔毛」的肥缺。寧成走馬上任後，常年出入關卡的商賈和百姓就遭殃了，個個被盤剝得苦不堪言，社會上很快傳開一句話：「寧見乳虎，無值寧成之怒。」（《史記．酷吏列傳》）寧可撞見給幼崽餵奶的老虎，也別碰上寧成發怒。

老虎餵崽時警惕性特別高，見人就撲上來咬，即便如此，還是沒有寧成發怒可怕。由此可見，寧成把天下的商賈和百姓害得多慘，給人們造成多麼大的心理陰影。然而，出來混遲早要還。

寧成囂張這麼多年，跨界玩得那麼狠，還一手把持函谷關，得罪的人自然不可勝數。出任函谷關都尉一年多後，便被人告發。奉命辦他的人就是當時另一個著名酷吏——義縱。

義縱一到南陽便鐵拳出擊，把寧成的家族和整個黑社會團夥連根拔起，「遂案寧氏，盡破碎其家。」（《史記‧酷吏列傳》）寧成就此身死族滅。接下來，再來認識這個義縱。

義縱是河東人，年輕時是個混混，和岸頭侯張次公是老鄉；兩人糾集一幫地痞流氓，成天做打家劫舍的勾當。要不是有個了不起的姐姐，義縱到頭來可能就是個混黑道的。他的姐姐就是中國歷史上著名的女醫、被譽為「巾幗醫家第一人」的義姁。

義姁因醫術高超，被召入宮中，專門侍奉太后王娡。老太后對義姁的醫術很滿意，有一天問她：「家裡有沒有兄弟，想不想做官？」義姁如實答道：「有個弟弟。不過品行不好，不可為官。」

老太后以為她是謙辭，就向武帝推薦義縱。義縱就此踏上仕途，被任命為郎中，成為天子侍從。也許是從小混社會的緣故，義縱比較機靈，很快博得武帝青睞，不久便出任上黨郡的一個縣令。縣令任上，義縱敢作敢為，對任何人都不留情面，尤其對當地黑道進行嚴厲打擊，創造良好的治安局面；考察基層官員的政績時，義縱被評為第一。

黑道出身的縣令打擊黑社會，效率自然遠高於文人出身的縣令。畢竟道上的花樣和內情，義縱絕對清楚。隨後義縱迅速升遷，先任長陵（高祖陵寢）縣令，又任長安縣令。這兩個皇親國戚雲集的地方，義縱更是拿出鐵面無私、不畏權貴的架勢，「直法行治，不避貴戚」（《史記‧酷吏列傳》）。就連恩人、當朝皇太后王娡，他也一點面子都不給。老太后有個外孫（修成君金俗的兒子），仗勢欺人，橫行不法，就被義縱逮捕治罪。

武帝劉徹得知後，對他大為賞識，又擢升義縱為河內都尉。義縱到任後，再度施展無情的鐵腕手段，以犁庭掃穴之勢，將當地最大的豪強穰氏一族悉數屠滅。如此殺戮立威之後，其他豪族立刻夾起尾巴做人。整個河內郡竟然出現「道不拾遺」的「太平」景象。

一個社會想實現長久的太平，必須德治與法治並重。如果只追求短時間的「治安良好」，殺人可能是最快速、最有效的手段。不久，義縱又調任南陽太守，於是有了上文的一幕——他一到南陽就把黑白通吃的前酷吏寧成一舉剷除。當地豪強孔氏、暴氏見狀，頓時寢食難安，沒幾天就舉家逃亡。南陽的官紳百姓更是噤若寒蟬，言行舉止都小心翼翼，生怕稍有不慎就掉了腦袋。

酷吏義縱彷彿成為救火隊員，哪裡的豪強勢力最猖獗、治安狀況最差，他就被派到哪裡「滅火」。當時，位於邊境的定襄郡因戰事不斷，社會治安非常糟糕，不論官員還是百姓都不太遵紀守法。武帝隨即又把義縱調到定襄，義縱頭一件事就是把監獄裡二百多名重罪輕判的犯人重新定為死罪，再把他們的親友一併抓到牢裡——理由是他們干預司法，在外面疏通打點，幫這些重犯脫罪。同日，義縱就把這批犯人連同親友四百多人全部殺了。

這一殺，定襄郡人人不寒而慄。整個郡的犯罪率直線下降，治安狀況大為改善。

元狩四年，時任右內史的汲黯被罷免，義縱旋即被武帝劉徹擢升為右內史，躋身朝廷九卿之列。然而走到這一步，義縱的仕途差不多到頭了。

他殺的人太多，得罪的人更多，不可能不遭到報復。尤其是右內史這個職位相當於首都市長，更容易得罪不該得罪的人。汲黯被罷免的原因雖然史書無載，但很可能就是遭到皇親國戚的反攻倒算。當初丞相公孫弘特意「舉薦」他出任該職，就是想看到這個結果；只是公孫弘幾年前病故，沒等到這一天罷了。

右內史這個官絕對不像地方上的郡守那麼好當。在地方做郡守，一來是權貴不像京師那麼多，二來是即便某些事出了差池，皇帝也不一定會知道——至少不會立刻知道。而首都市長在皇帝的眼皮底下做事，一不小心就可能觸犯天威。義縱上任才一年，就因一件不起眼的事情惹怒皇帝。

元狩五年夏，武帝劉徹因病到甘泉宮療養。途中有一段道路是右內史的轄區，路面大多坑坑窪窪，令天子車駕顛簸得厲害，劉徹怒道：「義縱以為我不會再走這條路了嗎？」

平心而論，道路養護的周期往往較長，不可能隔三差五就維修一次，而且路也不是一年走壞的。右內史的地界出問題，與其責怪剛上任的義縱，不如說更應算是前任汲黯的責任。可是皇帝不會講這些道理，他的馬車今天在你的地面上走，道路失修的責任就是你的。

如果單純只是這件事，義縱還不至於掉腦袋。真正導致他被殺頭的是與「告緡」有關的另一件事。當時楊可正主持遍及天下的告緡工作，力度之大前所未有。估計是無意中觸犯義縱的利益，義縱就派人把楊可的手下抓了，理由是此人「亂民」——楊可所為是擾亂民生。

這下義縱可算是捅了馬蜂窩，犯了「政治不正確」的嚴重錯誤。

當時「告緡」可說是朝廷工作的重中之重，是武帝劉徹極力推行的一項主要政策；義縱居然敢大放厥詞，說「告緡」是擾亂民生，這不是公開和皇帝、朝廷唱反調嗎？

元狩六年剛一開年，武帝劉徹就頒下一道旨令，以「廢格沮事」的罪名，將義縱斬首棄市。意為阻止或不執行皇帝詔令，破壞朝廷的大政方針。

表面上看，義縱是死於這兩件事；但往深處想，就算不出這兩件事，他遲早也會因別的事而死於非命。理由很簡單——酷吏不過是皇帝的鷹犬和工具，一旦沒有利用價值，就會被毫不猶豫地拋棄。

武帝劉徹重用酷吏是利用他們打擊權貴集團和地方豪強，從而鞏固中央集權和自身的皇權。在此過程中，酷吏必然會損害很多人的利益，導致朝野上下怨聲載道。皇帝一旦達到目的後，就會回頭收拾酷吏，一來是避免天下人把怨恨集中到自己身上，二來是藉此塑造英明形象。

兔死狗烹就是歷朝歷代所有酷吏的必然下場，從身為酷吏那一刻起，就注定無法逃脫的邏輯終局。

一切都在天子的掌控之中

汲黯被罷免，一方面可能是出於權貴報復，另一方面應該還是和他總是犯顏直諫有關。擔任右內史的五、六年間，汲黯從未停止對武帝劉徹的諫諍，以下僅舉兩例。

元狩三年，敦煌向朝廷進獻一匹與眾不同的野馬。武帝非常喜歡，稱之為「神馬」。此馬具體如何不同尋常，史書無載。當時朝廷剛成立樂府，主要負責人就是辭賦大師司馬相如和音樂天才李延年。武帝特命他們以神馬為題材，譜寫一首讚歌：前者負責作詞，後者負責譜曲。

兩位「業界大咖」連袂合作，這首歌自然不同凡響。據說司馬相如為此創作的那篇辭賦，極其深奧難懂——連那些只通一經的博士都看不懂，非得是精通五經的博士們一起研討，才能讀出其中深意。同時，李延年為此譜寫的曲子也非常高級，必須啟動「八音」共同演奏。所謂八音，指八種不同材料製造的樂器，即金、石、絲、竹、匏、土、革、木。可想而知，所有大小樂器全部上場演奏，陣勢儼然就是一場交響樂了。

為了區區一匹野馬，竟然搞出這麼大陣仗，汲黯十分不滿，便對武帝劉徹道：「君王制禮作樂，對上要尊敬祖先，對下要化導百姓。如今，陛下得到一匹馬就大肆作詩譜曲，還在太廟中演奏，先帝和百姓豈能聽得懂唱的是什麼?!」正在興頭上的武帝聞言，默然不語，心裡當然是極為不悅。

還有一次在朝會上，汲黯竟然當著群臣的面，公開批評武帝劉徹濫殺士大夫。他說：「陛下雖然求賢若渴，延攬人才不遺餘力，但往往還沒等到人才發揮作用，就把他們殺了。天下的人才有限，陛下的誅殺卻無休無止，臣擔心長此以往，天下的賢才死亡殆盡，陛下將和誰共同治理國家？」

汲黯這番諫言極其尖銳，說話時的表情也十分憤怒——根本不顧及天子的顏面。

當著文武百官，武帝劉徹不便發作，笑著解釋道：「世上從不缺少人才，只怕發現不了人才。若善於發掘，何患無人？所謂的人才，就是有用的器具；若有才而不肯盡力，就和無才一樣，不殺還留著做什麼？」

汲黯明知說不過皇帝，卻仍堅持道：「臣雖然在言辭上不能說服陛下，但心裡還是認為陛下不對。願陛下從今往後加以改正，不要認為臣是愚笨不懂道理。」武帝終於在言辭上駁倒汲黯，心中很舒暢，毫不掩飾自己的得意之情，環顧群臣道：「假如汲黯說自己是逢迎之人，那肯定不對；但他承認自己愚笨，這話倒是說得一點不假！」

這對君臣就喜歡當眾互嗆，誰也不給誰留面子，更不在乎禮儀和體統。盛行說空話的官場上，能夠如此坦誠地互撞，倒也不失為一股清流。當然文武百官都知道，不管兩人撞得多厲害，君臣關係也不會真正破裂，很快就會重歸於好。

元狩五年春，汲黯被罷免還不到一年，武帝又想起他了，決定重新起用。不過這回劉徹沒有再把他留在京師，而是給他淮陽太守的職位。汲黯一看，這是要攆自己走啊！於是堅決推辭，死活不肯接受印信。

劉徹這回鐵了心，連續發下多道詔書，強行命他赴任。

汲黯意識到胳膊終究擰不過大腿，只好奉詔。入宮辭行時，汲黯知道很可能是君臣最後一次見面，頓時悲從中來，潸然淚下道：「臣本以為此生將老死溝壑，不會再見到陛下；怎料陛下會復用臣。臣舊疾纏身，已無力擔任一郡太守，只希望能做一名中郎，出入禁中，拾遺補闕，於願足矣。」

郡守是封疆大吏，官秩二千石；中郎是內廷侍從官，官秩不過六百石。當然，前者遠離權力中心，後者位居內廷中樞，二者對於皇帝的影響力不可同日而語。汲黯此言表明他絲毫不看重官位和俸祿，只想對天子決策和朝廷大政有所補益。

然而，劉徹命他出任郡守，就是圖個耳根清淨；若是留他當中郎，汲黯肯定天天諫諍，誰受得了？

劉徹道：「你瞧不上淮陽嗎？我之所以讓你出任太守，只因淮陽的官員不稱職、治理得不好，才借重你的威望。你赴任後，也不必親力親為，無為而治就行了。」汲黯沒辦法，只能奉旨。

出宮後，汲黯特意去和大行令李息見了一面，說了一番話。李息位居九卿，是眼下朝中碩果僅存的老臣之一。汲黯希望離開朝廷後，李息能盡到元老的職責，敢於和朝中那些得勢的惡人鬥爭。

在汲黯眼中，那些得勢的惡人就是以張湯為首的酷吏集團。他對李息說的話是：「我被逐出京師，外放邊郡，再也不能向朝政進言了。如今的御史大夫張湯，其才智足以拒絕規勸，其狡詐足以顛倒是非，專門用一些詭詐巧辯的言辭迎合上意，不肯為天下、為正義說一句話。凡是皇上不喜歡的人，他必令其身敗名裂；凡是皇上喜歡的人，他就讓其譽滿天下。動輒興起大獄，濫用律法，內懷奸詐以蠱惑皇上，外挾鷹犬以殺戮立威。閣下位列九卿，若不盡早向皇上進諫，只怕有朝一日，閣下會被張湯連累，和他一同受禍。」

汲黯這番話固然說得有理，但李息的身分和他完全無法比。汲黯是天子的東宮舊臣，君臣間感情深厚，且天子對他敬畏有加。滿朝文武中，只有汲黯可以和天子互嗆，還可以當面指著張湯的鼻子罵；天子也不會拿他怎麼樣，張湯更不敢動他一根毫毛。

可是李息呢？雖然早在景帝一朝便已入仕，算是兩朝元老，但他要是敢像汲黯直言進諫，還和張湯叫板，就算天子不計較，張湯肯定會搞死他。即便借李息一百個膽，也斷然不敢聽從汲黯之言。

事情果然被汲黯不幸言中：張湯垮臺後，李息被武帝劉徹問罪。雖然沒被殺頭，數年後又被重新起用，但終究經歷十分驚險的一劫。

汲黯出任淮陽太守後，武帝劉徹為了照顧他，專門下發一道詔令，讓他享受與諸侯國相相同的薪酬待遇。就官階而言，郡守與諸侯國相雖同為二千石，但二者的俸祿不相同。郡守的實發年俸是一千四百四十石（每月一百二十石），而諸侯國相的實發年俸則為一千八百石（每月一百五十石）。

劉徹的這一做法再次體現和汲黯之間獨特的君臣關係。把汲黯逐出京師是「相殺」；提升他的薪酬待遇是「相愛」。不過這一回已經是這對君臣最後一次「相愛相殺」了。此後整整十年，一直到汲黯在淮陽太守任上病故，武帝再也沒把他召回京師。

汲黯離京前，最擔心的就是天子劉徹被張湯蠱惑，朝政被這個酷吏一手把持。不得不說，擔心是有一定道理。就在他離開京師的同時，即元狩五年三月，朝廷發生一件大事——丞相李蔡自殺了。

雖說李蔡自從出任丞相後一直有名無實，沒什麼存在感，大權都在張湯手中；但李蔡至少在名義上也是一人之下、萬人之上——如今突然自殺，個中內情顯然沒那麼簡單。

據司馬遷記載，李蔡是畏罪自殺，罪名是「侵孝景園壖地」，即侵占景帝陵寢的空地——大概是想給家人下葬所用。朝廷宣布他的罪狀後，李蔡和堂兄李廣一樣，不願再面對刀筆吏的羞辱，於是自殺了。

侵占帝陵或帝廟空地的事情，罪名可大可小。例如景帝年間的廢太子劉榮，就因這種事情掉腦袋；但晁錯同樣侵占高祖宗廟前的空地，卻因景帝劉啟保他，什麼事都沒有。

李蔡雖然貴為丞相，但在位期間並無政績，權力完全被御史大夫張湯架空，出事後，武帝劉徹不太可能保他。此外，按照當時官場升遷的慣例，每當丞相一職出缺，都是由御史大夫繼任——很顯然，李蔡出事，張湯就是最大的受益者。

綜合以上情況來看，不排除張湯就是告發李蔡的人。

張湯看來，只要李蔡一倒臺，不管有沒有死，丞相這個職位順理成章就是他的。出乎所有人意料的是，李蔡死後次月，武帝劉徹並未按慣例讓御史大夫張湯繼任丞相，而是擢升時任太子少傅的莊青翟。此舉透露出的用意耐人尋味。

莊青翟其實不被武帝賞識，嚴格來講，應該算是當年竇太后的人。當初，武帝一登基就雄心勃勃地展開一場尊儒改革運動，被竇太后全盤扼殺；武帝任命的丞相竇嬰和太尉田蚡均被免職，手下幹將趙綰、王臧死於非命。竇太后隨後提拔的人中就有莊青翟，由他取代趙綰出任御史大夫。

本來就不是武帝的班底，早年還算是「政敵」，莊青翟這些年被邊緣化，只掛著「太子少傅」這種看上去尊貴卻毫無實權的頭銜。況且，武帝一朝人才濟濟，莊青翟雖然當過御史大夫，但既無政績又無軍功，在一大幫聲名赫赫的文臣武將中，實在有些不起眼。

武帝劉徹偏偏對眼巴巴等著拜相的張湯選擇性無視，卻提拔早就坐冷板凳的莊青翟——到底意味著什麼？

至少透露了兩個消息：第一，劉徹沒有打算，甚至可以說從未打算讓張湯入相；第二，莊青翟明顯只是過渡人物，劉徹不太可能對他寄予什麼厚望。

從這個意義上說，汲黯離京之前的擔心，雖有一定道理，但未免有些多慮。武帝劉徹沒那麼容易受人蠱惑，更不會讓任何人輕易把持朝政。他駕馭臣下的手腕和權謀遠比汲黯想像得高明。武帝固然會利用張湯這種能幹的酷吏幫他去做很多「髒活」，但做完後，自然會對天下臣民有個交代，絕不可能讓張湯這種酷吏一手遮天。

換言之，不管酷吏如何猖獗，一切都在武帝的掌控之中。該到兔死狗烹時，他絕不會心慈手軟。

張湯之死：出來混，遲早要還

元鼎二年（前一一五年）冬，汲黯離京的三年後，漢帝國的權力高層突然爆發一場複雜的政治惡鬥。鬥爭的結果包括張湯、莊青翟在內的多名高官先後死於非命，形同一場政壇大洗牌。

冰凍三尺，非一日之寒。官場上的鬥爭往往有著錯綜複雜的背景，而最終多米諾骨牌的徹底倒塌，往往源於一張起初看上去不太起眼的牌。這張牌就是張湯的副手、御史中丞李文。

李文和張湯早有宿怨，後來成為他的下屬愈發憤恨難平，便千方百計想搞垮張湯。朝中凡是和張湯有關的公函、文書等，李文必定會反覆查閱、仔細搜尋，目的就是尋找一切不利於張湯的蛛絲馬跡。

御史臺是天下最大的情報部門，裡頭幾乎人人都是諜報人員。李文在背地裡玩這些小動作，自然瞞不過張湯的耳目。張湯天天在朝野上下呼風喚雨，連朝廷九卿都可以隨時弄死，現在居然被手下玩「背刺」，傳出去豈不讓人笑掉大牙？

當然，像李文這種不識相的畢竟是極少數；想向上司張湯獻殷勤、表忠心的大有人在。例如御史臺有個叫魯謁居的低級官吏，就是張湯最忠實的打手。他發現李文竟然敢對長官下黑手，簡直是活得不耐煩了，不等長官授意，主動派人蒐集一堆李文的黑材料，以匿名方式直接捅到皇帝那裡。

武帝一看，這個李文問題還不少，讓張湯立案審查。結果沒有任何懸念，張湯認為李文的犯罪事實清楚，證據確鑿，論罪當斬——不費吹灰之力幹掉了李文。

武帝劉徹向張湯問起案發原因，主要想知道究竟是何人告發李文。張湯當然知道是魯謁居所為，卻佯裝不知，答道：「應該是李文的仇家幹的。」李文既然已經被砍掉腦袋，事情就算過去了。武帝這時才追問案發原因，其中必定有其深意。換言之，武帝劉徹不可能對該案的起因毫不知情，有此一問，就是懷疑張湯和這事脫不了干係，才會故意試探。張湯裝傻非但不能打消武帝的疑慮，反而會加深。僅就此事而言，張湯還是小瞧了皇帝。

李文這件事，打手魯謁居立下大功，張湯自然大為賞識。有一次，魯謁居生病，臥床不起。張湯不但親自前往探視，還放下長官的架子，親手幫魯謁居按摩腿腳。

令張湯沒想到的是，官場上的鬥爭總是無孔不入，就連這種看上去很普通關懷屬下的作秀舉動，也會被政敵抓住大做文章。

張湯這些年辦案無數，得罪的人多如牛毛，上至皇親國戚，下至販夫走卒，想讓他死的大有人在。例如趙王劉彭祖（武帝異母兄），其名下有不少冶鐵產業，利潤豐厚。朝廷實行鹽鐵專營，斷了他的財路，趙王為此沒少和朝廷的鐵官打官司，最後打到張湯那裡，判決結果當然都不利於趙王。

巧合的是，經手趙王多起官司的辦案人，恰恰就是魯謁居。為此，趙王對張湯和魯謁居都恨之入骨，便在魯謁居身邊安插眼線。張湯為魯謁居按摩腿腳的情報就被趙王獲悉，趙王覺得這事必有隱情，本著「有棗沒棗打三竿」的想法，給武帝劉徹上道奏疏：「張湯貴為三公，小吏魯謁居生病，竟然為其按摩腿腳，兩人之間定有不可告人之事。」

武帝本來就對張湯有所懷疑，就把案子交給廷尉，打算深入挖掘。但這時魯謁居已經病死了，廷尉無從下手，就把他弟弟抓進牢裡。那天，張湯恰好去獄中辦案，看見魯謁居的弟弟，心裡吃驚；但就算要救他，也不能明著來，得之後想辦法，便假裝沒看見他。

魯謁居的弟弟不懂官場上這些「眉眉角角」，以為張湯見死不救，一怒之下，就把他哥為了巴結張湯而告發李文的事捅出去。這下子，武帝的懷疑得到證實。

此事的關鍵不在於張湯和李文之死扯上關係，而是當初武帝過問此事時，張湯撒謊了。排除異己，皇帝可以睜一隻眼、閉一隻眼，但欺君罔上是任何皇帝都不能容忍的。於是，武帝就把此案交給另一個酷吏——時任左內史的減宣。

減宣擔任御史和御史中丞多年，參與審理過主父偃、淮南王謀反等大案，素有「敢決疑」之稱；更要命的是，減宣一向也和張湯不和。

官場上，案子交給什麼部門或什麼人去辦都不是隨意決定，其中大有講究。如果皇帝只是想走過場，就不會把案子交給酷吏，現在既然找減宣，就意味著要從嚴從重、一查到底。

這時，京師又發生一起嚴重的盜墓案件，被盜之墓竟然是文帝的霸陵。猖狂的盜墓賊掘開陵墓後，盜走陪葬其中的大量銅錢。天子的祖墳竟然被盜挖！此案不論是犯罪性質還是社會影響都極其惡劣，簡直讓皇帝和朝廷都顏面掃地。對此，新任丞相莊青翟和御史大夫張湯自然責無旁貸。

兩人便相約一同去覲見皇帝，自請處分。見了皇帝後，莊青翟立刻跪地謝罪。但他萬萬沒料到，狡詐的張湯竟然食言了，一副事不關己的樣子，站在旁邊一言不發。如此場面，根本不像兩人約好一起來謝罪，倒像是張湯「押著」莊青翟來向皇帝自首。

隨後武帝把案子交給御史臺，就是給了張湯。張湯為了推卸責任，打算給莊青翟羅織「知情不報」的罪名，讓他去背這口大黑鍋。莊青翟畢竟是堂堂丞相，在御史臺也有耳目，馬上得知張湯的企圖，頓時惶惶不安。

張湯得罪過的人遍布朝野，莊青翟手下的三個丞相長史恰恰都對張湯極為痛恨，他們是朱買臣、王朝、邊通。這三個人發跡都比張湯早，卻被他後來居上，本來就一肚子羨慕、嫉妒。張湯進位三公後，因丞相李蔡尸位素餐，張湯經常代理丞相履行職權，又對這三人頤指氣使，把他們當小吏使喚，甚至當面羞辱——朱買臣等人更咽不下這口氣。

如今，頂頭上司莊青翟有難，三人便迅速團結到長官身邊說：「之前張湯和您相約去請罪，卻把您賣了！如今又想拿霸陵的事陷害您，目的就是想取代您當丞相。我們已經掌握張湯不少犯罪事實，足以把他扳倒。」

從李文發端，經趙王發難，到減宣著手調查，再到莊青翟及三個長史聯手密謀，張湯的仇家在無形中締結了「復仇者聯盟」，迅速給張湯編織一張死亡之網。這一回，張湯注定在劫難逃。

莊青翟和朱買臣等人選擇的突破口是打算指控張湯洩露高層機密，出賣內幕消息給商人，從而操縱市場，牟利分贓。他們立刻展開行動，派人抓捕和張湯過從甚密的商人田信等人，刑訊逼供，取得證詞，最後一紙訴狀遞到皇帝那裡，聲稱：「張湯每次向皇上奏請推行某項政策之前，田信等人都會預先知情，然後囤積居奇，牟取暴利，再和張湯分贓。」

除了這項指控，朱買臣等人還羅列其他犯罪事實，就是要一舉置張湯於死地。武帝劉徹隨即召見張湯，淡淡道：「我所要做的事，某些商人似乎都能預先知道，就像有人把我的想法直接告訴他們一樣。」說完，劉徹便等著張湯的反應。皇帝想看到的當然是張湯「撲通」一聲跪倒在地，拚命磕頭請罪。然而，這一幕並未出現。張湯沒有請罪，只微微露出驚訝的表情，說：「可能有這回事?!」

這時，減宣那邊的案子查完了，奏稱：「魯謁居確實是為了巴結張湯而告發李文，此事張湯完全知情。」這麼多矛頭全指向張湯，還有什麼可說的呢？

武帝旋即以張湯「心懷詭詐，當面欺君」的罪名，將其逮捕入獄；先後派出八批內廷使臣去審問張湯，輪番上陣，疲勞轟炸。不料張湯卻是個硬骨頭，從頭到尾都堅稱無罪，否認所有指控。

最後，武帝派出張湯的多年同僚、御史中丞趙禹。趙禹也是出名的酷吏，雖然和張湯關係不錯，但事情到了這個地步，任誰都救不了他。趙禹出馬，意味著張湯的結局只有一個——死。

趙禹先十分嚴厲地傳達皇帝口諭，就和張湯攤牌：「你怎麼就看不清現在的處境呢？這些年被你屠滅的人有多少？如今所有人對你的指控都有確鑿證據；天子沒有下令處決，而是把你關進大牢，就是要讓你自行了斷。你又何必反覆抗辯呢？」至此，張湯終於感受到絕望。

天子故意不以國法制裁，讓你自行了斷，就是給你留了面子，外加留個全屍——這已經是皇恩浩蕩，你還奢求什麼？

臨死前，張湯寫下一封遺書，說：「湯無尺寸功，起刀筆吏，陛下幸致為三公，無以塞責。然謀陷湯罪者，三長史也。」（《史記・酷吏列傳》）張湯對國家沒有尺寸之功，乃區區刀筆吏出身，卻有幸被陛下提拔為三公，無以推卸罪責。然而，密謀陷害張湯入罪的人，就是丞相的三個長史。

元鼎二年十一月，張湯在獄中自殺。出來混，遲早是要還的。正如趙禹所言，張湯這麼多年來，殺了太多人，更得罪無數人，必然要遭到報復和反噬。從老百姓的角度來講，這就叫天理昭彰，報應不爽；從官場潛規則的角度來看，他的死也是一種邏輯必然。

整個大漢天下，真正能夠置他於死地的人只有一個，就是天子劉徹。如果劉徹不想讓他死，就算再多有權有勢的人結成再大的「復仇者聯盟」想整死他，都沒有用；只有劉徹想讓他死，這些人才能得償所願。表面上看，張湯是死於仇家的報復；但歸根結柢是死於「兔死狗烹」的官場鐵律。

張湯死後，朝廷有關部門經過調查，發現他的家產不多，只值五百金；和他仕途多年的俸祿所得與所獲賞賜大抵相當，可見他沒有其他收入來源，更沒有什麼灰色收入。如此一來，所謂「出賣內幕消息，勾結商人牟利」的罪名就不攻自破了。

雖說張湯最後身敗名裂，但生前畢竟貴為三公，他的幾個兄弟商量著要把他厚葬，唯獨他的老母親不同意，說：「張湯身為天子大臣，卻被人用惡言誣陷而死，又何必厚葬呢?!」言下之意，就是朝廷是非不分、冤枉好人，他們老張家咽不下這口氣。

張家人就用牛車載著張湯的棺材，以「有棺無槨」的薄葬方式把他下葬了。棺就是一般的棺材，槨是套在棺材外面更大的棺材。

古代的喪葬有嚴格的禮制規定，規格必須與死者生前的身分和地位相匹配，不是有錢就能厚葬。按照「周禮」，棺槨的數目、材料、大小、厚薄等，均有嚴格細緻的等級規定。如天子棺槨四重，即內棺外面還有四重槨；帝后棺槨三重；公爵三重；侯爵、伯爵、子爵、男爵二重；大夫一重；士不重，但可用大棺；庶民之棺只准厚四寸，無槨。

如今，張母用「有棺無槨」的方式埋葬張湯，相當於庶民之禮，和他生前的三公身分完全不匹配。可見張母就是故意用這種違背禮制的做法，向天子和朝廷表達無聲的抗議。

武帝劉徹聞訊，不禁感嘆一句：「非此母不能生此子。」（《史記・酷吏列傳》）感慨張湯和他母親的個性一樣剛強。既然事後的調查證明張湯是被誣陷，而且人家的家屬一直抗議，就不能不還他們公道，也不能不給天下人一個說法。

很快，武帝劉徹就把朱買臣、王朝、邊通三人全都誅殺。同年十二月，丞相莊青翟被捕入獄。他自知難逃此劫，旋即在獄中自殺。事後，武帝釋放商人田信等人，並讓張湯的兒子張安世以父蔭入仕，任其為郎官，算是對張湯的補償。

至此，這場錯綜複雜、牽連甚廣的政治惡鬥，終於塵埃落定。

很明顯，對於捲入這場鬥爭的各方而言，都是一場零和博弈。自古以來，像這種你死我活的官場鬥爭，通常都沒有贏家。如果一定要說有，唯一的贏家，或許就是至高無上、手握生殺予奪之權的皇帝。

第八章

開疆拓土

斷匈奴右臂：張騫二次出使西域

自從匈奴渾邪王內附，且漢帝國在漠北重創匈奴後，河西走廊成為無人地帶，從漢朝通往西域的道路暢通無阻。每當武帝劉徹站在地圖前，「經略西域，開疆拓土」的豪情壯志都會在他的心中洶湧激蕩。而經略西域，張騫無疑是不二之選。

此時的張騫因數年前在戰場上進軍遲緩之責，被廢為庶人，正賦閒在家。雖然無官無職，但他的內心和武帝劉徹一樣，幾乎每天都在思考一個重大的問題——如何讓漢朝的勢力介入西域，開拓帝國的新邊疆？

經過幾年的思考和醞釀，到元狩四年，張騫終於向武帝提出一個宏大的戰略構想。他的計畫是以西域的烏孫國為突破口，與其結盟；再向西逐步經略，最後把整個西域納入漢帝國的勢力範圍，從而斬斷匈奴右臂，令其永遠無法再染指西域。選擇烏孫做為突破口，其因有三：

一、烏孫位於今巴爾喀什湖以南和伊犁河流域，扼東西陸路之要衝，是漢帝國通往西域的交通要道。

二、烏孫在西域諸國中勢力最為強大。據《漢書．西域傳》記載，其國人口「六十三萬」，軍隊「十八萬八千八百人」，而其他西域小國如姑墨、龜茲、焉耆等，人口均未超過十萬，兵力往往只有數千到數萬。若能與烏孫建立同盟關係，對這些西域小國有巨大的示範效應。

三、烏孫與匈奴之間有過一段複雜的歷史恩怨；雖然曾是匈奴的藩屬國，但目前的關係已然疏遠。漢朝可利用這一點，進一步離間二者，並透過「金錢外交」誘之以利，令烏孫徹底倒向漢帝國。

關於烏孫與匈奴的恩怨，還得從烏孫的上一代國王難兜靡說起。

當年，烏孫只是匈奴西邊的小國，在祁連山和敦煌之間游牧。匈奴見其弱小，便出兵將其攻滅，並殺了難兜靡。烏孫殘部被迫依附匈奴。據《史記》記載，當時難兜靡之子獵驕靡尚在襁褓，被遺落在荒草中，而後發生非常神奇的一幕，只見一頭母狼竟用乳汁餵養嬰兒，烏鴉也銜著肉停留在他身旁。

匈奴的老上單于聽說後，認為這孩子有神靈庇佑，便收養了他。獵驕靡長大後，為匈奴領兵征戰，屢建戰功。老上單于自認為對他有養育之恩，有把握控制他，便把其父留下的餘部交給獵驕靡，命他回到烏孫故地，為匈奴鎮守西域。

然而此舉無異於放虎歸山。獵驕靡率眾回到西域後，不斷攻伐周邊小國，勢力逐漸壯大，手下的控弦之士達到數萬人。不久，老上單于病死，獵驕靡趁勢脫離匈奴，率部遷徙至伊犁河流域，並成功復國，從此不再向匈奴納貢稱臣。

新繼位的匈奴軍臣單于大怒，便出兵攻打烏孫，卻未能取勝。軍臣單于不由想起獵驕靡小時候的傳說，覺得他的確有神靈庇佑，便放棄武力征服的企圖，但仍將烏孫視為藩屬國。

基於上述歷史背景，張騫向武帝提出結盟烏孫的具體方略。他說：「如今匈奴剛被我軍重創，而渾邪王當初的領地（河西走廊）荒無人煙。烏孫貪戀大漢的金帛，可給予厚贈，收攬其心；同時讓他們遷居渾邪王故地，與大漢結盟，成為兄弟之邦。他們勢必聽從。如此便可斬斷匈奴之右臂，進而令大夏等西域諸國都成為大漢的藩屬。」

武帝劉徹深以為然，遂任命張騫為中郎將，帶領使團第二次出使西域。這是一支龐大的使團，成員共計三百人，每人配有二匹馬，使團共攜帶了價值數千萬的黃金、錢幣、綢緞等，以及數萬頭牛、羊。武帝還為張騫配備多名持節副使，以便在合適情況下同時出使其他國家。

元狩四年，張騫第二次踏上前往西域的漫漫長路。此次出使，沿途的山川草木、沙漠戈壁一如其舊，卻已經沒有匈奴人的圍追堵截，大漢使團可以一路暢行無阻。當年第一次出使西域，張騫只是二十多歲、風華正茂的年輕人；而這一次，他已近知天命之年，歲月悄然染白他的雙鬢。但為了大漢帝國開疆拓土的使命感，依舊充盈在他的心中，從未被時光磨滅。

數月後，張騫率領的大漢使團順利抵達烏孫國。然而，他們沒有得到想像中熱情友好的接待。國王獵驕靡雖然接見張騫，但態度冷淡，禮節方面多有缺失。張騫並未氣餒，仍舊按原計畫向獵驕靡表明來意。他說：「烏孫若能東遷，回到故國舊地，漢朝必會將公主許配給國王殿下。如此，兩國結為兄弟之邦，共同對抗匈奴，則匈奴必然敗亡。」可是對於張騫的提議，獵驕靡卻完全不為所動。

張騫遭受這種意料之外的冷遇，原因有二：

首先，目前烏孫距離漢帝國十分遙遠，對漢朝沒有什麼了解，更不知其究竟有多麼強大；僅憑張騫在口頭上自我介紹，難以說服獵驕靡。反之，烏孫之前一直是匈奴的臣藩，烏孫臣民對匈奴的畏懼早已深入骨髓；且烏孫在地理上與匈奴接壤，更容易受到匈奴攻擊。因此，烏孫沒有什麼理由與漢朝一起對抗匈奴。

其次，也是更重要的一點，此時的烏孫貌似強大，實則內部正經歷一場分裂危機，根本無暇顧及與漢朝結盟的事。

獵驕靡雖英雄一世，但現已年老；而烏孫的內亂則是源於權力繼承的問題。

獵驕靡有十幾個兒子，可惜太子早逝，臨終前留下遺願，希望能將太子之位傳給兒子軍須靡。獵驕靡白髮人送黑髮人，不忍拒絕，便答應了。這麼一來，勢必遭到其他兒子反對，其中尤以叫大祿的反應最為強烈。大祿雖排行居中，但能征善戰，自以為大哥一死，太子之位非他莫屬。不料父王竟把王位傳給孫子，他當然不能接受。

大祿怒而起兵，糾集好幾個兄弟，率領部眾鬧起獨立，準備攻伐軍須靡。這一幕與一千多年後的明朝，朱元璋、朱棣、朱允炆祖孫三代面臨權力交接的困局，可謂如出一轍。

獵驕靡很無奈，只好撥給軍須靡一萬多騎兵，同時劃分一部分國土給他。獵驕靡統領一萬多騎兵，像防賊一樣防著兒子大祿。

如此一來，烏孫國儼然一分為三，隨時可能爆發父子、叔侄間的內戰。對於這樣的情況，張騫無計可施，只能留下來靜觀其變，他在烏孫滯留四年，其間的局勢雖無惡化，但也沒有好轉。試圖聯手烏孫對抗匈奴的計畫，基本上是落空了。

不過沒能說服獵驕靡，不等於大漢使團無事可做。事實上，這四年間，張騫派出那些持節副使分別前往大宛、康居、大月氏、大夏、安息、身毒、于闐等，展開一場規模空前、聲勢浩大的外交活動。

這些國家中，有的張騫曾經到訪過——但那時的河西走廊還控制在匈奴手中，不論張騫如何描述漢朝的強大都像自說自話。然而今天，河西走廊已經易主，對這些國家而言，大漢帝國的強大不再只是停留於口頭的傳說，變成一種現實存在和切身感受。換言之，大漢帝國的聲威已經透過實力得到可靠的證明。

還有一些國家則是中國人有史以來第一次走到的地方。例如最西邊的安息國（今伊朗），大漢使臣到訪其國首都番兜城（今伊朗東北部達姆甘市），與安息正式建立外交關係。

再例如身毒，當年張騫試圖打通西南交通線，無法成功；這一次，大漢使臣終於順利抵達。這是歷史上，中國與印度這兩個古老文明國家的首次接觸，具有劃時代的意義。

一切正如第一次出使西域一樣，當年的張騫沒能完成與大月氏結盟的任務，卻以百折不撓、鍥而不捨的精神「鑿空西域」，極大地開拓中國人的國際視野，也擴大漢朝在國際社會的政治影響力。

這一次，張騫同樣沒能完成與烏孫結盟的任務。但他率領的大漢使團卻以更無畏的探險精神和更堅定的開拓精神，走得比第一次更遠，讓中國人看見更為廣闊的世界，也讓更多國家第一次認識中國。

元鼎二年，張騫回到長安。跟隨他來到長安的，還有烏孫國王獵驕靡派出的一支數十人的使團——他想證實漢朝究竟有沒有張騫說的那麼強大。

烏孫使節被親眼所見的事實震撼到了，「烏孫使既見漢人眾富厚，歸報其國，其國乃益重漢。」（《史記．大宛列傳》）烏孫使節親眼見到大漢帝國人口眾多、物產富饒、國力雄厚，歸國稟報後，烏孫君臣一改此前的態度，開始愈來愈看重與漢朝的外交關係。

值得強調的是，由張騫開創「帶外國使團回訪」的外交方式，從此成為漢朝與西域諸國交往的慣例。一年後，張騫派往安息、身毒等國的副使陸續帶著這些國家的使團回到長安。

隨著愈來愈多外國使節到來，漢朝與各個國家的交往和交流日益密切。透過張騫兩次出使西域，一條連接古代東西方文明、貫通亞歐大陸的重要貿易通道被建立起來。起點是長安，西出陽關、玉門關，透過河西走廊，可前往中亞、南亞、西亞乃至歐洲和北非，終點是羅馬帝國。

中國的絲綢是這條貿易通道上最具代表性的商品，因而這條通道便被十九世紀末的德國學者費迪南．馮．李希霍芬（Ferdinand von Richthofen）命名為「絲綢之路」。絲綢之路的正式開闢是世界交通史、貿易史和文化交流史上最具深遠意義的事件之一；而偉大的外交家、探險家張騫也被後人譽為「絲綢之路的開拓者」。

由於此行取得極其豐碩的外交成果，張騫回到長安後，立刻被武帝劉徹任命為大行令（相當於外交部長），可謂實至名歸。雖然擔任這個職務一年多後，張騫便與世長辭，但他的精神和由他開創的偉業被後世的人繼承下來，並不斷地發揚光大。

此後的漢朝，幾乎每年都會向各個國家派遣多支外交使團。使團成員多則數百人，少則百餘人；每年派出的使團多則十幾支，少則五、六支；使團出使的時間長則八、九年，短則兩、三年。

張騫在西域諸國早已威名遠播，尤其是「博望侯」的名頭叫得最響，後來的大漢使節出訪外國，都會自稱博望侯，從而取信於外國人，並迅速獲取對方的好感。這應該算是張騫留給後人的遺產之一。

由張騫提出的「斷匈奴右臂」計畫，雖然一度擱淺，但他去世後卻迎來轉機。首先源於烏孫君臣對漢朝態度的轉變，他們已經親眼見證大漢帝國的強盛；其次，因為匈奴的逼迫，引發烏孫國王獵驕靡的恐懼。

匈奴的西部是日逐王的地盤。由於靠近西域，日逐王理所當然將其納入勢力範圍。他在西域設置「僮僕都尉」，相當於總督，常駐焉耆、危須、尉犁等地，向西域各國徵收賦稅，一副黑社會老大收取保護費的架勢。

如今，大漢帝國頻頻向烏孫及西域諸國派遣使節，無異於動了日逐王的奶酪。長此以往，匈奴人的「保護費」就收不成了。日逐王勃然大怒，揚言要出兵收拾烏孫。

對獵驕靡而言，一邊是咄咄逼人、喊打喊殺的匈奴人，另一邊是比匈奴更為強大且主動拋出橄欖枝的大漢帝國——他該做何選擇，基本上已經不用思考了。

元封年間，獵驕靡派出使團向鍾愛駿馬的武帝劉徹獻上產自烏孫的良馬，並請求與漢朝和親，願與大漢結為兄弟之邦。武帝得到烏孫良馬，大喜過望，盛讚其為「天馬」。不過很快，大宛就進獻品種更為優良的汗血馬，武帝便把「天馬」之名給了汗血馬，稱烏孫馬為「西極」。

經過廷議，武帝劉徹同意了獵驕靡的和親請求，得到烏孫千匹良馬的聘禮後，於元封六年（前一〇五年），將江都王劉建之女劉細君封為公主，嫁給獵驕靡。

這樁政治婚姻的締結，意味著漢朝與烏孫的同盟關係基本確立。從國家戰略的角度講當然是件好事；但從劉細君個人命運的角度看，這樁婚姻卻是一場令人無奈和感傷的悲劇。

獵驕靡雖然不敢怠慢這位漢朝公主，把她封為「右夫人」，還允許她建造單獨的宮室；但此時的獵驕靡已是遲暮之年，而劉細君正值花樣年華，雙方有著祖孫輩的年齡差距，且一年到頭見不上幾次面，很難產生真正的感情。除此之外，語言不通，飲食起居等生活習慣截然不同，以及遠嫁異國後的孤獨、寂寞與思鄉之情，都加劇著劉細君的痛苦和不幸。

《漢書．西域傳》保存一首劉細君所作的歌賦，從中不難窺見她濃濃的哀傷與鄉愁：「吾家嫁我兮天一方，遠託異國兮烏孫王。穹廬為室兮氈為牆，以肉為食兮酪為漿。居常土思兮心內傷，願為黃鵠兮歸故鄉。」

武帝劉徹聽說後，不免心生憐憫。然而政治婚姻本就是利益交換的產物，個人注定要成為犧牲品，誰也無法改變。為此，武帝只能多次命使節給劉細君送去漢地的帷帳、錦繡等物，聊慰她的思鄉之情。見烏孫與漢朝和親結盟，匈奴人儘管極為不悅，卻也不敢貿然用兵。便如法炮製，也把匈奴公主嫁給獵驕靡。

做為夾在兩個大國之間的小國，烏孫的最佳生存策略只能是騎牆，盡量做到兩邊都不得罪。獵驕靡只能來者不拒，又娶了匈奴公主，並封其為「左夫人」。

不過獵驕靡內心還是更傾向於漢朝。隨著歲月流逝，年邁的獵驕靡自知時日無多，便決定讓劉細君改嫁孫子軍須靡——未來的烏孫國王。從政治上講，這是獵驕靡向漢朝示好的表現；但在劉細君看來，此舉顯然有悖於漢地的人倫——她在輩分上相當於軍須靡的祖母，豈有祖母改嫁孫子之理？這亂倫也亂得太離譜了吧?!

劉細君堅決不同意，為此還上書武帝，希望得到「娘家人」的支持。然而，政治就是政治，只能以利益來考量，哪有倫理什麼事？更何況烏孫的習俗與漢地不同，不管是嫂子、繼母還是「繼祖母」，在兄弟、父子、祖孫間嫁來嫁去都是常有的事，不值得大驚小怪。武帝便給劉細君回信說：「從其國俗，欲與烏孫共滅胡。」（《漢書・西域傳》）

這話說得夠明白了。把妳嫁給烏孫，本來就是為了對付匈奴，妳就不必糾結了。既然已經為國家做出犧牲，又何妨再犧牲一回？

劉細君只好改嫁給軍須靡。獵驕靡死後，軍須靡繼位；劉細君和他生下一個女兒，取名少夫。幾年後，劉細君病逝。有生之年不能回歸故國，也許只能在死後魂歸故鄉了。

劉細君去世後，為了維護與烏孫的同盟關係，漢朝又把楚王劉戊的孫女劉解憂封為公主，嫁給軍須靡。軍須靡在位期間，與其叔父大祿仍舊保持對峙態勢；大祿死後，其子翁歸靡接管兵權，繼續擁兵割據。

又過了若干年，軍須靡病故，因其子泥靡尚幼，他在臨終前與翁歸靡達成一項協定，約定由翁歸靡繼位為王，等到泥靡長大後，再將權力交還。

於是翁歸靡成為新的國王，烏孫就此結束割據，恢復統一。按照慣例，劉解憂又改嫁翁歸靡，此後生下三男兩女……

透過張騫最初的戰略構想和外交努力，又透過劉細君、劉解憂兩位公主所做出的犧牲，終武帝一朝，烏孫與漢朝一直保持著戰略合作夥伴關係，很大程度上削弱了匈奴在西域的勢力，為大漢帝國進一步經略西域打下堅實的基礎。

平定南越：獨立王國的覆滅

武帝一朝的開疆拓土是在各個方向、以不同方式陸續展開。

首先，大致是從元光六年到元狩四年，漢帝國動用武力大舉征討北方的匈奴，取得階段性勝利；與此同時，透過張騫兩次出使西域，以外交手段極大地向西開拓漢朝的勢力範圍。到了元鼎年間，當「北征匈奴」和「經略西域」這兩項事業都告一段落時，武帝劉徹便把目光投向帝國的南方——百越。

那裡分布著大大小小許多部落王國，名義上是大漢臣藩，實則都是高度自治的獨立王國。不僅相互之間經常爆發軍事衝突，對大漢朝廷也是陽奉陰違——遭遇入侵、形勢危急時，就會向漢朝求救，各種獻媚討好；當危機解除後，就翻臉不認帳，對漢朝愛理不理，以種種藉口拒絕入朝納貢。

對於這些無情無義的傢伙，武帝劉徹不可能無限度容忍，一旦時機成熟，必定會出手收拾。當然，劉徹不會一開始就動用武力，他對百越採取的政策是先禮後兵。

所謂先禮後兵，就是先嘗試用政治手段將這些獨立王國「諸侯化」，即取消獨立性質，將其納入漢朝的管轄之下，所有管理方式都參照諸侯國。若此舉不能奏效，再用軍事手段予以征服。

元鼎四年（前一一三年），機會終於出現。武帝劉徹抓住時機，迅速對百越中的南越採取「諸侯化」行動。

早在建元六年，南越曾遭到閩越進攻；當時的第二任國王趙胡向漢朝求救。武帝劉徹旋即出兵救援。依照慣例，趙胡把兒子趙嬰齊送到長安，表面是入朝擔任郎官，實則是做為人質，以此換取朝廷出兵。

漢朝最終征服南越的故事，就得從趙嬰齊說起。

趙嬰齊在長安任職期間，娶了邯鄲女子樛氏，生下一個兒子，取名趙興。數年後，南越國王趙胡病故，趙嬰齊回國繼位，徵得漢朝同意後，冊封樛氏為王后、趙興為王太子。

按理說，漢朝對南越有求必應，南越也該投桃報李才對。可是，這些傢伙仗著天高皇帝遠，打從心底沒把漢朝視為宗主國，往往是有需要的時候利用一下，完事後就把朝廷拋之腦後。

趙嬰齊也是這個德行。他回去當國王後，手握生殺予奪之權，樂得享受獨立王國的各種好處，再也不按臣藩之禮到長安朝見。漢朝屢次派出使節來到南越，勸他入朝覲見。趙嬰齊全當耳旁風，每次都託病不去。

對此，武帝劉徹自然極為不悅。只是忙於征討匈奴，一時無暇顧及，便隱忍下來。

時間來到元鼎四年，趙嬰齊終於翹辮子。年紀尚幼的趙興繼位為王，還算年輕的樛氏成為王太后。樛氏本身是漢人，其子趙興也有一半漢人血統，漢朝若要將南越「諸侯化」，還有什麼比這更好的時機呢？

武帝劉徹立刻採取行動，對南越打出一套政治上的組合拳。第一記重拳是派出安國少季，直接到南越去找樛太后談心。

此人是何方神聖，憑什麼能去和剛守寡且年紀尚輕的太后談心呢？還是劉徹高明，安國少季就是樛太后當年嫁給趙嬰齊之前的「初戀男友」。若趙嬰齊還在世，「前男友」肯定是尷尬的存在；但現在老趙走了，安國少季就很適合充當和樛氏談心的角色。

劉徹打出的第二拳是派遣一支「文武雙全」的使團前往南越。文是一個叫終軍的諫大夫，據說口才相當了得，是位「辯士」；武是一個叫魏臣的武官，史書稱其為「勇士」，可見武藝十分高超。這個文武雙全組合的任務就是宣講朝廷的現行政策，對南越軟硬兼施，說服樛太后母子放棄獨立，以諸侯國的形式歸附漢朝。

第三記重拳，命衛尉路博多率領一支精銳部隊，火速推進到桂陽（今廣東省連州市）一帶，對南越形成強有力的威懾。

這套組合拳打出去後，立刻收到立竿見影之效。安國少季不負武帝所望，成功和樛氏再續前緣，打動她的心；終軍和魏臣也對樛太后曉以利害，讓她明白內附漢朝才是最佳選擇；路博多近在咫尺的軍事威懾，讓樛太后不敢有別的想法。

此外，趙嬰齊一死，南越的多數大臣都不太服從樛太后和少主，國內的政治形勢很不安定。樛太后不能不意識到——倘若沒有漢朝做靠山，單靠他們孤兒寡母，絕對控制不住局勢，也保不住權力和富貴。

很快，樛太后就做出明智的選擇，主動上表朝廷，請求內附；一切比照諸侯，每三年入朝一次，並取消兩國邊界、廢除所有關卡。武帝劉徹龍顏大悅，當即下詔批准。

隨後大漢朝廷向南越的丞相、內史、中尉、太傅等高官頒發印信，其他官員則由南越任命。同時，朝廷廢除了南越原有的黥刑、劓刑等酷刑，一律改用漢朝法律。為了確保南越在過渡期間的和平穩定，之前派到南越的使團便留了下來，以備隨時鎮撫。

漢朝幾乎不費吹灰之力，就把一個獨立王國納入帝國版圖。

然而，太容易到手的成功總是可疑。大漢君臣和樛太后都太過操切了，完全忽視南越國中一個重磅人物的存在。這個人就是南越的丞相呂嘉。

呂嘉是這個獨立王國的三朝元老，整個家族在王國中擔任高官的多達七十餘人，其中男子娶的都是王室公主，女子嫁的都是王族子弟。此外，呂嘉和蒼梧國（南越下屬封國）國王趙光的關係也極為密切——二者一內一外，互相引為奧援。

可想而知，這樣一個超重量級人物在南越的威望、實權和影響力會大到何種程度。用司馬遷的說法，就是「其居國中甚重……得眾心愈於王」（《史記．南越列傳》）。

呂嘉在南越臣民心目中的地位，事實上已經超越國王。很顯然，就是一個權臣！即使趙嬰齊在世，恐怕對他也是敬畏有加，凡事都要讓著三分，更何況樛太后和趙興這對孤兒寡母。

對呂嘉而言，趙嬰齊一死，他就成為南越王國的實際掌控者，一手遮天。隨著南越歸附漢朝，他這個權臣的地位自然受到極大削弱，以後凡事都得向大漢朝廷打報告，哪能由他說了算？

當樛太后決意內附漢朝時，呂嘉便極力反對。但對樛太后來說，歸附漢朝絕對是勢在必行之舉，便不顧呂嘉反對，強行推動此事。

按說樛太后這麼做沒有毛病，這是自己的利益所在。問題是，樛太后在這件事上的先後順序不對。她理應借助漢朝的力量，先設法剷除呂嘉這尊大神，再把整個呂氏一族的勢力連根拔起，消除這個巨大隱患後，才能安安心心歸附漢朝。

她卻把事情搞反了，內附漢朝已是既成事實，等於把呂嘉逼進退無可退的死角。兔子逼急了還咬人呢，何況勢傾朝野的權臣？

此情況下，任何稍有不慎的舉動，都可能引發一場滅頂之災。

元鼎五年（前一一二年）十月，剛一開年，樛太后就遵照諸侯國應有的禮節，忙著收拾行裝、準備貢品，打算與兒子趙興一起入京朝見。

直到這個時候，樛太后才驀然想起呂嘉這尊大神還在那呢！萬一他們母子去了長安，這老傢伙趁機篡位奪權怎麼辦？而今之計，只能在入朝之前先把這個大麻煩解決掉，否則後果不堪設想。

隨後樛太后舉辦一場「鴻門宴」，同時邀請漢朝使節和呂嘉等高官，準備在宴會上借漢使之手幹掉呂嘉——亡羊補牢，為時未晚。對於樛太后的這些小心思，呂嘉當然不會毫無察覺。

宴無好宴，他很清楚，不過這隻老狐狸很沉得住氣。他相信在南越的地盤上，不管是太后、少主還是漢朝使節都翻不起什麼大浪，便應邀前來赴宴。

當然，武力防範是不可或缺的。呂嘉的弟弟就是大將，手握兵權。呂嘉入宮前，便命他率部守在宮外，以備隨時策應。

宴會開場。酒過三巡，樛太后直奔主題，質問呂嘉道：「南越內附漢朝，對國家有利，而丞相總是百般阻撓，所為何來？」

按照宮廷政變的一般邏輯，對付呂嘉這樣的權臣，事先應有周密的計畫。例如提前埋伏好刀斧手，待樛太后給出訊號，便當場幹掉呂嘉；然後由漢使出面，宣布呂嘉的罪狀，再以朝廷爵祿利誘南越百官和呂氏族人，離間其關係，瓦解其鬥志——若能如此，應該會有一定的勝算。

只可惜樛太后事先毫無計畫。按司馬遷的記載，她甚至沒提前和漢使打好招呼，只想用上面那句話「激怒使者」，然後借漢使之手殺掉呂嘉。

終軍、魏臣等漢朝使者早就知道呂嘉的立場，更清楚呂嘉的勢力。若有把握，他們早就動手了，何須等到樛太后用言語來「激怒」？

當樛太后突然和呂嘉開罵，終軍、魏臣等人毫無心理準備，自然一臉狐疑、面面相覷，根本不可能動手。樛太后認為這些漢使都沒什麼用，不由心頭火起，便奪過一旁侍衛的長矛要投向呂嘉。少主趙興被這一幕嚇壞了，連忙把她攔下來。

事情鬧到這一步，已然是圖窮匕現，說什麼都沒意義了。呂嘉趕緊腳底抹油，溜之大吉，命弟弟撥出部分兵力嚴守自家府邸，接著就躲在家裡不出門了。

這場「鴻門宴」充分暴露樛太后的有勇無謀，此舉非但沒傷到呂嘉半根毫毛，反倒打草驚蛇，令雙方的矛盾徹底激化。接下來幾個月，呂嘉一直暗中聯絡族人和親信，準備隨時起兵；樛太后和漢朝使者這邊，由於實力相差太大，自然不敢有任何動作，只能把實情向朝廷稟報。

按說形勢惡化至此，武帝劉徹該趕緊出動大軍鎮壓了。但這件事上，不得不說，劉徹也犯了麻痺大意的錯誤。他認為南越既已歸附，出不了什麼大問題，頂多就是呂嘉等人搗亂，大可不必興師動眾。很可能是這個原因，之前就進駐桂陽進行威懾的路博多部，一直沒接到任何指令，無法發揮應有的作用。劉徹準備派遣名叫莊參的將領率二千人前往南越，搞定呂嘉。

莊參卻比皇帝清醒，直言不諱地對武帝說：「此行若只是和平談判，數人足矣；若是要用武力征服，二千人根本不夠。」武帝一聽，認為莊參太怯懦，馬上炒他魷魚。

這時有個叫韓千秋的朝臣自告奮勇，站出來說：「區區南越，又有樛太后和趙興做內應，無非是呂嘉一人作亂，只要給臣二百勇士，必斬下呂嘉首級來報。」

武帝大為讚賞，遂命韓千秋和樛太后的弟弟樛樂率二千人前往南越。吹牛雖然不用上稅，但吹得太大是要送命的。很快，韓千秋和武帝劉徹就將為輕敵付出慘痛代價。

此時呂嘉已經做好起兵的準備，又得知漢朝發兵南下，遂豎起反旗，並昭告南越全境稱：「國王年少，而太后是漢朝人，又和漢朝使者通姦淫亂，一心想內附漢朝，把先王基業拱手送人。她貪圖一時之利，卻絲毫不顧趙氏社稷和南越臣民的萬世福祉。」

隨後呂嘉便和弟弟一同率兵殺進王宮，將樛太后、少主趙興、安國少季和終軍、魏臣等漢使全部砍殺，一個都沒放過。兵變成功後，呂嘉一邊派人去知會蒼梧王趙光並通知全國各縣，一邊擁立趙嬰齊長子趙建德（與南越妻子所生）為新國王。南越就這麼丟了。來得有多麼容易，去得就有多麼乾脆。

直到此刻，那個誇下海口的韓千秋才率部殺到南越邊境。他帶著二千人攻下幾座小城，自以為勢如破竹，更沒把南越人放在眼裡，遂揮師直奔南越都城番禺而來。呂嘉旋即命令沿途的南越軍隊不許阻攔，讓開大道放漢軍過來，甚至還命沿途各縣官民主動提供飲食給漢軍。

這不就是傳說中的「簞食壺漿，以迎王師」嗎？這下韓千秋更是被徹底麻痺了，絲毫沒料到老謀深算的呂嘉已經派重兵為他布下一個「大口袋」，只等他一頭撞進來。

當韓千秋、樛樂率部挺進到番禺北面四十里處時，南越的伏兵突然從四面八方殺出。漢軍這點兵力本就難以抵擋，再加上自負輕敵和盲目樂觀，猝然遭遇埋伏便軍心大亂。一戰之下，韓千秋、樛樂和二千漢軍將士全軍覆沒，無一倖免。

之後，呂嘉命人把漢朝使臣所持的符節裝進木函，放在邊境上；並附上一封措辭謙卑、請求恕罪的信。同時，他又派遣重兵進駐邊境的所有重要據點，擺開一副嚴陣以待的架勢。與其說是向漢朝廷謝罪，不如說是向武帝劉徹發出挑釁。

噩耗傳至長安，劉徹終於意識到嚴重低估了呂嘉。他將韓千秋之子和樛樂之子同時封侯，以做補償，然後發布一道大舉討伐南越的戰爭動員令。

與之前北征匈奴不同的是，此次朝廷動員的兵力，除了現役部隊外，還有大量監獄中的囚犯。「令罪人及江淮以南樓船十萬師往討之。」（《史記·南越列傳》）朝廷緊急徵召囚犯入伍，連同江淮以南的水軍共計十萬人，組成討伐南越的大軍。

武帝這麼做不是現役兵力不夠用，而是為了節約正規部隊資源，同時順帶向南越和呂嘉表達輕蔑之情。同年秋天，一場針對南越的滅國之戰，吹響了出征的號角。

朝廷派出十萬大軍，兵分五路：第一路，以衛尉路博多為伏波將軍，出桂陽，下湟水（今廣東連江）；第二路，以主爵都尉楊僕為樓船將軍，出豫章，下湞水（今廣東滃江）；第三路，以一位名叫「嚴」（姓不詳）的南越降將為戈船將軍，出零陵（今廣西全州縣西南），下離水（今廣西灕江）；第四路，以一位名叫「甲」（姓不詳）的南越降將為下瀨將軍，直接進攻蒼梧國；第五路，以一位名叫「遺」（姓不詳）的南越降將，率領由巴蜀囚犯和夜郎軍隊組成的聯合兵團，下牂柯江（今貴州北盤江上游）。按計畫，五路大軍最終在番禺會師，對南越發動總攻擊。

元鼎六年（前一一一年）冬，楊僕兵團以雷霆萬鈞之勢率先殺入南越，一戰便攻克尋陿（今廣東省清遠市東）；然後火速南下，又攻陷距南越都城番禺僅二十里的石門要塞。番禺一下子門戶洞開。南越軍隊急忙組織反撲，企圖奪回石門，卻被楊僕兵團擊退。

此時的番禺已成漢軍的囊中之物。不過楊僕沒有貿然進兵，而是等到路博多兵團抵達、兩軍會師後，才一同南下，對番禺展開圍攻。

這場圍城戰打得挺有意思。漢軍的實力遠勝南越軍隊，拿下番禺完全是手到擒來之事，楊僕和路博多就游刃有餘地玩起一場「貓捉耗子」的遊戲。他們做了分工，由楊僕從東南面攻城，用猛烈的攻勢給守軍施加壓力；路博多則在西北方紮下大營，專門負責招降納叛。

戰鬥從日暮時分打響。楊僕兵團一輪猛攻就攻上番禺東南面的城牆；他們不急於擴大戰果，而是縱火燒城，刻意製造恐慌情緒。與此同時，安坐大營的路博多則派出許多使者守在西北面的大營外，一看到南越的殘兵敗將逃出來，立刻上前招降，授予印信，然後命他們掉頭回去，再招降其他人。

這天晚上的戰鬥，司馬遷用一句話做了概括：「樓船力攻燒敵，反驅而入伏波營中。」（《史記·南越列傳》）楊僕在一頭猛攻，用大火驅趕敵人；路博多在另一頭收人，一撥一撥收得不亦樂乎。在他們的默契配合下，一夜之間，番禺守軍全都投降了。

呂嘉和趙建德發現自己成為光桿司令，慌忙帶上家眷，在數百名親兵的護衛下，連夜逃出南門，乘船入海，向西逃亡。

路博多從投降的南越高官口中得到情報，立刻派出戰船追擊。次日清晨，漢軍就在海上截停逃亡船隻，將呂嘉和趙建德雙雙生擒。蒼梧王趙光得知呂嘉已然完蛋，趕緊主動歸附漢朝。

漢朝雖然派出五路大軍，但壓根不必等其他三路趕到，僅兩路主力就將南越完全平定了。由此可見，呂嘉妄圖和漢朝對抗，純屬不自量力、螳臂當車。南越這個獨立王國，自第一任國王趙佗算起，共歷五世、九十三年而覆滅。

至此，南越徹底被併入大漢帝國的版圖。朝廷將其劃分為九個郡，分別是南海（今廣東省廣州市）、蒼梧（今廣西自治區梧州市）、鬱林（今廣西自治區桂平市）、合浦（今廣西自治區合浦縣東北）、交趾（今越南河內市）、九真（今越南清化市）、日南（今越南東河縣）、珠崖（今海南省海口市瓊山區）、儋耳（今海南省儋州市）。

蔓延的戰火：征服西南和閩越

漢朝征討南越的同時，大西南也爆發一場動亂。

漢朝為了討伐南越，從西南許多部落王國中徵調軍隊——此舉顯然不符合這些部落王國的利益，很容易導致不滿和反抗。其中，且蘭國（今貴州省福泉市）的國王及其軍隊也在朝廷徵召之列。在這個國王看來，自己一旦率部離開，國家就只剩下老弱婦孺，隨時可能遭到別國入侵，到時不僅百姓被屠殺，自己也無家可歸。

他愈想愈憤怒，索性聯絡鄰近的邛都、筰都兩國一同出兵，襲殺了漢朝使節和犍為郡太守，豎起反旗。

不得不說，這個國王的腦袋不太好使。擔心固然有其道理，但他若肯為漢朝征戰，就算哪天真的被入侵了，漢朝絕對不會見死不救。如今，他出於這層擔心就與漢朝為敵，無疑是自尋死路。

如果南越的反叛是螳臂當車，西南這幾個小國的造反就是螞蟻戰大象——結果如何可想而知。武帝劉徹聞報，立刻命中郎將郭昌、衛廣出征，並從本欲征討南越的巴蜀兵團（由囚犯組成）中抽出八校尉及所部交給二人。

打這幾個小國，武帝甚至都不屑於動用正規軍的一兵一卒。郭、衛二將一出兵，便以犁庭掃穴之勢，迅速攻破且蘭、邛都、筰都三國，並將三個國王一一斬首。隨後朝廷在且蘭設置牂柯郡（今貴州省福泉市），在邛都設置越巂郡（今四川省西昌市），在筰都設置了沈黎郡，將這三個部落小國一舉納入漢帝國版圖。

眼見且蘭等國一眨眼就被滅了，加之南越之亂被迅速平定，剩下的西南小國如冉國、駹國及西北的白馬國等大為震恐，紛紛主動要求內附。朝廷又在冉、駹一帶設置汶山郡（今四川省松潘縣北），在白馬設置武都郡（今甘肅省西和縣西南）。漢朝在平定南越的同時，順帶征服了西南夷，開拓大片疆土。

正當武帝劉徹以為戰事就此結束時，一場新的動亂又在帝國的東南方爆發。這回輪到閩越國。準確地說，叛亂的並非閩越國，而是其國的東越王——騶餘善。

前文說過，建元六年，閩越國王騶郢發動對南越的入侵，便宜還沒撈到，就被弟弟騶餘善殺掉。事後，武帝出於制衡的考量，在閩越封了兩個王，一個是越繇王騶丑，另一個就是東越王騶餘善。

騶餘善很有野心，做事心狠手辣。當初之所以殺掉他哥，目的就是篡位奪權、獨霸閩越。不料武帝彷彿看透他的心思，又封了越繇王騶丑來制衡他。對此，騶餘善自然耿耿於懷。

這樣的人對漢朝絕無忠心可言，出人意料的是，當呂嘉悍然造反、漢朝發兵征討之際，騶餘善竟上書武帝，自告奮勇，表示要率領八千精銳水軍，從海路進攻南越，幫朝廷平叛。怎麼回事？莫非騶餘善安分這麼些年，已經脫胎換骨，變得忠於漢朝了？

當然不可能。騶餘善表面說要幫朝廷，其實是為了幫南越。雖說閩越和南越素有積怨，彼此沒少打架，但當朝廷準備大舉征討南越時，騶餘善不免會生出脣亡齒寒的憂懼——如果南越被滅，下一個恐怕就要輪到閩越了。

對於騶餘善真正的動機，武帝絕不會毫無察覺。不過他還是批准騶餘善的請求——畢竟人家表面文章做得那麼好，朝廷自然要投桃報李，做一些表示。

騶餘善旋即從海路出兵，但船隊到達揭陽（今廣東省揭陽市）海域時，便藉口風浪太大，止步不前了。隨後騶餘善暗中向南越派出使節，打算和呂嘉聯手，一明一暗，共同對抗漢朝。

只是首鼠兩端的騶餘善沒有料到，呂嘉會敗得那麼快。當他還在海上觀望時，番禺已然陷落，南越隨之覆滅。

楊僕攻陷番禺後，立刻掌握騶餘善首鼠兩端、暗通南越的情報，隨即上書武帝，表示願挾新勝之威，一鼓作氣，揮師東向，消滅東越王騶餘善。

武帝沒有批准。漢軍將士剛長途奔襲，打完一場大仗，人困馬乏，亟待休整，不宜再連續用兵。於是武帝便命楊僕兵團進駐豫章、梅嶺（今江西省廣昌縣西）一帶，等待下一步指令。

騶餘善在朝中也有眼線，得知楊僕奏請武帝要討伐他，頓時大為恐懼，決定鋌而走險，先下手為強。騶餘善迅速出兵占據邊境上的交通要道；封手下將領騶力為「吞漢將軍」，命其率領東越精銳先發制人，對漢朝發起進攻。

騶餘善的野心和驕狂之態，從「吞漢」二字便可一覽無餘。做為政治人物，有野心不見得是壞事，若實力能和野心匹配，野心就可以稱為雄心；但若實力不濟卻硬要玩一場「蛇吞象」的遊戲，只能提前把自己玩死。

當然，剛開始騶餘善還是占了先發制人的便宜。東越軍隊趁漢軍不備，接連攻陷白沙（今江西省南昌市東北）、武林（今江西省餘干縣）、梅嶺三地，斬殺漢軍的三名校尉。緊接著，東越軍隊又乘勝前進，對楊僕兵團的總部大營發起進攻。

偏偏在這個緊要關頭，楊僕不在前線，負責指揮的是朝廷的大農令張成和前山州侯劉齒。這兩人都不是打仗的料，一看東越軍攻勢凌厲，便不敢迎敵，立刻掉頭而逃。

戰報傳至長安，武帝震怒，下令將張成和劉齒押解回京，並以畏敵怯戰之罪名，將二人斬首。

接二連三的勝利，讓騶餘善不禁膨脹起來。如果之前騶餘善對於漢朝的強大多少還有些畏懼，此時此刻，隨著前線的捷報頻頻傳來，騶餘善便徹底無所忌憚了。

他立刻扔掉大漢天子冊封的「東越王」頭銜，自立為「東越武帝」，正式與漢朝分庭抗禮。一個跳梁小丑竟然敢僭越稱尊?!武帝劉徹勃然大怒，立刻發出大軍集結的命令，決定一舉掃平閩越。

和征討南越一樣，漢朝此次同樣兵分五路：第一路，由橫海將軍韓說率水軍從句章（今浙江省餘姚市東南）出兵，沿東海南下；第二路，由樓船將軍楊僕率部進軍武林；第三路，由中尉王溫舒率領，進軍梅嶺；第四路，由戈船將軍（南越降將嚴）率領，從若邪（今浙江省紹興市南）出兵；第五路，由下瀨將軍（南越降將甲）率領，進軍白沙。

大軍出征前，武帝特地給楊僕發了一封親筆寫就的敕書，不是關於作戰的指令或方略，而是措辭十分嚴厲的批評和告誡。

說白了，劉徹就是要狠狠敲打一下楊僕。這麼做的原因很簡單——楊僕因平定南越功勞突出，有些膨脹了。

數月前，劉徹命楊僕進駐豫章待命，而楊僕奉命把部隊拉過去後，便找個藉口溜回老家宜陽（今河南省宜陽縣西），而且逾期未歸，才導致前線接連遭遇失敗，讓騶餘善撿了大便宜。

楊僕為何會在關鍵時刻溜回老家呢？富貴不歸故鄉，如衣繡夜行。「虛榮心」這一人性的普遍弱點，在楊僕身上體現得淋漓盡致。

征討南越前，他的本職已經是主爵都尉，位居九卿；戰前，他又被任命為樓船將軍；戰後，因功被封為將梁侯。也就是說，他身上佩有三套朝廷頒發的綬帶和印信。其中任何一套拿出來都足以亮瞎世人的雙眼。

楊僕混得這麼厲害，不回故鄉狠狠地炫耀一把，豈不是太可惜了？事實上，對於楊僕的一舉一動，武帝都很清楚。只因念其平定南越有功，回家探親也是應該的；加之彼時騶餘善還沒造反，前線無戰事，劉徹才睜一隻眼、閉一隻眼。沒承想，就因這一念寬容竟導致前線失敗，還賠上張成和劉齒的兩顆人頭。

劉徹必須挫挫楊僕的驕氣，敕書中，他採用非常嚴厲的措辭，歷數了楊僕的五宗罪：

一、攻陷番禺後，把主動投降的人當作俘虜；還挖掘墳墓，把死人頭顱當作戰場上斬獲的首級，假冒戰功。

二、防範不周，使南越得到東越支援。

三、不念士卒辛勞，擅離職守；將公家驛馬做為私用，且展示印信，誇耀於鄉里。

四、藉口道路險阻，逾期不歸軍營。

五、劉徹之前曾詢問楊僕蜀郡的刀價，楊僕卻佯裝不知，欺君罔上。

這五條罪狀只有最後一條莫名其妙，無從得知具體內情，但前面四條都是確鑿無疑的事實，且罪名不小。

敕書的最後，劉徹質問楊僕：「如今東越軍隊長驅直入，將軍能否率部迎敵，將功贖罪？」楊僕一看頓時驚出一身冷汗。

原來自己在皇帝眼中幾乎就是透明的——不論你有什麼內情，皇帝全都一清二楚；只是給你留面子，不點破而已。

楊僕忙不迭地給武帝回了一道奏疏，稱：「願盡死贖罪！」（《漢書．酷吏傳》）旋即馬不停蹄地率部開拔。

常言道：使功不如使過。這是一種領導藝術，也是歷代帝王駕馭臣下的要訣之一，武帝在這方面自然是玩得爐火純青。一心想將功補過的楊僕一到前線，便迅速扭轉戰局。

元封元年（前一一〇年）冬，楊僕率部進抵武林。此時鎮守武林的是東越的徇北將軍（姓名不詳）。楊僕兵團一戰便將其斬殺，並擊潰他的部眾，令東越軍隊大為震恐。

像閩越這樣的小國，戰場形勢有利時，大夥還能待在一條船上；一旦戰局不利，船上的人便會各打各的算盤，內鬨便不可避免地爆發了。

最先倒戈的是吳陽，此人本是南越的貴族，南越覆滅後投靠騶餘善。本來以為有新靠山，可以過幾年安生日子，怎料運氣竟然這麼背，剛靠過來，人家就快倒了。吳陽痛定思痛，決定還是抱漢朝大腿，這樣更可靠。於是他率領部眾七百人，對漢陽（今福建省浦城縣）的東越守軍發起反戈一擊。

這邊後背剛被吳陽捅一刀，騶餘善還沒反應過來，緊接著又是一刀，竟直接捅在他的胸口上。這一刀是現任越繇王騶居股（騶丑之子）捅的，他壓根沒想造反，純粹是被騶餘善拉下水。如果漢朝滅掉閩越，覆巢之下無完卵，騶居股勢必跟著騶餘善被滅族，豈不是太冤了？

越繇王騶居股和手下的建成侯等人一合計，覺得無論如何也不能當騶餘善的陪葬，遂一不做二不休，設計把騶餘善給殺掉了。

真是因果報應，絲毫不爽——當初騶餘善用什麼手段對付大哥騶郢，現在別人就用什麼手段來對付他。騶餘善一死，麾下部眾立刻樹倒猢猻散，閩越就此平定。

武帝考慮到閩地山川險阻，道路難行，民眾動輒反叛，朝廷不易治理，眼下雖然平定了，但終究是後患無窮，遂將越繇王騶居股降格為東成侯，把閩越的所有百姓全部遷到江淮一帶。

這邊平定了閩越，大西南那邊的戰火卻仍有蔓延之勢。

此前，隨著南越和且蘭、邛都等西南小國的覆滅，以及冉、駹等國的紛紛歸附，武帝便派遣使節前往滇國，宣示大漢帝國的赫赫兵威，勸告滇王認清形勢，入朝稱臣。

西南諸國中，滇國算是比較強大，擁有軍隊數萬人；且東北方向還有勞深、靡莫兩個小國（均在今雲南省曲靖市一帶），可做為禦敵屏障。三個國王同屬一個家族，一向同生死、共進退。因此，滇王自認為漢朝奈何不了他們，便一口拒絕漢使提出的要求。

隨後勞深、靡莫兩國又多次襲擊漢朝使節和邊境上的漢軍士卒，絲毫不把漢朝放在眼裡。

元封二年（前一〇九年）秋，武帝決定用武力征服這些宵小，遂命將軍郭昌、中郎將衛廣率巴蜀兵團出擊。

老虎不發威，你當我病貓？漢軍一出征，輕而易舉便滅掉勞深、靡莫兩國，然後長驅直入，兵臨滇池城下。

滇王一覺醒來才發現同氣連枝的兩個哥們已經沒了，自己也被漢軍團團包圍。他不敢有半分遲疑，立刻舉國投降，請求內附，並承諾入朝。

這就叫敬酒不吃吃罰酒。做為獨立王國的滇國就此覆滅，漢朝隨即以滇池城為郡治所在地，設置益州郡，然後授予滇王印信，仍讓他做酋長。隨著滇國的歸附，由南越反叛引發的一連串戰事才宣告結束。

這場發生在帝國南方大範圍的平叛戰爭，將嶺南地區、閩越地區和西南地區悉數納入漢朝版圖，前後一共設置十七個郡，極大地拓展古代中國的疆域，其中大部分地區從此成為中國的永久性領土。

這對後來的歷史具有重大而深遠的影響，也是漢武帝劉徹對後世的偉大貢獻之一。

東征朝鮮：一波三折的遠征

元封二年秋，出兵西南、討伐滇國的同時，一場新的戰爭也在大漢帝國的東北方向拉開序幕。就是東征朝鮮之戰。

朝鮮的歷史最早可以追溯到商朝末年。據《尚書大傳》、《史記》、《漢書》等史料記載，大概在商周鼎革之際，商朝遺臣箕子（商紂王叔父）帶領部分民眾遷居朝鮮半島，後來周武王把朝鮮分封給箕子。也有說法認為周天子分封在前，箕子遷居在後。雖然不同史料對這兩件事的前後順序說法不一，但「箕子入朝鮮」是不爭的事實。

遷居之後，箕子給朝鮮半島帶來先進的殷商文化，如禮儀教化與耕織技術等，促進當地的文明發展，從而建立朝鮮半島歷史上的第一個王朝，史稱「箕子朝鮮」。

時間來到戰國時代。戰國七雄之一的燕國在全盛之時，勢力向東擴張，迫使朝鮮（都城在今朝鮮平壤市）、真番（都城在今朝鮮信川市）向其臣服。戰國末年，燕國被秦國攻滅，朝鮮、真番趁機恢復獨立。

漢朝建國後，嫌朝鮮、真番偏遠，便不圖收復；而是封盧綰為燕王，以貝水（今朝鮮清川江）為界，管轄遼東。不久，盧綰反叛，逃亡匈奴。盧綰麾下有個部將叫衛滿，沒有跟著逃亡，帶著一千餘名部眾，向東渡過貝水，走上一條自主創業的道路。

為了斬斷過去、開闢未來，衛滿及其部眾脫去漢服、解開髮髻，改成朝鮮的服飾和髮型，投奔當時的朝鮮國王箕準，並得到一塊方圓百里的封地。衛滿是個很有政治野心的人，自然不會滿足於做一個小領主。此後，他不斷招攬漢地流民，勢力逐漸壯大。

漢惠帝元年（前一九四年），羽翼已豐的衛滿用計襲取朝鮮都城王險城（今平壤），驅逐箕準，自立為王，從而取代「箕子朝鮮」，建立新的王朝，史稱「衛氏朝鮮」。

當時的漢朝因天下初定，需要和平的發展環境，便委派遼東太守出使朝鮮，與衛滿達成一項政治協定：朝鮮做為漢朝的藩屬國，負責防衛帝國東北邊境，不讓蠻夷部落入侵漢朝，但如果蠻夷酋長願意入朝覲見，朝鮮不能阻攔。做為交換條件，漢朝贈予朝鮮大量財物和武器，支持其征服周邊小國。

協定達成後，有了漢朝撐腰的朝鮮實力大增，遂征服相鄰的真番、臨屯（都城在今朝鮮江陵市），國土縱深達到數千里。此後，漢朝與朝鮮相安無事。這個和平局面一直延續了八十多年。

到了漢武帝元封年間，位於朝鮮南面的辰國打算入朝覲見，卻因朝鮮的阻攔未能成行。此時朝鮮的在位國王是衛滿的孫子衛右渠，他不讓辰國入朝的理由很簡單：當年的朝鮮是得到漢朝的支持才變得強大，如今辰國一旦入朝也可能獲得支持，變成朝鮮的勁敵——衛右渠必定會從中阻撓。

衛右渠這麼做，明顯違背當初的協議，令武帝劉徹頗為不悅。此外，衛右渠多年不曾入朝，且一直大量收留漢朝的流亡人員，已不把漢朝這個宗主國放在眼裡。

鑑於上述原因，武帝劉徹決定敲打一下衛右渠。元封二年夏，派遣使臣涉何前往朝鮮，目的是命衛右渠入朝，並切實履行與漢朝的協議。不料，衛右渠的態度十分強硬，既不肯奉詔入朝，也絲毫沒有履行協議的意思。

涉何未能完成使命，只能灰溜溜地打道回國。衛右渠派了一個小王負責護送他到邊境。涉何擔心回朝無法交差，便心生一計：一行人走到邊境的水時，涉何突然出手，刺殺護送他的朝鮮小王，割下首級，揚長而去。

回到長安後，涉何向武帝稟報，謊稱自己殺的是朝鮮大將，因衛右渠不肯奉詔，自己一怒之下，才有此舉。武帝覺得涉何雖然使命未達，但能拎一顆首級回來，也算有膽識，便沒有細究事情經過；隨即任命涉何為遼東東部都尉，負責鎮守邊塞。然而，涉何這麼做必然會引發嚴重後果。不久，衛右渠便悍然發兵侵入遼東，斬殺涉何，替小王報仇。

如此一來，事情的性質就從宗主國與藩屬國之間的政治糾紛，上升到戰爭層面，再也沒有轉圜的餘地。衛右渠此舉無異於對漢朝不宣而戰，雄才大略的武帝豈能容忍?!

元封二年秋，一道特殊的戰爭動員令從長安發出，迅速傳達到帝國的四面八方——之所以說特殊，是武帝劉徹下令把帝國全境的死囚悉數編入進攻朝鮮的遠征軍。

漢朝大軍兵分兩路，樓船將軍楊僕率海軍從齊地出發，橫渡渤海；左將軍荀彘率陸軍從遼東出發，跨過馬訾水（今鴨綠江）；海、陸兩軍分進合擊，夾攻朝鮮。一場聲勢浩大的東征朝鮮之戰就此打響。

元封三年（前一〇八年）冬，楊僕率領海軍從列水（今朝鮮大同江）入海口登陸朝鮮。因立功心切，未及等到荀彘的陸軍抵達，便帶領一支七千人的先頭部隊直趨王險城。

如此操切冒進，顯然是沒把朝鮮的軍隊放在眼裡。楊僕也許覺得朝鮮就是另一個南越，但他錯了——衛右渠遠比呂嘉善於用兵，朝鮮軍隊的戰鬥力也遠在南越之上。

當楊僕孤軍深入、直撲王險城時，衛右渠透過斥候傳回的情報，獲悉這支漢軍大概的兵力數量，心裡有底。他親率主力出城迎擊漢軍，一戰便擊潰楊僕兵團。

漢軍四散奔逃，紛紛遁入山中。楊僕花了十幾天的功夫，好不容易才把殘兵敗將又收攏到一起。

楊僕的海軍遭遇慘敗，荀彘的陸軍也遭到朝鮮軍隊的強力阻擊。早在荀彘兵團進入朝鮮境內時，衛右渠就已派兵扼守各處險要，並派遣一支精銳在貝水西岸嚴陣以待。荀彘兵團對貝水守軍發起多次猛攻，始終無法將其擊破，戰爭陷入膠著狀態。

兩路大軍都出師不利。戰報傳回長安，武帝劉徹不得不按下「暫停鍵」：重新回到談判桌前，派遣使臣衛山出使朝鮮，與衛右渠談判，利用軍事壓力迫使他臣服。

衛右渠雖然在戰場上先贏了一局，但他很清楚以朝鮮的國力，終究無法和漢朝抗衡到底。衛右渠便放下身段，向漢使衛山頓首謝罪，並表示說：「我願意投降，只是怕楊僕、荀彘二位將軍使詐，把我殺了。如今貴使既然持有天子符節，我就沒什麼可擔心了。我願按照本意，歸降大漢。」

衛右渠特意獻上戰馬五千匹，還有大批軍糧，並命太子跟隨衛山入朝，當面向大漢天子謝罪。應該說，衛右渠的頭腦十分清醒，上述舉措充分表現誠意。如果一切順利，衛氏朝鮮就保住了。

然而世事難料，誰也沒想到接下來的形勢竟會急轉直下，迅速惡化到無法收拾的地步。

朝鮮太子擔心重蹈上回小王之覆轍，特地帶上一支一萬多人的部隊，前呼後擁，嚴密保護。而衛山和荀彘看來，此舉顯然太過離譜——你帶這麼多兵，到底是要入朝謝罪，還是和漢朝打仗？就算我們沒意見，天子會允許你帶著這支軍隊大搖大擺地進入長安嗎？

當朝鮮太子及其部眾來到貝水岸邊時，衛山和荀彘便直言不諱地告訴他：「既然你們已經歸降，就不應該帶上這麼多兵。」

按說漢朝方面這個要求很合理，但有涉何與朝鮮小王的那樁公案在前，眼下雙方就是互有戒心的局面——衛山和荀彘擔心這支部隊進入漢朝會出問題，朝鮮太子也擔心一旦沒有軍隊保護，會像上回那個冤大頭那樣被漢朝殺掉。

雙方互相猜疑，相持不下，誰也不肯妥協。

最後年輕氣盛的朝鮮太子一怒之下，索性帶著部隊（當然包括那五千匹馬和軍糧）打道回府，也不管會引發什麼後果，反正就一個態度——老子不和你們玩了！

漢使衛山好不容易取得的談判成果，就此付諸東流，只能黯然回朝，如實向武帝覆命。武帝劉徹震怒，不顧事情經過和具體緣由，立刻命人把衛山拖出去砍了。可憐衛山明明就快完成使命，卻因最後一步沒處理好，便丟掉腦袋。

這場東征朝鮮的戰爭中，他是第一個死得比較冤的漢朝官員，但絕非最後一個。談判既已破裂，仗只能接著打了。

荀彘兵團拚了老命終於攻破朝軍的貝水防線，一口氣殺到王險城下，在城池的西北角紮下大營。此時，經過休整的楊僕兵團恢復部分士氣，進抵城池南面，與荀彘兵團遙相呼應，對王險城形成合圍之勢。

可是這座朝鮮都城經過兩代王朝數百年的經營，可謂城高池深、固若金湯，兩軍一北一南夾攻幾個月，硬是沒有絲毫進展。戰事一膠著，漢軍內部的矛盾就暴露出來了。

荀彘兵團的士兵主要來自北方的燕地和代地，因自幼長於邊塞，生性悍勇，不懼勞苦，打起仗來不要命。荀彘的策略就是埋頭猛攻，非把王險城攻下不可。

楊僕兵團的士兵大多來自較為富庶的齊地，比較惜命怕死；加上之前吃了一場敗仗，士氣普遍低落。楊僕沒辦法像荀彘那樣拚命，只希望透過談判讓衛右渠放棄抵抗。

兩個統帥，一個主戰，一個主和，而且互不統屬，各打各的——這樣的矛盾不可能不被衛右渠利用。每當荀彘兵團在北邊發動猛攻時，衛右渠就派遣使臣和楊僕和談；南邊一開談，北邊的攻勢只能暫停。朝方又故意在某些條款上反覆糾纏，談來談去始終談不出結果。

荀彘被惹火了，要求楊僕別再和朝方扯淡，兩軍約定一個總攻擊日期，一起動手拿下王險城。楊僕表面答應他，但一到約定日期，又按兵不動。荀彘被搞得幾欲抓狂——打又打不下來，談又談不出個子丑寅卯，這仗是想打到猴年馬月啊?!

到最後荀彘也懶得打了，索性有樣學樣，派使節去和衛右渠談判。要磨大夥一起磨，看誰耗得過誰。

衛右渠為了進一步離間漢軍兩個統帥，故意對荀彘的使者表示願意投降，但不是向荀彘投降，而是向楊僕。此計一施，成功引發荀彘猜忌。

在荀彘看來，楊僕之前打了敗仗，必定擔心回朝後遭到懲處，又以和談為名多次阻撓自己進攻，簡直就像和衛右渠同聲相應。現在衛右渠又說這種話，不是更能說明他們之間一定有隱情嗎？

荀彘嚴重懷疑楊僕很可能已經變節，只是假面具還沒有撕下而已。

前線的圍城戰打成這種鬼樣子，後方的武帝既困惑又惱怒，旋即派遣濟南太守公孫遂去前線督戰，並授予他便宜從事之權。

公孫遂一到，早就憋了一肚子火的荀彘立刻向他告狀，說拿下王險城沒有那麼難，而久攻不下是因楊僕屢次破壞總攻擊計畫。荀彘又把種種懷疑告訴公孫遂，最後說：「事到如今，若不設法搞定楊僕，恐怕大禍臨頭！」

公孫遂覺得荀彘的分析頗有道理，就通知楊僕到荀彘的大營來開會。楊僕一到，公孫遂一聲令下，荀彘的左右一擁而上，不由分說把楊僕給綁了。還沒等楊僕弄明白怎麼回事，荀彘就把他關了起來，順理成章地兼併了他的部眾。爭端順利解決，公孫遂連忙回朝向天子覆命。

可是讓公孫遂和所有人都意想不到的是，武帝劉徹聽完稟報，既沒表揚他，也沒批評他，而是直接命人把他拖出去砍了。公孫遂就糊裡糊塗、莫名其妙地丟掉腦袋。

武帝為何誅殺公孫遂，史書沒有給出任何解釋。司馬遷《史記．朝鮮列傳》只寫四個字：「天子誅遂。」也就是說，武帝誅殺公孫遂沒有任何理由，或者說理由只有他知道。

客觀來講，公孫遂此行應該算是完成使命。前線統帥鬧矛盾、搞內耗、軍令不一，最是用兵之大忌——這種時候就該快刀斬亂麻，迅速把兵權集中到一個人手上，才能統一號令，為勝利鋪平道路。雖說公孫遂逮捕楊僕的做法稍顯過激，但事急從權，也是沒辦法的辦法。何況武帝還給他「便宜從事」之權，可以根據實際情況臨機專斷、先斬後奏。做為皇帝特派的欽差大臣，公孫遂這麼做在法理上完全沒問題，但武帝為何突然把他殺了呢？

我們無從揣測劉徹內心的動機，僅從事實本身而言，只能說隨著武帝劉徹在位的時間愈久，乾綱獨斷的行為習慣愈加固化，「濫殺大臣」這個缺點愈來愈嚴重。早在若干年前，汲黯曾針對這個問題當面對他進行勸諫，但他絲毫不以為意。更何況如今他的身邊早已沒有汲黯這種犯顏直諫的社稷之臣。

這場東征朝鮮的戰爭中，公孫遂是繼衛山之後，第二個無故枉死的大臣，但仍然不是最後一個。

荀彘兼併楊僕的部眾、獨掌兵權後，終於可以按照自己的意志來打這場仗。他集結全軍對王險城發動比之前更為猛烈的進攻。衛右渠則表現出非常堅定的意志，率眾奮力抵禦，大有與城池共存亡之勢。

然而，國王願意死守，底下的文臣武將就不見得了。隨著漢軍的攻勢日漸猛烈，王險城的陷落已成必然，只是時間問題。對此，朝鮮的國相路人（姓路名人）、韓陰，尼溪國相參（尼溪估計是朝鮮下面的封國，該國相名參，姓不詳）、大將王唊等人都深有同感，遂相與密謀，決定向漢軍投降。

路人、韓陰、王唊等人率先跑路，逃出王險城。其中，路人死於半道，可能是挨了冷箭；韓陰、王唊等人則成功逃進荀彘的軍營。

數日後，尼溪相參派人刺殺衛右渠，並提著他的首級出城投降。眼看王險城馬上就要到手，城中一個叫成已的大臣卻再度扛起抵抗的大旗。荀彘派衛右渠之子衛長、路人之子路最告諭全城百姓，勸他們認清形勢，不要再做無謂的抵抗。此時，被圍困數月的朝鮮百姓已厭倦了戰爭，遂起而攻殺了成已。隨著王險城的徹底陷落，立國八十多年的衛氏朝鮮宣告覆滅。

武帝劉徹下詔在朝鮮故地設置四個郡，分別是樂浪郡（今朝鮮平壤市）、臨屯郡（今朝鮮江陵市）、玄菟郡（今朝鮮成興市）、真番郡（今韓國首爾市）。

漢朝此次東征朝鮮雖然一波三折，最終還是取得勝利。這場遠征的首功之人無疑是左將軍荀彘。正是他鍥而不捨、堅持不懈的努力下，才瓦解了朝鮮臣民的鬥志，從而內外夾擊拿下王險城。

然而，荀彘凱旋後，迎接他的不是加官晉爵的榮耀，而是一副冰冷的鍘刀！武帝劉徹以「爭功相嫉」的罪名，將他斬首棄市。

因這場戰爭而丟掉腦袋的高官，荀彘是第三個，也是死得最冤、最慘的一個。「棄市」就是在鬧市斬首並暴屍街頭，是比單純斬首更嚴重、更具羞辱意味的刑罰。

楊僕因貪功冒進和戰敗的罪責，論罪當誅。武帝卻允許他交錢贖罪，最後的下場只是廢為庶人，終究保住了性命。

相比之下，荀彘被斬首棄市特別令人不解。更具諷刺意味的是，朝鮮那幫降臣如韓陰、王唊、尼溪相參、衛長、路最等人，無一例外全部封侯。和他們相比，荀彘之死令人唏噓，尤其顯得不可理喻。

荀彘在此次戰役中唯一的過失就是猜忌楊僕，並強行兼併他的部眾。但從結果來看，他這麼做才迅速取得戰爭的勝利；否則繼續和楊僕糾纏下去，最終何時才能取勝。即便有過，荀彘之功也足以補過。按常理來講，武帝就算難以原諒他的行為，頂多不給他加官晉爵就是了，何至於將他斬首棄市呢？

劉徹這麼做，不僅再次暴露「濫殺大臣」的嚴重缺點，且足以讓人發現——他的身上已經出現專制帝王慣有的殘暴、乖戾、賞罰無度的傾向。

此時的武帝劉徹已經四十九歲，在位的時間長達三十三年。漫長的三十多年中，劉徹透過外征匈奴、內抑諸侯、任用酷吏、打壓豪強等手段，極大地鞏固了中央集權，也高度強化個人的皇權。而權力的無限膨脹，最容易扭曲人的靈魂、腐蝕人的理性。

當一個人手上長期握有毫無制約的生殺予奪的大權，就會在潛意識中把自己當成無所不能、可以為所欲為的神，也會把別人的生命視如螻蟻或草芥。至高無上的權力將人性深處的各種原始欲望無限放大，而各種欲望的閾值也在這個過程中被不斷提升。

僅以控制欲為例。從心理學意義上講，武帝就是控制欲極強的人。他在位期間所做的絕大多數事情，幾乎都可以從控制欲出發找到解釋。劉徹從十幾年前開始濫殺大臣，就在於他想要獲得對所有人的絕對支配權，且不允許任何人、任何事出現差錯或意外——否則他的控制欲就會受挫，內心就得不到滿足。

然而，世上從來沒有完美的人和事，出現意外或差錯總是在所難免。但劉徹不這麼看，當他欲望受挫時，就透過殺人來尋求心理補償。而且，一般人看來沒有問題的事情，在控制欲極強的劉徹眼中都會存在問題。因此，在汲黯或一般人看來很不合理的「濫殺」，對劉徹而言是天經地義、自然而然，他認為被他殺掉的那些人都犯了不能被容忍的差錯。

如果是普通人，控制欲再強也不會有多大的惡果，頂多就是禍害身邊的人。最可怕的是像劉徹這樣，至高無上的權力與遠超常人的控制欲合二為一，滿朝文武、舉國臣民當然會動輒遭遇不虞之禍。其實歷史上大多數帝王皆是如此，才有「伴君如伴虎」這句話。

權力和控制欲往往會互相強化。帝王在位時間愈久，權力愈集中，想要控制天下一切人和事的欲望愈強，對於意外或差錯的容忍度也愈低。換言之就是控制欲的閾值提高了，濫殺的事情就愈常見，且愈不需要正當理由。

這解釋了為什麼歷史上很多帝王在位日久後，都會變得殘暴、昏聵、喜怒無常、賞罰無度。眼下的武帝劉徹無疑正朝這個方向加速蛻變。從這個意義上講，衛山、公孫遂、荀彘三人的非正常死亡，絕不僅是在無數被濫殺的大臣中又添加三條冤魂，而更像是漢武帝時代的一個分水嶺——此前的劉徹，展現出的是聰明睿智、知人善任、勵精圖治、雄才大略的一面；此後的劉徹，則一步一步走向年輕時代的反面。

與之相隨的，就是大漢帝國在戰場上的表現愈來愈不盡如人意。從整個漢武帝時代來看，征服朝鮮之役幾乎可以視為帝國武功由盛而衰的轉折點。

第九章

武帝的另一面

雄主昏聵：迷信神仙，巡遊無度

做為大權獨攬、富有四海的皇帝，武帝劉徹的任何欲望幾乎都可以得到滿足。大漢帝國的範圍內，他殺伐果決、說一不二，絕大多數人和事都是他可以控制的。但不論權力再大、控制欲再強，他都只是人，不是神。這個世界上，終究有一些東西是他無法控制的，例如生老病死的自然規律。佛法就把「生老病死」視為人生「八苦」中的根本四苦。還有一苦也是世人無法逃避的，就是「愛別離苦」。

早在元狩四年，武帝就體驗人生中第一次強烈的「愛別離苦」——繼衛子夫之後最愛的女人王夫人因病亡故，香消玉殞了。劉徹無比悲傷，也無比思念，難以接受王夫人死亡的事實。人在這種時候，心理最為脆弱，很容易相信某些超自然現象，也很容易被神棍乘虛而入。

來自齊地的方士少翁，自稱有召喚鬼神的法術，於是被劉徹傳入宮中。某天夜裡，少翁煞有介事地開壇作法，設置兩個帷帳，請武帝坐在一個帷帳中，他則在另一個帷帳中施法。只見少翁念念有詞，片刻之後，在昏黃搖曳的燭光下，劉徹竟然透過帷帳隱約看見王夫人的容貌和身影，「天子自帷中望見焉」（《史記．封禪書》）。

劉徹頓時悲喜交加。雖然已經和王夫人陰陽永隔，再也無法「執子之手」，但這樣遙遙地望上一眼，也足以告慰他的思念之情。

武帝立刻封少翁為「文成將軍」，對他大為寵信，不僅給予豐厚賞賜，且「以客禮禮之」，把他奉為上賓，而不是視為臣子。

關於這個召喚鬼魂的超自然事件，《史記》、《漢書》（班固將此事記在〈李夫人〉傳）、《資治通鑑》均有記載。古人普遍相信鬼神之說，類似記載在各種史書中屢見不鮮。現代人對這些神鬼的事情一般都是嗤之以鼻。不過即使是科學昌明的今天，相信超自然現象的仍大有人在。平心而論，科學也有局限性，不能代表絕對真理。對於從古到今的無數超自然現象也不宜一棍子打死，說全都是騙局。

雖然不能一概否定，但僅就少翁召喚王夫人鬼魂這件事來看，疑點還是很明顯。首先，隔著兩重帷帳，加之燈光昏暗，少翁要找個身材、容貌相仿的女人來冒充，不是不可能；其次，武帝在極度思念王夫人的情況下，很容易在心理上產生自我暗示，傾向於認為看到的就是王夫人。

說白了就是日思夜想、情之所至產生的幻覺，神棍少翁不過是打著法術的幌子，安排一些演員和道具，幫武帝「圓夢」罷了。

為了增強神祕感、進一步自我包裝，少翁又慫恿武帝在甘泉宮修築一座高臺，臺上修建宮室，室內供奉天神、地神、太一神等，搞得十分花裡胡哨。

既然是裝神弄鬼，總有被拆穿的一天。此後一年多，武帝漸漸發現少翁的法術愈來愈不靈驗，他聲稱可以召喚而來的那些鬼神總是不見蹤影。對此，少翁開始緊張了，再不弄點神蹟出來，往後的日子就無法混了。

少翁便在一面帛書上寫一些字，把帛書摻在草料中給牛吃下去，一臉神祕地對武帝說：「這隻牛的肚子裡有奇怪的東西。」武帝命人把牛殺了，果然發現帛書。但上面的字沒人看得懂，純屬鬼畫符——少翁可能隨便寫寫畫畫，反正最終解釋權在他手上，怎麼扯都行。

不過武帝可不是傻子，雖然看不懂帛書上寫什麼，但字跡卻認出來，分明就是少翁的。武帝大怒，立刻把少翁叫來質問。這個神棍不敢再隱瞞，只好老實交代。武帝才發現原來一開始就被騙了，所謂王夫人「魂兮歸來」壓根就不存在。

結果不言而喻，神棍少翁被砍掉腦袋。受騙上當的武帝為了保住面子，嚴密封鎖消息，命令所有知情人都要對此事守口如瓶。少翁死了，但武帝對鬼神的迷信沒有消除。換言之，他只是殺了一個騙子，仍然相信世上有鬼神，並相信有能召喚鬼神的大師。

即使貴為皇帝，也無法免除生老病死之苦。元狩五年，武帝大病一場，把宮裡宮外所有的醫師和巫師全都找來看過，各種藥吃了無數，就是不見好轉。

有人向武帝推薦一個上郡的巫師，說此人原本不是巫師，只因生了一場大病，被神靈附體，之後就有通靈的本事。武帝將此人找來，安置在甘泉宮。隨後巫師開壇作法，經過一番複雜的儀式後，神靈藉巫師之口對武帝說：「天子不必擔心病情，很快就會好轉，到時候就來甘泉宮與我相見。」

說來也怪，沒過幾天，劉徹的病就痊癒了。他大喜過望，連忙趕到甘泉宮，並置酒宴答謝，期待能與神靈相見。然而，這場和神靈的約會卻有點尷尬，因為神靈「非可得見」，只能「聞其言」，就是見不著面，只能聽聲音。就和某些網友興沖沖去和網戀的對象約會，結果人家還是不露面，只用手機和你語音聊天一樣。

武帝的這場約會，其尷尬頗類於此。據太史公記載，這個神靈和上回少翁鼓搗一樣也是「居室帷中」，就是躲在帷帳內；「言與人音等」，即說話的聲音和普通人沒兩樣。不過與少翁那次不同的是，這回還自帶一些場景特效，如「時來時去，來則風肅然」，說話的聲音會飄來飄去，並伴隨著陣陣冷風。那麼，這位神靈說了些什麼呢？

太史公說：「其所語，世俗之所知也，無絕殊者。」（《史記．封禪書》）神靈說的那些話是世俗之人都知道的東西，毫無特別之處。

雖然如此，武帝劉徹就是喜歡聽。「而天子心獨喜」，還「使人受書其言」，命人專門守在帷帳外，把神靈說的話都恭恭敬敬地記錄下來。

從司馬遷的記載來看，儘管他並未斷言此事的真偽，但語氣上已經給讀者某些暗示。這段記載的末尾，司馬遷還說了一句話：「其事祕，世莫知也。」事屬宮廷機密，外人難以得知更深的內情。意思無非是——反正就這麼一些事，信不信就由你。

元鼎四年，經人推薦，又一個「大師」來到武帝身邊。此人名叫欒大，是少翁的同門師兄弟。按說被少翁騙過，理應對欒大保持警惕才對。事實恰好相反，武帝認為少翁可能還有一些法術沒施展出來，當時一怒之下殺了他有點可惜。如今欒大一來，武帝自然龍顏大悅。

此前，欒大是在武帝的弟弟、膠東王劉寄那裡混。據太史公稱，此人口才十分了得，而且會很多法術，尤其是「敢為大言，處之不疑」，很敢吹牛，並對自己吹過的牛堅信不疑。

欒大吹過的最大的牛是聲稱自己有長生不死之術。

這肯定是世界上最能蠱惑人心的謊言，卻恰恰能滿足武帝內心最強烈的欲望。他覺得少翁還有法術沒施展出來，就是對所謂的長生之術懷有極深的渴求——即便已經知道少翁是騙子，卻還是不願放棄這種僥倖心理。

哪裡有需求，哪裡就有供給是最基本的經濟規律，在騙子這個行當裡同樣適用。欒大看穿武帝的內心需求，一來便對他說這樣一番話：

「臣經常往來於海上，曾親眼見過古時候的神仙，如安期生、羨門高等。仙人們認為臣身分卑賤，信不過臣；又覺得膠東王不過是一介諸侯，沒有資格得到長生不死的藥方。臣的師父（指神仙）說過：『黃金可以煉成，黃河的決口也可以堵塞；同樣，長生不死之藥能夠獲得，神仙之體也能修成。』然而臣生怕步文成將軍之後塵，天下方士都因此閉口不言，誰還敢再談論長生不死之方啊?!」

這番話不僅吊足武帝的胃口，還暗暗表達對少翁被殺的不滿，既是一種投石問路的策略，也擺出待價而沽的姿態。提起少翁之死，武帝有些尷尬，便掩飾道：「文成是誤食馬肝而死（古人認為馬肝與河豚一樣，味美而有劇毒）。先生若真能得到長生不死之方，我什麼都不會吝惜！」願意出天價購買不死之藥的意思——只要你有貨，價錢隨你開。雙方就此達成交易意向。

欒大也不客氣，當場開出價碼：「臣的師父（指神仙），從來無求於人，都是世人有求於他。陛下真要請他出山，應該給予他的使者（就是欒大）最尊貴的禮遇，令其成為陛下的親屬，並享受上賓的待遇，還應該佩戴朝廷的印信。如此，方能把陛下的願望轉達給神仙。」

欒大的口才果然十分了得，這番話貌似溫文爾雅，實際上卻是獅子大開口。稍微翻譯一下就知道開出的條件多麼驚人：第一，成為皇帝的親屬就是暗示要娶公主，當駙馬爺；第二，享受上賓待遇就是要和少翁一樣，讓天子以客禮待之，不能視其為臣子；第三，佩戴印信就是要求皇帝封官授爵。

可真敢開價，甚至可以說是漫天要價。不過武帝並未就地還價，他剛才說了什麼都不吝惜；更何況天子富有四海，有什麼給不起的？當然，姓欒的到底有沒有真本事，不能光憑一張嘴說，還是得經過檢驗。

據司馬遷記載，欒大隨後就在天子面前露了一手。他拿出一副圍棋在一旁施法——只見棋子竟然在沒人接觸的情況下「自相觸擊」，像打仗一樣互相撞擊。這一手，據說今天的很多氣功大師也會，稱為意念致動，是魔術表演的常見手段，只要那副圍棋是魔術師準備的道具，就沒什麼難度。例如在棋子和欒大袖子裡藏點磁鐵，不就可以隨心所欲地操縱嗎？

不論此事真假如何，總之武帝完全相信欒大。旋即拜欒大為「五利將軍」，沒過幾天又加封「天士將軍」、「地士將軍」、「大通將軍」。短短一個多月後，又封欒大為樂通侯，食邑二千戶，並賜豪宅一座、童僕千人，還賜給他御用的車駕、馬匹、帷帳及一應豪華用具。最後，武帝把長女衛長公主嫁給欒大，嫁妝中僅黃金就達十萬斤。

為了充分顯示「以客禮待之」，武帝御駕親臨欒大的府邸，派出大量內使為欒大提供各種「皇家級」服務。一撥又一撥內使「相屬於道」，絡繹不絕地穿梭在皇宮和欒府之間。長安的權貴們一看，立刻與天子保持整齊隊形——從竇太主（館陶長公主劉嫖）等皇親國戚到丞相、將軍等滿朝文武，全爭先恐後地來欒大府上做客，並紛紛獻上厚禮。欒府一時間貴賓雲集、高朋滿座，欒大儼然成為全天下除天子以外最尊貴的人。

武帝又命人用白玉刻一枚「天道將軍」印信，並進行很神祕的儀式，讓內使和欒大都身披「羽毛衣裳」，打扮得像天使一樣，於半夜時分站在白茅草上，由內使將玉印授予欒大。

至此，欒大一人身佩六印（五個將軍印加一個侯爵印），「貴震天下」！

榜樣的力量無窮。欒大一步登天的消息傳回老家，齊、燕之間的鄉親們頓時羨慕得眼冒綠光，紛紛宣稱自己也有神祕法術，可以請到神仙。然而，再高明的騙局只能得逞一時，不可能永不穿幫。

欒大開出的所有條件，武帝全都超額滿足他，而他給武帝的承諾——去找神仙求長生不死藥，遲早也要兌現。

元鼎五年秋，已經當一年駙馬爺的欒大，終於戀戀不捨地離開長安的溫柔鄉，啟程前往東海找神仙。如果讓棋子「自相觸擊」那種魔術表演對欒大而言只是小菜一碟，「變出長生不死藥」這種戲法則遠超出他的能力範圍。

當然，也超出世界上所有人的能力範圍。欒大壓根不敢出海。海上本無神仙可見，亦無長生之藥可求，卻有可能因風高浪急而葬身魚腹，去了只是找死。

欒大想來想去，實在沒轍，只好跑到泰山祭拜神靈。不知是想求神靈庇佑他逃過此劫，還是想另變一套戲法來搪塞。總之，欒大最後還是回到長安向武帝覆命，說去海上見了神仙，但神仙沒把長生不死藥給他。

欒大具體編了什麼藉口，史書無載。不過就算再怎麼口若懸河、舌燦蓮花，這回也騙不過武帝了。早在他剛從長安出發，武帝就派人悄悄跟上他，到底有沒有出海和此行的一舉一動，武帝全都一清二楚。

事實證明，他是個狗膽包天、超級噁心的大騙子！這三年來，不但把皇帝耍得團團轉，最噁心的是把公主騙去當了一年老婆，卑鄙無恥的程度簡直已經無法用言語形容。結果可想而知，武帝在極度震怒之下，以欺君罔上的罪名把欒大腰斬了。

欒大固然死有餘辜，沒什麼好說的。但接連被騙且一次比一次更加顏面掃地的天子劉徹，也該吸取教訓、擦亮眼睛了吧？很遺憾，並沒有。

稍後有個叫公孫卿的齊國方士，仍舊用這些神鬼的把戲贏得劉徹的信任。如果一個人被同一塊石頭絆倒好幾次叫做傻，劉徹情願屢屢上當受騙，只能稱為昏聵了。

事實上，武帝絕非頭腦不好，其他方面，他始終精明過人。一再被神棍蠱惑，說到底就是一個願打一個願挨。換言之，正因武帝對「長生不死」的執念，嚴重障蔽他的理性，無論被騙多少次都依舊心存僥倖、不肯回頭。

上有所好，下必甚焉。武帝對神仙之術的痴迷，以及少翁、欒大、公孫卿這三個齊國方士的陸續得寵，極大地刺激當地「神仙產業」的發育。據司馬遷記載：「齊人之上疏言神怪、奇方者，以萬數。」（《史記．封禪書》）

世人通常只見賊吃肉，不見賊挨打。儘管少翁和欒大先後死於非命，渴望像他們那樣一步登天的人仍舊如過江之鯽。例如元鼎六年春，武帝劉徹東巡至海，表示希望找到傳說中的蓬萊仙人，齊地方士們一聽，立刻動身出發，一時間乘船出海者多達數千人。

武帝劉徹迷信神仙，毫無節制地追求長生，不僅使他的名譽、威信遭到損害，還造成兩個惡果：第一，大興土木；第二，巡遊無度。

早在元鼎二年誅殺少翁不久後，武帝劉徹就在長安興建著名的「柏梁臺」，臺上鑄造一根高達二十丈的銅柱，直徑要七個人才能合抱；銅柱上鑄有「承露盤」，盤中是一隻巨大的手掌，稱為「仙人掌」，掌心向上，用以承接上天降下的甘露。

據說將玉磨成粉末，摻入承露盤蒐集的露水喝下去，有長生不死的功效。

柏梁臺的修建無疑耗費大量人力、財力、物力，但這只是武帝一朝大興土木的開始。司馬光《資治通鑑》稱：「宮室之修，自此日盛。」

元封二年，公孫卿慫恿武帝：「仙人好樓居。」神仙喜歡住高樓。武帝立刻下令在長安興建「蜚廉觀」和「桂觀」，在甘泉宮興建「益壽觀」和「延壽觀」。古代，「觀」通常指高樓。據《三輔黃圖》記載，蜚廉觀的高度足有四十丈，其他幾座也差不多。若此記載屬實，換算相當於九十二公尺，大概三十層樓高。即便放在高樓林立的今天，這種高度也相當可觀，更別說在古代了。

除了這四座高樓，武帝又在甘泉宮興建「通天臺」，並對甘泉宮進行大規模擴建。通天臺的具體高度正史無載；據野史《漢武故事》稱竟達一百餘丈，相當於今二百多公尺、六十多層樓的高度。這顯然是誇張的說法，可信度較低；但通天臺比上述四座樓觀更高，應該是可以確定的。

太初元年（前一〇四年，次年開始改用夏朝曆法，以正月為歲首）冬，柏梁臺發生火災，燒毀殆盡。武帝遂於當年在長安城西開始興建建章宮，規模非常巨大，宮中建築繁多，史稱「千門萬戶」：東有「鳳闕」，高二十餘丈；西有「唐中臺」，高臺附近方圓數十里為「虎園」，專門豢養老虎；北有人工挖掘的「太液池」，湖心建有二十餘丈高的「漸臺」，漸臺四周又有「蓬萊」、「方丈」、「瀛洲」、「壺梁」等小島（均取自傳說中海上仙島之名）；南有「玉堂」、「璧門」等豪華宮殿。

據《三輔黃圖》記載，玉堂殿僅臺基就有十二丈高，整座宮殿的臺階都用玉石鋪就；璧門殿的椽子、柱子末端則全都貼有薄片璧玉。

除了以上建築，建章宮中還有「神明臺」、「井榦樓」等，高度都在五十丈以上，刷新長安四座樓觀的高度紀錄。建章宮所有建築之間均以繁複曲折的「輦道」相互連接。所謂輦道，就是專供武帝輦車通行的道路。

這麼多宏偉壯麗的宮殿樓臺，這麼多規模浩大的建築工程，耗費的民脂民膏若加以統計，肯定是個驚人的天文數字。後人評價歷史上的昏君和暴君總是離不開「窮奢極侈」、「濫用民力」之類的描述，而漢武帝劉徹雖然以雄才大略著稱後世，但他奢侈無度的一面，比起歷史上那些典型的昏君和暴君，其實不遑多讓。

任何特定階段、任何一個國家的財力和民力都有限；如果皇帝的欲望無限膨脹，勢必成為國家和百姓的災難。然而，大興土木還不是武帝「奢侈消費」的全部。另一個花錢如流水的行為是毫無節制地巡遊天下。

從元鼎四年起，武帝或以祭祀上天和各路神仙為名，或以巡視邊防、炫耀兵威為由，開始不斷出巡，幾乎走遍帝國的四面八方。這一年，四十四歲的武帝「始巡郡縣」，先是前往雍縣（今陝西省鳳翔縣），祭祀「昊天上帝」；隨後東下，經夏陽（今陝西省韓城市），前往汾陰（今山西省萬榮縣），祭祀「后土」；最後又到滎陽和洛陽走了一趟。

武帝第一次出巡就間接害死一個封疆大吏：此行是突然決定，立刻動身，河東太守毫無準備，無法在短時間內完成接待工作，惶恐無措下只好自殺。

元鼎五年，武帝再度前往雍縣祭祀上天，隨後西巡，越過隴山（今陝西省隴縣西），登臨崆峒山（今甘肅省平涼市西）；之後又北出蕭關（今寧夏自治區固原市東南），並率數萬騎兵前往河套地區，一邊縱情狩獵，一邊向匈奴炫耀兵威。

無獨有偶，武帝此次西巡，隴西太守同樣措手不及，連大批隨從官員的飲食都供應不上。這位太守只好步上去年那位同僚之後塵，以自殺方式謝罪。

元封元年冬，武帝親率十八萬騎兵，再度北巡，向匈奴炫耀兵威。龐大的隊伍從雲陽（今陝西省淳化縣）北上，經上郡、西河（今內蒙古自治區準格爾旗西南）、五原（今內蒙古自治區包頭市），然後出長城，登單于臺（今內蒙古自治區呼和浩特市北），再到朔方。史稱此次北巡，旌旗綿延達千餘里，可見隊伍規模龐大程度。雖然這一次沒有地方太守自殺的記載，但這樣的巡遊給沿途官府和百姓造成的負擔之大可以想見。

同年春，剛北巡回來的武帝又馬不停蹄地前往嵩山（今河南省登封市東北），於太室廟祭祀；同時為即將進行的一件大事做準備工作，就是歷代帝王藉以彰顯文治武功的最高級祭祀活動——封禪。

四月，時年四十七歲的武帝劉徹登臨泰山，正式舉行封禪大典：先祭天神，稱為「封」；再祭地神，稱為「禪」。禮畢，武帝意猶未盡，又立即東行來到海邊，準備親自乘船出海尋找蓬萊仙人。群臣紛紛勸阻，武帝根本不聽；最後是東方朔溫言進諫，武帝才悻悻作罷。

恰在此時，隨同出行的侍從官霍子侯（霍去病之子）暴病身亡。武帝甚為哀傷，遂下令回返。不過回程的路線卻不走直線，而是繞道北上，到達碣石（今河北省昌黎縣北），接著巡視遼西郡，然後沿著北方邊塞到達九原（五原郡治，今內蒙古自治區包頭市），最後才回到甘泉宮。據史書稱，此次封禪東巡，武帝行程一萬八千里。

元封五年（前一〇六年），五十一歲的武帝進行一次規模盛大的南巡。先前往盛唐（今安徽省六安市）；接著登臨九嶷山（今湖南省寧遠縣西），在此祭奠舜帝；之後又前往灊縣（今安徽省霍山縣），登臨天柱山（霍山縣西南）；繼而從尋陽（今湖北省武穴市東北）乘船東下，遊覽長江。

此次出遊之盛，史書形容為「舳艫千里」。據說武帝親手射中江中一條蛟龍，並將其生擒。蛟是神話傳說中的生物，不太可能真的存在。也許武帝射中並擒獲的只是一條大魚，但史官為了阿諛奉承就寫成蛟。

最後，武帝在樅陽（今安徽省樅陽縣）登岸，轉道北上，前往琅琊，接著沿海岸線而行，一路祭祀沿途的名山大川……

此後，武帝依舊年年出巡，幾乎沒有一年落下。直到征和四年（前八九年），即他去世的兩年前，時年六十八歲的武帝依然進行最後一次東巡。他來到東萊（今山東省萊州市）海濱，企圖出海尋覓神仙。群臣拚命勸阻，他也不聽。後來因為一連十幾天「大風晦冥，海水沸湧」（《資治通鑑．漢紀十四》），根本沒法出海，劉徹才不得不放棄。

從四十四歲「始巡郡縣」到六十八歲最後一次出巡，武帝一生中約有三分之一的年分在進行各種巡遊，而且大多數出巡的規模都十分浩大。可想而知，給天下郡縣和各地百姓造成多麼沉重的負擔。

從大歷史的角度和對後世的影響來看，漢武帝劉徹絕對是中國歷史上屈指可數的雄主之一；但對於生活在武帝一朝的百姓而言，這樣的雄主愈「有為」、愈喜歡折騰，他們的痛苦指數就愈高，付出的代價愈為深重。這就是歷史的悖論。

每個大時代下的芸芸眾生都只能在這樣的歷史悖論中艱難求存。當然，為了促進國家、民族等共同體的強盛與繁榮，有些代價是不得不付出的，但有些卻只是「肉食者」為了滿足一己私欲而對百姓的過度榨取。

前者是發展的代價，即便痛苦也必須承擔；後者則是無謂的犧牲，只能透過文明的進步和制度的完善加以避免。

都是「寶馬」惹的禍：李廣利西征

元封五年夏，武帝劉徹南巡回京不久，一代名將衛青與世長辭。衛青生於哪一年，史書無載，享年幾何也不得而知。大致推斷他應該比武帝小幾歲，終年可能將近五十。武帝為他修建一座狀似寘顏山（匈奴境內名山）的陵墓，以銘記他抗擊匈奴的赫赫功勛。衛青的陵墓在武帝的茂陵和霍去病的陵墓邊上，三墓相連，無聲地向後世述說著君臣三人抗擊外敵、開疆拓土的英雄傳奇和歷史功績。

同年，武帝劉徹鑑於帝國疆域在這些年的征戰中得到極大拓展，郡的數目也增加不少，為便於管轄，遂在「郡」一級的行政區劃上，又增設「州」，將整個帝國劃分為十三個州，分別是：

冀州（今河北中部、南部）、幽州（今河北北部及遼寧）、并州（今山西）、兗州（今山東西部）、徐州（今江蘇北部）、青州（今山東東部）、揚州（今安徽中部及江南地區）、荊州（今湖北、湖南）、豫州（今河南）、益州（今四川、雲南）、涼州（今甘肅）、交趾（今廣東、廣西、海南及越南北部）、朔方（今黃河河套地區）。

這十三個州並非行政區，只是監察區。中央向每個州派出一名刺史，負責監察地方各郡。刺史只有監察權，沒有行政權；官秩較低，只有六百石。這一制度大致延續到東漢末年；至漢靈帝時期，朝廷才開始選派重臣出任州牧。從此，州才演變成行政區；各州或置刺史，或置州牧，成為地方最高軍政長官。

衛青的去世猶如一道分水嶺，突顯出嚴峻的現實——武帝的前半生，朝堂上人才濟濟，可謂「猛將如雲，謀臣如雨」，因而被後來的班固譽為「漢之得人，於茲為盛」（《漢書‧公孫弘卜式兒寬傳》）；時至今日，當年那些帝國精英或在征戰中捐軀，或因武帝的濫殺而死於非命，或是自然死亡，已經凋零殆盡。

正所謂「天下以智力相雄長」，一切競爭歸根結柢都是人才的競爭；一切發展都是以人才為前提的發展。沒有了人才，一切都談不上。

為此，武帝不得不在時隔多年後，再度頒發一道求賢詔：「蓋有非常之功，必待非常之人。故馬或奔踶而致千里，士或有負俗之累而立功名。夫泛駕之馬，跅弛之士，亦在御之而已。其令州郡察吏民有茂材、異等可為將相及使絕國者。」（《漢書‧武帝紀》）

建立非同尋常的功業必須依靠非同尋常的人才。有的馬會在奔跑時踢人，卻能遠行千里；有的人會被世俗譏諷，卻能建立功名。這些不受駕馭的馬和放縱不羈的人並非不可造就，關鍵在於如何駕馭。朕命令各州郡要察舉官員和百姓中有傑出才幹和特殊能力的人，可以讓他們擔任將、相或出使遠方的使節。

詔書很快發到天下各州郡，然而應者寥寥。

彼一時，此一時。想當年，劉徹的求賢詔一發，天下應者雲集，人才紛至沓來，然而這樣的盛況已經一去不復返。究其原因，說是「氣數」、「國運」也好，武帝濫殺給天下人造成「恐懼症」也罷，總之，詔書發出後好幾年，未見真正的人才脫穎而出，更別提像衛青、霍去病那樣建功立業了。

這樣的時刻，武帝會不會想起當年汲黯勸他不要濫殺大臣的情景。當初的劉徹曾經自信滿滿地說：「世上從不缺少人才，只怕發現不了人才。若善於發掘，何患無人？」但事到如今，大漢帝國確實已經面臨人才匱乏、後繼無人的窘境。就算人才是春天裡拚命生長的韭菜，能夠一根接一根地往外冒，也架不住武帝這把大鐮刀的瘋狂收割啊！有個例子，很典型地說明武帝濫殺給大臣造成多麼嚴重的心理陰影。

太初二年（前一〇三年）春，時任丞相的石慶病故，丞相一職出缺。武帝劉徹的目光在滿朝文武中掃來掃去，最後落在太僕公孫賀身上。他是衛青的姐夫，景帝年間便已入仕，多次跟隨衛青北征匈奴，立下不少戰功，算是眼下朝廷中碩果僅存的少數元老之一。武帝覺得沒有比他更合適的人選，隨即封公孫賀為葛繹侯，並拜他為相。

做為百僚之首，丞相之位無疑是仕途生涯的巔峰，絕對是所有為官之人夢寐以求的。然而此刻，接到任命詔書的公孫賀非但沒有半點榮耀之感和喜悅之情，反倒充滿擔憂和恐懼。原因很簡單——大漢帝國的丞相早就成為一份高危險職業。

自從公孫弘之後，歷任丞相多數死於非命（表面是畏罪自殺，實則是受武帝所迫），像石慶這種壽終正寢的純屬個別現象。而且石慶為人十分謹小慎微，從不敢對天子有絲毫拂逆，但任期間還是多次遭到武帝訓斥。最後能得以善終，實屬幸運。

公孫賀不敢指望能有這份幸運，在他看來，這份委任狀無異於一道死刑判決書，打定主意絕不接受。之後的任命儀式上，公孫賀硬是「頓首涕泣不肯起」（《資治通鑑．漢紀十三》），趴在地上拚命磕頭，一把鼻涕一把淚，說什麼也不肯當這個倒楣丞相。

沒想到老劉家的烏紗帽竟然這麼不招人待見！武帝劉徹既尷尬又惱怒，卻不便發作，只好陰沉著臉拂袖而去。

這下輪到公孫賀尷尬了，跪在地上，走也不是、留也不是，痛苦得要死。胳膊終究擰不過大腿，公孫賀還是萬般無奈地接受任命。走出皇宮的那一刻，公孫賀忍不住仰天長嘆：「我從是殆矣！」（《資治通鑑．漢紀十三》）從今往後，我算是完蛋了！

果不其然，十二年後，這句話便一語成讖——公孫賀受「巫蠱之禍」牽連，與兒子雙雙死於獄中，整個家族慘遭誅滅。

太初元年秋，漢帝國與大宛之間發生一起嚴重的外交糾紛，導致兩國爆發一場大戰。糾紛的起因源於大宛國的特產——汗血寶馬。

武帝愛馬，尤其鍾愛產自大宛的汗血馬。多年前，大宛與漢朝建交時，曾進獻過一批汗血馬。武帝覺得遠遠不夠，一直希望透過互贈的方式獲得更多汗血馬。

這一年，出使西域的使節回國後，對武帝報告大宛有很多汗血馬，都藏匿在貳師城（大宛都城貴山城南四十公里處），不讓漢朝知道。武帝一聽，覺得無非是一種「奇貨可居」的手段，想藉此抬高汗血馬的身價罷了。沒關係，大漢有的是錢，出得起。隨後武帝便派遣使團攜帶黃金一千斤，又用黃金鑄造一尊汗血馬雕像，前往大宛，準備與其交換。

在武帝看來，這麼做已經很有誠意，相信大宛沒有理由拒絕。然而這回他打錯了算盤，大宛壓根不想用寶貴的汗血馬換大漢的金子，金子再多也不行。

當然大宛君臣並非腦袋一拍就做決定，而是為此專門召開一次會議。經過討論，一致認為漢朝與大宛相距遙遠，中間又隔著鹽澤戈壁，且北有匈奴，南乏水草，漢使屢屢困於中途；往往一支使團有幾百號人，卻因缺水少食，動輒死亡過半。就算漢朝要派大軍前來討伐，又能奈我何？

大宛因此斷然拒絕了漢使。漢使沒想到是這個結果，一怒之下，對著大宛君臣破口大罵，並把那尊金馬雕像砸爛，然後揚長而去。

如此一來，大宛君臣也怒了，紛紛說：「漢使把咱們看扁了！」大宛朝廷派出快馬，通知駐守在東部邊境的郁成王，命他攔截並擊殺漢朝使團。郁成王立刻採取行動，將整個漢朝使團成員全部砍殺，並奪取他們攜帶的所有黃金和財物。

噩耗傳回長安，武帝劉徹不禁暴怒。買賣不成仁義在，何至於謀財害命、截殺使團?! 大宛區區蕞爾小國，竟敢如此喪心病狂，就不怕能征善戰的大漢鐵騎把你們一舉踏平嗎？

曾經出使大宛的使臣姚定漢等人立即向武帝奏報：「大宛國兵力薄弱，大漢最多出動三千人，便可將大宛君臣全部俘虜。」

武帝深以為然，決定西征大宛，讓這些宵小之輩血債血償！劉徹為此次西征選定的統帥，就是眼下正寵幸的李夫人之兄李廣利。

和當年的衛青、霍去病一樣，李廣利的身分也是當紅外戚。在武帝看來，既然當初的衛青和霍去病可以在毫無軍事經驗的前提下大破匈奴、屢建奇功，李廣利出馬，一定也能手到擒來、征服大宛。

然而，此外戚非彼外戚。當年的衛青和霍去病能夠成功，不代表李廣利也能。如果成功這麼容易複製，世界上所有事情都變得很簡單了：只要學會套路並不斷複製，「成功」便唾手可得。

武帝登基後的漢帝國正處於朝氣蓬勃的人才井噴期，由「文景之治」積累的雄厚國力，加之青年漢武帝的勵精圖治，以及合理高效的人才選拔機制等，才使漢帝國湧現出一大批卓越的文臣武將。但眼下早已時移世易，不論是從「法久生弊」、制度敗壞的角度講，還是從漢武帝人到中年後逐漸昏聵來看，真正的人才不是不願入仕，就是難以出頭，總之人才凋零已成無法逆轉的事實。

還有一個因素不可不提，就是漢朝國運開始走下坡。這點沒什麼道理好講，且不以人的主觀意志為轉移，卻真實存在，對世事的影響不容忽視，更不可小覷。

如此窘迫的局面下，武帝選擇李廣利，充其量是矬子裡頭拔將軍，與當初慧眼識英拔擢衛、霍，早已不可同日而語。此舉另有一層用意，希望李廣利藉此機會建功立業，以便給他封侯。畢竟「無功不得封侯」是西漢不成文的祖制；武帝雖然愛屋及烏，早想給李廣利封侯，但他總要做出點業績，面子上才過得去。

因目標是大宛的貳師城，武帝便任命李廣利為「貳師將軍」；撥給他六千匈奴籍騎兵，又從各郡國招募數萬名「惡少年」——不務正業的地痞流氓，加入遠征軍。這些人從未經過軍事訓練，頂多只有一些街頭鬥毆和打群架的經驗，純屬烏合之眾，戰鬥力和綜合軍事素養自然遠不如正規軍。

武帝這麼做明顯太輕視大宛了，為隨後的慘敗埋下伏筆。雜牌大軍集結完畢，於當年秋天踏上西征之路。

關於此次西征，上自統帥李廣利，下至數萬名新兵菜鳥，都對即將遭遇的困難和危險考量不足。更要命的是，他們都嚴重缺乏長途奔襲、沙漠行軍和穿越無人區的經驗。前面的路程還好，畢竟沿途有不少漢軍的堡壘、亭障可以提供補給。當大軍渡過鹽水（羅布泊一帶河流，今已消亡），繼續西行後，飲用水和食物短缺的問題立刻擺在面前。

沒有極其頑強的意志力和野外生存能力，想穿越廣袤的戈壁、沙漠和無人區，幾乎不可能。這支臨時拼湊的西征大軍每走一段路都有一批士兵倒下——然後就永遠躺在那裡了。

李廣利只能寄希望於撐過無人區後，西域沿途諸國能給漢軍提供飲食。不料，大多數西域國家迫於匈奴的壓力，都不敢伸出援手。李廣利沒轍，只好下令對沿途城池發起強攻。然而，以這支雜牌軍的戰鬥力，加上長途跋涉後士氣低落、體能下降，能夠攻打下來的終究是少數。

能打下來的城池，多少還能補充一些糧食；打了多日紋絲不動的，李廣利只能率部繞道而走。這支西征大軍一路走、一路打、一路傷亡，整整花了一年，到太初二年秋才抵達大宛東部邊境郁成王的地盤。

經過一年的死亡跋涉和連番苦戰，原本數萬人的大軍，此時只剩下可憐兮兮的幾千人；而且個個面黃肌瘦、疲憊不堪。這樣一支殘部怎麼打仗？

眼前的郁成城（今吉爾吉斯斯坦烏茲根城）卻繞不過去，由此往西都是大宛國境，假如繞城而過，到時前有堵截，後有郁成王追兵，漢軍就得團滅。雖然明知獲勝的可能性很小，李廣利只能硬著頭皮強攻郁成城。

結果不出所料，郁成王率部迎戰。漢軍大敗，又死傷大半。到這一步，無論如何不能再往西走了，李廣利只能帶著殘兵敗將狼狽撤退。回到敦煌時，只剩下幾百人——可以算全軍覆沒了。

李廣利不敢直接回朝，派人送了道奏疏，勉強為這場失敗辯解。他說：「此次出征，路途遙遠，飲食匱乏；士兵們不怕打仗，就怕饑餓。而且兵力太少，不足以攻克大宛。現請求班師回京，再圖後舉。」武帝見到奏疏既失望又憤怒，命人回覆說：「敢入玉門關一步者，立斬！」李廣利嚇壞了，只好滯留在敦煌。

數萬人葬身大漠，難道都是李廣利的責任嗎？這場近乎全軍覆沒的遠征，首要問題出在戰略總指揮武帝劉徹身上。李廣利不是衛青、霍去病，想一上戰場就建功立業，複製二者的英雄傳奇，對他並不公平，純粹是出於武帝的盲目樂觀和莫名自信。想重用李廣利可以，前提是必須給他時間歷練和成長，否則這種壓力只會把他壓垮，到頭來當然是希望愈大、失望愈大。

其次，招募地痞流氓去打仗，根本是當炮灰送死。既是對生命的不負責任，也是對戰爭規律的違背和極端不尊重。也許在武帝看來，只要仗能打贏，這些人死不足惜，但這無異於賭博，賭輸了很正常，賭贏了才奇怪。

另外，六千匈奴騎兵雖然有一定作戰經驗，對沙漠行軍也不陌生，但他們和漢朝正規軍的精銳相比，不論是從戰鬥力、軍事素養，還是從忠誠度、凝聚力來看，肯定遠遠不及。這也是李廣利無法複製衛、霍傳奇的客觀原因之一。畢竟當年武帝交給衛青和霍去病的兵都是漢軍精銳中的精銳。

綜上所述，做為戰略總指揮的武帝犯了大意輕敵的錯誤，必然要為這一錯誤買單。

漢、匈博弈：從文鬥到武鬥

太初二年秋天，可謂大漢帝國的「多事之秋」。李廣利西征大宛遭遇慘敗的同時，另一支由猛將趙破奴率領的精銳騎兵也在漠北折戟沉沙，整支部隊二萬多人成建制地投降匈奴。

這是大漢帝國自元狩四年漠北大捷、霍去病「封狼居胥」後，對匈戰場上遭受最嚴重的一次挫折，也是整個武帝一朝對匈戰爭中最難堪的一次失敗。

要說清事情的來龍去脈，有必要回顧漠北大捷以來，漢朝與匈奴這些年間在總體上的博弈態勢。

早在元鼎三年（前一一四年），匈奴在漠北大決戰遭遇重創的五年後，伊稚斜單于就死了，其子烏維繼位。烏維單于上位前後十多年間是匈奴的戰略收縮期和休整期。一方面，匈奴在漠北慘敗後元氣大傷，需要時間休養生息，恢復實力；另一方面，烏維繼位後，需要一段時間鞏固個人權力。這一時期的匈奴根本不敢也無暇再入寇漢朝，雙方基本上相安無事。

漢朝利用這個戰略機遇期，透過張騫第二次出使西域，開始執行「斷匈奴右臂」的戰略計畫，逐步展開對西域的經略。十來年間，烏孫、大宛、月氏、大夏等西域國家紛紛與漢朝建立外交關係；雙方的外交活動日益頻繁，相當程度上遏制了匈奴在西域的勢力。

當然，匈奴絕不會輕易退出西域。雖然被漢朝重創，但其地理位置比漢朝更靠近西域，擁有近水樓臺的地緣戰略優勢，對諸多西域國家仍具有較強的影響力。

這些被夾在漢、匈之間的西域諸國，通常採取兩邊不得罪的騎牆態度。差別只在於偏倚程度——離匈奴較遠的傾向於漢朝，如烏孫；距離較近的仍偏向匈奴，如車師、樓蘭。

司馬光稱：「然西域以近匈奴，常畏匈奴使，待之過於漢使焉。」（《資治通鑑．漢紀十三》）愈靠近匈奴的西域小國，對匈奴的使節愈畏懼、恭順，而對待漢朝使節的態度就差很多。匈奴遂利用這種威勢，迫使某些小國攔截並擊殺漢朝使團，破壞漢朝對西域的經略。

甘當匈奴馬前卒的主要是車師（今新疆自治區吐魯番市）和樓蘭（今新疆自治區若羌縣），兩個小國都位於玉門關外，一北一南扼守著漢朝通往西域的咽喉要道；遂利用這一得天獨厚的地理優勢，當起車匪路霸，多次截殺漢使，屬於典型的為虎作倀。對此，武帝當然不能忍。

看來想經略西域，只能外交和軍事手段雙管齊下，缺一不可。

元封三年，武帝命多次參與對匈作戰的猛將趙破奴率部征討車師和樓蘭。對付這樣的彈丸小國，自然無須興師動眾。趙破奴只率輕騎七百餘人，便一舉擊破樓蘭，生擒樓蘭王；繼而又北上大破車師，輕而易舉地拔掉西域路上的兩枚釘子。班師回朝後，趙破奴立刻被武帝封為浞野侯。

為了防止匈奴人報復，重新染指河西走廊，武帝旋即下令於酒泉（今甘肅省酒泉市）至玉門關（今甘肅省敦煌市西北）一線（相當於整條河西走廊上），修建無數的碉堡和亭障，以保障這條黃金通道的安全。

兩個「小弟」瞬間被滅，匈奴這個做大哥的當然很沒面子。放在以往，一定大舉興兵入寇。但今時非同往日，不管心裡再怎麼不爽，烏維單于也只能忍了。

自繼位以來，烏維在對漢戰略上只能採取守勢，盡量不與漢朝發生正面衝突，以便用時間換空間。這一階段的漢、匈博弈主要集中在外交層面。

為了迷惑漢朝，烏維單于曾多次派遣使節，「好辭甘言」請求和親。武帝當然不會輕信匈奴人的甜言蜜語；但現階段與匈奴至少維持表面和平也符合漢朝的戰略需要，畢竟這些年來，儘管北線無戰事，但漢朝在南面、西南、東面卻從未停止征戰，也有先穩住匈奴的必要。

漢、匈雙方出於相同目的，開始在外交上打起太極推手。有來無往非禮也。元封四年（前一〇七年），武帝派遣北地人王烏出使匈奴，表面上說是磋商和親事宜，目的則是刺探匈奴虛實。

王烏這個人八面玲瓏，到了匈奴後，為了更好地開展工作，刻意換上匈奴服飾，遵從各種習俗；還把使臣節杖棄置一旁，天天在大帳中和烏維單于談天說地、喝酒吃肉。烏維對王烏大生好感，便藉著酒勁吹牛，說願意將匈奴太子送到漢朝去當人質。

如果烏維真的這麼做，王烏身為使節，顯然是超額完成任務。王烏很高興，馬上回朝向武帝稟報。武帝很懷疑此言的真實性，又派另一個使節楊信繼續和匈奴談，問什麼時候把太子送來。

不知是武帝有意為之，還是純屬巧合，楊信的性格恰好和王烏相反，是嚴肅刻板型的。到了匈奴後，言行舉止都是公事公辦的態度，顯得十分高冷。烏維單于很不爽，便對楊信說：「按照以前的慣例，漢朝把翁主（親王之女）嫁過來，嫁妝都極其豐厚，才算是真的和親，我們也不會去侵擾漢朝。但今天的要求恰恰相反，是我們把太子送去當人質，我們能得到什麼呢？」這就叫出爾反爾，食言而肥。

所謂博弈，就是真真假假、虛虛實實，哪有可能真的言出必行？楊信如實回報。武帝也很好玩，命王烏再去一趟，明顯是和匈奴人打太極。烏維一看老朋友王烏來了，再度信口開河說：「我打算親自前往長安，面見大漢天子，與他約為兄弟。」王烏喜出望外，趕緊回報。

據《史記．匈奴列傳》稱，漢朝隨後便在長安修建一座官邸，說是專門為了接待單于之用：「漢為單于築邸於長安。」乍看貌似武帝上了烏維單于的當，真的以為人家會來約為兄弟，很熱情地幫他蓋房子。實際上往深處一想，就是做做表面功夫罷了，仍然只是武帝的博弈手段。

武帝這些年一直大興土木，蓋的「高樓大廈」和豪華宮殿太多了，建一座所謂的「單于邸」，相比之下完全是九牛一毛，談不上花什麼錢。此舉其實是倒逼烏維——你說要來見我，我特地為你蓋了一座官邸，漢朝很夠意思吧？接下來就看你的表現了。

烏維被武帝這麼一逼，沒什麼招了，便開始耍賴說：「除非漢朝把最尊貴的官員派來，否則我不和他說實話。」言下之意，就是漢朝之前派去的使節王烏、楊信只是小官，不夠尊重匈奴。

說完這話，烏維就派了使節前來，聲稱是匈奴最尊貴的官員，大有要求漢朝派遣對等高官的意思。而此人在匈奴到底是什麼級別，還不都是他們一張嘴自說自話。

本來這場太極推手可以一直打下去，不料突然出現意外，導致漢、匈雙方從文鬥變成武鬥。

意外就發生在匈奴剛派來的這個使節身上。好巧不巧，這人來之前還好好的，但到了長安沒幾天，忽然生病了。漢朝出於好意，給他送藥過去，沒想到這個倒楣傢伙吃了藥後，非但沒有好轉，反倒一命嗚呼。

這下漢朝算是跳進黃河也洗不清了，人是在你們那裡死的，而且是吃了你們給的藥才死的，這事能說得清嗎？

武帝劉徹只能吃啞巴虧，旋即派使節路充國護送此人棺柩回國，並奉上黃金數千斤做為厚葬之用，以示撫恤和慰問。為了滿足烏維「派遣對等高官」的要求，武帝特意讓路充國佩上二千石的印信——為了出使才臨時佩印，說明路充國只是小官。從這個細節亦可見漢、匈雙方都在互相糊弄，病死的使節在匈奴肯定也只是小人物。

按說漢朝又是護送靈柩，又是饋贈重金，算是仁至義盡，烏維單于理應領情才對。遺憾的是，這傢伙是個胡攪蠻纏的主人，非但不領情，還以「漢殺吾貴使者」（《史記．匈奴列傳》）為由，把路充國給扣留了。

事情發展到這一步，烏維單于終於撕破假面具——所謂「送太子為質」、「親自入朝」、「約為兄弟」云云，都是糊弄。匈奴便以使節被殺為藉口，開始陸續出兵，多次襲擾漢朝邊境。

戰報傳來，武帝立刻命趙破奴和拔胡將軍郭昌率部進駐朔方以東，嚴密警戒，以防匈奴大舉南下。

至此，漢、匈之間自漠北大決戰之後「相安無事」的局面被打破了，雙方的博弈從外交轉向軍事，文鬥也變成武鬥。

此時距烏維繼位已經是第八個年頭，距漠北慘敗也已十三年，匈奴經過這些年的休整，實力得到相當程度的恢復，開始蠢蠢欲動了。

然而人算不如天算。烏維單于摩拳擦掌，準備大舉南侵、一洗漠北慘敗之恥時，死神忽然降臨。元封六年，烏維一病而亡。其子烏師廬繼位，因年少，被稱為「兒單于」。

少主上位，內部政權不穩。此形勢下，匈奴不僅顧不上漢朝，且生怕漢朝趁此機會再度北征；遂朝西北方向遷徙，避開漢、匈之間多年來的主戰場。自此，匈奴兵力所及，最東邊只到漢朝的雲中郡，最西邊只到酒泉、敦煌二郡。

烏師廬繼位後，因年紀太輕，內部各派勢力都不怎麼買他的帳。他為了鞏固權力，遂大肆誅殺，清除異己。如此一來，匈奴高層不免人人自危。

屋漏偏逢連夜雨。此時，匈奴又遭遇嚴重的雪災，牲畜大量死亡，國內形勢更加混亂。太初元年，匈奴左大都尉暗中派人來到長安，向漢朝表示他準備殺掉兒單于，歸降漢朝；只因距離太遠，怕有閃失，希望漢朝能派兵接應。

武帝聞報，對此高度重視；立刻命將軍公孫敖前往塞外修築一座城池，率大軍進駐。因該城池專門用於接應左大都尉，遂取名受降城（今內蒙古自治區烏拉特中旗東）。

太初二年秋，李廣利西征大宛遭遇慘敗之後，武帝覺得受降城離匈奴仍然太遠，遂命趙破奴率二萬多騎兵從朔方出發，深入西北大漠二千餘里，準備挺進到浚稽山，接應匈奴的左大都尉。而這一次長途奔襲，葬送了這支部隊。

趙破奴按照約定時間到達接應左大都尉的地點，匈奴的兒單于儘管年輕，卻不笨。事先察覺左大都尉的政變圖謀，搶先下手殺掉左大都尉；派遣一支八萬多人的騎兵大軍對趙破奴發起進攻。

趙破奴畢竟是身經百戰的猛將，以寡敵眾，和匈奴人打了一仗，非但沒吃虧，反倒俘獲數千匈奴兵。隨後，趙破奴率部向南撤退。匈奴大軍當然不會放過這條大魚，一路追擊。在距離受降城四百里的地方，漢軍被匈奴大軍追上，被團團包圍。

此時，趙破奴仍然沒有慌亂，命部眾就地紮營，準備固守待援。此處距受降城已經不遠，只要堅持到援軍抵達，便可徹底脫離危險。

但意外就在這時出現了。當天夜裡，趙破奴僅率數名親兵出營尋找水源，恰巧與匈奴的斥候部隊迎面撞上，這回趙破奴終究寡不敵眾，被匈奴生擒。

匈奴大軍旋即猛攻漢軍大營，漢軍原本就寡不敵眾，加上群龍無首，二萬多名將士頓時人人震恐。若殊死抵抗，極有可能全軍覆沒；若強行突圍，即便部分將士能逃回去，但按照漢朝軍法，喪失主帥的部隊必受嚴厲制裁，甚至可能被誅殺。

既然抵抗是死，逃回去也是死，二萬多人唯一的生路就只剩下投降。趙破奴被生擒的當晚，麾下這支部隊就成建制地投降匈奴。

兒單于接到捷報，大喜過望，立刻命大軍乘勝南下，進攻受降城，準備擴大戰果。不過這是一座新築的城池，堅固異常，沒那麼好打。匈奴大軍攻城無果，就在邊塞一帶劫掠一番，揚長而去。

趙破奴所部全軍投降匈奴是漢朝的奇恥大辱，卻是匈奴期盼已久的一場勝利。自從伊稚斜在漠北慘敗後，憋屈十多年的匈奴人終於揚眉吐氣了一回。

兒單于躊躇滿志，決定明年開春便親率大軍進攻受降城，好好和漢朝較量一番。可是上天卻再度和匈奴人開了殘酷的玩笑——太初三年（前一〇二年）春，年紀輕輕、在位不到兩年的兒單于，竟然緊步其父之後塵，在毫無徵兆的情況下一病而亡。

兒單于的兒子自然更小，尚在襁褓；匈奴遂擁立兒單于的叔父、右賢王呴犁湖繼位。

單于換人，內部難免又要亂一陣子——肯定無暇南侵。武帝劉徹抓住這個機會，迅速在北部邊境構建一個龐大的防禦網。

首先，命光祿勳徐自為前往五原郡，於郡城以北一千多里的荒漠上，一路修築無數堡壘和亭障，往西北方向一直延伸到盧朐山（今蒙古國肯特山）；其次，命游擊將軍韓說、長平侯衛伉（衛青長子）率部進駐較大的要塞；最後，命強弩都尉路博多在居延海（今內蒙古自治區順諾爾湖）修築城池，嚴防匈奴。

漢朝剛完成戰略部署，匈奴人就縱馬南下。同年秋，呴犁湖單于出兵，大舉入寇定襄、雲中二郡，殺掠數千人；數度擊敗漢朝的幾名二千石官員，然後在北撤的路上大肆拆除徐自為修建的那些堡壘、亭障。同時，呴犁湖又命右賢王部入寇酒泉、張掖，同樣屠殺數千人。漢朝將領任文及時率援軍趕到，擊退右賢王部，奪回被匈奴擄掠的百姓和牲畜。

自此，漢、匈之間平息了十多年的戰火，再度熊熊燃起……

二征大宛：一場代價慘重的勝利

李廣利和趙破奴接連遭遇慘敗的消息傳回長安後，滿朝文武大為震驚。自劉徹即位以來，漢朝似乎從未在軍事上遭受如此重大的挫折、蒙受如此巨大的恥辱！接下來該怎麼辦？

兩線作戰肯定不行了，漢朝只能集中力量對付一個敵人才有轉敗為勝的可能。對此，公卿百官大多認為應該命李廣利罷兵，放棄對大宛的征伐，集中優勢兵力攻擊匈奴。畢竟匈奴才是漢朝的宿敵和心腹大患，至於大宛，不過是個跳梁小丑，日後再收拾也不遲。但武帝的想法卻與群臣截然相反。

在他看來，堂堂大漢帝國若是連大宛這麼一個蕞爾小國都打不下來，其他西域國家必定會輕視大漢。不但得不到汗血寶馬，而且大夏、烏孫、輪臺（今新疆自治區輪臺縣）等國今後都不會把漢使放在眼裡，漢朝將成為天下萬邦的笑柄。這如何能忍?!

為了統一思想、排除雜音，武帝旋即把力主放棄西征的朝臣鄧光等人打入大牢。隨後下令進行全國總動員，一邊延續之前的做法，大批赦免監獄囚犯，並招募天下郡國「惡少年」，全部編入遠征軍；一邊從各處邊塞徵調騎兵部隊。大約花了一年時間，陸續集結到敦煌的西征大軍達到六萬人，自願從軍的還不算。遠征軍下設五十多名校尉，相當於五十多個團級作戰單位。

後勤方面，武帝不惜血本，一共調集十萬頭牛、三萬匹馬，另有驢和駱駝數萬匹（頭）；此外糧秣、兵器及各項補給也十分充足。

如此大規模的戰爭動員必然給各級官府和天下百姓增加極大負擔。其煩擾紛亂的情形，司馬遷《史記・大宛列傳》用四個字概括——「天下騷動」。

稍後，武帝得到情報，稱大宛國首都貴山城的城中沒有水井，飲用水要到城外的河流汲取。針對大宛的這一軟肋，武帝又專門調派一批水利工程人員，命他們隨軍出征，主要任務就是將河流改道，從而切斷貴山城的水源，將大宛的君臣百姓困死城中。

武帝還另行委派兩名養馬專家，稱為「執馬校尉」和「驅馬校尉」，專門負責攻克大宛後為朝廷選取優良的汗血馬。

六萬多人的大軍剛集結完畢，武帝仍然覺得兵力不夠，又挖空心思地發布一道特殊徵兵令，專門針對「七科」之人，指的是七種身分低賤的人，包括犯過罪的小吏、流民、贅婿、商人，以及曾經當過贅婿或商人，還有父母、祖父母當過贅婿或商人。

古人的社會歧視，今天看來十分匪夷所思，但當時卻天經地義。這七種人大致都屬於「賤民」；朝廷需要人去當炮灰時，他們自然衝鋒在前。更可憐的是，這些人去當兵打仗還不能吃國家糧，只能自備乾糧。

為了防備匈奴趁機南下，武帝大舉徵調十八萬邊防軍，一部分進駐酒泉、張掖以北，一部分駐紮在居延（今內蒙古自治區額濟納旗）、休屠（今甘肅省民勤縣東北）一帶。

做完這一切，劉徹才給李廣利下達二征大宛的命令。

太初三年夏，大軍浩浩蕩蕩地從敦煌出發。第一次西征李廣利率領的是一支雜牌軍；這一次，他麾下的這支大軍無疑更加駁雜，屬於一鍋亂燉的「大雜燴」。

儘管戰鬥力和上次一樣可疑，但盛大的軍容還是頗能唬人的。西域沿途那些小國上次不約而同給李廣利吃了閉門羹，這回的態度卻來個一百八十度大轉變，紛紛打開城門，殷勤地給漢軍提供飲食。

唯一不識時務的小國就是輪臺，仍舊和上次一樣城門緊閉。漢軍前鋒怒而攻城，打了幾天，沒打下來；直到李廣利的主力抵達才將其攻克。李廣利隨即下令屠城，男女老少一個不留。

雖然屠城之舉頗為殘忍，卻有效震懾了其他國家，後面的行軍就順利多了。很快，李廣利大軍便推進到大宛邊境。漢軍僅先遣部隊便有三萬人，立刻對大宛的邊境城池發起進攻。大宛軍隊出城迎戰，卻被漢軍的漫天箭雨射殺了大半，慌忙逃回城中固守。

李廣利不戀戰，旋即繞過這座邊城，率大軍直撲大宛的邊境重鎮郁成城，即郁成王本部。起初，李廣利打算強攻這座堅城，卻擔心久攻不下會生變數。旋即改變主意，只留部將王申生率一千餘人，在此監視郁成王動向，自己則率大軍繞過郁成城，直取大宛首都貴山城。

上次不敢繞道而行是因兵力薄弱，容易被敵軍前後包抄、圍而殲之。而這回，漢軍兵卒眾多，即便被圍，也足以分兵抵禦，所以毫無壓力。

事實證明，李廣利這次決策是對的。

大軍兵臨貴山城下後，李廣利按照事先擬訂的計畫，命隨軍工程人員將城外的河流改道，切斷城中水源。之後，大軍開始圍攻貴山城。

大宛守軍很頑強，一直奮力抵抗。漢軍連攻四十多日，這座都城依舊巋然不動。不過缺水問題最終還是擺在大宛軍民面前，經過一個多月的困守，城中的儲備水已經消耗殆盡，再硬撐下去，不光士兵們打不了仗，城中居民不分貴賤全都會渴死。

大難臨頭之際，就是離心離德之時。大宛城中的達官貴人們絕不願意拿著全家老少的性命陪國王玉碎，於是暗中開會，一致認為「因國王把汗血馬藏起來，並殺害漢使，才落到今天這步田地。而今之計，只有殺掉國王、獻出寶馬，才能讓漢軍解除圍困；即便圍仍不解，到時再力戰而死也為時不晚。」

眾人計議一定，隨即聯手發動政變，攻入王宮，斬殺大宛國王毋寡。恰在此時，貴山的外城被漢軍攻陷，大宛貴族出身的勇將煎靡被俘。達官貴人們一片慌亂，趕緊派代表提著國王毋寡的人頭來見李廣利，向漢軍求和。之所以是求和，而不是直接投降，因此時的大宛仍有和漢軍談判的籌碼。

首先，李廣利兩次出征的主要目的是為了汗血馬；如果把大宛貴人們逼急了，他們可以把所有汗血馬殺掉。到時候，就算李廣利占領貴山城也沒用。從戰略目的上講，這樣的勝利與失敗無異。

其次，大宛與附近的康居國（首都卑闐城，今中亞巴爾喀什湖西南）是同盟關係。貴山城一被圍，大宛就派人向康居求救；雖說康居也懼怕漢軍兵盛，不敢輕易發兵，但對漢軍而言，終究是一種近在咫尺的威脅。

最後，雖然貴山城的水源被漢軍切斷，城中缺水嚴重，但還沒到山窮水盡的地步。大宛不久前剛抓了一些漢人，其中有會鑿井的工匠。雖說水井一時半刻也鑿不出來，而且鑿下去也不見得一定有水，但畢竟給了大宛人絕處逢生的希望，多少有了堅持下去的底氣。

對於大宛手中的這些籌碼，李廣利很清楚，權衡利弊後，便同意對方的停戰要求。大宛隨即把所有汗血寶馬獻出，供漢軍挑選，並全力為漢軍將士提供飲食。漢軍的兩名養馬專家精心挑選最優良的汗血馬數十匹，次優及母馬三千多匹。至此，李廣利總算不辱使命，完成武帝劉徹交給他的任務。

按照古往今來大國征服小國的慣常做法，李廣利扶植親漢的大宛貴族昧蔡，立他為新國王。最後，李廣利代表漢朝與大宛新政府簽訂和平條約，旋即班師回朝。

漢軍雖然征服大宛，但仍有餘波未平——鎮守大宛東部邊境的郁成王，就是殺害大漢使團的凶手還沒有伏誅。

李廣利主力拿下貴山城的同時，留在郁成城附近監視的王申生部卻遭到郁成王的攻擊。該部僅一千餘人，寡不敵眾，全軍覆沒，王申生戰死，麾下僅數人脫逃，好不容易才與李廣利主力會合。

李廣利聞報，立刻命搜粟都尉上官桀率部進攻郁成城。郁成王不敵，亡奔康居。上官桀緊咬不放，一路追到康居。康居國王眼見大宛已被漢軍征服，此時若收留郁成王，無異於引火焚身、自取滅亡，遂毫不猶豫地將郁成王捆了起來，直接交給上官桀。

上官桀命麾下騎兵趙弟等四人，以最快速度把郁成王押送到主帥李廣利處。趙弟擔心路上有什麼閃失，索性一刀砍下郁成王的腦袋，拎著人頭去交差。

這個趙弟絕對沒想到，因為圖省事的一刀，他不但在青史中留下大名，而且回朝後竟然被武帝封為新時侯，可謂一步登天。

人的命運有時就是這麼難以捉摸。李廣十六歲從軍，戎馬一生，殺敵無數，到死都難以封侯。趙弟卻因不費吹灰之力的一刀，就贏得無數人夢寐以求、名將李廣至死不得的侯爵之位。

要說論功行賞，趙弟這一刀實在算不上什麼功勞。郁成王是康居國王抓的，人是交給上官桀的；趙弟不過是奉命把人押到李廣利那裡罷了，頂多就跑一趟差的苦勞，賞一些錢或升幾級官就夠了，何來封侯授爵之大功呢？

從趙弟封侯這件事來看，足見武帝的賞罰尺度實在有些隨性。很可能是因為得到垂涎已久的汗血寶馬，又聽說郁成王是趙弟殺的，一高興，便不管具體情況如何，隨手就給趙弟封侯。

李廣利大軍回朝時，沿途那些西域小國得知大宛已被征服，對漢朝的態度自然極為恭順，紛紛派遣王族子弟帶上貢品，跟隨漢軍前往長安；並且從此不再回國，留在漢朝做為人質。

太初四年（前一〇一年）春，李廣利大軍回到長安。漢軍透過兩次遠征，歷盡千辛萬苦，終於取得武帝想要的勝利——汗血寶馬到手了，連帶獲得西域諸國對漢朝的敬畏和臣服。

然而這場勝利的代價卻是慘重的，可以用「勞師糜餉、損兵折將」來形容。

第一次西征，漢軍死了數萬人，幾近全軍覆沒；第二次西征，武帝進行全國性戰爭總動員，其間耗費的人力、財力、物力難以勝數。為了兩次遠征，武帝還進行兩輪大規模徵兵：首輪徵兵就達到六萬多人；第二輪徵兵對象是「七科」，具體數量史書無載，但至少也有二萬人，總計投入兵力應該在八萬到十萬之間。最後生還的有多少呢？

據司馬遷《史記．大宛列傳》記載，二次西征，「軍入玉門者萬餘人」，死亡率大約達到百分之八十；出征時三萬匹戰馬，回來只剩下「千餘匹」，戰損率高達百分之九十五以上。至於牛、驢、駱駝及各項物資，都損耗一空。

另據司馬遷記載，第二次西征，其實士兵「戰死不甚多」，大部分是死在獲勝後班師回國的路上，死因說起來匪夷所思：「將吏貪，多不愛士卒，侵牟之，以此物故眾。」（《史記．大宛列傳》）上至將軍，下自各級官吏，大多不體恤士兵，且肆意侵害掠奪（如侵吞軍餉、欺凌虐待等），導致死亡人數眾多。

打仗總要死人，但大量士兵沒有死在殺敵的戰場上，卻死在長官手裡，無論如何都不可原諒。對此，做為主帥的李廣利顯然負有不可推卸的責任。

然而，武帝要的只是勝利的結果，至於死了多少人、怎麼死的，他一點都不在乎。用司馬遷的說法就是「天子為萬里而伐宛，不錄過」（《史記．大宛列傳》）。天子劉徹鑑於李廣利遠行萬里征伐大宛，勞苦功高，不追究他的過錯。造成大量士兵冤死、慘死的重大領導責任，被天子輕巧帶過、直接無視了。

李廣利如願以償地被武帝封為海西侯；另一個被封侯的就是趙弟。除了他們，一大批生還將吏也踏著士卒們的累累屍骨，春風滿面地登上人生巔峰：搜粟都尉上官桀擢升為少府，將領趙始成擢升光祿大夫，將領李哆升任上黨太守；另外，榮升九卿高位的軍官有三人，升任諸侯相、郡守等二千石官員的有一百餘人，升任一千石官員的有一千餘人。

當然，有幸生還的普通士兵也拿命換回應有的封賞：首先是自願從軍的，獲得的官位都超過自己的期望值；其次是以前犯過罪的，從此一律赦免；最後，所有士卒每人都獲得四萬錢賞賜。

活著回來的或多或少都改變了命運，可謂皆大歡喜。百分之八十戰死或被淩虐而死的人則永遠躺在大漠黃沙之中，任禿鷲啄食他們的血肉，任風霜侵蝕他們的白骨，最後變成一個個無名路標，告訴後人漢朝通往西域的道路是用什麼鋪成的⋯⋯

付出慘重的代價征服大宛後，「西域震懼」（《漢書．西域傳》）。從此，漢朝使團出訪西域各國變得順利多了。為了進一步便利使團和漸漸興盛的商旅駝隊，漢朝在東起敦煌（今甘肅省敦煌市）、西至鹽澤（今羅布泊）的一路上，修建大量驛站；又在輪臺、渠犁（今新疆自治區庫爾勒市西南）一帶，派駐武裝屯墾部隊，每一處據點都有數百人，然後設置屯墾官和校尉進行管轄。

一年多後，大宛國內又發生一次變故。大宛的達官貴人們認為國王昧蔡過於諂媚漢朝，就聯手殺掉他，擁立前國王毋寡的弟弟蟬封。昧蔡畢竟是漢朝立的，這麼做必然會引起漢朝不滿。為此，這幫人又想了一招，把蟬封的兒子送去漢朝做為人質。武帝見他們算懂事，便不予追究；遂派出使節前往大宛，對蟬封進行賞賜，並承認他的合法性。蟬封趕緊承諾以後每年都會向漢朝進貢兩匹最優質的汗血寶馬。

流了足夠多的血之後，這場由「寶馬」引發的滔天大禍，才算塵埃落定、徹底平息。

蘇武牧羊記：錚錚鐵骨，屹立千秋

太初四年冬，剛上位一年多的匈奴單于呴犂湖又病死了。匈奴人擁立他的弟弟、左大都尉且鞮侯為新單于。

對兩年前趙破奴全軍投降匈奴之事，武帝劉徹一直耿耿於懷；只因忙於西征，無暇他顧。如今大宛既已平定，匈奴再度發生權力更迭，內部不穩，看上去似乎是個不錯的機會。

武帝旋即向朝野發布一道公開詔書：「高皇帝遺朕平城之憂，高后時單于書絕悖逆。昔齊襄公復九世之讎，《春秋》大之。」（《史記．匈奴列傳》）這道文字十分簡短的詔書足足用了三個典故，兩個本朝的，一個春秋時期的。

第一個典故，說的是漢高祖七年，劉邦在平城附近的白登山被匈奴冒頓單于四十萬大軍圍困七天七夜，險些喪命，史稱「白登之圍」。

第二個典故，是劉邦去世後，呂后當政，冒頓單于故意寫信羞辱呂后，說自己剛喪妻，而呂后喪夫，兩人乾脆一起過算了。此事一直被漢朝人視為奇恥大辱。

第三個典故，說的是西周時期，周天子聽信紀國國君讒言，將齊國第五代國君齊哀公烹殺；到了春秋時期，齊國第十四代國君齊襄公出兵攻滅紀國——二者相隔九代，算是報了九世之仇。對此，《春秋公羊傳》評價說：「九世猶可以復仇乎？雖百世可也。」對於重大的國仇，不僅相隔九世可以復仇，就算相隔一百世同樣可以。

武帝刻意提出這三個典故，用意不言而喻，就是準備大舉出兵，把這些舊帳和趙破奴的新帳一起和匈奴算！

剛上位的且鞮侯單于正忙於鞏固權力，沒心思和漢朝打仗，趕緊寫一封措辭極其謙卑的信，對武帝說：「我是兒子輩，怎麼敢冒犯大漢天子？大漢天子是我老丈人一輩啊！」隨後又把前幾任單于扣押的路充國等多批使節全部送還漢朝，還殷勤地獻上很多禮物。

且鞮侯的話雖然說得低聲下氣，行動上極力向漢朝示好，但明眼人都知道無非是緩兵之計罷了。等他整頓完內政，回頭肯定又和漢朝大打出手。

對此，武帝當然心知肚明。不過他並未挑破，而是裝起糊塗，然後就坡下驢，接受且鞮侯的示好和「誠意」。

武帝剛把話說得那麼狠，說要報「九世之仇」，為何這麼快態度就軟化呢？原因很簡單，漢朝剛在大宛打完兩場大仗，非常需要時間休整，不太可能馬上大舉北征。武帝之所以裝出惡狠狠的樣子，一來是給剛上位的且鞮侯下馬威，二來是試探他的態度。如今，且鞮侯既然這麼識相（至少表面上），給足武帝面子，他當然要順著臺階下來。

簡言之，雙方表面上恢復和氣，實則都在為下一步的生死交鋒蓄力。做戲要做全套。既然且鞮侯送還被扣使節，又送禮物，漢朝肯定要有所表示。天漢元年（前一〇〇年）春，武帝劉徹就派出使節前往匈奴，並把之前對等扣押的匈奴使節一併送還，還帶去豐厚的禮物。這名使節就是讓後世無比敬仰、千古傳頌的蘇武。

蘇武，杜陵（今陝西省西安市）人。其父是多次追隨衛青北伐匈奴的蘇建，官至衛尉、代郡太守。憑藉父蔭，蘇武年輕時便與兄弟一起入宮擔任郎官，後來升任栘中廄監（掌管鞍馬鷹犬的射獵之官）。

此次出使匈奴，蘇武被武帝擢為中郎將，持節，全權代表漢朝。使團成員有副使張勝、隨員常惠等一百餘人。本以為只是一趟正常出訪，畢竟且鞮侯剛向漢朝極力示好，雙邊關係有所改善，這種時候不太可能出現什麼變數。

然而誰都沒料到，匈奴人翻臉比翻書還快。當蘇武一行抵達匈奴時，發現且鞮侯的態度居然十分傲慢，完全不是漢朝期望的那樣。班固《漢書．蘇武傳》說：「單于益驕，非漢所望也。」且鞮侯為何如此反覆無常，史書沒有解釋，可能他在短時間內已經整頓完內政，坐穩單于的位子，不必再向漢朝裝孫子了。

雖然且鞮侯的態度不太友好，但不等於會把蘇武等人怎麼樣。眼下漢、匈兩國至少表面上還是和平狀態，沒必要為難使節。當蘇武等人完成出訪任務後，且鞮侯按照外交慣例，本來打算派人護送他們回國。

可是一場意外卻在此時從天而降，徹底改變蘇武的命運。

正當蘇武即將帶領使團回國的節骨眼上，匈奴突然爆發一起叛逃事件，蘇武等人被陰差陽錯地捲入其中。這起事件的策劃者有兩人，一個是匈奴小王，稱「緱王」，姓名不詳；另一個是匈奴將領，名叫虞常。

說起這兩個人，不得不感嘆他們命運多舛，運氣實在是太背了。最初他們都是渾邪王的部眾（緱王是渾邪王的親外甥），跟隨渾邪王一起歸降漢朝。三年前趙破奴北上接應左大都尉那一次，緱王和虞常就在趙破奴麾下。趙破奴被生擒，所部二萬多人全部投降匈奴。

這兩個原本已經歸降漢朝的匈奴人，又做為漢軍成員投降匈奴。人走背運就是這樣，混了好些年，發現又回到原點。緱王和虞常早已心屬漢朝，且家人都在漢朝，現在回到原本的國家反而如坐針氈；一直暗中策劃想再度叛回漢朝。

為了確保逃亡路上不被追兵擊殺，他們決定事先綁架一個人質——單于的母親（匈奴人稱單于之正妻為「閼氏」）。有了單于閼氏在手，相信且鞮侯一定會投鼠忌器，就算到時派人追上他們，也絕對不敢動手。

本來這個叛逃計畫和蘇武等人扯不上關係，問題就出在蘇武的副使張勝身上。

虞常在漢朝期間和張勝是好友，因為這層關係，他暗中找到張勝，提出一石二鳥的「B計畫」。動手綁架單于閼氏的同時，順便殺掉眼下匈奴的當紅人物——衛律。虞常對張勝說：「聽說大漢天子十分痛恨衛律，我有辦法暗殺他。我的母親和弟弟都在漢朝，若建此功，希望朝廷能給予他們賞賜。」

從史書記載虞常的這段話來看，他應該沒有向張勝透露打算叛逃的「A計畫」。虞常之所以提「B計畫」，很可能是想：萬一「A計畫」失敗，只要能殺掉衛律，家裡人多少能得到一點好處，自己就不算白死。

張勝聽他說要殺掉衛律，欣然贊同，馬上送他一份厚禮，以表支持。虞常說的這個衛律究竟是何許人，為什麼說大漢天子十分痛恨他呢？

衛律是匈奴人，其父早年便移居漢地，漢化程度較深，若不論血統，幾乎可以把他當成漢人。衛律在漢朝期間，與武帝寵妃李夫人之兄、音樂天才李延年交情甚篤。李延年便推薦衛律擔任使節，出使匈奴。做為高度漢化的匈奴人，這種差事無疑很適合衛律。他也勝任這個工作，愉快並圓滿地完成出使任務。

然而當他回到漢朝，卻無比震驚地發現李延年及其一大家子竟然被武帝族誅了！

李夫人有三個兄弟，分別是兄長李延年、李廣利和弟弟李季。李夫人得寵時，李延年等三兄弟自然跟著飛黃騰達，李延年官拜協律都尉（佩二千石印），負責管理樂府；李廣利官拜貳師將軍，且因二征大宛之功受封海西侯；最小的弟弟李季是否封官授爵，史書無載，但享有出入宮禁之便，頗受榮寵。

約在太初年間，李夫人不幸病故。隨著美人香消玉殞，武帝對李家兄弟的寵信就大不如前。據《漢書．佞幸傳》記載，恰在此時，李季又自己找死，「與中人亂，出入驕恣」，與宮女淫亂，且恃寵生驕。假如李夫人還在世，武帝頂多就砍掉李季的腦袋，不會株連。但現在不同了，李季案發後，李延年依照律法被連坐，兩兄弟的整個宗族全被誅滅了。

李廣利因遠征大宛之功，僥倖躲過這場劫難。衛律做為李延年的好友，且工作都是他介紹的，不免害怕城門失火殃及池魚，遂三十六計走為上策，轉身投奔匈奴。

因衛律漢化程度深，對漢朝各方面情況瞭若指掌，亡奔匈奴後，漸漸受到重用。且鞮侯繼位後，愈發賞識衛律，封他為「丁靈王」，讓他參與匈奴的軍國大政。

本是大漢使節的人主動投奔匈奴，還成為匈奴重臣，自然為漢朝所不容。虞常才會說「漢天子甚怨衛律」，才有殺他立功的想法。

總之，虞常的「A計畫」和「B計畫」都有了，接下來就是等動手時機。

大約在虞常和張勝密謀的一個月後，蘇武一行即將回國前夕，機會終於出現——且鞮侯率部外出狩獵，王庭守衛空虛。緱王和虞常決定率手下七十餘人突襲王庭，劫持閼氏。

遺憾的是，緱王和虞常一貫有點背，這次也不例外。七十多個手下中，不幸出現一個叛徒。此人連夜向王庭的留守官員告密，對方立刻調集部隊，搶先下手，將緱王及其部眾全部砍殺；僅虞常僥倖沒死，被活捉了。

且鞮侯又驚又怒，命衛律徹查此案。張勝這下可慌了神，如果虞常將密謀刺殺衛律一事供出去，不僅自己完蛋，整個使團都得被推入火坑。無奈之下，只好找到蘇武，老老實實交代事情經過。

蘇武萬萬沒料到，自己和使團竟然會在這起未遂政變中莫名「躺著也中槍」。事已至此，無可挽回，蘇武做為正使，只能直面這個嚴重的後果。他對張勝道：「事情發展到這個地步，最後必定牽連到我；若等到被捕而死，豈不是有辱國格！」

說完，蘇武拔出佩刀，準備以死殉國，一旁的張勝和常惠見狀，連忙把他攔了下來。此時，虞常果然招供了。且鞮侯勃然大怒，立刻召集高官商議，打算把整個大漢使團人員全都殺了。一名重臣則建議勸降，畢竟虞常和張勝企圖暗殺的對象只是衛律，不是單于，還不到將漢使全體誅殺的地步。

且鞮侯冷靜下來一想，道理好像說得通，隨即命衛律去勸降蘇武。此時的蘇武早已視死如歸。衛律一到，還沒來得及開口，蘇武便對身旁的常惠等人道：「身為大漢使節，有辱使命；就算活下來，還有何面目回漢朝?!」說完再次拔刀刺向自己。

這一回所有人都阻攔不及，刀鋒刺入蘇武的身體，登時血流如注。衛律大吃一驚，衝上去抱起蘇武，騎上快馬，前去召請醫師。經過一番搶救，總算幫蘇武止住血。半晌，昏迷的蘇武才漸漸醒轉。守在一旁、焦急不安的隨員常惠等人見狀，不禁喜極而泣，趕緊用轎子把蘇武載回使團駐地。

且鞮侯得知蘇武自殺之事，對他寧死不屈的氣節大為欽佩，派遣專人日夜照顧他，當然也是為了看住他，防止第三次自殺。

隨後，且鞮侯命人逮捕張勝。過了一段時間，蘇武終於痊癒。且鞮侯屢屢派人前來勸降，都無法說動蘇武。此時虞常已被斬首，張勝遭到囚禁。衛律看出張勝是個軟骨頭，料他必降，便帶著蘇武來見張勝，準備殺雞給猴看。

來到牢房前，衛律便厲聲道：「漢使張勝謀殺單于近臣（指自己），本應立刻誅殺；不過單于網開一面，只要投降，便可不死。」說完，突然拔刀出鞘，做出要斬殺張勝的樣子。張勝嚇得魂飛魄散，忙不迭地表示願意投降。

衛律對蘇武道：「副使有罪，你當連坐。」蘇武淡淡答道：「本非同謀，又非親屬，何謂連坐？」衛律語塞，便徑直把劍比到蘇武面前但他卻紋絲不動。蘇武不是張勝，做為已經「死」過兩回的人，還會怕你用死亡來威脅嗎？

衛律見硬的不成，只好來軟的，隨即收刀入鞘道：「蘇君啊，我之前背棄漢朝，投奔匈奴，有幸蒙受單于大恩，封我為王，擁眾數萬，牛馬漫山遍野，得享富貴如此！蘇君今日若降，明日便和我一樣。否則，白白拋屍荒野，又有誰知道你的忠心呢？」蘇武默然不語，壓根不想搭理他。

衛律又道：「蘇君若肯聽我的，投誠之後，便可與我為兄弟；若不肯聽，今後再想見到我，那可就難了。」這話說得有些自戀。看來不把話挑明，這傢伙都不知道自己是什麼嘴臉。

蘇武忍不住罵道：「你身為大漢臣子卻不顧恩義，背叛主上，拋棄父母，投降匈奴，甘為蠻夷，我何必要見你！況且，單于信任你，給你生殺之權，你卻不會善用，反而要刺激兩國君主互鬥，坐觀禍敗。你應該知道當初南越殺漢使，結果變成漢之九郡；大宛殺漢使，郁成王頭顱被懸掛在長安北闕；朝鮮殺漢使，其國一朝覆滅。現在就差匈奴了。你明知我不肯降，卻苦苦相逼，只能導致兩國交戰。匈奴的覆滅就從我身上開始吧！」

衛律被罵個狗血淋頭，才徹底死心，只好如實回報單于。且鞮侯內心對蘇武愈發敬重，更不肯放棄。他不相信蘇武是鐵打的。既然好話說盡還是沒用，就讓你吃點苦頭。且鞮侯把蘇武關進地窖，不給他提供食物和水。蘇武躺在冰冷的地窖裡，平靜地等待著死亡的到來。

到了這一步，蘇武的故事差不多該畫上句號。可是就連蘇武都沒想到，自己的生命力竟然如此頑強，他在地窖裡關了好些天，粒米未進，滴水未飲，雖然身體十分虛弱，但始終有一口氣在。

恰在此時，天上下起大雪，融化的雪水順著地窖的縫隙滲了進來。據《漢書．蘇武傳》記載，也許是憑著本能的求生欲，奄奄一息的蘇武「齧雪與旃毛並咽之」，即吞吃冰雪和皮衣上的羊毛，然後奇蹟般地活了下來。

且鞮侯大為驚訝，認為蘇武有神靈相助，就把他流放到極度苦寒的北海（今西伯利亞貝加爾湖），讓他放牧一群公羊。且鞮侯對蘇武說了一句話：「等到公羊產奶的那天，你就可以回國了。」

公羊當然不會產奶，就像太陽不會打西邊出來一樣。且鞮侯用這種近乎殘忍的幽默，宣判蘇武的

「無期徒刑」。也許在且鞮侯看來，時間可以沖淡一切。不管是對匈奴的仇恨，還是對漢朝的忠誠，都將被時光的流水洗刷殆盡。他相信總有那麼一天，蘇武會跪在面前向他臣服。然而，且鞮侯錯了。

世上有一種東西是可以不被時間改變、不被苦難壓垮、不被死亡摧毀。這種東西，就叫做氣節。

當蘇武被流放到極北的冰天雪地時，身無長物，只有那根出國前武帝頒發給他的大漢使節的節杖，一直伴隨著他。白天牧羊，節杖緊緊握在他的手裡；夜裡睡覺，節杖就靜靜躺在他的身旁。「杖漢節牧羊，臥起操持，節旄盡落。」（《漢書・蘇武傳》）

日復一日，年復一年，節杖上裝飾的犛牛尾都掉光了，拿在手上就像一根光禿禿的燒火棍。但蘇武持節牧羊的身影始終巍然挺立。隨著歲月流逝，風霜染白他的鬢髮，皺紋爬滿他的臉頰，但蘇武遙望故國的目光一直執著而堅定。

從漢武帝天漢元年被流放，到漢昭帝始元六年（前八一年）幸而歸國，蘇武在西伯利亞煉獄般的苦寒之地，整整待了十九年。「武留匈奴凡十九歲，始以強壯出；及還，鬚髮盡白。」（《漢書・蘇武傳》）

那根陪伴蘇武歷盡苦難的節杖，一定也跟隨他回到長安。在蘇武的家中，這根飽經滄桑的節杖一定會像聖物般被供奉起來。

對蘇武的後人而言，乃至對後世的無數人而言，那已經不是一根節杖，而是一根堅貞不屈的錚錚鐵骨，是一種蔑視一切苦難的傲然氣節，更是華夏民族屹立千秋、傳承萬世的精神脊梁！

血戰千里：李陵的光榮與恥辱

蘇武被匈奴扣押並流放的同一年，非常巧合的是，被俘的趙破奴歷盡艱辛，竟然從匈奴逃了回來。猛將趙破奴的歸來，讓武帝劉徹頗感欣慰；不幸的是蘇武卻身陷匈奴，和趙破奴對調了。

武帝派遣蘇武出使匈奴，本是為了回報且鞮侯釋放出的「善意」，不料整個使團竟然有去無回；且蘇武等人從此下落不明、生死未卜。這樣的結果不僅讓武帝始料未及，更令他無法容忍。

天漢二年（前九九年）秋，武帝對匈奴採取軍事上的報復行動。他命李廣利率三萬精銳騎兵，從酒泉出塞，進攻匈奴右賢王的根據地天山。這一戰李廣利發揮得不錯，大破匈奴，斬首並俘虜一萬餘人。可是在班師回朝的路上，匈奴的援軍竟然追了上來，將其團團包圍。

漢軍被圍困數日，幾番惡戰後，傷亡慘重；加之後勤補給中斷，糧食耗盡，情況十分危急。李廣利麾下勇將趙充國組織一百多人的敢死隊，拚死突圍，硬是將匈奴的包圍圈撕開一個破口，李廣利才率領餘部突出重圍，脫險而歸。

此役，漢軍傷亡了十之六七（相當於二萬人），遺憾地抵消前面那一仗的勝利果實。趙充國身負重傷，身上的傷口多達二十餘處。武帝劉徹非常感動，召見了趙充國，親自察看了他的傷情，嗟嘆不已，隨後便擢升他為中郎。

此次出征，李廣利僅取得一勝一負的戰果，算是和匈奴人打成平手，沒有達到武帝預期的戰略目的。武帝旋即又命因杅將軍公孫敖率部從西河郡出塞，與強弩都尉路博多所部在涿塗山（今蒙古國巴彥溫都爾山）會師，試圖對這一帶的匈奴軍隊進行掃蕩。

然而，兩支兵團在塞外轉了一大圈，始終沒有發現匈奴人的蹤跡，無功而返。

這一年，與匈奴血戰的除了李廣利兵團外，還有一支漢軍部隊。差不多在李廣利出征的同時，這支孤軍深入大漠，與匈奴大軍進行一連串極其慘烈的戰鬥。這支部隊的指揮官就是李廣的長孫李陵。

做為名將之後，李陵繼承祖父李廣英勇尚武的基因，從少年時代便精於騎射；且與李廣體恤部眾一樣，他也十分善待下屬，故而很早就有美名傳遍朝野。憑藉祖父之蔭，李陵年輕時便入宮任職，先後擔任侍中、建章監。

武帝很賞識李陵，認為他有李廣遺風，曾命他率領八百輕騎，深入匈奴境內二千餘里，前往居延一帶偵察地形。李陵順利完成任務後，被武帝擢升為騎都尉，麾下有來自丹陽（今江蘇省丹陽市）和楚地（今湖北省荊州市）的精銳步卒五千人。

李陵率領這支部隊常年駐紮在酒泉、張掖一線，平日積極操練部眾，主要任務就是防備匈奴。

這一年秋，李廣利奉命出征。武帝特地把李陵召到長安，交給他一項任務，即負責保護李廣利兵團的後勤補給線。可是年輕氣盛、渴望沙場建功的李陵，不甘只做後勤工作，遂主動請命，對武帝道：「臣所率領的邊防將士都是荊楚一帶的勇士、奇才、劍客，力能搏虎，射術高超。臣願獨當一面，兵出蘭於山，分散匈奴的兵力，以免匈奴大軍全部壓向貳師將軍。」

武帝看出他立功心切，但整體作戰部署已經完成，不太可能臨時改變，便道：「你是不願做別人的部下吧？現在騎兵都發出去了，我沒有多餘的戰馬給你。」本以為這麼一說，李陵肯定會知難而退，不料他卻道：「不需要戰馬。臣願以少擊眾，率領五千步兵直取單于王庭！」

這句豪氣干雲的話一出，連武帝都有些意外。

武帝一向喜歡有血性、敢冒險的人，聞聽此言，不由對李陵的壯志大為激賞；遂同意讓他獨當一面，出擊匈奴。為了確保李陵的步兵在長途行軍中不出現意外，武帝特別給路博多下了道詔書，命他率領騎兵，等李陵兵團完成任務班師後，在半道上予以接應。

正如李陵不願給李廣利當下屬一樣，身為老將的路博多更不願意給這個初出茅廬的年輕人當助手。想當初，路博多是堂堂伏波將軍，只因犯過錯，被降為強弩都尉；畢竟資歷擺在那裡，想讓他放下身段來配合年輕人，不太可能。

於是路博多上書武帝：「現在秋高馬肥，正是匈奴戰力最強之時，不宜出戰；還請下令李陵暫留邊塞，待明年春天再一同出兵。」武帝劉徹見到奏疏，疑心病立刻犯了。

在他看來，李陵一定是一時激動誇下海口，過後卻膽怯反悔，才慫恿路博多幫他遮掩。倘若如此，便是百分之百的欺君！

劉徹愈想愈怒，分別給路博多和李陵下詔，以西河郡有匈奴入寇為由，命路博多出兵迎擊，同時命令李陵必須於當年九月從遮虜障（今內蒙古自治區額濟納旗南）出塞，北上行軍至東浚稽山，偵察敵情，搜索敵軍；若確無敵人蹤跡，再撤退至受降城。

事後來看，正是武帝劉徹這道出於猜疑和憤怒的詔令，最終導致李陵兵團幾乎全軍覆沒，也令他的人生從此墜入悲劇的深淵……

接到天子詔令後，李陵不敢遲疑，立刻率部出塞。兵團一路北上，一個月後抵達東浚稽山。李陵命部眾就地紮營，把沿途所見的山川地形繪製成軍用地圖，命麾下騎兵陳步樂急送長安，呈給天子。

武帝接見陳步樂，聽他稟報行軍經過，又聽說李陵的部眾都願意為其效死，龍顏大悅，立刻擢升陳步樂為郎官。

此時，沒有人察覺到一場滅頂之災已經降臨李陵兵團的頭上。

李陵兵團孤軍北上，而且都是步兵，這樣的情報不可能不被匈奴探知，而匈奴絕對不可能讓這塊肥肉從嘴邊溜掉。

很快，匈奴單于且鞮侯親率三萬精銳騎兵，風馳電掣地趕到東浚稽山，將李陵所部團團包圍。

面對來勢洶洶的匈奴大軍，李陵沒有絲毫慌亂，立刻命部眾用輜重車輛構築一個堅固的營地，做為最後的防禦堡壘。李陵沒有龜縮在營地內，而是率部出營，列陣迎敵。他命部眾列成三排：第一排是盾兵，負責抵擋敵軍騎兵強大的衝擊力；第二排是戟兵，手持長槍，一旦敵騎撞陣，立刻衝上去突刺；第三排是弓兵和弩兵，弩兵負責近距離狙殺，弓兵負責遠端打擊。

且鞮侯見漢軍兵力薄弱，便絲毫不放在眼裡，命三萬鐵騎即刻對漢軍發起強攻。一場惡戰就此打響。雖然匈奴占據兵力上的絕對優勢，但李陵正確的排兵布陣有效克制強大的對手——前排的盾兵和戟兵與匈奴騎兵展開肉搏；後面的弓弩手則「千弩俱發」，大批敵軍「應弦而倒」，死傷遍地。且鞮侯不得不下令撤退。

匈奴騎兵往旁邊的山上退卻。漢軍則乘勝追擊，又擊殺數千人。

且鞮侯萬萬沒料到，以六倍於敵的優勢兵力進攻，卻打成這副模樣。他又驚又怒，急忙向附近的匈奴各部發出十萬火急的集結令，很快便有八萬多匈奴援兵從各個方向趕到戰場，與且鞮侯本部兵力加在一起，總兵力已經超過十萬。

饒是李陵麾下都是驍勇善戰之兵，終究無法抵擋二十倍於己的敵人。李陵只好率部向南面且戰且退。而步兵的劣勢此時暴露無遺，五千勇士再怎麼健步如飛，也快不過敵人的騎兵。

數日後，漢軍撤退到某處山谷，又與緊隨其後的匈奴大軍數度激戰，付出不小傷亡。有了傷患，行軍速度無疑更慢了。李陵隨即下令：凡負傷三處以上者，可乘坐輜重車；負傷兩處者，負責駕駛車輛；負傷一處者，繼續與敵人拚殺。

李陵安排傷患乘車時，無意中發現一件極度匪夷所思的事情——好幾輛輜重車的車廂中，竟然都藏著女人！李陵勃然大怒，立刻將所有車輛徹底搜查一遍，結果揪出一堆女人。

此事雖令人難以置信，卻白紙黑字記載在班固《漢書．李陵傳》中。據班固解釋，這些婦女都是因丈夫作奸犯科被流放邊關。到了邊塞後，她們便與當地駐軍士兵搭夥過起日子——「關東群盜妻子徙邊者，隨軍為卒妻婦。」

按說彼此都是天涯淪落人，湊成一對對苦命鴛鴦也是無可奈何的事情。但千不該萬不該，這些士兵不應該把這些相好的帶到戰場上。不僅嚴重破壞軍紀，更直接影響部隊的士氣和戰鬥力。在生死大戰的關頭，李陵別無選擇，只能將這些婦女就地斬首。

次日，為了重振士氣，李陵親自率部，大膽地對匈奴大軍發動一次反擊。這場反擊打得非常漂亮，匈奴人猝不及防，又被漢軍斬首三千餘級。

隨後李陵率部折向東南，從龍城（具體位置眾說不一，一說是今內蒙古赤峰市附近）故道急速行軍，走了四、五日後，來到一片葦草茂盛的畜牧地帶。匈奴大軍追至，順風縱火，打算把藏匿在草叢中的漢軍燒死或逼出來。

不料李陵非但沒有急著滅火，反倒命部眾也燒起了一把大火——這正是在森林或草原地帶最直接有效的滅火方式，即「用放火的方式滅火」。大火燃燒需要材料，而反向縱火等於提前把材料燒掉，從而燒出一條隔離帶，阻止對面火勢的蔓延。

匈奴人沒料到李陵有這一招，等他們回過神來，漢軍早已再次金蟬脫殼，揚長而去。李陵兵團繼續向南邊的山區撤退，進入丘陵地帶。且鞮侯親率大軍又追了上來。他登上一處山崗眺望，發現漢軍躲進一片樹林，遂命太子率騎兵攻擊。

兩軍在樹林中進行一番激戰。這種地形中，騎兵的優勢無法施展，漢軍則可以躲在樹木後面，用弓弩擊殺敵人。這一仗，漢軍又射殺數千匈奴騎兵。李陵殺得興起，操起一把連弩對著山頭上的且鞮侯一陣連射，且鞮侯嚇得趕緊縱馬而逃。

當天的戰鬥中，漢軍抓獲一批俘虜。經過審訊，他們供稱匈奴統帥部已經對這場疲於奔命的追擊戰產生疑慮和分歧。

首先，且鞮侯單于認為李陵這支部隊乃是漢軍精銳，打了這麼多天都沒有被擊潰，還夜以繼日往南邊撤，一步步引誘匈奴大軍接近漢朝邊塞，是不是前面藏著伏兵呢？

顯而易見，且鞮侯已經在打退堂鼓。但匈奴其他高層將領則認為單于親率十萬鐵騎追擊數千漢軍，卻滅不掉他們，日後無法再號令各藩屬國，必定讓漢朝更加輕視匈奴。眼下漢軍仍處於山谷間，再往南四、五十里才是平地，應該在此對漢軍發起總攻擊，若還是不能擊破，到時再班師不遲。

得到這份情報後，李陵愈發堅定抵抗到底的決心，只要再堅持幾天，匈奴大軍很可能就知難而退了。

接下來，雙方進行更加慘烈的戰鬥，一天之中接戰數十回合。英勇的漢軍將士又造成匈奴二千餘人死傷。

仗打到這種程度，且鞮侯徹底打累了，也沒信心了，決定班師。就在李陵兵團即將絕處逢生的節骨眼上，老天爺十分殘忍地把他們推向深淵。

李陵麾下有個叫管敢的軍侯，因遭校尉凌辱，憤而投降匈奴。他給且鞮侯送上一份情報——這份情報最終決定李陵及其麾下將士的悲劇命運。

管敢告訴且鞮侯，漢軍根本沒有後援，更談不上有什麼埋伏，而且箭矢即將耗盡。李陵所部真正有戰鬥力的只剩一千六百人；由李陵本人和校尉韓延年各率八百，分別以黃色和白色旗幟為號。若匈奴集中精銳騎兵猛攻這兩部，漢軍必敗。且鞮侯聞言大喜過望，立刻命大軍全力進攻。

最後的決戰到來了。此時，李陵兵團仍行進在狹窄的山谷中。匈奴大軍一邊趕到前頭截住其退路，一邊齊聲高喊：「李陵、韓延年，快快投降！」

匈奴人布滿四周山頂，居高臨下地射擊漢軍，一時箭如雨下。即便在如此絕境中，李陵還是帶著殘部生生殺出一條血路，向南急奔。

當他們走到鞮汗山（今蒙古國諾顏柏格多山）附近時，經過一天血戰，原本儲備在輜重車中最後五十萬支箭矢全部用盡，李陵下令拋棄了輜重車。意味著：接下來的戰鬥只會更加殘酷、更加慘烈的貼身肉搏。

此時，包括輕重傷患和非戰鬥人員在內，李陵兵團還剩下三千人。除了箭矢已經用盡，很多將士連刀槍都已斷折，只好砍下輜重車的車軸當武器。而做為非戰鬥人員的書吏，只能緊緊握住平時用來刻字的筆刀。

匈奴大軍的包圍圈愈來愈小，李陵兵團被逼進一條狹窄的山谷。且鞮侯親自帶人堵在南邊的谷口，同時下令從兩邊的山上往下投石。隨著大小石頭轟轟隆隆砸向山谷，又有大批漢軍士兵倒在血泊中。

至此，李陵和他的殘部已經完全無法動彈。等待他們的唯一結局也許只有葬身這片山谷。當天傍晚，李陵換上便裝，對左右說：「都別跟著我，大丈夫走到這一步，唯有拚死取下單于項上人頭！」

李陵獨自出營，潛到匈奴軍營附近，想找機會下手。可是觀察許久後，還是黯然返回，對左右長嘆道：「兵敗，死矣！」（《漢書．李陵傳》）很顯然，此時的匈奴大營肯定戒備森嚴，不可能有下手的機會。

李陵徹底絕望了。一旁的部下見狀，便勸道：「將軍威震匈奴，只是上天不給機會；只要能活著，日後還可以逃回去。就像浞野侯趙破奴，被匈奴俘虜，後來逃回國，仍然受到天子的禮遇。何況將軍呢？」

這名部下的言下之意是哪怕戰敗被俘、投降，日後還有機會從頭再來。李陵聞言，慨然道：「不必說了！我若不死，非壯士也！」

隨後李陵下令砍斷所有軍旗，並命眾人將隨身攜帶的值錢東西全部埋入地下。最後，李陵對倖存的將士道：「哪怕還剩下幾十支箭，我們也能突圍。眼下，已經沒有兵力再戰了，等到明日天亮，我們都會成為俘虜。各自散去吧，興許還有人能活著回去奏報天子。」

當天深夜，李陵命剩下的所有將士，每人帶上二升乾糧和一塊冰（做飲水用），分散突圍，各自逃生；並相約在出發的遮虜障重聚——先逃回去的，一定要等後面的兄弟。

做此約定的這一刻，從李陵到每個普通士兵，眼中一定都泛起淚光。男兒有淚不輕彈，只是未到傷心處。所有人都知道，這一別，今生恐怕再也見不到這些生死與共的戰友了。

夜半時分，突圍行動開始。李陵命鼓手擂響最後一通戰鼓，以壯士氣。然而，悲哀的是，連戰鼓都破了，根本敲不響。李陵和韓延年翻身上馬，身後有十幾名壯士跟隨。其餘人等各自分頭突圍。

李陵一行拚死殺出重圍，後面有數千匈奴騎兵緊追不捨。又是一番激烈的搏殺之後，韓延年戰死，匈奴騎兵將李陵死死地圍了起來。

此刻，李陵面臨的無疑是一生中最艱難的一次抉擇。是殺身成仁、捨生取義，還是忍辱偷生、以圖後舉？

如果按照行動前李陵和部下的對話來看，他說「吾不死，非壯士也」，眼下的選擇非常簡單，就是揮刀向自己的脖子抹去。

倘若如此，李陵將不會辱沒祖父李廣的英名，一家人也會得到武帝的善待；而他也將在歷史上留下慷慨捐軀、壯烈殉國的千古英名！

令人遺憾的是，李陵沒有這麼做。

沒有人知道生死一念的一刻，李陵心裡在想什麼。後人只能從司馬遷的記載中，看見李陵說了這麼一句話：「無面目報陛下！」（《史記・李將軍列傳》）然後，李陵就投降了。

此次出征，李陵兵團以五千步兵對抗匈奴的十萬鐵騎，血戰千餘里，大小數十戰，斃敵一萬多人，不可謂不英勇，也不可謂不壯烈！若不以成敗論英雄，李陵的壯舉比起歷史上的任何一位勇將都毫不遜色；他麾下的五千勇士更是將熱血男兒的勇敢、堅韌和悍不畏死詮釋得淋漓盡致！這是李陵的光榮。

然而，不論此次出征李陵打得多麼頑強、多麼悲壯，這一降，等於把前面的所有努力、付出、犧牲全一筆抹殺了。也許他是把投降當成權宜之計，打算日後找機會逃回漢朝，但這樣的動機只有他知道，武帝劉徹和天下人很難從這個角度去諒解他。更何況投降這種事情通常只看結果，不看動機，否則所有投降的人都可以拿動機來自我辯解。總之，失敗並不可恥，甚至力屈被俘也不可恥——但最後一刻放棄抵抗，主動投降，終究是不可原諒。這不能不說是李陵的恥辱。

生死，在一念之間；榮辱，也只在一念之間。

致命的謊言：英雄後人為何叛國？

這場突圍行動，李陵失敗了。但他麾下有四百餘人逃出生天，回到漢朝邊塞遮虜障。四百多個生還者中，很可能有人近距離目睹李陵被圍並最終投降的經過，稍後的司馬遷才能憑藉目擊者證言，在《史記》中準確記錄李陵投降之前說的那句話，繼而給出明確的結論：李陵「遂降匈奴」。做為李陵的同僚且是同情者，假如沒有確鑿證據，司馬遷絕不會做此結論。既然李陵投降匈奴是確鑿無疑的事實，武帝對此的反應就可想而知。

當李陵兵團全軍覆沒的急報傳回長安時，武帝最初希望李陵戰死殉國；當進一步消息表明李陵是投降而非戰死——武帝頓時怒不可遏。他無處撒氣，遷怒於之前送地圖回來的李陵部下陳步樂，將其叫到面前一頓痛斥。陳步樂自知難逃一死，在極度恐懼下自殺了。

李陵投降事件在朝中掀起軒然大波。滿朝文武幾乎眾口一詞痛罵李陵，沒人願意體諒他是在怎樣的絕境中才走到這一步，更沒人提起他血戰千里的英勇頑強和艱苦卓絕。

世人都喜歡發洩道德義憤，這是一件零成本卻高收益的事情——張嘴罵一罵，既能滿足道德優越感，又能迎合上意，何樂而不為呢？

大漢朝廷的袞袞諸公中，只有一人替李陵說了幾句公道話，就是時任太史令的司馬遷。

太史令除了掌管天文、曆法，還有一項主要職責是記錄本朝歷史。雖然官秩不高，只有六百石；但手握史筆可以臧否人物、褒貶春秋。歷代統治者通常都很「關心」史官的工作，武帝劉徹做為一代雄主，當然不會例外。

李陵事件發生後，武帝特意召見司馬遷，詢問他對此事的看法。

司馬遷沒有揣摩、迎合上意，而是本著良知說：「李陵一向孝親，待人誠信，經常能夠奮不顧身拯救國家急難。看他平時的操守，有國士之風。如今不幸在一次戰役中失敗，那些躲在後方享受安樂的臣子就大肆汙衊他，真令人痛心！李陵只有五千步兵，深入險境，對抗匈奴十萬大軍，令敵人死傷慘重；而後被敵人圍困，轉戰千里，直到箭矢耗盡，道路斷絕，仍與敵人展開白刃戰，進行殊死搏鬥。能得到部下這樣盡忠效死，即便古代名將也不過如此。以臣看來，李陵雖然戰敗，身陷匈奴，但也給了匈奴重創，此舉足以激勵天下。沒有一死了之，只是想等待機會回到漢朝，再度報效國家。」

這番話說得比較公允，可惜孤掌難鳴，與當時朝廷的主流輿論完全相左，更違背武帝對這件事的定性。官場上講究的從來不是道理正確，而是政治正確。司馬遷據理力爭，等於公然和武帝與滿朝文武唱反調，當然不被容忍。

一場無妄之災就降臨到司馬遷身上。武帝很生氣，認為司馬遷在替李陵遊說，這番話純屬誣罔之詞；旋即把他打入大牢，並施加慘無人道的宮刑（像宦官一樣閹割去勢）。

酷刑對司馬遷造成巨大的身心創傷，也讓他感到極度悲憤。不過如此不幸的遭遇沒有讓他變得消沉，反而激發出與命運抗爭的鬥志，促使他最終完成《史記》這樣一部皇皇五十多萬言的史學巨著。

司馬遷後來寫的千古名篇〈報任安書〉，有一段非常精闢的話，就是他面對逆境時的內心寫照：

> 文王拘而演《周易》；仲尼厄而作《春秋》；屈原放逐，乃賦〈離騷〉；左丘失明，厥有《國語》；孫子臏腳，《兵法》修列；不韋遷蜀，世傳《呂覽》；韓非囚秦，〈說難〉、〈孤憤〉；《詩》三百篇，大底聖賢發憤之所為作也。

周文王受到拘禁而推演《周易》；孔子遭遇困厄而寫下《春秋》；屈原被放逐，才有了〈離騷〉；左丘明失明，卻有了《國語》；孫臏被截去膝蓋骨，《兵法》才撰寫出來；呂不韋被貶謫蜀地，後世才流傳《呂氏春秋》；韓非被囚禁在秦國，寫出〈說難〉、〈孤憤〉；《詩》三百篇，大多是聖賢們抒發憤慨而寫出來的。

逆境是淘汰弱者的試煉場，苦難是鍛造強者的熔爐。這個世界上，沒有哪個偉大的人、沒有哪一種偉大的成就，不是被這兩者催生和造就的。就像弗里德里希·尼采（Friedrich Nietzsche）說的：「殺不死我的，使我更強大！」

武帝對司馬遷做的是他中年以後對很多大臣都做過的。事實一再證明，愈到晚年，他愈發喜怒無常、賞罰無度，愈來愈多疑和暴虐。

李陵事件過去一段時間後，武帝慢慢冷靜下來，開始有所悔悟。他終於意識到李陵是在沒有救援、深陷絕境的情況下才被迫投降。於是，武帝公開表示：「當初李陵出塞後，應該命路博多去接應才對。我卻提前下詔給路博多，讓這個老將生出奸詐之心。」也就是說，劉徹總算搞明白是路博多不想替李陵打輔助，才有了後來李陵孤軍深入的事——不是他當初猜忌的那樣。

皇帝能悔悟當然是好事，只不過真正的悔悟是要吸取教訓，不再任意猜忌，以免重蹈覆轍。就此而言，武帝其實沒有做到。

接下來就將看到，由於武帝在李陵的事情上再度誤判並濫殺無辜，最終導致李陵從被迫投降變成主動叛國。

天漢四年（前九七年）春，就是李陵敗降的兩年後，武帝決定大舉征討匈奴，一是為了洗刷李陵兵團全軍覆沒和李陵敗降的恥辱，二是設法接應李陵回國。

又是一次大規模的戰爭動員。

武帝再度向天下郡國徵發「七科」之人，並大力招募自願從軍的勇士。兵力集結完畢，武帝命李廣利掛帥，大軍兵分三路：第一路，由李廣利率騎兵六萬、步兵七萬，從朔方出塞，同時命路博多率一萬餘人與李廣利會合。第二路，由韓說率步兵三萬，從五原出塞。第三路，由公孫敖率騎兵一萬、步兵三萬，從雁門出塞。

三路大軍，總兵力達到二十餘萬。公孫敖這一路除了協同作戰外，主要任務就是找機會接應李陵。

匈奴得到漢軍大舉北征的情報，立刻將其百姓和輜重轉移到余吾水（今蒙古國土拉河）以北。隨後，且鞮侯單于親率十萬大軍，在余吾水南岸列陣，迎戰李廣利主力。

雙方在此展開一場大兵團的對決。這是自元狩四年漠北決戰以來，漢、匈之間進行最大規模的一次主力會戰。當初衛青、霍去病率領帝國將士橫掃漠北、痛擊匈奴的情景猶在目前，但時間一晃已經過去二十多年。

此時的大漢軍隊，不論從士兵的戰鬥力，還是從主帥的綜合素質來看，早就不可與當年同日而語。匈奴經過這麼多年休養生息，新生的一代人已完全成長起來，戰鬥力比起父輩並不遜色。此消彼長之下，漢軍自然不可能再現當年的衛、霍雄風。

兩軍在余吾水南岸一連鏖戰十餘日。漢軍雖然占據兵力上的優勢，但整體的兵員素質和李廣利的指揮才能都不盡如人意，絲毫占不到上風。

做為長途奔襲、客場作戰的漢軍，最好的結果就是速戰速決。當戰況陷入膠著狀態，後勤補給線過長的劣勢就暴露出來。

李廣利意識到再打下去很可能要吃敗仗，遂鳴金收兵，主動撤離戰場。與此同時，另外兩路均未取得任何戰果：韓說兵團出塞後沒有遇到敵人，白跑一趟；公孫敖與匈奴的左賢王部接戰，失利，只好撤退。

三路大軍都出師不利，李廣利和韓說算是勞而無功，公孫敖卻要承擔雙重責任——不僅仗打輸了，接應李陵的任務也完全泡湯。

公孫敖擔心無法交代，回朝後就扯了一個彌天大謊，對武帝說：「臣從俘虜口中得知，李陵幫匈奴單于訓練士兵，專門為了對付漢軍。臣才沒能完成任務。」這個謊言徹底把李陵打入萬劫不復的深淵。

武帝劉徹聞言，勃然大怒，在沒有絲毫證據且未經任何調查的情況下，僅憑公孫敖空口說白話，就把李陵滿門抄斬。

李陵幫匈奴人練兵的消息不脛而走，很快傳遍帝國的四面八方，當然也傳到李陵的老家隴西。當地李氏宗族的士大夫聽說後，無不義憤，都以和李陵同姓同宗為恥。

李陵從光環加身的英雄李廣的後人，變成大漢王朝十惡不赦的罪人。如果之前李陵因身陷絕境而被迫降敵，還會得到不少人的諒解和同情，現在他已經成為徹頭徹尾、賣主求榮的叛國者，普天之下再也沒有人會原諒他。

這一切，都是公孫敖一句謊言造成的。

直到數年後，漢朝和匈奴重新恢復外交關係，有使者到訪匈奴，李陵忍不住悲憤地質問對方：「我為了漢朝，率五千步卒橫行匈奴，因沒有援兵而戰敗。試問我到底哪裡辜負漢朝，為何要殺光我的家人？」漢使答道：「天子聽說你幫匈奴人訓練士兵。」李陵憤然道：「幫匈奴人訓練士兵的是李緒，不是我李陵！」

李緒原是漢朝邊境的都尉。一次戰役中，要塞被匈奴攻破，李緒降敵，後來受到且鞮侯單于重用，幫匈奴人練兵。公孫敖故意張冠李戴，就鑄成李陵的千古奇冤。

儘管「誤會」後來得到澄清，武帝劉徹和漢朝臣民都知道李陵是被冤枉的，但悲劇已然鑄成，李陵被冤殺的母親、弟弟、妻子、兒女及所有家人都無法活過來了；即使李陵原本還有逃回漢朝的打算，如今已不可能。此刻的李陵已然心如死灰。

無處申冤的李陵只能把仇恨傾瀉到「罪魁禍首」李緒身上，隨後便尋找機會刺殺李緒。李緒投降匈奴後，頗得單于母親大閼氏的歡心；李緒一死，大閼氏立刻要找李陵算帳。所幸，且鞮侯十分賞識李陵，知道他可以為匈奴所用，便暗中把他送到北方藏匿。數年後，大閼氏病故，李陵才得以回到匈奴王庭。

且鞮侯為了讓李陵死心塌地幫匈奴做事，就把女兒嫁給他，又封李陵為右校王，讓他與丁靈王衛律平起平坐，共同參與匈奴的軍國大政，成為單于的左膀右臂。衛律主內，常在單于左右，相當於首席謀臣；李陵主外，相當於大將，主要就是對付漢軍。每逢且鞮侯有大事要商議，李陵就會趕回王庭，參與決策。

身為抗匈名將李廣後人的李陵，原本滿腔熱血、矢志報國的大漢勇將李陵，一步一步被逼成單于的女婿、匈奴的重臣，被逼成漢朝的對手和死敵！

命運的荒誕，歷史的吊詭，有時就是如此令人唏噓感慨、啼笑皆非。

這一切，表面上看是源於公孫敖一句致命的謊言；但往深處想，如果不是武帝劉徹的多疑、輕信，以及動輒將人滅門的暴戾，李陵又怎麼會走到這一步呢？

漢昭帝元平元年（前七四年），李陵在匈奴病故。

屈指一算，他在匈奴生活二十五年，整整半輩子。假如人死後有知，當武帝劉徹，還有李廣、李陵在九泉之下相見，不知彼此會如何面對？也不知是否會聊起這樁令人無奈而痛心的前塵往事，又會說些什麼？

第十章 大時代落幕

血腥的帝國：叛亂紛起，巫蠱發端

隨著晚年的武帝劉徹在昏聵暴虐、濫用刑罰的道路上愈走愈遠，整個帝國的統治機器變得愈來愈苛酷而殘暴。「上以法制御下，好尊用酷吏，而郡國二千石為治者大抵多酷暴，吏民益輕犯法。」（《資治通鑑．漢紀十三》）武帝用嚴刑峻法統治天下，喜歡重用酷吏；天下各郡國的主政官員便日益「酷吏化」。基層官吏和百姓非但沒有在嚴酷的法網中變得溫良恭順，反倒逆向而行，動不動就觸碰法網。

上有暴政，下必有暴民。這是千古不易的鐵律。

秦朝二世而亡的歷史教訓就是最好的前車之鑑，青年時期的武帝對此有著清醒的認知，才會將儒學奉為治國思想。然而他尊奉的畢竟是「儒法合流」的儒學，且實際操作中主要是法家思想，到了中年，尤其是晚年以後，儒家的德治、仁政理念便被拋之腦後，只剩下法家的酷吏統治和變本加厲的嚴刑峻法。

和暴秦當年發生的事情一樣，到了天漢年間，即武帝六十餘歲時，函谷關以東的百姓紛紛揭竿而起。暴動的烽火一經燃起就迅速蔓延，遍及豫、楚、齊、燕、趙等地，呈現出燎原之勢。

大的民變武裝有數千人，他們攻打城邑，奪取官府軍械庫的武器，釋放監牢裡的死囚，逮捕各郡的太守、都尉，斬殺二千石的高官；小的民變武裝也有數百人，他們劫掠鄉里，四處流竄，攻擊、搶劫過往商旅，以致很多郡縣道路斷絕，無法通行。

武帝接到雪片般飛來的各地急報，不禁有些難以置信，立刻命御史中丞、丞相長史等有關官員，調集力量鎮壓各地民變。然而，各級官府平時欺壓百姓很有一套，碰上這種有組織暴動就抓瞎了，折騰好一陣子，就是搞不定。

緊要關頭，武帝只好祭出大招，迅速任命一批直接聽命於他的全權特使。這批人穿「繡衣」，持節杖，佩虎符，故稱「繡衣直指」，也叫「繡衣御史」或「繡衣使者」。

「繡衣直指」是一般酷吏的升級加強版，可以說是開了中國歷史上「祕密員警」之濫觴。後世三國時期的吳國「典校」、唐朝武則天時期的「內衛」、北宋的「皇城司」、明朝的「錦衣衛」等都是效仿者。

一般酷吏只擁有調查權和執法權，「繡衣直指」在此基礎上又增加調動軍隊的權力，且持有節杖，可臨機專斷。到了地方上，連封疆大吏都得對他們唯命是從。當然，「繡衣直指」並非常任官，只為專案而設，事畢便會被收回權力。

由於可以調動各地軍隊協同作戰，這批「繡衣直指」一出馬，立刻對民變武裝實施沉重打擊。一些大的郡，官軍動輒斬首一萬餘級，小的郡也能誅殺數千人，其中包括給叛軍充當嚮導、提供飲食而遭連坐的普通百姓。

幾年下來，各地叛軍首領大多被官府捕殺，但叛亂並未就此平息。被打散的民變武裝往往沒過多久又嘯聚成群，占據山川險要，讓官軍疲於奔命，非常頭疼。民變之所以野火燒不盡，春風吹又生，根源還是朝廷對民間社會的過度榨取。

這些年來，武帝一方面連年用兵，征戰不休；一方面大興土木，巡遊無度——各種巨額耗費，都轉嫁到老百姓頭上。同時，各級官府為了完成上面下達的任務，也為了自身種種利益，必定會層層加碼，對百姓進行各種盤剝。結果就是敲骨吸髓，竭澤而漁。

不堪重負的老百姓想活下去，不是抗稅，就是逃亡，總之就是被迫觸碰法網。武帝為了維持對民間的強力榨取，又會以酷吏統治和嚴刑峻法來「保駕護航」。形成「壓迫－反抗」、「更大力度壓迫－更大力度反抗」的惡性循環，最後導致走投無路、動輒得咎的老百姓，不得不採取揭竿而起的最極端方式來保障最基本的生存權。

社會矛盾激化到這個地步，最好緩和矛盾的方法就是武帝必須反思這些年的所作所為，改變統治方式，修改現行政策，還百姓基本的生存空間，讓他們能夠活下去並休養生息。說難聽點，就算是割韭菜，也得讓它長一長，不能連根都刨掉。

然而，此時的武帝還遠不到反思的時候。他認為「盜賊」之所以反覆滋生、除之不盡，問題在於各級官員沒有盡力，法令不夠嚴苛。他隨即出臺一項針對官員「怠政」的法令，稱為「沉命法」。具體措施是凡各郡國出現變民，官府沒有及時發覺，或發覺後未能全部逮捕，該郡國上自二千石官員，下至最基層的小吏，一律處死。

典型的揚湯止沸——本來就是嚴刑峻法造成的問題，卻指望用更嚴厲的刑罰來解決，結果當然適得其反。

「沉命法」的頒布讓大漢帝國各級官吏變得人人自危、朝不保夕。如果之前的嚴刑峻法導致民不聊生，現在則連官員也無以聊生了。

上有政策，下有對策。各郡國的基層小吏為了保命，千方百計隱瞞當地的暴亂情況。上頭的官員也不希望他們彙報實情，民變武裝的人數一旦統計上來，他們就有責任把所有變民全都清剿乾淨，一個都不能漏掉，否則自己就得掉腦袋。

如此一來，基層小吏和上級官員形成心照不宣的默契，只要你不說，我不說，就天下無賊了，管他實際情況壞到什麼程度。當時上下級之間的往來公文，全都是虛假的粉飾之詞，所有人都互相糊弄，也彼此包庇。

用司馬遷的說法是：「故盜賊寖多，上下相為匿，以文辭避法焉。」（《史記．酷吏列傳》）

武帝不是瞎子、聾子，在位快五十年，官場那些套路和內情會不清楚嗎？尤其是他派出去的那幫「繡衣直指」更不是領乾薪的。

其中一個叫暴勝之的便是官員們的噩夢。此人每到一處，必定宰掉一大票弄虛作假、尸位素餐的官員。「老虎」也抓，「蒼蠅」也拍，死在他手底下的二千石以下官員多到不可勝數，一時間「威震州郡」。短短幾年後，暴勝之便因功擢升御史大夫，位列三公。

太始元年（前九六年）春，武帝以極為殘忍的腰斬殺了一個大臣。這個被腰斬的大臣不是別人，正是用一句謊言讓武帝鑄成大錯、令李陵萬劫不復的公孫敖。

腰斬之所以殘忍是因為犯人被砍成兩截後，不會立刻死亡，神志在一段時間內仍會保持清醒。有的犯人出於本能，上半截身子會在地上爬出一段距離，身後會留下一道長長的血跡。血腥殘忍之情狀，令人不忍目睹。

歷史上被腰斬最有名的人物是秦朝丞相李斯。據薛福成《庸庵筆記》記載，歷史上最後一個被腰斬的人是清朝雍正時期的官員俞鴻圖。俞鴻圖因科場舞弊案被腰斬，行刑後上半截身子在地上打滾，還用手指蘸血，在地上一連寫下七個「慘」字。據說後來雍正聽聞這種慘狀，才正式廢除腰斬之刑。

史書沒有記載公孫敖被腰斬的情形，但想必也是很慘。落得這個下場，表面原因是他的妻子施行巫蠱，東窗事發後被連坐。事實上，明眼人不難看出，這是武帝秋後算帳——對公孫敖在李陵事件中極其惡劣的欺君行為進行懲罰。

正因是近乎報復的懲罰，才會動用「腰斬」這種痛苦指數極高的酷刑。武帝為什麼不明說，要另外找藉口呢？

如果武帝明說是因李陵事件，等於承認自己在這件事上犯了極大錯誤。既然公孫敖是因誣陷李陵而被腰斬，武帝身為決策人又該負什麼樣的領導責任，並對自己實施怎樣的處罰呢？為了避免打自己的臉，武帝必須淡化李陵事件，找別的藉口來收拾公孫敖。

此時的武帝可能連自己都沒想到，隨便找個「巫蠱」的罪名栽到公孫敖頭上，卻恰似打開一個潘朵拉魔盒——接下來幾年，大漢帝國的內宮外朝將圍繞「巫蠱」這一關鍵字，爆發一起又一起血腥慘案，令一大幫皇親國戚先後死於非命。

第二起巫蠱案發生於四年後的征和元年（前九二年）。

這回倒楣的人就是前文提到的當朝丞相公孫賀，當初他明知「丞相」是個高危險職位，才一把鼻涕一把淚想推掉；最後胳膊擰不過大腿，還是硬著頭皮上任。所幸十餘年下來，丞相貌似當得還穩妥，沒出什麼事。

公孫賀的夫人衛君孺是衛子夫的姐姐，他和天子劉徹算是連襟。也許在公孫賀看來，這層關係多少發揮護身符的作用，畢竟之前那些死於非命的丞相都沒有這個身分加持。

因著這層特殊身分，公孫賀一家可謂官運亨通。升任丞相後，空出來的太僕一職，馬上由兒子公孫敬聲頂上去。父子倆一個三公，一個九卿，備極榮寵，風光無兩。

然而，這位富貴絕頂的丞相公子卻是個坑爹的傢伙。

按說公孫賀這一家在大漢帝國的權勢地位已經僅次於天子劉徹，最不缺的應該就是錢。但公孫敬聲不知道哪根筋不對，竟然利用太僕的權力，擅自挪用北軍的公款一千九百萬錢。事情敗露後，公孫敬聲當即被捕下獄。

碰巧這個時候，朝廷正大舉搜捕名叫朱安世的遊俠。武帝急於抓獲此人，不僅下了死令，還給有關部門定了最後期限。公孫賀救子心切，趕緊向武帝請命，表示他會盡快將此人抓捕歸案，希望以此功勞替兒子贖罪。

武帝同意了。隨後手握丞相大權的公孫賀調動所有力量，很快就把朱安世給拿下。公孫賀萬萬沒料到，他兒子挪用公款本來還不算多大的事，頂多丟掉官位再判幾年，遠不至於掉腦袋，而他一抓到朱安世，卻給自己和整個家族帶來一場滅頂之災。

據《漢書．公孫賀傳》記載，朱安世被抓時，竟然笑著對公孫賀說了一句話：「丞相禍及宗矣！」——丞相的大禍就要降臨到整個宗族了！

公孫賀以為是朱安世惱羞成怒之下的狂言，壓根沒當一回事。不料朱安世隨後便在獄中上書，把他掌握有關公孫敬聲的黑料全抖了出去。

這些黑料的勁爆程度超乎想像，其中主要是兩條：第一，指控公孫敬聲和陽石公主私通；第二，指控公孫敬聲私下請巫師作法，施行巫蠱，並在長安通往甘泉宮的路上埋藏「人偶」，用惡毒之言詛咒皇帝。這道奏書一上，頓時一石激起千層浪。

武帝震怒，於次年正月把公孫賀逮捕入獄，命有關部門立案審查，「窮治所犯」，就是窮追猛打，不放過任何一個稍有牽連的人。

朱安世的兩項指控都很致命，隨便一條都可以讓公孫賀被滅族。但朱安世所言到底是不是事實？這些事情他怎麼知道？如果公孫敬聲施行巫蠱、詛咒皇帝屬實，他的動機是什麼？他們一家已經富貴絕頂，皇帝劉徹是他的姨父，公孫敬聲究竟有什麼理由希望皇帝趕緊死呢？

對於這些關鍵問題，《史記》、《漢書》都沒有給出任何答案。幾乎都用一句話就交代事情結果，說公孫賀父子隨後死於獄中，整個家族被誅滅。

短短幾個月後，被控與公孫敬聲私通的陽石公主，還有一個諸邑公主，以及衛青的長子、長平侯衛伉都被這起巫蠱案株連而丟掉性命。後世學者如唐朝顏師古等認為陽石公主和諸邑公主都是皇后衛子夫所生，且從所封食邑的富庶程度看，應該都頗受武帝寵愛；至於衛青長子衛伉，也有說法認為他是陽石公主的丈夫，但《史記》、《漢書》均無記載，只能聊備一格。

這三人中，除了陽石公主是遭到明確指控外，諸邑公主和衛伉為何捲入巫蠱案，牽連程度有多深，史書全都付諸闕如。

從武帝晚年的猜忌、暴虐和濫殺來看，不排除這起巫蠱案是冤假錯案的可能性。正如之前聽信公孫敖的謊言就誅殺李陵全家一樣，這起巫蠱案完全有可能是出於朱安世的誣陷。而武帝寧信其有不信其無，有關部門迎合上意把它辦成鐵案。

由朱安世引發的這起巫蠱案，令丞相一族、兩位公主和一位名將之後全丟了性命，後果已經算相當嚴重。但若是和緊隨其後的另一起宮廷慘案比起來，仍是「小巫見大巫」。

這起慘案就是歷史上著名的「巫蠱之禍」；受害者是堂堂大漢帝國的當朝太子劉據，以及他的生母、武帝劉徹曾經的最愛——皇后衛子夫。

巫蠱之禍：酷吏江充的恐怖陰謀

巫蠱之禍的始作俑者是江充，此人原名江齊，趙國邯鄲人，曾是趙王劉彭祖的門客，因某事得罪趙王太子劉丹，便逃亡長安，改名江充。他向武帝告發劉丹，揭發不少他的隱私，劉丹因此被武帝廢黜趙王太子位。

這種陰險的告密者通常都招人厭惡，但皇帝往往喜歡這種人。對皇帝來講，就是要有這種人，天底下那些奸惡和不法之徒才會無所遁形，皇位才能坐得穩。

江充很討武帝喜歡，除了善於告密迎合武帝的口味，還有一個長處是顏值很高，用班固的話說是「為人魁岸，容貌甚壯」。他還很會穿衣打扮，顯得氣質特別脫俗。武帝對他一見傾心，「帝望見而異之，謂左右曰：『燕、趙固多奇士。』」（《漢書·江充傳》）

武帝拿一些時政問題對江充進行面試，結果非常滿意，更覺得此人是個不可多得的人才。江充為了博取政績，自告奮勇出使匈奴；順利完成使命後，立刻被武帝任命為「衣直指」。

武帝交給江充的主要任務就是「督察貴戚、近臣」，即專門刺探這些權貴的隱私，看看他們私底下有什麼內情。

江充天生就是做「祕密員警」的料。他一上任，立刻彈劾一大幫貴戚近臣，迫使這些權貴不得不向武帝哀求，說他們願意用錢贖罪。僅此一項，國庫就入帳數千萬錢。

武帝認為江充不阿權貴，執法嚴明，既忠誠又正直，便愈發賞識他。

江充意識到路走對了，只要敢和權貴對抗，就不愁功名富貴，因為天子喜歡這一味。

一般的權貴，江充已經看不上。要對抗，就得對抗天底下最大的權貴，才能實現利益最大化。天底下最大的權貴是誰？除了皇帝，當然就是太子。

江充盯上當朝太子劉據。很快，劉據就被江充抓到小辮子。有一回，劉據派手下去皇宮奏事。手下圖省事，駕駛馬車跑上天子專用的馳道——此舉屬於僭越。江充將此人逮個正著，立刻交給有司審判。

太子劉據知道江充正受父皇寵信，不宜和他發生衝突，只好忍氣吞聲，派人去求情說：「我並非想袒護屬下，只是不想讓父皇知道我平時沒管好下屬，希望江先生能寬大處理。」

江充抓了太子的人，目的就是想引他上鉤；現在太子派人求情，正合他的心意，立刻做出一副鐵面無私的樣子，非但一點面子不給，反倒將太子求情之事向武帝奏報。

武帝見江充連太子都敢得罪，充分說明他視國法高於一切，不禁感慨道：「人臣當如是矣！」

（《漢書·蒯伍江息夫傳》）

隨後，江充愈發得到武帝的信任和重用，旋即被擢升為水衡都尉（官秩二千石），一時間「威震京師」。

武帝賞識執法嚴明之人本身沒有錯。問題在於，這個執法者是真的出於公心、不畏權貴，還是把法律當成博取個人富貴的工具，把打擊權貴當成博取皇帝信任的手段呢？

江充顯然屬於後者。說白了，他做的一切不過是投武帝所好罷了。武帝晚年的酷吏統治，無疑給了江充這種政治投機者野蠻生長的肥沃土壤，也給了他肆意妄為的自由空間。面對江充這種居心叵測的酷吏，太子劉據既缺乏足夠的警惕，更缺乏與之博弈的政治智慧，為江充之後的得寸進尺創造條件。

以手下違法一事來講，當劉據得知手下被江充抓捕時，應該立刻有清醒的判斷，知道江充是衝著自己來的。既然如此，絕對不能和他求情，這恰恰是授人以柄的做法。本來手下誤闖馳道，只是管教不嚴的過失；私下請託就加上徇私枉法之嫌。就算要說情，也不能那麼老實，把「不想讓父皇知道」的心裡話都抖出去。這話一由江充轉奏，不僅會加上一條欺君罔上的罪名，也會讓武帝懷疑——這小子平時是不是瞞著我做很多壞事？

武帝晚年那麼多疑而猜忌，太子劉據不應該不清楚；江充就是靠揭發權貴隱私發跡，劉據更不應該不加以防範。令人遺憾的是，劉據的做法只能說明他絲毫沒有考慮到這兩點，也表明他嚴重缺乏合格儲君應該具備的政治智慧和博弈手段。

為了更深入了解太子劉據，有必要回顧他的成長史。

劉據生於元朔元年，是武帝的嫡長子，於元狩元年、七歲時被立為太子。當時武帝正深愛著皇后衛子夫，對劉據十分疼愛。隨著劉據慢慢長大，武帝不無遺憾地發現，他的性格一點都不像自己，完全沒有未來天子應有的霸氣和才幹。用《資治通鑑》的話說是「性仁恕溫謹，上嫌其材能少，不類己」。

隨著武帝對皇后衛子夫的寵愛漸衰，轉而寵幸其他妃嬪，很快又有好幾個兒子，如王夫人生下劉閎，李姬生下劉旦、劉胥，李夫人生下劉髆。對此，衛子夫、劉據母子不免充滿危機感。

武帝察覺到他們的不安，便對衛青說了一番話：「漢家天下草創以來，四夷（主要指匈奴）頻頻入侵，朕若不變更制度，後世便沒有準則；若不出師征伐，天下便不能安寧。為此，才不得不讓百姓承受勞苦。如果將來繼任的天子又像朕這樣，就是重蹈亡秦的覆轍。太子的性情敦厚沉靜，必能使天下安寧，不會讓朕擔憂。總之，要想找個守成之君，還有誰比太子更合適呢？聽說皇后和太子心存不安，其實哪有他們擔心的那回事，你可以把朕的意思轉達給他們。」

衛青聽了天子這番肺腑之言，趕緊叩首謝恩。衛子夫隨後也向武帝謝罪，表示不該心存疑懼。

應該說，武帝給自己和太子劉據的定位都是準確而清晰的。他是為後世奠定法度的一代雄主，肯定要積極進取，大有作為；但必然帶來極大的副作用，就是對國力和民力造成嚴重的消耗。繼任者不能再像他這樣拚命「折騰」，而要做個守成之君，施行儒家的仁政，與民休息，安養天下，還百姓以安寧平靜的生活，讓國家的元氣慢慢恢復。

否則漢朝必定重蹈暴秦的覆轍，對此，武帝劉徹顯然有清醒的認知。

基於上述定位，武帝這些年來不斷開疆拓土、征伐四夷，而生性仁恕的劉據一再勸諫時，武帝就會笑著對他說：「吾當其勞，以逸遺汝，不亦可乎！」（《資治通鑑．漢紀十四》）由我來承擔辛勞，讓你去享受安逸，難道不好嗎？

武帝的態度充分表明，雖然太子性格「不類己」讓他感覺遺憾，但這不足以成為劉據的缺陷；相反，從守成之君所需的稟賦而言，倒不失為一種優勢。武帝沒有怪劉據不諒解他的苦心，而是樂於讓劉據保有仁厚的天性。

中年以後的武帝常年出外巡遊，朝廷的政務都交給太子，後宮事務則交給皇后。武帝回京後，劉據會將重要事務的處理結果稟報給他。武帝從來都沒有意見，有時甚至連看都不看。說明武帝對太子監國是完全信任，對他的理政能力也是認可的。

武帝後期施行的酷吏統治，太子劉據顯然很不認同。劉據會盡己所能將酷吏製造的許多冤假錯案一一平反，此舉雖然贏得百姓擁護，卻得罪酷吏。皇后衛子夫深感不安，經常勸劉據要順從父皇心意，不應該擅自替那些冤案的受害者平反。

出乎衛子夫意料的是，武帝劉徹得知後，表示支持太子的做法，反倒認為皇后不該這麼勸太子。隨著太子劉據介入帝國政治的程度日漸加深，朝中的大臣很自然地分成兩派，「寬厚長者皆附太子」，酷吏則與太子完全對立，水火不容。

儘管太子不是一個人戰鬥，但正邪兩派的力量對比並不均衡。酷吏在朝中黨羽眾多，且個個工於權謀，很會搞事；依附太子的朝臣們往往和他秉性相同，比較仁厚溫良，相對缺乏博弈手段。

久而久之，朝中就形成對太子「譽少而毀多」的局面——正面評價少，負面評價多。尤其是衛青去世後，酷吏集團認為太子沒有靠山，爭相對他進行各種構陷，他們不僅把持外朝，在內宮還有一群幫手，就是宦官。

劉據有一次入宮看母后，待的時間有點長。宦官蘇文立刻密報武帝，稱太子與宮女們鬼混。不料武帝竟然不以為意，反倒回頭就命人給太子送去二百個宮女。

此舉至少說明兩點：第一，武帝聽信宦官的話；第二，即便如此，武帝還是對太子十分體恤——或許在他看來，男人好色不算什麼大毛病。

面對「從天而降」的二百個宮女，太子劉據當然是一臉矇。趕緊派人調查，才知是宦官蘇文在背後構陷。而且蘇文還有個小團夥，如武帝身邊的小黃門常融、王弼等人都是他的狗腿子。這幫傢伙平時沒少打太子的小報告；若非武帝還算信任兒子，劉據恐怕早就倒大楣了。

皇后衛子夫得知小團夥的所作所為後，不禁切齒痛恨，叫太子馬上去稟報皇帝，把這些人全殺了。但太子劉據在這件事上和武帝很有默契，他對母后說：「只要我不犯錯誤，何必懼怕蘇文這幫人！父皇心明眼亮，斷不會聽信這些奸邪小人的讒言，此事不足為慮。」

事實證明，劉徹、劉據這對父子在一般事情上，彼此間的信任度還是有的。例如有次武帝生了小病，命小黃門常融傳召太子。常融馬上抓住機會構陷，對武帝說：「太子得知陛下生病，面有喜色。」武帝聞言，默然不語。稍後，太子入見，武帝留心觀察，發現太子眼圈有些泛紅，卻故作言笑，就問他怎麼回事。太子據實以告，無非是他擔心父皇的病情，故而心中憂慮；但又不想讓父皇察覺，才故作輕鬆之態。

武帝這下明白了，常融所言純屬誣陷，立刻命人把這個陰險小人拉出去砍了。

儘管武帝父子間的信任度還算牢固，不容易因小事離心，但這樣的信任度並非牢不可摧。世界上至少還有一樣東西能夠擊穿父子二人維繫多年的信任和情感，就是該死的巫蠱。

巫蠱在漢朝宮廷中的氾濫程度，幾乎和瘟疫大流行一樣，無處不在，無孔不入。尤其是女人聚集的後宮，巫蠱更是像空氣一樣彌漫在每個角落。源遠流長的宮鬥歷史上，後宮的妃嬪們為了爭寵，無所不用其極，而巫蠱向來是其中不可或缺的重要元素。

武帝中年以後迷信神仙、追求長生，客觀上造成「巫術市場」的畸形繁榮。當時京師長安遍地都是方士和巫師，裝神弄鬼、各顯神通。用司馬光的話說：「率皆左道惑眾，變幻無所不為。」（《資治通鑑・漢紀十四》）。

武帝的後宮中，最受歡迎的就是女巫。她們可以「教美人度厄」，就是用各種巫蠱之術幫美女們爭風吃醋。據說為了鬥法，當時未央宮好多房子底下都埋著詛咒用的「人偶」。

起初嬪妃們只是用這種隱祕的方式互相傷害，後來徹底撕破臉，開始檢舉揭發，彼此攻訐，拚命指責別人詛咒皇帝、大逆不道。相互攻擊的結果自然是一地雞毛，武帝震怒之下，一口氣殺了幾百個人——既有嬪妃、女巫和宮女，也有牽連進來的外朝大臣。

後宮的巫蠱之亂到此總算消停，但武帝的疑心病卻愈發嚴重。有一次武帝白天小憩，竟然夢見有幾千個木頭人手持武器攻擊他。武帝霍然驚醒，感覺身體很不舒服，而且精神恍惚，很多事過目即忘。

這樣的背景之下，江充登場了。眼看皇帝的身體出問題，似乎來日無多，江充不免擔心，之前把太子往死裡得罪，一旦太子登基，必然會讓他死無葬身之地。必須先下手為強，趁武帝還在，趕緊先把太子收拾掉。

收拾太子的辦法根本不用找，眼前就有現成的——巫蠱。

對武帝而言，眼下「巫蠱」這兩個字就是最可怕的魔咒——只要一提它，立刻讓武帝暴跳如雷、喪失理性。

當然像江充這種工於權謀的酷吏，做事絕不會不動腦。為了讓陷害太子的行動顯得不那麼突兀，江充決定採用迂回之策，首先在京師內外展開一場大規模的清查巫蠱行動；在這煙幕彈的掩護下，再對太子進行準確的狙殺。

計畫確定後，江充立刻向武帝稟報，稱皇帝龍體不安皆因巫蠱作祟，必須進行更大範圍及更加徹底的清查。武帝深以為然，馬上任命江充為治理巫蠱的全權使者。一場血腥而恐怖的「巫蠱之禍」就此拉開大幕。

江充召集一大幫胡人巫師，在京師長安、三輔地區（京兆尹，左馮翊，右扶風）乃至天下各郡國，到處搜查，掘地三尺，逮捕所有涉嫌埋藏「人偶」、施行巫蠱的人，甚至連在夜間從事祭祀活動的人也被抓了；然後嚴刑拷打，命他們供出同黨。

無辜被抓的百姓忍受不了各種酷刑，紛紛屈打成招，互相誣告攀扯。江充旋即上奏，稱這些人犯罪事實清楚，證據確鑿，皆屬大逆不道。

既然如此，當然全要判處死刑。據《資治通鑑》記載，在江充的刑訊逼供、大肆株連之下，「自京師、三輔連及郡、國，坐而死者前後數萬人」。其中，真正搞巫蠱的人肯定是極少數，絕大多數都是被冤殺的。

經過這一陣猛如虎的操作，恐怖氣氛渲染得十分到位；準備工作也做得夠足，江充終於可以放出最後的大殺招。

他授意胡人巫師檀何四處揚言：「宮中也有巫蠱之氣，不徹底清除，皇上的身體是不會好的。」武帝聞訊，馬上授命江充進入未央宮徹查，並派大臣韓說、御史章贛和宦官蘇文全力協助。

江充隨即率領一支由酷吏和巫師組成的龐大隊伍，浩浩蕩蕩地進入宮中；像開足了馬力的挖土機一樣，到處刨坑掘地，把整個皇宮掀個徹底。為了表現自己執法嚴明、無所忌憚，江充甚至連武帝的御座都砸掉了，理由當然是搜一搜御座底下有沒有埋藏人偶。

緊接著，江充進入後宮，先從那些很少得到武帝寵幸的嬪妃下手，理由是這些人為了得寵最有可能施行巫蠱。江充又順理成章地進入皇后衛子夫的寢宮——武帝這些年一直冷落皇后，皇后自然也有施行巫蠱的動機和嫌疑。

鋪墊完這一切後，江充終於率領隊伍開進太子宮；旋即如同犁庭掃穴一般，把太子宮的每一寸土地都挖了一遍。

據司馬光記載，江充對皇后寢宮和太子宮的肆意破壞，竟然導致皇后和太子的床都無處安放，晚上睡覺都沒地方。「（江充）掘地縱橫，太子、皇后無復施床處。」（《資治通鑑．漢紀十四》）

一個酷吏可以藉著查案之名如此凌辱皇后和太子，並把整個皇宮掘地三尺，幾乎把它變成大型施工現場，在幾千年中國歷史上，如果不是絕無僅有，恐怕也是極為罕見。不過江充連武帝的御座都砸了，皇后和太子又有什麼話可說呢？

江充在太子宮「掘地縱橫」之後，毫無懸念的結果出現了——他宣布在太子宮挖到很多桐木雕刻的人偶；又搜到帛書若干，上面寫滿大逆不道之詞。

顯而易見，都是江充的栽贓陷害。但明知如此，太子劉據卻一點辦法都沒有。

此時，武帝正在甘泉宮養病，江充宣稱要立刻將調查結果上奏天子。劉據大為恐懼，趕緊向太子少傅石德求助。石德身為太子的老師，若太子被問罪，他肯定也是死路一條。同樣萬般無奈的石德在情急之下，只能勸太子魚死網破。

他說：「丞相父子、兩位公主和衛伉都因巫蠱而死；如今江充又從殿下宮中掘得木人，究竟是事實還是他們栽贓，根本解釋不清楚。而今之計，只有假傳聖旨，逮捕江充，逼他說出真相。現在皇上在甘泉宮養病，連皇后和殿下派去的使者都見不到，是生是死都未可知；而奸臣已囂張到如此地步，殿下難道沒想到秦朝太子扶蘇的往事？」

秦始皇三十七年，嬴政在巡遊途中駕崩，遺詔由長子扶蘇繼位；宦官趙高卻與丞相李斯合謀，矯詔逼扶蘇自盡，擁立次子胡亥即位。石德舉此事為例，就是勸劉據不要像扶蘇那樣任人宰割，索性和江充拚個你死我活。

如果走這一步，不論起因和動機如何，客觀上就形同謀反，畢竟江充是皇帝親自授命、專治巫蠱的全權大臣；膽敢矯詔和他對抗，無異於犯上作亂。

思慮及此，劉據猶豫了，便道：「我身為人臣人子，豈能擅自誅殺臣子？不如前往甘泉宮，向父皇謝罪並解釋清楚，但願能洗清罪名。」可是江充不給他這個機會。劉據準備動身之前，江充上奏武帝的快馬早已經派出去了。至此，太子劉據終於被逼到懸崖邊上。

此時再去甘泉宮，自證清白的機會不能說完全沒有，但無疑要冒很大的風險，極有可能是自投羅網。

劉據別無選擇，只能背水一戰！

喋血長安：太子劉據兵變始末

征和二年（前九一年）七月初七，太子劉據開始行動。他派人偽裝成皇帝使節，前去逮捕江充等人。負責協助江充的大臣韓說懷疑有詐，不肯聽命。但箭在弦上，不得不發，太子的手下旋即將韓說砍殺，並把江充抓到太子面前。

劉據親自持刀上前，指著江充怒罵道：「趙虜！前亂乃國王父子不足邪？乃復亂吾父子也！」（《資治通鑑・漢紀十四》）你這個趙國渾蛋，之前禍亂趙王父子還不夠，現在還要來禍亂我們父子！

說完，劉據一刀砍下江充的腦袋。

這個陰險狠毒的酷吏在太子發動兵變的第一時間就死了，死得如此乾脆，甚至讓人覺得有點遺憾。像這種為了陷害太子一人而不惜興起大獄，令數萬無辜百姓慘死的罪大惡極之人，應該活著被審判，然後被處以極刑，因為不如此，正義就得不到合理的伸張，被他害死的那些人在九泉之下也難以瞑目。

解決完江充，劉據命人把那些為虎作倀的胡人巫師押到上林苑，隨即一把火就讓他們灰飛煙滅。當天夜裡，劉據命太子舍人持節進入長樂宮，來到長秋殿前，向皇后衛子夫稟報告眼下的事態。徵得皇后同意後，劉據徵調宮中馬廄的騎兵隊，以及長樂宮的侍衛隊，並打開軍械庫，分發武器，然後告諭文武百官，宣稱江充謀反，他奉命平亂。

文武百官不是傻子，當然知道眼前發生的這一切都是太子背著皇帝做的，大多數朝臣都不願站在太子這邊。

長安城就此陷入混亂，人人都傳言太子造反了！

局勢發展到這一步，說「造反」肯定不準確，但兵變卻可以坐實。不管引發這場兵變的原因是什麼，也不管太子之前受了多少委屈、如何迫不得已，到了這一刻，太子劉據只剩下一條路可走，就是和父皇劉徹兵戎相見。

一片混亂中，宦官蘇文僥倖逃脫，旋即直奔甘泉宮向武帝告狀，聲稱太子起兵造反。此時的武帝劉徹仍然保有一定程度的清醒，對太子並未完全喪失信任。他說：「太子被調查必然會恐懼，且對江充等人感到憤怒，才激發這場變故。」

隨後武帝做出一個正確的決定，派出使者去傳召太子，命他前來甘泉宮。

如果不出意外，太子順利前來，父子當面把事情說開，澄清所有誤會，也許這場變故就此平息，太子劉據也可以逃過這場劫難。

然而，意外終究還是出現了。

武帝派去的這名使者在這重大的歷史關頭，心生膽怯，怕去了長安會被太子宰掉，走到半路便掉頭折返，向武帝扯了彌天大謊說：「太子反已成，欲斬臣，臣逃歸。」（《資治通鑑．漢紀十四》）

武帝聽到使者如此回報，憤怒的程度可想而知，後面局勢如何發展就不難預料了。

這個膽小鬼的無恥謊言，最終造成劉徹、劉據父子的反目成仇和刀兵相見。

如此重大的歷史事件被這麼一個連名字都沒記載的小人物決定了。從宏觀角度看歷史，似乎一切都是必然，凡事都有前因後果的邏輯脈絡可循；但從細節處看歷史，卻不得不承認，歷史總是充滿各種偶然，有時候，某種細微的偶然性往往能夠影響乃至決定歷史的走向。

太子劉據發動兵變之際，時任丞相的劉屈氂竟然嚇得不知所措。既沒有與太子交涉、平息事態，也沒有組織力量應對，而是拔腿就跑，連丞相印信都丟在家裡顧不上拿。

跑到安全地方後，劉屈氂才派手下的長史去甘泉宮向武帝稟報。

武帝問：「丞相做了什麼？」長史答：「丞相封鎖消息，未敢輕易發兵。」武帝一聽，頓時氣不打一處來，怒吼道：「事情都到這個地步，還封鎖什麼消息？丞相現在要做的就是像周公那樣誅殺管、蔡！」

周成王年幼時，其叔父周公旦輔政，管國、蔡國兩個諸侯（都是他弟弟）發動叛亂。周公出兵平叛，誅殺二人。

丞相劉屈氂本身是宗室成員，論輩分和太子劉據算是兄弟（祖父都是景帝劉啟，劉屈氂是武帝異母兄、中山靖王劉勝之子）。武帝這麼說意思很明確，就是別再顧及兄弟親情，當務之急是平定叛亂，誅殺太子。

隨後武帝正式下詔給劉屈氂，做了非常具體的作戰部署。他在詔書中說：「凡捕殺造反者皆有重賞。用牛車堵塞道路，不要短兵相接，免得傷亡太大。堅閉城門，不讓一個叛亂者漏網！」

與此同時，太子劉據還在盡力爭取百官支持。他發布告示說：「皇上在甘泉宮臥病不起，恐怕會生變故，所以奸臣趁機作亂。」

但這種時候，已經很少有人聽他的。即使是之前依附他的那些「太子黨」，出於趨吉避凶的本能，此刻都是明哲保身，作壁上觀。

稍後，武帝從甘泉宮匆匆趕回，入住長安西面的建章宮；下詔徵調三輔地區各部隊入京，並將京畿範圍內所有二千石以下的官員和將領全部交由劉屈氂節制。

皇帝擺開四面合圍的陣勢，而太子的兵力明顯薄弱。劉據只能再次矯詔，赦免長安各級官府在押的所有囚犯，命石德及門客張光分別率領；同時又派人出城，試圖徵調駐紮在長水（今陝西省藍田縣西北）和宣曲（今陝西省西南）的兩支胡人騎兵。

這麼重要的武裝力量，武帝不可能讓太子據為己有。他派出侍郎馬通，搶在太子之前趕到胡騎駐地，通知他們：「太子的調兵符節是假的，不可聽命。」馬通捕殺了太子派去的人，並率領這兩支胡騎開進長安城。

皇帝與太子對峙的關頭，長安城中還有一支舉足輕重的軍隊，最終站在誰那邊，很可能就決定誰是這場生死博弈的勝利者。

這支軍隊是京師的兩大禁衛軍之一，因駐紮在長安城北部，故名北軍。此時北軍的指揮官名叫任安，就是司馬遷的千古名作〈報任安書〉中的那位友人。

太子劉據捷足先登，親自乘車來到北軍的軍營外，出示調兵符節，命任安聽從調遣。任安恭恭敬敬地拜受了符節，接著以勘驗符節為由回軍營。劉據在外面左等右等，最後等到的卻是軍營大門朝著他訇然關閉。

很顯然，任安知道符節是假的。他沒有對劉據動手，只是讓他吃閉門羹，已經算相當仁義了。

當時皇帝的調兵符節都是紅色，太子所持的假符節也是紅色。武帝為了讓各級官府和各路人馬區分真偽，便將他所發的符節全部加上黃纓。任安接到的符節當然沒有這個防偽用的黃纓。

薑還是老的辣。太子劉據想走的每一步棋，無一例外都被武帝堵死。他使盡渾身解數都調不到兵馬，最後只能裹挾長安城中的青壯百姓，連同之前糾集的侍衛隊、囚犯各色人等，拼湊成一支數萬人的「部隊」。

顯而易見，純粹就是湊人頭的烏合之眾，真正有戰鬥力的絕不會超過十分之一。要和朝廷的正規軍打仗，絕大多數只能白白送人頭。

這時，由丞相劉屈氂率領的朝廷軍已經集結完畢。七月十三日，雙方在長樂宮西門展開一場血戰。昔日繁華太平的京師長安、威嚴肅穆的宮禁之地，淪為血肉橫飛的戰場。

不得不說，太子麾下真正有戰力且忠於他的人雖然不多，但還是很強悍。他們和朝廷軍整整鏖戰了五日，雙方總共死了數萬人。長樂宮門前的廣場上屍體枕藉，鮮血匯成一條條小溪，流進旁邊的溝壑。

儘管雙方都傷亡慘重，但朝廷軍的後續部隊源源不斷；太子這邊根本沒有任何支援，死一個就少一個。當戰鬥進行到七月十七日，太子的部眾終於土崩瓦解了。

從太子劉據誅殺江充、發動兵變到戰敗，歷時僅十一日。

兵敗後，失了一切的劉據只能帶著兩個兒子，從長安城南的覆盎門出逃。此時負責把守城門的是丞相府的司直，名叫田仁。他不忍心對太子下手，便打開城門給了太子和兩個皇孫一條生路。

劉據一行前腳剛走，丞相劉屈氂後腳就追到了。得知田仁私縱太子，劉屈氂馬上逮捕田仁，並要將他斬首。時任御史大夫的暴勝之內心也同情太子，便道：「司直是二千石官員，理應請示皇上，豈能擅自誅殺？」

劉屈氂本就沒什麼主見，聞言便放過田仁。可是武帝很快就聽說此事，頓時勃然大怒，命人去嚴斥暴勝之：「田仁放走造反之人，丞相斬他是維護國法。你為何擅自阻止？」

暴勝之意識到因一念之仁，已經觸碰天子逆鱗，勢必難逃一死。惶恐之下，這個昔日「威震州郡」的酷吏，只能被迫自殺一死了之。

緊接著，武帝派出宗正劉長、執金吾劉敢進入長樂宮，收繳皇后衛子夫的璽綬。

至此，這對結髮四十八年的夫妻，終於走到恩斷義絕的地步。雖然從中年以後，武帝就日漸冷落衛子夫，但對她的禮遇自始至終沒有任何減損；衛子夫也一直是名實相符的後宮之主。夫妻倆儘管不再像年輕時恩愛有加，但至少在幾十年的歲月裡都做到相敬如賓。

然而，巫蠱之禍摧毀了這一切。

當太子劉據被迫發動兵變的那一刻，這個結局就已經注定了。不論最後太子是成是敗，衛子夫與劉徹都將徹底決裂。

此刻玉璽和綬帶被收繳，意味著衛子夫的皇后之位已被廢黜。即便武帝不殺她，衛子夫的餘生也是生不如死。結果不難預料，萬念俱灰的衛子夫用一條白綾結束生命。

之後，私自放跑太子的田仁被判處腰斬。讓人有些始料未及的是，同時被腰斬的還有北軍指揮官任安。

武帝認為任安雖然沒有參與謀反，但眼睜睜看著太子起兵，卻沒有任何動作，明顯就是首鼠兩端、坐觀成敗。在武帝看來，任安就是個奸猾的官場老油條，他是想看誰贏了，再投靠誰。如此懷有二心之人，豈能不殺？

接著被誅殺的是為數眾多的太子門客，武帝宣布凡是太子賓客中曾跟隨太子出入宮門的，即視為有謀反跡象，一律斬首；至於那些明確跟隨太子造反的，全部族誅。此外，被太子裹挾、被迫捲入兵變的所有官吏和將士，全部流放敦煌。

最後，武帝嚴令長安各門悉數關閉，並屯駐重兵，以防太子反撲。

該殺的都殺了，該判的也都判了，只剩下當事人太子劉據仍然在逃。武帝最終會赦免太子，還是毫不留情地依照國法處置，成為懸而未決的問題，也成為朝野上下關注的焦點。

當時武帝處於盛怒之中，滿朝文武都怕惹禍上身，噤若寒蟬，沒有人敢站出來勸解半個字。只有一個叫令狐茂的基層小吏，壯著膽子給武帝上了道奏疏，替太子求情，說太子是遭小人江充陷害，不得已才起兵自救，希望武帝能解除戒嚴，赦免太子。

武帝看完多少有些醒悟，但終究沒有頒發赦免令。

此時的劉據一路向東逃亡，跑到湖縣（今河南省靈寶市西），躲藏在一個老百姓家裡。這戶人家窮得叮噹響，主人只能靠賣草鞋供養太子和兩個皇孫。劉據考慮到這麼下去也不是辦法，恰好想起有個舊部就住在附近，且家境十分富裕，遂派人去聯絡。

不料此人立刻出賣劉據，八月八日，當地官府出動人馬包圍劉據的住處。主人為了保護太子，與官兵格鬥而死。劉據意識到在劫難逃，懸梁自盡，兩個皇孫旋即被殺害。隨著太子的自殺，這起震驚天下的宮廷慘案終於畫上血腥的句號。

時年六十六歲的武帝，殺伐決斷的魄力依舊不減當年，沒花多大功夫就平定這場禍亂。然而，這場勝利的代價卻極其慘痛和苦澀。天底下沒有任何一個丈夫、父親和祖父，會以逼殺妻子、兒子和孫子為榮。武帝也許會以「社稷為重，國法無情」等堂而皇之的理由來寬慰自己，但這起夫妻反目、父子相殘的人倫慘劇，終究是他餘生中難以癒合的傷口。

從這個意義上說，身為大漢天子、手握生殺大權的武帝劉徹，又何嘗不是這場巫蠱之禍的受害者呢？

巫蠱之禍的始作俑者固然是死有餘辜的酷吏江充，但假如為本案設立審判庭，被押上被告席的人，絕不只有江充。追根溯源，如果沒有武帝晚年施行的酷吏統治，如果不是他重用並縱容江充，如果他不是那麼多疑、易怒和暴虐，區區一個江充又怎麼可能掀起這麼大的禍亂？

歸根結柢，這場禍亂最大的責任人、最應該被押上歷史被告席的，恰恰是武帝劉徹本人。換言之，他既是這起人倫慘劇的受害者，也是本案不可饒恕的幕後元凶。

李廣利之死：又是巫蠱惹的禍

正當漢朝因民變紛起和一連串巫蠱大案導致內部動盪時，匈奴高層也經歷新一輪的權力更迭。太始元年，武帝劉徹以巫蠱為由將公孫敖腰斬並族誅的同一年，匈奴的且鞮侯單于病故，長子狐鹿姑繼位。

雙方內部各有變故，自顧不暇，邊境的戰事消停了幾年。

到了征和三年（前九〇年）春，即「巫蠱之禍」次年，當漢朝內部的動亂漸漸平息時，匈奴的新單于完成對權力的鞏固。恢復正常的漢、匈雙方便又大打出手。

匈奴率先出兵，入寇上谷、五原、酒泉等郡，殺掠漢地的官吏、百姓，漢朝有兩名都尉陣亡。

同年三月，武帝劉徹派出三名將領，兵分三路，大舉反擊。

此次掛帥之人當然還是這些年風頭最高的貳師將軍李廣利。另兩位則是平定太子兵變中立功的新人：一個是侍郎馬通，率部擊敗太子少傅石德，封重合侯；還有一個叫商丘成，力戰並生擒太子門客張光，封秺侯，並被武帝閃電提拔為御史大夫。

李廣利率主力七萬人馬，從五原出塞；商丘成率二萬人馬，從西河出塞；馬通率四萬騎兵，從酒泉出塞。

匈奴單于狐鹿姑得知漢朝大兵壓境，還是採用老戰術，將所有糧秣、輜重全部北遷，轉移到郅居水（今蒙古國色楞格河）北岸；同時，左賢王部也將其百姓全部轉移到余吾水以北六、七百里的兜銜山。

安頓完後方，狐鹿姑親率精銳渡過姑且水（今蒙古國圖音河），準備迎擊漢軍，在他正面是商丘成兵團。漢軍三路中，商丘成兵力最少，很難與匈奴主力正面抗衡。得到情報後，商丘成只能避敵鋒芒，率部後撤。狐鹿姑聞訊，立刻命一名大將和李陵一道率三萬多騎兵尾隨追擊。

商丘成兵團且戰且退，轉戰九日，一直撤到了蒲奴水（今蒙古國翁金河）。李陵見難以得手，才率部北還。

馬通兵團挺進到天山，與匈奴大將偃渠所部遭遇。偃渠麾下只有二萬餘騎，而漢軍卻有四萬；他見勢不妙，立刻引兵北撤。馬通這一路相當於撲空，既無斬獲也無損失。

三路中，唯一取得戰果的還是主力李廣利兵團。

匈奴方面可能是情報有誤，李廣利正面配置的兵力最少，只有衛律和右大都尉率領的五千多騎兵。雖然提前占據夫羊句山（今蒙古國尚德山）的險要之處，但五千對七萬，終究是眾寡懸殊。雙方一交戰，匈奴軍立刻崩潰，倉皇北逃。李廣利兵團乘勝追擊，進抵范夫人城（漢軍將領在此築城，中途病逝；其妻范夫人率眾接續，最終完成，故名。今蒙古國達蘭紮蘭加德城西北）。

李廣利首戰告捷、準備大展拳腳之時，長安突然傳來驚天噩耗，讓他的心墜到谷底——他的親家、丞相劉屈氂被腰斬，其妻被斬首；而李廣利的妻子和一家老小，全都被朝廷抓進大牢！

這個變故源於李廣利出征前和劉屈氂說的一句話。

當時劉屈氂為李廣利餞行，送到長安北面的渭橋。在這裡，李廣利對劉屈氂說：「如今儲位虛懸，希望君侯早日奏請皇上，立昌邑王為太子；將來他若繼位為帝，君侯就富貴無憂了！」

昌邑王劉髆是李夫人所生，即李廣利的外甥；李廣利和劉屈氂是兒女親家。只要讓劉髆當上太子，李廣利和劉屈氂這兩個當朝最顯赫的人物，權勢和地位就能一直保持下去。

劉屈氂聞言，欣然允諾，表示一定全力促成此事。

李、劉二人萬萬沒料到，他們的這番密語竟然被身邊的人偷聽，很快傳進郭穰耳裡。此人時任少府的內者令，不知是和李、劉二人有過節，還是純粹想告密邀功，立刻將此事上奏給武帝。

覬覦儲位這種事情雖然比較敏感，但不至於罪大惡極，按說不會導致那麼嚴重的後果。郭穰為了把事情鬧大，以便從中取利，硬把此事和巫蠱掛上鉤。

如今的大漢帝國，凡事只要和巫蠱沾邊，立刻刺痛武帝心中最敏感的那根神經，注定又會釀成一起血案。

郭穰對武帝說：「丞相夫人用巫蠱詛咒皇上，並與李廣利一同祈禱神靈，要讓昌邑王當上皇帝。」

武帝劉徹立刻命有司徹查，當然又是「事實清楚，證據確鑿」，論罪當屬大逆不道。

同年六月，劉屈氂被押赴東市腰斬，其妻被押赴華陽街斬首；同時，李廣利一家老小被全部下獄。

可想而知，身在前線的李廣利驚聞如此噩耗，心情會壞到什麼程度；更嚴重的是，做為率領七萬人馬的漢軍主帥，這一事件必將迫使他做出對漢朝最不利的選擇。

李廣利麾下有個叫胡亞夫的掾屬（祕書），為了逃罪而從軍；見他一時間憂懼萬分、計無所出，便慫恿道：「將軍的夫人和家室都被捕入獄，若將軍回朝，恐怕只能在獄中與他們相見。到那時，若再想去往郅居水以北，還有可能嗎？」

郅居水以北指的就是匈奴，胡亞夫的意思明擺著，就是勸李廣利投降匈奴——回去就是死路一條。

李廣利猶豫再三，還是決定繼續北上，希望透過建立更大的戰功，換取武帝劉徹的寬恕。退一步講，即使要投降匈奴，也要經過一番力戰之後，才能得到對手的尊重，從而抬高身價。

主意已決，李廣利遂命麾下將領率二萬騎兵為前鋒，渡過郅居水。恰在此時，匈奴的左賢王和左大將也率二萬騎趕到。雙方在郅居水北岸展開一場遭遇戰。兩軍兵力相等，勢均力敵，誰也無法輕易占上風。

雙方整整鏖戰一日，漢軍愈戰愈勇，終於在當天夜裡將匈奴軍擊潰，並斬殺左大將。匈奴軍傷亡慘重，殘部倉皇北遁。

就像李廣利期待的那樣，漢軍果然再立一功。此次出征已經接連取得兩場勝利，如果不是後方出了那些事，李廣利兵團完全有可能乘勝北上，取得更大收穫。

然而，李廣利「後院起火」的消息，早已在軍中悄悄傳開。誰都能判斷出這位主帥投降匈奴的可能性非常大。尤其是李廣利的左右手更是對此憂心忡忡。麾下長史便與另一位將領密謀道：「李將軍已對朝廷懷有異心，他是想拿將士們的性命換取戰功，這麼下去恐怕必敗無疑。」

兩人決定一不做、二不休，發動兵變逮捕李廣利，奪取指揮權。

李廣利畢竟是主帥，在軍中還是有些耳目。他提前得到消息，搶先下手，殺掉長史和那名將領。雖然把兵變扼殺在萌芽狀態，但李廣利很清楚，軍心已亂，此時若繼續北進，絕對難有勝算，只好下令南撤。

匈奴單于狐鹿姑察覺漢軍的異動，料定必有隱情，遂抓住戰機，親率五萬精銳騎兵火速南下，竟然搶到漢軍前頭。當李廣利兵團撤至燕然山（今蒙古國杭愛山）時，立刻遭到匈奴軍截擊。雙方主力展開血戰，戰況激烈而膠著，打了一天依舊難分勝負，彼此都付出極大的傷亡。

到了入夜時分，匈奴軍忽然主動撤出戰場，李廣利趕緊率部繼續向南撤退。不料卻是匈奴人的計謀——他們早已在漢軍的必經之路上挖掘數尺深的壕溝。當漢軍將士猝不及防、紛紛墜入陷阱時，方才佯裝撤離的匈奴大軍突然從背後殺出，對李廣利兵團發動猛烈進攻。

漢軍進退不得，一番苦戰後，終於全線潰敗。李廣利徹底絕望，就此投降匈奴。

這樣的結果令狐鹿姑大喜過望，李廣利雖然名分上還不是漢朝的大將軍，但實際上早已是大漢軍界的一號人物。如此重量級的人投奔匈奴，不僅讓漢朝顏面掃地，對其軍心更是沉重打擊；反之，極大地提振匈奴的軍威和士氣。

狐鹿姑隨即把女兒許配給李廣利，對他的尊寵一躍而居衛律之上，當然更在李陵之上。

武帝劉徹得到消息後，立刻誅殺李廣利的整個宗族。

先是李陵，後是李廣利，兩人的命運如出一轍。儘管兩個人的悲劇都有小人從中作祟，但擁有最終決定權的武帝劉徹若是能多幾分理性和冷靜，斷不至於讓他們走到這一步。

從這個意義上說，李陵和李廣利都是被武帝逼反的。

到了匈奴後，李廣利儼然成為單于狐鹿姑的頭號寵臣，至少在所有叛降的漢人中絕對如此。對此衛律自然妒火中燒。如何除掉李廣利成為他的當務之急。恰巧沒過多久，單于母親大閼氏患病，衛律立刻抓住機會，請巫師為她驅邪作法。巫師便在衛律的授意下，聲稱被前任單于且鞮侯附體，對大閼氏大發雷霆道：「我們以前每次出兵都在神靈前許願，如果活捉李廣利，一定要殺他祭天，何故不守誓言？」大閼氏一聽嚇壞了，敢情這是得罪了神靈啊！

為了治病，大閼氏不管眼下的李廣利已經是孫女婿，馬上命人把他抓了，五花大綁地帶到神廟前。李廣利知道這回難逃一死，不禁破口大罵道：「我死以後，變成鬼也要滅了你們匈奴！」

他話音未落，刀斧手就已經把他的腦袋砍了下來，給他們的神靈獻祭了。

李廣利本以為後半生可以在匈奴安享榮華富貴，沒想到從投降匈奴到像牛、羊一樣被宰殺，不過短短一年。

〈輪臺罪己詔〉：一代雄主的最後懺悔

一場接一場由巫蠱引發的大獄，把整個大漢帝國攪得血雨腥風。天下的官吏和百姓眼看著只要涉及巫蠱，沒有一個躲得掉，有樣學樣，紛紛以巫蠱為名相互構陷、指控，都想利用這個理由把平日有仇的或看不順眼的人搞死。

所幸朝廷有關部門經歷這麼多血的教訓後，變得慎重起來，對於民間提告的巫蠱案都進行詳實調查，結果發現大多數指控都是子虛烏有，純屬栽贓陷害。

武帝得知這些情況後，不禁回想起太子。直到此刻，才漸漸開始悔悟，覺得太子的確是在江充的逼迫下，因惶恐無措才起兵，其實並無謀反之心。

恰在此時，管理高祖宗廟的小官田千秋給武帝上了道奏章，替太子鳴冤叫屈：「兒子擅自調動父親的軍隊，頂多就是受一頓鞭打。假如天子的兒子誤殺了人，該當何罪？難道還要拿命相抵嗎？微臣曾經夢見一個白頭老翁，教臣向皇上說這番話。」

平心而論，田千秋這幾句話實在沒什麼理論基礎，既沒有嚴謹的邏輯，也沒有動人的情感，甚至連古人最擅長的引經據典都沒有，無非就是替太子喊冤罷了。

可是人的運氣就是如此奇妙，田千秋喊的這一聲冤，恰好在武帝心有悔悟的當口，聽得特別入耳，乃至特別入心，比碩學鴻儒的高談闊論都好用。

武帝看完奏章，頓時「大感寤」，隨即召見田千秋，十分感慨地說：「父子之間，外人難以進言，而唯獨田卿敢言明其中道理。這一定是高皇帝（劉邦）託夢給你，讓你如此教朕。田卿應該擔任朕的輔佐大臣。」

原本寂寂無名的芝麻官田千秋，在一個妙到毫巔的時機說了幾句恰到好處的大白話，便博得武帝的賞識和重用，旋即火箭般躥升，連跳十幾級，一躍成為朝廷的大鴻臚，位居九卿！

既然武帝已經認為太子一案是冤假錯案，製造冤案的江充、蘇文等人自然罪不容誅。江充已死，武帝就誅滅他的三族；宦官蘇文則被拉到長安橫門外的石橋上，當眾用大火燒死。

當初在湖縣負責抓捕太子的官員，事後因功擢升北地太守，現在從功臣變成罪臣，不僅被罷官、斬首，全族老少悉數被殺，共赴黃泉。

為了表達對太子的哀思，征和三年秋，武帝劉徹特意命人在長安興建一座「思子宮」，又在湖縣建了一座「歸來望思臺」。

據說，「天下聞而悲之」（《漢書·戾太子劉據傳》）。然而，斯人已逝，再深的追悔也無法讓死者復活。就算太子劉據的魂魄在武帝的召喚下歸來，就能原諒父親嗎？就算原諒，武帝在這場巫蠱之禍中所犯的錯誤和應負的責任，就能因事後的追悔而抵消和免除嗎？答案恐怕是否定的。

雖然如此，亡羊補牢，為時未晚。正是對太子事件的追悔，引發武帝劉徹的內省和反思，從而讓他認識到這些年來犯下的種種錯誤，以及導致的一系列嚴重後果。由此，才有武帝在生命最後幾年中對執政路線的撥亂反正和改弦更張。

征和四年春，時年六十八歲的武帝在最後一次封禪泰山後，召見群臣，公開說了這樣一番話：「朕即位以來，所為狂悖，使天下愁苦，不可追悔。自今事有傷害百姓，糜費天下者，悉罷之！」（《資治通鑑·漢紀十四》）朕自從即位以來，所作所為狂亂悖理，令天下臣民陷於愁苦，朕為此追悔莫及。從今往後，凡是會傷害百姓、浪費國財民力的事情，一律停止。

聽到皇帝如此毫不留情地自我批評，在場百官都有些矇，一時竟不知如何應對。只有一個人站了出來，適時提出具體的諫言。這個人還是田千秋。

他說：「如今的方士，談論神仙的甚多，真有效驗的幾乎沒有。還請陛下將所有方士全部罷黜。」武帝深以為然，將所有方士和派往各地尋訪神仙的使者悉數遣散。過後，武帝不只一次對群臣感慨道：「向時愚惑，為方士所欺。天下豈有仙人，盡妖妄耳！節食服藥，差可少病而已。」（《資治通鑑・漢紀十四》）從前是朕愚昧，讓方士給騙了。天底下哪有什麼神仙，都是妖言惑眾罷了！只有節制飲食、服用藥物，才能讓病痛少一點。

田千秋的進諫再次贏得武帝的高度好感。這一年六月，武帝一舉將田千秋拔擢到人臣的最高位，即百僚之長、三公之首的丞相，並封富民侯。

田千秋從看守宗廟的芝麻官，到一人之下、萬人之上的丞相，歷時僅短短九個月。

這一幕堪稱官場奇蹟，古今中外的歷史上恐怕都極為少見。田千秋一無滿腹經綸的才學，二無征戰沙場的功勛，三無高貴顯赫的家世背景，卻能在這麼短的時間內，僅憑兩次恰到好處的進諫便封侯拜相，更是令人瞠目結舌、嘆為觀止。

不得不說，人生在世，時運和機緣實在是太重要了，重要性有時甚至大過才幹和努力。最極端的反例就是多次提到的李廣——十六歲從軍，身經百戰，殺敵無數，九死一生，不僅沒能封侯，連戰死沙場、為國捐軀的機會都沒有，只能死於自刎的刀下。

把田千秋和李廣放在一起，更能感受到造化弄人的無奈，以及「命運」的詭譎與荒謬。

對於「三無人員」田千秋的官場奇蹟，連司馬光都忍不住發了一段議論：「千秋無他才能，又無閥閱功勞，特以一言寤意，數月取宰相，封侯，世未嘗有也。」（《資治通鑑・漢紀十四》）

當然，田千秋不是完全沒優點。司馬光說他「為人敦厚，有智」，做人既厚道又聰明，才能「居位自稱，踰於前後數公」。他在丞相位子上也能勝任，甚至比前後幾任還稱職。

武帝晚年對過往錯誤的懺悔，不僅表現在上述幾則言行中，更集中體現在一道正式頒布的詔書上。就是歷史上著名的〈輪臺罪己詔〉。

頒布這道詔書的起因是稍早之前由搜粟都尉桑弘羊和丞相田千秋、御史大夫商丘成聯名呈上一道奏章，大意是說：「輪臺以東，有可灌溉農田在五千頃以上，應派遣屯田士卒前往，設置校尉，栽種五穀；同時修建要塞亭障，一直向西擴張，既可威懾西域諸國，也可保護盟國烏孫。」

據《漢書》、《資治通鑑》等史料記載，武帝看完奏章後，「深陳既往之悔」，便有了這道罪己詔。撮其要旨，深自悔過的內容主要有這麼幾段話：

> 前有司奏欲益民賦三十，助邊用，是重困老弱孤獨也。而今又請遣卒田輪臺。輪臺西於車師千餘里，前開陵侯擊車師時，雖勝，降其王，以遼遠乏食，道死者尚數千人，況益西乎！
>
> 乃者貳師敗，軍士死略離散，悲痛常在朕心。今又請遠田輪臺，欲起亭隧，是擾勞天下，非所以優民也，朕不忍聞。
>
> 當今務在禁苛暴，止擅賦，力本農，修馬復令，以補缺、毋乏武備而已。

這幾段話的大意是：

之前有關部門上奏，要求給百姓增加賦稅，每人多繳納三十錢，用來加強邊防，這是加重老弱孤獨者的負擔。而今又要求派遣士卒去輪臺屯田。輪臺遠在車師國以西一千餘里，此前開陵侯成娩進攻車師時，雖然獲勝，迫使其國王投降；但因路途遙遠，糧草不繼，死在道路上的士卒有數千人，何況輪臺更在車師國之西！

前不久李廣利戰敗，將士死的死、散的散，朕心中時常悲痛。如今又奏請到遙遠的輪臺屯田開荒，並修建要塞，這是擾亂天下之舉，不是愛護百姓的做法，朕不忍聽聞。

當今急務，在於嚴禁苛酷和暴虐，不准擅自增加賦稅，致力於農業這一國本，鼓勵民間養馬，以填補戰馬缺額、不讓邊防缺乏武備而已。

〈輪臺罪己詔〉被稱為中國歷史上第一道皇帝罪己詔，對當時和後世均有重大影響，它標誌著武帝末年在政治取向和治國路線上的大幅度轉變。儘管學界有觀點指出〈輪臺罪己詔〉的歷史意義被班固和司馬光誇大，武帝的「罪己」很不徹底；但大部分古今學者仍然認為武帝在生命最後兩年的悔過和轉變是漢朝得以恢復安定並繼續發展的主要原因。

如唐代褚遂良稱：「帝翻然追悔，情發於中，棄輪臺之野，下哀痛之詔，人神感悅，海內乃康。向使武帝復用弘羊之言，天下生靈皆盡之矣。」（《舊唐書・褚遂良傳》）

當代學者田餘慶撰文表示，正是由於武帝對擴張政策感到悔恨，將治國路線由「尚功」調整為「守文」，從而「澄清紛亂局面，穩定統治秩序，導致『昭宣中興』，才使西漢統治得以再延續近百年之久」。

從〈輪臺罪己詔〉的主要內容可以看出，武帝至少在以下幾個方面做出轉變：

其一，在治國路線和施政方針上，提出「禁苛暴」，即從嚴刑峻法的酷吏統治轉向溫和寬鬆的儒家仁政；

其二，在民生和經濟方面，提出「止擅賦，力本農」，即從橫徵暴斂、竭澤而漁轉向輕徭薄賦、與民休息；

其三，在軍事方面，提出「補缺，毋乏武備」，相當於從強勢擴張、戰略進攻轉向持重守成、戰略防禦。

民以食為天。無論在任何時代，做為「吃飯問題」和「糧食安全」的農業都是國家的根本。尤其在古代社會，農業生產更是國計民生的重中之重。只有在民生富庶、經濟繁榮、老百姓安居樂業的基礎上，才談得上國家的強大。武帝把丞相田千秋封為「富民侯」，便是取「與民休息，富養民眾」之意。唐代顏師古稱之為：「欲百姓之殷實，故取其嘉名耳。」

發展農業生產必須改進生產技術。武帝找到這方面的人才——農學家趙過，任命他為搜粟都尉，專門負責農業生產技術的改進。

趙過發明「代田法」，使土地得以輪番耕作、充分利用，還能年年休耕，讓地力得以恢復。此外，他還發明從耕地、下種到耘鋤的一整套新式農具，並教會老百姓使用，讓農民「用力少而得穀多」，因而「民皆便之」（《資治通鑑．漢紀十四》）。

在武帝末年的幡然悔悟和改弦更張之下，已然民變四起、危機重重的大漢帝國，終於漸漸恢復安定。就像大病一場的人，雖然元氣還沒有完全恢復，但至少脫離死亡的危險。

臨終託孤：武帝安排身後事

時間來到後元元年（前八八年），武帝劉徹已經六十九歲——人生七十古來稀，在古代應該算是高壽。自從劉據死後，大漢帝國儲位虛懸；年邁多病的武帝自知時日無多，當務之急就是盡早確立繼承人。

武帝原本共有六子，除長子劉據外，次子齊王劉閎早逝，五子昌邑王劉髆於這一年正月亡故，眼下還剩三個，分別是三子燕王劉旦、四子廣陵王劉胥和少子劉弗陵。

如果以長幼排行做為替補原則，最有資格繼任太子的無疑是燕王劉旦。另外，據《漢書・武五子傳》記載，劉旦「為人辯略，博學經書、雜說，好星曆、數術、倡優、射獵之事」，可見與青年時期的武帝頗為相似。假如武帝想要的是年紀最大、性格最成熟、各方面都最像自己的繼承人，劉旦顯然是不二之選。

然而，劉旦具備的這些優勢卻不符合武帝選儲君的標準。

早在巫蠱之禍前，武帝就已明確表示繼任者必須是一位能夠讓天下安寧的守成之君，不能再像他這樣一味進取，否則必定重蹈暴秦覆轍。簡言之，他想要的未來天子恰恰是性格和政治取向上都和他不一樣的人。

劉據死後，隨著武帝的幡然悔悟和〈輪臺罪己詔〉的頒布，他更主動改變治國路線和施政方針，相當於提前進入「守成」階段。在這一背景下，燕王劉旦愈像青年時代的武帝，愈不可能成為未來的大漢天子。

但劉旦不這麼想，他從皇位繼承的一般原則出發，認為自己是剩下三個兒子中最年長的，自然應該由他繼任太子。他迫不及待地上書武帝，要求入宮「宿衛」。這兩個字就是急著想當太子的委婉說法。

此舉是違背禮制的行為。武帝大怒，立刻將劉旦的使者斬於北闕之下；稍後，又以劉旦藏匿亡命之徒為由，削掉他三個縣的封邑。

如此一來，燕王劉旦就與太子位無緣了。

再來看劉旦的同母弟、廣陵王劉胥。《漢書・武五子傳》稱其：「壯大，好倡樂逸遊，力扛鼎，空手搏熊、彘猛獸，動作無法度。」劉胥身材魁梧，喜歡聲色犬馬，力能扛鼎，還能徒手和狗熊、野豬等猛獸搏鬥，很多行為都不合法度。

很明顯，又是「粗獷版」的青年劉徹，當個武將上陣殺敵還行，但做太子肯定不可靠，直接被淘汰。最後只剩下鉤弋夫人所生、年僅七歲的幼子劉弗陵。

劉弗陵並非武帝排除掉所有不可能之後的無奈選擇。據《漢書．外戚傳》記載，劉弗陵從小就與眾不同，「生與眾異」，顯得很早熟，不管是身體還是智力都比同齡人發育得早，「壯大多知」，所以「上常言『類我』」武帝經常說劉弗陵很像他。「甚奇愛之，心欲立焉」對他十分偏愛，早有立劉弗陵的打算。

武帝卻擔心幼主即位，母后必然臨朝，而外戚隨之坐大，到時可能重演漢初的「呂氏之禍」，所以遲遲下不了決心。

到了後元元年，武帝意識到立儲之事不能再拖下去，便想了個兩全其美的辦法，既能讓劉弗陵接班，又能避免女主干政和外戚擅權。

這個辦法很簡單，就是殺了鉤弋夫人。

古代人常說母以子貴，通常兒子當上太子，做母親的後半生就富貴無憂了。但凡事總有反例，鉤弋夫人就不幸成為這個少有的反例。

武帝晚年雖然寵幸鉤弋夫人，但為了大漢社稷的穩定和江山永固，只能忍痛割愛。主意已定，武帝便找個罪名，嚴厲譴責鉤弋夫人。據《漢書》記載，鉤弋夫人不久便憂懼而亡；《資治通鑑》則說武帝先把鉤弋夫人關進掖庭獄，沒過幾天就將她賜死了。

左右近臣對武帝的這一做法都頗為不解，武帝知道他們心裡滿是疑問，有一天閒著無事，故意問左右說：「外人對此事怎麼看？」左右答：「外人都說明明要立其子，為何又要殺其母呢？」

武帝索性打開天窗說亮話：「這種事不是你們這些年輕人和外面那些蠢人能理解的。自古以來，國家之所以動亂，大多因為君主幼弱，其母正值盛年。女主一旦掌權，便會驕恣淫亂，無人能夠制約。你們沒聽說過呂后的事嗎？迫不得已，只能先把鉤弋夫人除掉。」

這就是典型的帝王心術，源於法家的權謀之學。武帝不僅對此諳熟於心，且在位這麼多年一直運用得爐火純青。法家的觀念裡，君主的威權是人世間唯一至高無上的東西，絕不能受到任何威脅和挑戰——哪怕這樣的威脅並非現實存在，只是一種可能性，也必須將其扼殺於萌芽狀態，防患於未然。至於這麼做會犧牲誰的性命、犧牲多少人的性命，對帝王而言，都是在所不惜。

解除「女主干政」這一後顧之憂，接下來就是為劉弗陵物色幾位靠得住的顧命大臣。內廷外朝的文武百官中，武帝最信得過的人，莫過於時任奉車都尉、光祿大夫的霍光。

霍光是霍去病的異母弟，十幾歲就被霍去病帶到長安，入宮擔任郎官，侍從武帝左右。霍光為人沉穩持重，做事極為嚴謹。據《漢書·霍光金日磾傳》記載，他每次出入殿門，落腳總在同一個地方；有好事的同僚暗中做了標記，專門拿尺子去量，發現竟然「不失尺寸」，幾乎沒什麼誤差。對此，班固不禁在書中讚嘆：「其資性端正如此。」

霍去病去世後，霍光便被武帝擢任為奉車都尉、光祿大夫。他「出則奉車，入侍左右，出入禁闥二十餘年，小心謹慎，未嘗有過」，所以武帝對他「甚見親信」。

二十多年的朝夕相處，且從未犯任何過錯，令霍光在武帝心目中有著任何人都難以比擬的地位——

由漫長時光沉澱下來的信賴和情感，也是由無數日常細節構建起來的君臣相知。

這樣的基礎上，精明過人的武帝才會認為群臣百僚之中，「唯光任大重，可屬社稷」（《漢書・霍光金日磾傳》），只有霍光能擔重任，可以把社稷託付給他。

為了讓霍光明白自己的託孤之意，武帝特地命人畫了一幅《周公輔政圖》，即周公旦背著年幼的周成王召見諸侯的情景，把畫賜給霍光——一切盡在不言中。

武帝看上的第二位顧命大臣是匈奴籍的金日磾。

金日磾本是匈奴休屠王的太子，當年休屠王本欲歸漢，中途反悔，被渾邪王所殺。隨後年僅十四歲的金日磾便和家人一起被籍沒入宮，成為養馬的宮奴。據說成年以後，金日磾長得十分魁梧，身長八尺二寸，且「容貌甚嚴」，一表人才。他還很善於養馬，被他餵養的馬都長得膘肥體壯。武帝因此對他分外賞識，便擢升他為馬監，後來又升為侍中、駙馬都尉、光祿大夫。

因善於養馬而致富貴的金日磾，被後世尊為養馬業的祖師爺。

金日磾和霍光有個共同點，就是做人做事極為小心謹慎，且地位愈尊貴，愈常懷臨深履薄之心；在武帝身邊侍奉多年，同樣從未出過差錯。對此，武帝當然十分滿意，「上甚信愛之」（《漢書・霍光金日磾傳》）。

後元元年六月，宮中發生一起刺殺案，行刺目標正是武帝。如果沒有金日磾，武帝恐怕就遭遇不測了。

該案的主謀之一就是在平定太子兵變中立功、受封重合侯的馬通。他有個兄長叫馬何羅，在宮中任侍中僕射，素與江充交好。兄弟倆本來都官運亨通，日子過得很滋潤，但隨著武帝的悔過，政治風向突然逆轉，馬氏兄弟開始惴惴不安了。當武帝為太子劉據平反，並誅殺江充的宗族和黨羽後，馬何羅愈發擔心遭到清算，便與弟弟馬通合謀，決定刺殺武帝。

做為武帝身邊的侍從官，馬何羅有近水樓臺的優勢，原本很容易得手，但他們的計畫因金日磾失敗了。自從馬氏兄弟開始密謀，一貫細心的金日磾就察覺到他們舉止異常，多留了個心眼，一直暗中跟蹤他們。

馬氏兄弟不是笨蛋，很快就發現被金日磾盯上，故遲遲不敢發動。不久，武帝前往甘泉宮。隨行的金日磾恰好生了小病，在值班室休息，沒陪在武帝身邊。馬氏兄弟覺得機會來了，就叫上弟弟馬安成，兄弟三人假傳聖旨，帶上一幫手下，深夜出宮，殺了軍械庫官員，取出兵器進行分發。

次日清晨，武帝未起，馬何羅袖中藏刀，徑直進入武帝寢殿。金日磾正準備上廁所，一看就覺得不對勁，趕緊跑到武帝臥室門口守著。馬何羅從東廂房進來，看見金日磾，吃了一驚，但箭在弦上，已不得不發，仍直奔門口而來。可能是過度緊張，馬何羅撞到門旁的一把瑟，樂器落地，發出聲音，他嚇得僵在那裡。

金日磾趁此機會，衝上去一把抱住馬何羅，同時大叫：「馬何羅造反了！」武帝驚醒，此時侍衛們都衝了進來，紛紛抽刀上前，要殺馬何羅。武帝擔心傷及金日磾，命侍衛們不得動刀。金日磾人高馬大，一把就將馬何羅摔倒在地。侍衛一擁而上，將其擒拿。隨後，馬氏兄弟三人及其黨羽全部伏誅。

做為天子近臣，心細如髮和勇於救主無疑是最突出的兩個優點，而金日磾全都具備。可見武帝對他的信任，絕非沒有來由。

第三位入選的顧命大臣是時任太僕的上官桀。

上官桀，隴西上邽（今甘肅省清水縣）人，年輕時入職禁軍，任羽林期門郎。相較於霍光和金日磾，上官桀的入選就頗有幾分運氣成分。霍光和金日磾都是在武帝身邊兢兢業業侍奉二、三十年；上官桀博得武帝賞識則是由於兩件小事。

有一回，上官桀護衛武帝前往甘泉宮，路遇大風，車駕難行。武帝命上官桀把碩大的車蓋解下，舉在手中，以減少風阻。上官桀一路舉著沉重的車蓋，仍緊跟車駕，沒有掉隊。如此孔武有力，自然引起武帝的注意。稍後，突然天降大雨，上官桀反應神速，立刻將車蓋罩在武帝頭上。武帝「奇其材力」，對他的勇力和敏捷十分欣賞，隨即擢升他為未央廄令，負責管理宮中的名貴馬匹。

後來，武帝患病一段時間，病癒後趕緊來看他最珍愛的寶馬，竟然發現馬兒比以前瘦了一圈，頓時大怒，對上官桀吼道：「你以為我從此都見不到這些馬了嗎？」

這一質問非同小可。起因是馬，但武帝這話的意思卻是「你上官桀以為我活不長了，才敢如此懈怠」。說完，武帝準備把上官桀抓起來關進大牢。就在這決定他一生命運的瞬間，生性機敏的上官桀撲通跪倒在地，一邊拚命磕頭，一邊淚如雨下，哽咽道：「臣聞聖體不安，日夜憂懼，意誠不在馬！」（《漢書．外戚傳》）臣聽說皇上龍體不安，日夜憂懼，心思全都不在馬上啊！

上官桀的反應雖然和上回拿車蓋擋雨一樣神速，但這話並不高明，頗有狡辯之嫌，且諂媚的味道十分濃厚。假如是年輕時的武帝，一聽這話很可能會更加惱怒。可是武帝畢竟老了，而人一老，耳根子特別軟，非常容易被好聽話打動，而不管這好聽話有多麼廉價。

上官桀非但沒有因此遭殃，反倒因禍得福——「上以為忠，由是親近，為侍中，稍遷至太僕。」

（《漢書・外戚傳》）武帝認為他忠心可嘉，愈發青睞他，遂擢升他為侍中，稍後又拜為太僕。

第四位入選的顧命大臣是時任御史大夫的「理財大師」桑弘羊。

桑弘羊就是「鹽鐵專營」這一經濟政策的主導者。該政策為漢朝創造巨量的財政收入，極大緩解帝國的財政危機，對後來的中國歷史影響深遠。桑弘羊因功擢升大農丞，相當於財政部副部長。

不久，桑弘羊又以治粟都尉兼領大農令（代理部長），全面主管國家財政，並開始推行一項新的經濟政策——「平準均輸法」。平準即賤買貴賣，平抑物價；均輸即對物資進行統一徵購、運輸和調配。具體的做法是在京師長安和全國各主要城市設立平準官和均輸官，由國家在各地統一徵購、運輸和調配貨物；根據市場行情，賤時收購，貴時拋售。此舉不但可為政府增加極為可觀的收入，還能平抑物價，打擊富商大賈囤積居奇、壟斷市場的行為。

儘管桑弘羊一直千方百計為朝廷增加收入，但也架不住武帝花錢如流水。除了連年用兵、四處征伐需要大量軍費外，武帝中年以後幾乎每年都要出外巡遊，並且賞賜無度，這些都要花費鉅資。「天子巡狩郡縣，所過賞賜，用帛百餘萬匹，錢金以巨萬計。」（《資治通鑑・漢紀十二》）

透過正常的經濟和財政政策所增加的收入，已無法滿足武帝無底洞般的消費需求。為此，桑弘羊不得不挖空心思，想些別的生財之道。他奏請武帝，允許低級官吏捐錢買官，同時允許囚犯花錢贖罪。這兩個辦法一經實施，僅關東地區的年收入就超出預算六百萬石；短短一年間，太倉（中央糧食儲備庫）和甘泉倉就全滿了。向來物資最為緊缺的邊防地區，糧秣及各項軍備物資也出現盈餘。

《資治通鑑》稱之為「民不益賦而天下用饒」，即老百姓不用加稅，而政府的財政卻非常寬裕。武帝大喜，賜給桑弘羊「左庶長」之爵，並賜黃金百斤。

顯而易見，桑弘羊可謂武帝一朝當之無愧的「財神爺」，只要有他在，武帝就永遠不缺錢花。這樣不可多得的人才，自然應該進入顧命大臣的行列，讓未來天子劉弗陵也能當個「富家翁」。

後元二年正月初一，武帝在甘泉宮接受諸侯王的朝賀。按慣例，文武百官也必須入宮朝賀，但此時的武帝已抱病在身，不想再多折騰，故僅接見諸侯王，群臣免了。二月，武帝前往長安東南盩厔縣的五柞宮。

剛到這裡，武帝就病倒了，且病情日漸沉重。

此時，雖然武帝早已為劉弗陵的接班鋪平道路，但尚未公開冊立太子。

眼見皇帝已不久於人世，隨侍在側的霍光涕泣問道：「如有不諱，誰當嗣者？」（《資治通鑑．漢紀十四》）如有不測，誰可以繼位？

武帝答：「君未諭前畫意邪？立少子，君行周公之事。」（《資治通鑑．漢紀十四》）你還沒明白之前賜給你畫的意思嗎？立少子劉弗陵，你像周公那樣輔佐他。

霍光當然早已明白，但謙讓一下總是要的，趕緊叩首道：「臣不如金日磾。」金日磾也在一旁，聞言忙道：「臣外國人，不如光；且使匈奴輕漢矣！」（《資治通鑑．漢紀十四》）臣是外國人，不如霍光，而且這麼做，會讓匈奴輕視大漢。

金日磾是個有自知之明的人，儘管已在漢朝生活大半輩子，但他畢竟是匈奴人；武帝能一路提拔他為天子近臣，並給予莫大信任，已屬分外之恩，當然不敢再奢求更多，更不用說當「首席顧命」了。

二月十二日，武帝終於正式下詔，冊立年僅八歲的劉弗陵為太子。

十三日，武帝頒布一生中最後一道詔書，向朝野公布輔政班底的人員名單：以霍光為大司馬、大將軍，金日磾為車騎將軍，上官桀為左將軍，桑弘羊為御史大夫。四人共受遺詔，輔佐少主。

十四日，武帝劉徹在五柞宮逝世，享年七十歲；隨後，朝廷定其諡號為「孝武皇帝」，廟號「世宗」；同年三月，葬於茂陵。

一個恢弘壯闊、狂飆突進的大時代，一個開基立業、深刻影響後世的大時代，就此落下帷幕。

HISTORY 128

矛、盾漢武：盛世下的國強民乏

作　者—王覺仁
副總編輯—邱憶伶
副主編—陳映儒
封面設計—兒日
內頁設計—張靜怡

董事長—趙政岷
出版者—時報文化出版企業股份有限公司
一〇八〇一九臺北市和平西路三段二四〇號三樓
發行專線—（〇二）二三〇六—六八四二
讀者服務專線—〇八〇〇—二三一—七〇五
（〇二）二三〇四—七一〇三
讀者服務傳真—（〇二）二三〇四—六八五八
郵撥—一九三四四七二四時報文化出版公司
信箱—一〇八九九臺北華江橋郵局第九九信箱

時報悅讀網—http://www.readingtimes.com.tw
電子郵件信箱—newstudy@readingtimes.com.tw
時報悅讀俱樂部—https://www.facebook.com/readingtimes.2
法律顧問—理律法律事務所　陳長文律師、李念祖律師
印　刷—勁達印刷有限公司
初版一刷—二〇二四年五月三十一日
定　價—新臺幣五二〇元
（缺頁或破損的書，請寄回更換）

時報文化出版公司成立於一九七五年，
一九九九年股票上櫃公開發行，二〇〇八年脫離中時集團非屬旺中，
以「尊重智慧與創意的文化事業」為信念。

矛、盾漢武：盛世下的國強民乏／王覺仁. -- 初版. -- 臺北市：時報文化出版企業股份有限公司, 2024.05
432 面；17×23 公分. --（History；128）
ISBN 978-626-396-311-5（平裝）

1. CST：漢武帝　2. CST：傳記

622.1　　113006930

ISBN 978-626-396-311-5
Printed in Taiwan